Cross-cultural Studies Series

クロス文化学叢書　第２巻

メディア
―移民をつなぐ、移民がつなぐ

多視点から読み解く〈移民とメディア〉

河原典史・日比嘉高 編

クロスカルチャー出版

目次

Ⅱ　新聞・雑誌と移民コミュニティ

Ⅲ　跨境するメディア

はじめに―つなぐメディア、つなぐ人々

現在のわれわれがそうであるように、移民史上のさまざまな時代において、メディアは人々の生活の幅広い場面に関わってきた。メディアは、人々がその移動に伴って運び、創り、保っていくものであり、また同時に、人々の経験を運び、伝え、変容させるものでもある。

たとえば一九世紀末、人々は活字を運び、北米の移民地で日本語の新聞を創刊した。紙面の形式もまた、彼らが馴染んだ日本の新聞のあり方を運んだものであった。その多くは廃刊や統合で歴史の波の中に消えていったが、時代の変化に応じながら今でも数多くの日系人が、北米のみならず、世界の各地で新聞を刊行しつづけている。

メディアが人々の経験や感情、コミュニティの歴史やアイデンティティなどを作りあげるという側面も忘れてはならない。駆け落ちから排日事件まで、故国の政治変動から天災まで、論説から文芸記事まで、メディアはさまざまな出来事や話題を伝え、人々はそれを共有することによって、読者共同体としてゆるやかな紐帯を形成していく。メディアが作りあげるのは、直接的な読者集団だけではない。移民地における刊行物は、コミュニティの外にも運ばれていく。故国やホスト社会、別の地域の移民コミュニティとの接触の回路がそこに生まれ、コミュニティの内外で認識と評価の応答が生起し、コミュニティのアイデンティティが相互反射的に作りあげられていく。

移民とメディアの関係を問う研究は、これまでも積み重ねられてきた。日系移民に関する領域で、もっとも蓄積が厚いのは、新聞や雑誌を対象としたジャーナリズム研究においてだろう。水野剛也はマスメディアおよびジャーナリズムについての移民研究が、米国本土およびその他の地域のジャーナリズム、ジャーナリスト史や、日系人とプロパガンダなどを中心になされてきたことを整理している。(1)

この論文集は、こうした先行する達成を意識しながらも、近年の移民研究の多様化に立脚した、より幅広い領域におけるメディアと移民の関わりを考究するものである。メディア研究が人と人を媒介し、人と社会のあいだを媒介するモノ・コトについての考察を行うのだとするならば、その対象とする領域は本来広大であるべきだろう。本論集がそのすべてを覆うということは当然不可能だが、しかし人々をつないだ多様な媒体に、考察対象の面でも、扱う資料の面でも、また考察の角度の面でも、積極的に新しく切り開いていこうというのが本書の目指すところである。したがって扱うメディアの種類は多岐に及ぶ。新聞雑誌はもちろんのこと、アルバムやレコード、音楽CD、日記、移民船、いけ花などが分析の対象となっている。この多種多様さが、本書の第一の特長であり強みだといえよう。

もちろん、題材や論考の多様性それ自体が価値だというのではない。対象とするメディアの種類や質、地域における拡大は、移民の経験を考える際の私たちのまなざしの角度を更新する。その更新の方向性はいくつかあるが、本書の内容に即して言えば、広い意味の文化論の領域に関する考察が多いことが特長となっている。たとえば、二〇世紀初頭のニューヨークの日本人たちを美術活動の切り口から分析したり、満洲移民の活動を論じる際にいけ花に注目したり、あるいはハワイの日系コミュニティの歴史に興行の記録やレコード音源から迫ったりしている。

メディアを扱いつつ、それが何を伝えたのかという内容ではなく、どう描いたのかという表象や、意味をどのように創り上げたのかという構築性の問題を考えていることも特長である。米国の日系人収容所内の活動を卒業アルバムの表象分析から考察する章、米国のアフリカ系ラップ・ミュージックの歌詞をテクノロジーの観点を交えて論じる章などがある。フィリピンおよびビルマ（ミャンマー）の日本語教師たちの手記と記憶の構築を分析する章もあれば、移民船がそれに触れた者たちの世界観を変える役割を果たしていたと論じる章もある。

新聞雑誌の分析を起点にした、コミュニティの経験の掘り起こしも進められている。災害や事故を報じたブラジルやカナダの日本語紙を丹念に追い、ハワイにおける日系人の興行の痕跡を新聞広告からたどり、米国の日系人大学生たちの団体機関誌や日英両語の仏教雑誌の分析を行う論考などがある。

本書全体を貫くキーワードとしては〈つなぐ〉を設定した。メディアはそもそもその語が示すとおり中間的な媒介物の意だが、移民という移動の経験をもつ人々を考える作業にその観点を交差させるならば、移動する人と人をつなぐ、あるいは移動に挟まれた二つの（あるいはもっと多数の）空間をつなぐ、人や空間や時間をつなぐ、そのあり方を考えるという問題領域が開ける。極東と西欧をつないだ明治期日本の使節団たち、日中をまたぐ同窓生ネットワークの持続的活動、オリンピックという国際的舞台、文芸・文化雑誌の同人たちを結んでいた左翼傾向ほか、〈つないだもの〉への注目は本書の基調となっている。書名とした「メディア―移民をつなぐ、移民がつなぐ」は、ここに由来する。

全体の構成は、核になる考察の領域や媒体の種類から四つに分けている。すなわち、「Ⅰ　メディアが伝える、教育が伝える」「Ⅱ　新聞・雑誌と移民コミュニティ」「Ⅲ　跨境するメディア」「Ⅳ　芸術と文化のネットワーク」である。以下、簡単に内容を概観しよう。

「Ⅰ　メディアが伝える、教育が伝える」では、教育をキーワードとし、関連する論考を集めた。

和泉真澄「メディアとしての卒業アルバム―ヒラリバー日系アメリカ人収容所における高校生活の表象分析」は、第二次大戦中のヒラリバー日系アメリカ人戦時転住所で作成された高校の卒業アルバムの内容を表象分析することにより、アルバムが主流社会に対する二世のメディアとしての機能を果たしたことを指摘する。アルバムでは、収容所内で行われていたはずの日本的な活動に関する表象が消去されたり、ジェンダーイメージが「アメリカ化」される二世像に合致した形で描かれたりしていた。

木下昭「軍政下日本語教育の記憶―元教員が描いたフィリピンとビルマ」は、戦争体験者が残した手記である「戦記もの」のメディアとしての性格を考察する。アジア太平洋戦争時に日本帝国の占領政策の要であった日本語教育を、フィリピンとビルマで担った教員たちは、それぞれその経験を出版物として残した。これらを比較した結果、「戦記もの」の編集や出版時期が、個々の書き手の特徴や時代環境と作用し合い、教師たちの集団の記憶に影響を与えていることが明らかになった。

松盛美紀子「『麦嶺学窓』と『南加学窓』からみる戦前期の在米日本人留学生像」は、二〇世紀初頭に米国の日系学生団体が発行した機関誌に着目する。西海岸の大学に進学した日本人留学生は、大学卒業後も引き続き現地に止まり、在米日本人移民社会の発展に貢献するなど、在米日本人移民史を語る上で重要な存在である。彼らが発行した学生機関誌『南加学窓』と『麦嶺学窓』から、西海岸の大学に留学した日本人留学生の実像を明らかにすると共に、学生が発行した機関誌のメディアとしての意味を考える。

佐藤量「同窓会誌のなかの満洲記憶」（コラム）は、戦前日本が満洲に設置した学校の同窓会および同窓会誌に着目し、同窓生が満洲経験をどのように記憶し、同窓会がいかなる歴史的意義を持つのか検討を行ったものである。同窓会誌の歴史的意義としては、引揚者同士をつないだという役割と、日本と中国をつないだという役割の二点が指摘できる。満洲の学校同窓会は、国境を越えた社会的ネットワークとしても機能し、その同窓会誌は満洲経験の記憶を相対化するメディアとしても価値を持つとしている。

「Ⅱ　新聞・雑誌と移民コミュニティ」においては、移民たちが刊行していた新聞や雑誌メディアなどに焦点を当てた。

半澤典子「ブラジル・ノロエステ地方における日本語新聞―一九一〇年後半～一九三〇年代を中心に」では、

ノロエステ地方紙の『聖州新報』を視座に、サンパウロの中央紙『日伯新聞』や『伯剌西爾時報』などとの比較を行う。日本語放送の聞けなかったブラジル・サンパウロ州の初期日本人移民社会では、新聞は最も重要な情報伝達手段であったばかりでなく、新たな人間の意識や移民社会を構築する際の媒介物としてあった。半澤の論考は具体的な紙面の分析に基づいた、報道の特徴や、初期日本人移民社会に及ぼした影響などについて考察を行っている。

河原典史「一九一〇年の悲劇はいかに報道されたか―カナダ・ロジャーズ峠の雪崩災害と日本人移民社会」は、『大陸日報』に掲載されたロジャーズ峠の雪崩災害の記事、とりわけ救護活動や葬儀の様子から、二〇世紀初頭のカナダ日本移民社会について論じる。三月四日に発生したロジャーズ峠の雪崩災害について、第一報にはじまり、災害当時の詳細報道、続報でのいくつかの興味深いエピソード、遺体の発見と移送、そして葬儀と埋葬の日程などの事実が掘り起こされる。ここから事故と報道、そして葬儀へという流れをたどることで、カナダ日系人のコミュニティの知られざる歴史が浮かび上がる。

飯田耕二郎「広告よりみたハワイにおける日本人の興行―一九二〇年の『布哇報知』と『馬哇新聞』の場合」は、ハワイにおける日本人の大衆芸能やスポーツなどの興行がどのようなものであったか、一九二〇年の『馬哇新聞』と『布哇報知』の新聞広告などを通して分析している。『布哇報知』はホノルルを中心にオアフ島で行われた興行に関する記事、『馬哇新聞』はワイルクを中心とするマウイ島の全域で行われた記事である。ハワイにおけるこの時代の興行の中心は活動写真であり、その他に芝居、浪曲そして相撲も盛んであったことが明らかにされている。

「Ⅲ　跨境するメディア」は、境界を越えて展開したメディアの動態に着目している。

山本剛郎「移民は何を運ぶか―日記等を通して考える」は幕末期の使節団の日記―村垣淡路守範正の『遣米使

日記』、玉虫左太夫の『航米日録』、木村摂津守喜毅の『奉使米利堅紀行』、福沢諭吉の『西航記』『西航手帳』を取り上げる。日記には、異文化体験をした際の感情的衝撃や認知的不一致の告白体験が語られている。これらの日記の描いた外国像に検討を加えた上、テクノロジーの面だけではなく、民主主義の観念や文化の相対的見方など、使節たちが日本の近代に運んできた思考や観点を論じている。

日比嘉高「〈代表する身体〉は何を背負うか——一九三二年のロサンゼルス・オリンピックと日本・米国・朝鮮の新聞報道」は、オリンピックという国際的な巨大イベントに焦点を当て、その大きな渦の中に、異なった立場にあった人々やメディアがどのように巻き込まれたのか、そして同時に彼らがオリンピックをどのように利用したのかを考える。具体的には、日本の国内紙、米国日系移民の日本語紙、朝鮮半島の朝鮮語紙のオリンピック関連報道を取り上げ、ナショナリズムや、〈闘争と平和〉の図式や、ローカルな社会状況や、その他さまざまな社会的文化的文脈が、一人の競技するアスリートの身体を媒介にして循環するようすを考察する。

根川幸男「移民船のメディア／メディアとしての移民船——一九三〇年代ブラジル移民船を事例に」は、移民船に着目する。移民船は、陸と海、故郷と異郷、日本文化と西洋文化などの間に位置する間文化的メディアである。一九三〇年代のブラジル行き移民船は、移民船客、ブラジルの日系小学生、神戸の小学生に対して、自らの世界観を再編する学習メディアとしての役割を果たした。また、世界の寄港地において、日本製品を通じて日本を紹介する見本市船として使用され、文化やスポーツ、経済や交易面での交流を展開してもいた。移民船は多彩なメディアとして大きな歴史的意味を有したとしている。

守屋友江「『米国仏教』と *Light of Dharma* ——日本語と英語で発行された日系仏教雑誌の比較から」（コラム）は、アメリカへ渡った日系仏教教団がサンフランシスコで発行していた雑誌『米国仏教』と *Light of Dharma* を取りあげている。二言語のメディアによって、現地教団は日本人移民とヨーロッパ系アメリカ人の仏教同調者へ向けて、二本立ての文書伝道を行ったが、これはエスニック仏教でありつつエスニシティを超えようとする試みでもあった。

「Ⅳ　芸術と文化のネットワーク」では、美術、文学、いけ花、音楽を取り上げ、移民達の芸術活動を、新聞や雑誌、各種音源などのメディアのあり方に注意を払いながら考察した論考が並ぶ。

佐藤麻衣「『紐育新報』と邦人美術展覧会―角田柳作のジャパニーズ・カルチャー・センターとの関わり」は、ニューヨークにおける日系人の美術活動を論じる。一九二七年にニューヨークで紐育新報主催の邦人美術展覧会が開催された。これまでのアメリカにおける日本人画家の研究では、この展覧会について詳細な言及はされていない。この章では、同展覧会の様相を知る唯一の手がかりである出品目録と日本語新聞、英字新聞の美術欄というメディアに着目し、紐育新報社がこの展覧会を主催した意義と趣旨を考察し、一九二九年に設立された角田柳作の日本文化学会との関連を検討する。

水野真理子「一九三〇年代の日系アメリカ人の文学活動と「左翼的」結びつき―『収穫』『カレントライフ』『同胞』ほか」は、エスニック・メディアの先行研究においてあまり注目されてこなかった文芸雑誌に焦点を当てる。編集者や寄稿者の人間関係や主義主張を手がかりに、メディア相互の関係にも着目しながら、一九三〇年代の日系人たちの「左翼的」な結びつきや活動について考察を試みている。それらは日米関係の悪化、太平洋戦争の開始につれて、反ファシズム、民主主義の擁護を旗印に、特に二世の文芸人の間で広範囲なつながりとなり、全世界的な反戦運動との連携の可能性も窺わせる活動であった。

小林善帆「『女性満洲』と戦時下のいけ花」は、満洲都市部におけるいけ花に注目する。「全満唯一の女性文化誌」として創刊された日本語雑誌『女性満洲』には、満鉄のいけ花講習会講師が担当する「いけ花講座」が連載されていた。戦時下の言論統制政策のもとで、一般的に「花嫁修業」と位置付けられていたいけ花が、同政策にどのように必要とされたのか。またそのいけ花とは、どのようなものであったのか。『女性満洲』の「いけ花講座」担当者のいけ花観、活動内容、ひいては満洲におけるいけ花について考え、同時に「内地」のいけ花と照らし合わせて考察を行う。

辰巳遼「アフリカ系アメリカ人の音楽文化の実践―ラップ・ミュージックとメディア・テクノロジー」は、時代とともに変容してきたマイノリティ文化としてのメディア、主にアフリカ系アメリカ人によって実践されてきたラップ・ミュージックに焦点を当てている。チャック・Dやパリスといったアーティストは、テクノロジー変容のなかで常にアイデンティティを探りながら、ラップ・ミュージックを発展させてきた。二人によるラップ・ミュージックの実践を読み解くことで、移民してきた人々によってネットワーク化されたヒップホップ文化の多面性や変遷を論じる。

中原ゆかり「音盤は時代をつなぐ―ハワイ二世楽団のレコードと復刻CD」(コラム)は、第二次世界大戦後のハワイに数多く結成された二世によるアマチュア楽団の中でも、きわだって活発に活動したハワイ松竹楽団に着目する。ハワイ松竹のレコードは、ベル・レコードとトロピックというレーベルから発売され、大部分は戦前戦後の日本の流行歌であった。中には、盆踊りの場を想定した民謡やオリジナル曲もあった。

メディアを運んだ誰かがいる。メディアが運んだ何かがある。メディアは単なる「容れ物」や「乗り物」ではない。メディアは伝えると同時に創り出す。メディアは人が作るが、人をも作る。北米で、ハワイで、中国大陸で、朝鮮半島で、日本で、フィリピンで、ブラジルで、人々は、そしてメディアは、何を運び、伝え、作り、そしてつないだのか。そのつなぎ目の連鎖のはるかな広がりの一部に、この論文集が連なれればと願っている。

なお、本書はマイグレーション研究会のメディア共同研究プロジェクト、およびこれを発展させた立命館大学国際言語文化研究所の「メディアと日系人の生活研究会」の成果報告となるものである。両研究会の経緯については、河原執筆の本書「二つの移民研究―おわりにかえて」に詳しい。

日比　嘉高

〔註〕

（1）水野剛也「マスメディア、ジャーナリズム」移民研究会編『日本の移民研究　動向と文献目録Ⅱ　一九九二年一〇月―二〇〇五年九月』明石書店、二〇〇八年。

I

メディアが伝える、教育が伝える

第1章

メディアとしての卒業アルバム
―ヒラリバー日系アメリカ人収容所における高校生活の表象分析

和泉真澄

はじめに

フットボール練習開始の発表に応えて集まったビュート高校の少年たちは、このアメリカ人にもっとも好まれるスポーツにかける熱意と愛情に満ちていた。装備も不足し、グランド整備もフィールドの線引きもまだであったため、練習はなかなか始まらなかった。ようやく装備が到着し、フィールドが使えるようになって、ついにフットボールができるようになった。ベルコーチによる稽古の呼びかけに応え、三十五名の志願者たちが集まった。

ビュート高校卒業アルバム『Year's Flight』（1943）より

カリフォルニアの美しい校舎を追われ、急ごしらえの建物に囲まれた、灼熱で砂まみれのキャンプに移動しても、ティーンエイジャーはやはりティーンエイジャーだった。アリゾナ州南部に建設されたヒラリバー日系人戦時転住所（強制収容所）[1]では、一九四二年七月下旬の開所から三ヶ月を待たずして、幼稚園から高等学校までが開かれた。収容所の学校は、専用の建物もなく、教室、図書室、運動場、体育館といった施設はもちろん、学習用机や椅子、教科書など、全てが不足していた。白人教員の動員が間に合わず、当時の平均年齢が一七歳であった二世の間にも、教員の資格を満たす者は少なかった。開校したばかりの月は、生徒たちは「床や箱、釘入れの樽、壁に打ち付けられた棚受けに板を置いただけの簡素なベンチに座り」、授業を受けた。[2]一月末まで暖房は入らず、夏にも水蒸気クーラーは十分に行き渡らなかった。それでも、生徒たちは勉学に励み、スポーツや生徒会、コミュニティ活動に精を出した。親たちは子どもの勉強を遅らせまいと、学校を献身的に支えた。

囚われの身にあって、子どもが平穏な学校生活を送れる環境を整えることは、親たちにとって、子どもが「外の世界との適切な情緒的関係を築く」ために必要不可欠なことだった。[3]敵国日本を父祖の土地とするというだけで、何の罪もないまま敵性人種として収容所に監禁されているという事実を、自由と民主主義、正義の国アメリカの立派な市民となるよう子どもを教育するなかで、どのように彼らに納得させるのか。この矛盾は収容政策を司った戦時転住局（War Relocation Authority、ＷＲＡ）のトップから、収容所を管理する現場の白人公務員、そして被収容者にいたるまで極めて厄介な問題だった。児童生徒にとって人格形成期における根本的な社会秩序の崩壊と混乱は、生涯にわたり負の影響をもたらしかねない深刻な事態だった。学校生活を子どもたちがいかに「正常」に近い形で送れるか、また「異常」な学生生活をどのように表象し、記憶するかは、日系人にとってはもちろん、主流社会に対する政策の正当化と広報（パブリック・リレーションズ）の任を負うＷＲＡにとっても極めて重要だった。

本章は、太平洋戦争中のアメリカで十ヶ所に設けられたWRA戦時転住所のうちの一つ、アリゾナ州ヒラリバー収容所のハイスクール卒業アルバムに描かれる高校生活の表象分析より、卒業アルバムが被収容者と主流社会とをつなぐ表象媒体（メディア）として果たした役割を考察する。[4] 収容所を表象するメディアとしては、これまで収容所新聞や写真などが多くの研究者によって分析されてきており、日系人自身の体験や感情・思考を綴った収容所文学についても、かなり研究の蓄積がある。[5] また、収容所の学校や教育についても一定の先行研究が存在する。[6] そこで本章では、これまで収容所メディアとしてはほとんど取り上げられたことのない卒業アルバムを研究材料とし、自発的・論理的な自己表象が可能な、そして二世の年齢のほぼ中間値にあたる、ハイスクール卒業年度の日系二世が描いた収容所生活を分析することにより、収容所から発する日系人の自己表象の特徴、彼らの表象にアメリカ政府が加えた制約、そしてエスニック社会から主流社会へ出て行く結節点での日系人イメージの構築の過程を考察することとする。卒業アルバムは収容所教育の表象媒体として、収容所の外、すなわち主流社会に向けてのメッセージと、収容所教育の当事者、すなわち生徒たちの自己表象と記憶の可視化という二重の機能を担っている点で、戦中の「ジャパニーズ・アメリカン」の表象としてユニークな役割を果たしており、その詳細な表象分析は、政策に含まれた矛盾や被抑圧者の戦略を浮き彫りにすることができると考えられるからである。

なお本章は、ヒラリバー収容所のアルバムを分析の中心とするという意味で、事例研究であることを断っておきたい。ヒラリバーにサンプルを絞るのは、アルバムに含まれるさまざまな要素をよりきめ細かく分析するためであると同時に、同収容所がWRA戦時転住所のなかでもっとも問題の少なかった収容所だったためである。ヒラリバーでは、目立った暴動や騒動がなく、忠誠質問に「イエス」と答えた入所者の割合は九〇・五％、また徴兵忌避者を一人も出さなかった。[7] もちろんこのことは、ヒラリバーが日系人強制収容政策の抱える根本的矛盾を内包していなかったことを意味しない。しかし、人種差別的排除とエスニック・マイノリティのアメリカ社会への同化と包摂という、両義性を帯びた日系人強制収容政策の媒体の一つとして卒業アルバムを考えるとすると、表象を通じた日系二世の「アメリカ化」におけるメディアの役割をもっとも典型的に表すのは、収容所の管理者にとって「理想的な」収容所であったヒラリバーのサンプルであるとも言えるのだ。以上のことから、本章ではヒラリバーの卒業アルバムを中心的に扱うが、今後、比較のために他の収容所のアルバム分析を行う必要があることは言うまでもない。(8)

1. 日系人収容所における学校教育

太平洋戦争勃発後、大統領行政命令第九〇六六号にもとづき、アメリカ西海岸に住んでいた約四万人の日系一世と七万人超の二世、三世は、まず防衛地域内の競馬場や博覧会場に作られた「集結センター（仮収容所）」に移された。競馬場などを利用した集結センターは、衛生環境も悪く、寝具も粗末で、プライバシーもまったくなかったが、教育熱心な日系人はセンター到着まもなく、幼稚園や英語クラス、そして学齢期児童のための学校を自主的に組織した。(9)

集結センターから長期の収容が可能な戦時転住所に移動すると、日系人たちは早速学校作りに取りかかった。しかし収容所の教育からは日系人の自主性が排除され、政府の意図を色濃く反映するものとなった。日本語使用は禁止され、学習はすべて英語で行うよう命じられた。(10) ＷＲＡはアメリカ先住民に対する教育政策を参考に、教科学習よりも社会への統合を容易にするための職業訓練を重視するコミュニティ・スクールの導入を決定し、立ち退き開始からの日系人の努力や教育成果に関わらず、二世を白人教師の監督の下で働く助手や見習いという立場に固定した。(11) 収容所学校では、日系児童を立派なアメリカ市民へと養成すること、ならびに二世のアメリカ社会への復帰・統合が最大の目標とされた。このような制約のなか、日系人は教育環境を最大限に整えようと努力することとなった。

2. ヒラリバー戦時転住所における学校教育

当初日系人の最大の収容先は、アリゾナ州北部に建設されたコロラドリバー（ポストン）転住所（ピーク時人口一万七八一四名）、および州南部のヒラリバー転住所（ピーク時人口一万三三四八名）であった。[12] ヒラリバーでは一万七〇〇〇エーカーの広大な敷地のなかに、カナル・キャンプとビュート・キャンプという二つのキャンプが作られた。収容所のバラックは壁が白く、暑さ対策のために赤い二重屋根を備えていた。周囲が砂漠で逃げられないため監視塔は一つしかなく、キャンプを囲む鉄条網も当初一部に設置されたが、やがて取りはずされた。つまり他のキャンプと比べると、ヒラリバーは多少なりとも通常のコミュニティにより近い外観を入所者に提供していた。[13]

ヒラリバーの学校は、物理的にも心理的にもキャンプの中心にあった。カナル・キャンプでは二四棟のバラックが学校として使われた。ビュート・キャンプでは四六棟が学校用とされた。初めは設備が整わなかったが、入所者たちの努力で学校の整備は徐々に進み、やがて図書室、講堂、科学・家庭科・職業訓練用の建物、運動場などが建設された。[14] 教育プログラムは、保育所から成人教育まで整えられた。

一九四三年七月時点でのそれぞれの学校の生徒数と教員数は、次頁の表1のとおりである。[15] 保育所と幼稚園、および成人教育には日系人教員が多く携わっているのに対し、小学校とハイスクールでは白人と日系人の割合はほぼ半々であった。これは、正課である小学校とハイスクールが厳しい教員資格を必要としたためである。ＷＲ

表1　各レベルの学校の生徒数、および教員数（1943年7月現在）

学校	生徒数	白人教員数	日系教員数
保育所、幼稚園	414	0	33
小学校	1,552	30	33
ハイスクール	1,893	40	40
成人教育	1,443	10	35

収容所開所一周年記念冊子『*A Year at Gila*』より

Aは特に白人教員の獲得に困難をきたし、一クラスに四〇名から六〇名の生徒がいることも稀ではなかった。[16] 白人教員は離職率が高く、また二世も出所して多くが学校を離れていったことを考えると、学校は生徒たちにとって落ち着いて勉強するのが極めて難しい環境にあった。[17]

白人教員の資格はアリゾナ州教育委員会の規定に則り、小学校は学士号取得以上、ハイスクールの場合は修士号取得以上とされた。日系人正教員は大学卒業、補助教員は大学への在籍経験が最低条件であったが、教職につきながら教員資格を取得できるよう、アリゾナ州立大学の教員養成課程の通信教育を受けられる制度が整えられた。[18] 過酷な環境を考慮し、白人教員には通常の教員以上の給料が支給されたが、日系教員は月一六ドルで雇われた。[19] WRAはコミュニティ・スクールを方針としていたが、ヒラリバーでは教科はアリゾナ州のカリキュラムに準じるとされた。立ち退きの負の影響を緩和するため、親たちは「立ち退き前の学校以上に良い学校を要求」した。[20] 教員も「生徒の喪失感と不満を過剰保障しようと」、学業の基準を高く設定した。[21] 生徒たちも「膨大な宿題」に不平を言いつつ、努力を重ねた。[22] 最終報告書によれば、収容所での高校生の成績はアリゾナ州の平均的学校より高かった。[23]

3. ヒラリバーのハイスクール卒業アルバム

ヒラリバー収容所にはカナル・ハイスクールとビュート・ハイスクールという二つのハイスクールがあった。カナル・ハイスクールでは『The Rivulet』というタイトルで一九四三年、一九四四年、一九四五年の卒業アルバムが作られた。ビュート・ハイスクールでは『Year's Flight』というタイトルで、同じく一九四三年から四五年までの卒業アルバムが作られた。ワシントンDCのアメリカ国立公文書館には六冊のアルバムすべての原本が所蔵されている[24]。

ヒラリバーの卒業アルバムは、いずれも表紙が革装あるいは布装で分厚い立派な作りをしている。アルバムは年度を問わず、基本的に同じ体裁で作られている。冒頭に、収容所教育の最高責任者であるカリキュラム・ディレクター、教育長、そして学校長の写真があり、彼らのメッセージが掲載されている。その後、教師の写真と名前が掲載され、主だった事務員なども顔と名前を連ねている。アルバムの主体は、各クラスの集合写真で、個人名を添えて、最終学年から最少学年まで載せられている。次に、クラブなどの課外活動、生徒会活動の写真などがあり、授業やスポーツなど、各種活動中のスナップ写真や説明が続く。最後に、アルバム作成委員の写真、そしてスポンサーが列挙されている。アルバムには随所に、生徒による詩や短いエッセイ、コメントや挿絵などが施されており、読み物と

写真1　アルバムの表紙

写真２　教育長

してもなかなか優れている。まとめると、収容所学校のアルバムは、通常のハイスクール卒業アルバムと体裁・内容的に基本的には変わらない。

一見アメリカのどこのハイスクール卒業アルバムであってもおかしくない収容所学校のアルバムだが、学校が置かれていた困難な環境を考えると、これを作ったこと自体が驚くべきことである。と同時に、収容所での出来事とアルバムの表象を批判的に読んでいくと、いくつか奇妙な点にも気づかざるを得ないのである。

（1）一九四三年度の卒業アルバム

①アルバム表象に見える人種関係

最初の卒業アルバムが作成されたのは四三年の春であった。[25] 初めに目を引くのは、収容所教育の管理者の写真である。全員白人男性で、温厚そうな顔のアップが一人につき一ページをフルに使って載せてある。教員のページには白人教員と日系教員の写真が混じって並べられているが、白人教師の多くが中年であるのに対し、日系教員は若い二世ばかりである。ここには、「温厚な庇護者」としてのリベラル白人男性の家父長的イメージが明確に表れており、日系教員があくまで白人教員の監督下で正教員または補助教員として教鞭をとっていたという、現実の収容所学校での権力関係を、そのまま視覚的に反映した表象となっている。なお、教員には日系、白人とも、女性が多く混じっていた（次頁参照）。

白人教員と日系教員の多くは、個人としては協力し合い、学校をともに良いものにしようと教務に励んだ。し

写真3　ビュート・ハイスクールの教員たち（一部）

かし白人教員と日系教員の給料には一〇倍もの開きがあった。そして白人教員にはいつでも収容所を去る自由があったが、日系人にはそれが許されなかった。日系人が収容所を出るには、政府による忠誠審査という踏み絵を踏まねばならなかった。本来ならば出生による市民権は無条件に付与されるものであり、人種や思想・信条には関わらないはずだが、日系人に対して与えられた自由は、国家に対する忠誠心への報奨という性質を帯びていたのだ(26)。

　クラス写真を見ると、生徒は当然ながら全員日系人である。このホモソーシャルなイメージもまた、戦中から戦後にわたる日系人の表象的構築に重要な影響を与えたと思われる。特に印象的なのは生徒たちの髪型である。男子はほぼ全員がリーゼント、女子はみな前髪と後ろ髪を巻き毛にしている。前述したように、ヒラリバーには、カリフォルニア内陸部の農村地帯から移送されてきた人たちと、ロサンゼルス近辺の都市部からきた人々が混ざっていた。戦前の日系人の職業の多様性を考えると、二世の服装や髪型にもある程度のバラエティがあったはずである。

　例えば、ジーン・ワカツキ・ヒューストンは自伝的小説『マンザナールよ さらば―強制収容された日系少女の心の記録』（現代史出版社、一九七五年）のなかで、日米開戦後、家族が一時的にターミナル・アイランドに移ったときの体験を綴っている。ロサンゼルスの南のロングビーチの白人中心のコミュニティで育ったヒューストンは、住人の大多数が日系人であるターミナル・アイランドに引っ越して大いに戸惑う。特に幼いヒューストンを悩ませたのは、自らを「ヨゴレ」と呼ぶ漁師の若者の集団であった。ターミナル・アイランドの日系住民のほとんどは南紀州の漁村の出身であり、使う方言も立ち居振る舞いも、白人ミドルクラスの都市コミュニティで育ったヒューストンには、恐ろしく乱暴で粗野に思えたのだ。[27] ロサンゼルスの日系人のエスニシティを研究した南川文里は、日系人は日系というエスニックなつながりよりも、日本の中の出身地とのトランスローカルなつながりにアイデンティティをより強く保持していたことを指摘しており、ロン・クラシゲもまた、日系人は仏教徒／キリスト教徒、農村住民／都市住民、日本語話者／英語話者、労働者階級／ミドルクラスなど、宗教的・社会的・経済的に大きな多様性を含んだ集団であり、決して文化的に一様なコミュニティではなかったことを強調している。[28] これに対し、強制収容を通過した後の日系人の表象は、それまでに帯びていた多様性を失い、極めて均質なイメージに包摂された。その理想形は、英語をベースとしたミドルクラスの良き市民、すなわち人種的マイノリティである点を除けば、すべての点で「アメリカ化」された人物のイメージである。

人種という点からもう一つ指摘しておきたいのは、卒業アルバムの表象には管理者たる白人と被収容者たる日系人以外の民族が登場しないことである。ヒラリバー収容所は先住民居留地内にあり、また極めて短期間で一万人以上を収容するキャンプを建設するために動員される地域の労働人口を考えると、ラティノの労働者がゼロであったとは考えにくい。また、ヒラリバーで「日系アメリカ人避難転住調査（ＪＥＲＳ）」の調査員であったチャールズ・キクチは、日記のなかでアフリカ系の労働者に言及している。[29] しかし、アルバムのイメージでは、登場する非日系人はすべてヨーロッパ系で支配者側の立場にあり、また日系人以外の人種的マイノリティは登場しない。人種と階級の権力構造から見た場合、白人労働者階級も、入所者に対して支配的立場にある人種的マイノ

写真４　野球

リティも現実にはいたわけであるが、アルバム上では存在しないのだ。支配関係と人種関係を現実よりも単純化することで、アルバムの表象は、白人と日系人の階層的上下関係を絶対化し、さらにはあたかもそれが自然であるかのような錯覚を与えるのである。

②アルバム表象に見えるジェンダー・イメージ

前述したように、アルバムは白人官吏の姿が最初に大きく描かれ、その後、教員、生徒の写真という構成になっている。学生アドバイザーや二世の再定住支援スタッフとして、収容所学校では女性の職員も活躍した。教科教員にも多くの女性が含まれていた。

アルバムには、教科の写真の他に、図書室や放課後の課外活動のスナップが豊富に掲載されている。特に大きく取り上げられているのはスポーツに関する情報である。なかでもとりわけ多くページを割いているのは、アメリカン・スポーツの御三家、フットボール、バスケットボール、そして野球である。フットボール、バスケットボール、野球のページには、イラスト、メンバーの写真と一緒に、それぞれの競技の試合結果などが載せられている。三大競技にはそれぞれ二から三ページずつ割かれている。学校対抗の試合などに詳細な記述があるところを見ると、選手だけではなく、試合結果に学校全体からの関心も高かったことが伺える。三大スポーツで男子選手中心にマッチョな表象が行われることは、他の高校アルバムにもよく見られることだ。[30]

　女子のスポーツにもまとめて二ページが割かれているが、女子の姿が目立つのはパレードの美人コンテスト、生徒会の役員などである。生徒会長は全てのアルバムで男子であったが、役員には女子の姿も多く見られる。[31]男子が生徒会長とマッチョなスポーツ、女子が図書室や美人コンテスト、生徒会の書記・会計などの役割で登場するという点で、アメリカの通常の高校卒業ア

写真５　相撲大会

ルバムとよく似たジェンダー・イメージの役割分担が成立している。生徒会は女子と男子の代表が同数入っており、学校憲章委員会の写真には、白人男性教員の他、女子が三名、男子が三名写っている。アメリカン・コミュニティの建設を目指していたＷＲＡにとっては、二世が生徒会やその他の委員会を盛り上げ、女子も積極的に参加し貢献することは、アメリカ的民主主義の理想的具現化であった。[32]はつらつとした二世女性像が多く見られることは、男女間の年齢差が大きく、より伝統的家父長主義的関係にあった日系一世たちとは明らかに異なる新しい日系人像をアピールする表象であるともいえるだろう。

　収容所のアルバムが勉学に励み、スポーツに興じ、アメリカ的民主主義を謳歌する二世像を描いているのは、日系人が逆境に負けず、奪われた「正常な」青春をこのメディアのなかで取り戻そうとしたという解釈が一方で成り立つ。強制移動がなければ、彼らはアルバムに描かれたような「アメリカの高校生」の生活を満喫したと思われるからだ。だがエスニック文化の表象に関しては、アルバムで描かれる高校生活は、収容前と収容後で決定

的に違っていた。

③学校活動の表象における日本的要素の排除

ＷＲＡの方針で、収容所学校では日本語教育、日本語による教科指導が禁じられただけでなく、日本的な課外活動も許されなかった。したがって、ハイスクール・アルバムのなかには、着物や生花など、日本的な祭りや伝統的活動は、まったく出てこない。

では、収容所で日本的な活動が一切行われなかったのかというと、実はそうではない。一世たちは、碁や将棋、盆栽などを楽しみ、収容所には演芸会場も作られ、日本的な出し物も盛んに上演されていた。(33) ヒラリバーでは柔道や相撲も行われ、また、他の収容所の写真にも、盆踊りに若い二世や子どもたちが着物を着て参加している姿が写っている。(34) すなわち、収容所学校の生徒たちは、学校の外では、自分も着物を着たり、柔道を習ったりする機会があり、周囲の大人は日本的な余暇をたしなむことで時を過ごしていたが、学校での活動を記録したアルバムには、日本的要素が一切見られないのである。(35)

ヒラリバーの卒業アルバムに写っているのは、典型的なアメリカのティーンエイジャーの姿である。ジェローム収容所におけるビューティー・ページェントを分析したマリア・マッカンドリューが指摘するように、敵国人である日本人と「身体的に似ている」という理由で生活を奪われ、虜囚の身に甘んじていた日系の若者にとって、アメリカ人女性の美的理想に近い身体をもつ二世女性を自分たちのイメージの代表とすることは、身体を通じて「人種を薄める」ことでアメリカ社会に受け入れてもらうという生存戦略であった。(36) 戦前のリトル東京で、着物を着て東洋的な美しさを強調した二世女性が二つの文化の架橋としてその身体を日本人街の経済的活性化に役立てたのとは対照的に、戦中の日系人は、入所者向けの娯楽である盆踊りでは着物を着ていたにも関わらず、外に対しては日本的美のイメージは完全に排除し、二世女性のアメリカ的美（白人的美しさ）をことさらに表象の前面に押し出した。(37) WRAの記録写真や他人に見せることを想定しなかった個人のスナップ写真とは対照的に、高校卒業アルバムから日本的な活動が一切排除されているということは、アルバムが入所者のための情報源や入所者自身の記憶の媒体であっただけでなく、収容所外へ日系人のイメージを発信するためのメディアでもあったことを示唆している。

(2) 一九四四年の卒業アルバム

①イラストに描かれる二世のイメージ

一九四四年のアルバムには、前年度以上に、生徒が作った詩や生徒の描いたイラストが多く載っている。そこでこの章では、イラストや詩の中に描かれる二世像や二世の心情について分析しよう。

WRAの基本的な方針は、収容所のなかの日系人からアメリカに忠誠な人間と不忠誠な人間を峻別し、前者をなるべく早く収容所から出して通常の社会に再統合することであった。再統合は、特に若い二世を早く出所させ、勉学や就職のために中西部や東部に再定住させることでエスニック集団への帰属を薄めて、「普通のアメリカ人」になることを目標の一つとしていた。一方、軍における人種隔離を徐々に解消しようとしていた陸軍は、敵性外国人に分類することで兵役不可としていた日系二世を兵役可とし、四三年には志願兵を募集し、四四年には徴兵制を導入した。これらの目的を実行に移すために政府が四三年に実施したのが「忠誠質問」である。

ヒラリバーでは忠誠質問にノーと答えた被収容者は一割を下回り、表立った騒動は起こらなかったが、年度ごとのハイスクールの生徒数の変化を見ると、収容所学校の「異常さ」の一端を見ることができる。一九四二年の開校当時一八九三名だった生徒数は、四三年七月には一六八五名となった。四三年秋の開講時は一四六九名であったが、忠誠質問と再隔離を経て、年度末には一二五六名になった。ジェローム転住所から移されてきた人々が

写真６　収容所の外の世界

加わった四四年秋には一三五八名となったが、四五年の年度末には一一八六名であった。[38]生徒たちの行き先はツールレイクだけでなく、むしろ多くの生徒は学業や就職のために東部や中西部へと移っていった。一九四三年からは二世の兵役志願が、四四年からは二世の徴兵も始まったため、ますます多くの生徒が学校を去っていった。

卒業アルバムはそのようななかほとんど作りを変えておらず、できるだけ「正常な」アメリカのティーンエイジャーの生活表象を行おうとした。その一方、アルバムに表れる理想的な二世のイメージは、出所許可を得て進学あるいは就職し、収容所を去る姿であった。「キャンパス・ライフ」と題された章の見出しページには音楽とダンスに興じる若い男女が描かれ、この時代のアメリカン・ポップカルチャーに見られる典型的若者の姿がある。写真６では、下の方に収容所に残る人々が描かれ、彼らが見上げる先には、バラックの屋根からそびえる星条旗、その彼方にはエンパイヤステートビルのような大都会の高層ビルが描かれている。群衆のなかから、彼らの思いを象徴するような巨大な手が上に向かって伸び、その掌には青年男性が星条旗とビルを見上げてすっくと立っている。この若者は、後に残る人々の思いや希望を背負って自由な新天地へと旅立つ。残る人々が思い描き、若者がたどり着こうとする先は、主流アメリカの、しかも大都会である。戦前に暮らしていた西部のエスニック・コミュニティに戻るのではなく、これまでは手の届かなかった主流社会での成功が、二世の目指すべき目的地としてここには明確に示されている。[39]

②詩に表現された二世の苦悩

一九四四年の『Year's Flight』には、巻頭と巻末の裏表紙に二世の詩が載せられている。雰囲気を伝えるために、巻頭のものを原文のまま引用しよう。

ONCE, BUTTE HIGH, YOU WERE/ BARREN, DESOLATE, WITHOUT HEART, NOR SOUL/ LONELY
IN YOUR SOLITUE IN THE MELANCHOLY WASTE/ SPRAWLING, LIFELESS, UNDER TORRID
GLARE OF DESERT SUN…/ ALONE, ALWAYS ALONE
TODAY, BUTTE HIGH, YOU ARE/ PULSING, WARM, ALIVE WITH HOPES AND DREAMS/ THE
HEART OF THOSE WHO THRU YOU MARCH ON TO VICTORY/ THROBBING IN A PASSIONATE
BEAT OF A TRIUMPHANT MARTIAL STRAIN…/ OURS, ALWAYS OURS　— NOBUKO EMOTO(40)

歴史研究者である筆者には詩の巧拙は判断しかねるが、当初は荒野と感じられていた砂漠が、入所者の努力によって生気を得て、二世がそこから勝利へと力強く歩みだしていくという気概は読み取れる。巻末の詩にも、外の世界の困難や無知、寄せられる疑念に負けず、パイオニアとして恐れず踏み出せ、というような内容がうたわれている。

詩や短いエッセイのなかには、写真には表れない収容所の異常さや生徒たちの苦悩が、「苦難を乗り越えよう」というメッセージとともに繰り返し表れる。しかしアルバムを見ても収容所の日系人が直面した苦難がどのようなものだったのかはよくわからない。アルバムには生き生きと高校生活を楽しむ生徒たちとそれを支える温厚な白人管理者と支援者の写真やスナップが並び、その他にはＰＴＡや用務員の一世の姿があるのみだ。ＷＲＡは入所者にコミュニティ政府を組織させ、民主的な運営をさせることを建前としていたが、収容者が当局に対して不満を表明すると、トラブルメーカーや危険人物として拘束され、場合によっては司法省所管の捕虜収容所に送られた。日系人は権力者に逆らわない限りにおいて、ある程度の自治を認められたのだ。このような状況で、高校卒業アルバムのような半公式的なメディアが、当局の権威主義的な政策を非難するような表象を載せることは不可能である。そこでここでは、アルバムでは表現できなかった生徒たちの苦痛の一例を、戦争が終わって長い時間が経ってから回顧した文のなかに見出してみよう。ケン・タシロがヒラリバーで一緒にハイスクールに通った親友との別れを綴った部分である。

政府のせいで畑や全ての農具を失ったことに父親が非常に腹を立てており、日本に帰りたがっている、と彼は涙ながらに説明した。兄姉たちもアメリカは自分たちの権利を奪ったと感じていた。彼らも一緒に日本に帰ることにしたため、ハンクも一緒に行かなければならなかった。かわいそうに、他に選択肢はなかったのだ。家族と一緒にツールレイクに行くよりなかった。十月にハンクと家族が他の人たちと一緒にツールレイク行きの汽車の駅まで行くバスに乗り込むのを僕は見た。ハンクは手紙を書くと約束したが、手紙は一度も来なかった。ハンクは思い出になってしまった。(41)

この回顧録からは、比較的抑制されたトーンのなかにも、当時の生徒たちが政策に翻弄され、親友と引き裂かれた辛さは伝わってくる。しかし、高校生活を大きく揺るがしたであろうこの再隔離政策に関して生徒たちが何を思ったかは、アルバムからはわからない。アルバムで表されるのは、アメリカに対して不満を持たず、あくまで忠誠を貫けば、やがて主流社会にも受け入れられる日もやってこよう、という当局が許容する範囲に収まるメッセージであった。しかし、繰り返し表れる「苦難に耐えて、前を進もう」という自己や仲間を鼓舞する言葉は、かえって彼らの抱えた苦難の深さを表しており、特に忠誠質問とコミュニティの分断の記憶という、語られないがそれを経験した人々には共有される「不在の存在」を隠しているといえるかもしれない。(42)

(3) 一九四五年の卒業アルバム

ここまで見てきた一九四三年と四四年のアルバムからは、戦争と人種差別の産物であった強制立ち退きと収容のなかでも、日系の生徒たちが自分たちの高校生活を「アメリカ的」なもの、そして「正常」に近いものとして描こうとしたことが明らかになった。しかし四五年のアルバムは、戦争が極めて可視化されているという点で、それまでのアルバムとはかなり印象が異なる。

一九四五年の卒業アルバムに描かれる一九四四年度のヒラリバーのハイスクールでは、体育館やラボなどの施設も整い、教育環境が格段に充実した。また、大学の紹介、奨学金の世話、受け入れ支援や予測される問題や課題について説明を行うため、再定住先からゲストスピーカーが講演にくるなど、再定住のプロセスが本格化した。一方、『Year's Flight』の冒頭近くには、軍務に就くために学校を去った生徒や教師のリストが載っている。

同じアルバムには、二世の息子を軍務へと送り出す一世の葛藤を描いたショートストーリーがある。物語では、当初息子が軍隊に行くことに反対している父親が、砂漠で生き抜き花を咲かせるサボテンの姿に、故国を飛び出して新天地で生き延び、豊かさを享受した自らの姿を重ね、やがて絶望と疑念を振り払って、稲妻と雷鳴のなか丘を降りていく。(43) ヒラリバーでは徴兵忌避者は一人も出なかったが、収容所から徴兵されることに入所者が疑問を持たなかったはずはない。アルバムのなかで一世の姿はあまり目立たないが、戦場へと生徒が旅立っていくという局面で、一世と二世のつながりが描かれていることは興味深い。

写真７　生々しい戦争の描写

四五年のアルバムでより目を引くのは、『The Rivulet』に掲載されているイラストである。出征していく兵士のスナップ写真や兵役についた者のリストだけでなく、この巻には、戦場を直接描いたイラストが載っている。前年までは、強制移動と収容、忠誠質問と再隔離など、戦争で辛酸をなめた割には、不自然なほど平穏で幸せなハイスクール生活を描いていたヒラリバーの卒業アルバムが、二世兵士に関しては、戦争を前面に出して描くようになったのは、なぜだろうか。

一つは、日系アメリカ市民協会（ＪＡＣＬ）に代表される体制派の二世たちが、自分たちが正真正銘のアメリカ市民として認められるためには、「祖国のために死ぬ自由」がどうしても必要だと考えていたことが挙げられる。[44] マイノリティであるがゆえに、そして敵国に通じる者として市民の範囲から逸脱させられてしまった日系二世は、再びアメリカ市民として統合されるために、ことさら血を流す貢献を強調することで、自分たちの失ったものを過剰補償したのだ。卒業アルバムでは、「敵」として収容所に入れられたという面からの戦争は描かれなかったが、「アメリカ人」として積極的に国に奉仕する二世の戦中の姿は余すところなく表象されている。ここにもまた、収容所が日系人、とりわけ二世の「アメリカ化」という、一種の社会文化的暴力を徹底する装置であったことが如実に表れており、また卒業アルバムという媒体が日系生徒を集合的に外の社会に対して紹介すると同時に、自己定義のためのメディアとして、かなり意識的に表象されるべきイメージ、隠蔽されるべきイメージが取捨選択されていたことが示されているのである。

結論

日系歴史研究者のバレリー・マツモトが描いたように、戦前の日系コミュニティは主流社会からの疎外ゆえにエスニックな境界内に独自の生活文化圏を築いていたが、そのなかでも都市部の二世は、民族性とジェンダーに基づいた強固な社会的ネットワークを構成しつつ、アメリカ主流社会の都市文化を満喫した。(45) それは、特に女子にとっては一世が保持する民族文化的価値観による束縛からの自由への希求を含みつつも、非常に強固なエスニックな人的絆であり、このネットワークが戦中から戦後の苦難の時代に日系コミュニティを支えた。ヒラリバーのハイスクール卒業アルバムの表象を見ると、「普通のアメリカのティーンエイジャー」としての日常をあくまで描いたのは、収容所という民族的に単一な空間に隔離されたことで戦前の「平常」を奪われたことに対する、二世たちの一種の抵抗であったという解釈が成り立ち得よう。しかし同時に、アルバムは二世が主流社会に受け入れられるための、彼らのサバイバル戦略であった。アルバムの中で描かれる日常は、エスニックな文化的マーカーを徹底的に消し去り、あくまで人種的ヒエラルキーを受け入れるものであった。非白人非日系の労働者や親日派など、当局に容認される人種・世代・国籍・行動カテゴリーに当てはまらない要素はすべて省かれ、アルバムは主流社会に対して、後の「モデルマイノリティ」像へとつながるイメージを媒介した。日系人のなかの多様性を自ら消し去る表象は、アルバムを作った生徒たちが、白人教員の指導のもとでそれを作成したという直接的な意味でも、収容所学校においてエスニックな要素を徹底的に取り除くという政策が遂行されていたという間接的な意味からも、政府からの検閲の成果である一方、「ハイフン付きでないアメリカ人」を目指していた日系コミュニティ側からの自主検閲であったとも言えよう。しかし一方で、アルバムに含まれる詩や挿絵などの細部を見ると、矛盾や葛藤、収容生活の異常性なども読みとることができる。これらをアルバムに表現されない記憶と照らし合わせて分析すると、アルバムが実は強制収容のより大きな悲劇を伝えていることが理解できるのである。

付記

本研究は、科学研究費補助金基盤研究C「米国アリゾナ州における日系人強制収容所に関する歴史資料に基づく実態調査」（24520847 代表者：和泉真澄）の助成を受けたものである。

［註］

（1）戦時転住所とは、太平洋戦争勃発によりアメリカ合衆国に住む日系人が太平洋岸から強制立ち退きさせられたために、立ち退き住民を収容し、管理するために作られた内陸部十か所の日系人強制収容所を指す。なお本文中では、アメリカ政府による公式な呼称を使う場合に「戦時転住所」または「転住所」を用い、より実態に即した用語としては「収容所」を用いている。

（2）William F. Miller, Gila River Project, Community Management Division, Education Section, "Educational Program, 1942-1945, Final Report." Record Group 210. Records of the War Relocation Authority, *Final Report of the Gila River Relocation Center*. National Archives（Microfilm available at the University of Arizona Library）: 2. 以下、Education Program Final Report と略記。

（3）Thomas James, *Exile Within: The Schooling of Japanese Americans, 1942-1945*（Cambridge, Mass.: Harvard University Press, 1987）: 5.

（4）収容所の学校体系では、小学校卒業後の一三歳から一八歳の生徒はハイスクールに行くことになっていた。ハイスクールの生徒は、日本で言えば中学校と高等学校に当たる学齢であるが、一つの学校に行っているので、本稿では「ハイスクール」という用語を使用する。

（5）日本語で書かれた収容所新聞、文学に関する主要なもののみ挙げておく。水野剛也『日系アメリカ人強制収容とジャーナリズム―リベラル派雑誌と日本語新聞の第二次世界大戦』春風社、二〇〇五年。水野剛也『敵国語ジャーナリズム―日米開戦とアメリカの日本語新聞』春風社、二〇一一年。小林富久子監修、石原剛ほか編『憑依する過去―アジア系アメリカ文学におけるトラウマ・記憶・再生』金星堂、二〇一四年。日比嘉高『ジャパニーズ・アメリカ―移民文学・出版文学・収容所』新曜社、二〇一四年。

（6）日系人収容所の教育に関する総合的研究としては、前掲したジェームズの著作がよく知られている。日本語では合衆国の収容所の教育に関する単著はないが、カナダの収容所についてはフランク・モリツグ著、小川洋、溝上智恵子訳『ロッキーの麓の学校から―第二次大戦中の日系カナダ人収容所の学校教育』（東信堂、二〇一一年）を参照されたい。合衆国の収容所教育の抱えた矛盾については、島田法子『日系アメリカ人の太平洋戦争』（リーベル出版、一九九五年）などに論じられている。

（7）収容初期の主だった騒動としては、一九四二年一一月から一二月にかけて起こったポストンのストライキ、およびマンザナー暴動が挙げられる。また、一九四三年にアメリカ政府が全収容所で実施した「忠誠質問」は、収容者にアメリカ軍への従軍の意志と、日本の天皇への忠誠放棄を迫るものであり、日系人を大混乱に陥れた。不忠誠者を収容するため、ツールレイク転住所は隔離収容所へと転換され、質問に「ノー」と答えた日系人は、それまでの転住所からツールレイクへと、ツールレイクにいて「イエス」と答えた者は、別の転住所へと移送された。ツールレイクでは、ストライキ、暴動、戒厳令と軍隊による騒動鎮圧などが頻発し、親日派による示威行為が繰り返された。さらに、一九四四年に日系二世に対して行われた徴兵制導入に対しては、各収容所で徴兵忌避者が続出。ハートマウンテン収容所などでは、組織的な徴兵忌避運動が展開された。

（8）各日系人収容所の学校新聞および卒業アルバムは、ワシントンDCにあるアメリカ国立公文書館のWRAコレクションに所蔵されており、現物を手にとって見ることができる。"War Relocation Center Yearbooks, 1943-1945," Record Group 210, Records of the War Relocation Authority, 1941-1989. National Archives and Records Administration.

（9）ジェイムズの著作の二六頁には、マンザナー転住所でドロシア・ラングが一九四二年七月一日に撮影した写真が掲載されている。そこでは小学生の子どもたちがバラックの外壁にもたれながら砂の上に直接並んで座っており、ボランティアの二世教師も地面に跪き、小学生の膝の上のノートを覗き込んでいる。

（10）James, 37.

（11）James, 37.

（12）第二次大戦中を通じて、もっとも収容者数が多かったのはツールレイク（ピーク時人口一万八七八九名）であるが、これはツールレイクが隔離収容所に転換され、他の九箇所のキャンプからいわゆる「不忠誠者」が移送されてきた後の数字である。

（13）たとえば、ツールレイクに収容されたヒロシ・カシワギは、「撃たれるのが恐ろしくてフェンスのそばには近づかなかった。［…］物理的な監禁に加え、私たちの魂もまた、フェンスで包囲されたのだった。この魂の捕囚こそ強制収容の体験のなかでも最も破壊的な部分だった」と証言している。John R. and Reiko Katsuyoshi Ross and the Tule Lake Committee, *Second Kinenhi: Reflections on Tule Lake. Second Edition*（Tule Lake Committee, 2000）, 37.

（14）Education Program Final Report, 13-15.

（15）n.a., *A Year at Gila*, Anniversary Booklet（July 20, 1943）, WRA Records, Special Collections, University of Arizona. それぞれの学校の「生徒数」の数字は、教育プログラム最終報告書から転記した。

（16）Education Program Final Report, 2-3.

（17）Education Program Final Report, 4.

（18）Education Program Final Report, 11.

（19）ＷＲＡは被収容者の給与を一律に専門職月一九ドル、熟練労働月一六ドル、非熟練労働月十二ドルと定めていたが、ヒラリバーでは月十二ドルのカテゴリーに入れられた労働はなく、すべての労働者に最低月一六ドルが支給された。

（20）Education Program Final Report, 40.

（21）Education Program Final Report, 4.

（22）Toyoko Toppata, "My Years in School at Gila," in Education Program Final Report, Appendix, 57-58.

（23）Education Program Final Report, 17.

(24)『Year's Flight』と『The Rivulet』は、国立公文書館所蔵の原本の他に、原本を白黒コピーしたものが、アリゾナ州ツーソン市にあるアリゾナ歴史協会に所蔵されている。本稿執筆の段階では、筆者は国立公文書館のアルバムの原本の写真を一部しか手に入れておらず、したがって、本稿で用いるアルバムページの写真のほとんどは、アリゾナ歴史協会所蔵のコピーを用いた。

(25) アリゾナ歴史協会には一九四三年のアルバムは『Year's Flight』のコピーのみ所蔵していたので、この章の写真は他に記述がない限り、すべて『Year's Flight』(1943) のものである。

(26) 和泉真澄『日系アメリカ人強制収容と緊急拘禁法―人種・自由・治安をめぐる記憶と葛藤』明石書店、二〇〇九年、七一〜七四頁。

(27) ターミナル・アイランドの人々は、アメリカに定住した後も社会的・経済的に母村との強固なつながりを保った。今野裕子「トランスパシフィック・ローカリズム―太平洋戦争前の和歌山県太地町とカリフォルニア州・ターミナル島をつないだ故郷の力」『アメリカ・カナダ研究』二九号、二九〜五七頁。

(28) 南川文里『「日系アメリカ人」の歴史社会学―エスニシティ・人種・ナショナリズム』彩流社、二〇〇七年。Lon Kurashige, *Japanese American Celebration and Conflict: A History of Ethnic Identity and Festival, 1934-1990* (Berkeley: University of California Press, 2002).

(29) Matthew M. Broines, *Jim and Jap Crow: A Cultural History of 1940s Interracial America* (Princeton: Princeton University Press, 2012): 151-152. キクチの日記には、収容所で働いていたアフリカ系アメリカ人青年が「大多数の二世がアメリカに忠誠を誓っていること知ってがっかりし、『君たちは間違っている。君らを望まない国に対して、何だって忠誠を尽くさなくちゃいけないんだい?(中略)』と応えた」との記述がある。

(30) 戦前のバンクーバーで活躍した野球チーム「バンクーバー朝日」を分析したシャノン・ジェットは、朝日が小さな身体を生かした機敏な動きと頭脳プレー(Brainball)により白人と対等に戦い、主流社会からも一定の敬意を受ける要因となったと同時に、日系プレーヤーたちの身体が常に主流メディアから他者化され、その男性性に疑念が表明されたことを指摘している。Shannon Jette, "Little/Big Ball: The Vancouver Asahi Baseball Story," *Sport History Review* 38 (2007): 5-6, 10-11. 収容所学校の野球チームは、少数の対外試合を除いて日系人のみからなる環境で活動していたので、プレーヤーの男性性の表象にさほどの不安定さはもたらさなかったと考えられる。

（31）ちなみに一九四三年のビュート・ハイスクールの生徒会長は、ジム・アラキであった。ジェームズ（ジミー）・アラキは優れたジャズ奏者で、占領軍の一員として来日している間、日本のジャズメンとも交流を深めた。秋尾沙戸子『スウィング・ジャパン―日系米軍兵ジミー・アラキと占領の記憶―』新潮社、二〇一二年。

（32）社会学者の南川文里は、WRAの収容政策の根本に日系人を「『市民』として教育するための機会」という考えがあったことを指摘している。南川文里「鉄条網の中の『コミュニティ』―アメリカ合衆国の戦時強制収容は日系人社会をどう変えたのか？」『立命館国際言語文化研究』二五巻一号、二〇一三年、九四頁。

（33）全米日系人博物館の情報サイト「ディスカバー・ニッケイ」には、国立公文書館所蔵のWRAが撮影した収容所記録写真の一部を公開しており、閲覧できる。〈http://www.discovernikkei.org/en/nikkeialbum/albums/103/slide〉アクセス日、二〇一五年一二月四日。

（34）エリック・L・ミューラー編、岡村ひとみ訳『コダクロームフィルムで見るハートマウンテン日系人強制収容所』紀伊國屋書店、二〇一四年。原書は、Eric L. Muller, with photography by Bill Munbo, *Colors of Confinement: Rare Kodachrome Photographs of Japanese American Incarceration in World War II* (Chapel Hill: University of North Carolina Press, 2012). この写真集は、ハートマウンテン収容所でカメラの所有が認められた後、個人として撮影していた写真を集めたものである。戦後も家族や親しい友人以外には写真は見せられなかった。

（35）収容所のなかでは、琴や三味線、長唄などが教えられていた。Minako Washida, "Extraordinary Circumstances, Exceptional Practices: Music in Japanese American Concentration Camps," *Journal of Asian American Studies* 8: 2 (June 2005): 171-209.

（36）Malia McAndrew, "Japanese American Beauty Pageants and Minstrel Shows: The Performance of Gender and Race by Nisei Youths during World War II," *Journal of History of Childhood and Youth* 7: 1 (Winter 2014): 46, 50-51.

（37）たとえば、二世女性の美しさを論じるのに、収容所新聞は「大根足」を好ましくない特徴として非難している。McAndrew, 51. 戦前から戦後を通じてロサンゼルスのエスニックな祭典「二世ウィーク」をめぐる文化ポリティクスを分析したロン・クラシゲは、戦前の「二世ウィーク」における二世女性の身体表象が、主流社会をエスニックな空間に惹きつけるため、「オリエンタリズム」的美とアメリカに対する忠誠心の二重性を帯びたものであったことを指摘している。ロン・クラシゲ「二文化主義の問題—第二次世界大戦前の日系アメリカ人の祭りとアイデンティティ」佐々木隆監修、和泉真澄・趙無名編著『アメリカ研究の理論と実践—多民族社会における文化のポリティクス』世界思想社、二〇〇七年、一八九～一九二頁。

（38）Education Program Final Report, 27. 一九四四年六月にジェローム転住所が閉鎖したため、約二千名の被収容者がヒラリバーに移された。

（39）収容所から中西部や東部へ移った二世たちのその後の生活は、主流社会との関わりだけではく、都会での他のエスニック・マイノリティとの重層的な関係のなかで展開されていった。Greg Robinson, *After Camp: Portraits in Midcentury Japanese American Life and Politics* (Berkeley: University of California Press, 2012).

（40）『Year's Flight』（1944）より。

（41）Kenneth A. Tashiro, *"Wase Time!": A Teen's Memoir of Gila River Internment Camp* (Bloomington: Authorhouse, 2005), 78-79.

（42）キャロライン・シンプソンは、戦後の冷戦文化のなかで、日系アメリカ人強制収容は語られない過去の決定的な出来事であり、記憶のなかの「不在の存在」として繰り返しイメージが表れると主張している。Caroline Chung Simpson, *An Absent Presence: Japanese Americans in the Postwar American Culture, 1945-1960* (Durham: Duke University Press, 2001).

（43）『Year's Flight』（1945）より。物語は「Invictus（負けざる者）」と題名がつけられている。

（44）ＪＡＣＬは一九二九年に結成された日系二世の団体で、戦争勃発後に政府が強制移動命令を出した際に、日系人に政府への全面協力を呼びかけ、政府から日系人代表として主として交渉する機関として認められた。政府が二世の徴兵を決定すると、ＪＡＣＬは二世に従軍するよう説得に務めたが、被収容者の間には従軍に反対する意見も強く、収容所ではアメリカ市民としての権利が認められるまで徴兵には応じないという運動も起こった。Ｅ・Ｌ・ミューラー著、飯野正子監訳『祖国のために死ぬ自由—徴兵忌避の日系アメリカ人たち』刀水書房、二〇〇四年。

（45）Valerie J. Matsumoto, *City Girls: The Nisei Social World in Los Angeles, 1920-1950* (New York: Oxford University Press, 2014).

第２章　軍政下日本語教育の記憶
──元教員が描いたフィリピンとビルマ

木下　昭

はじめに

第二次世界大戦が終了して七〇年が経過した。しかし、その影響は今日も無視し得ないものがある。そこで改めて問われるのが、当事者が戦時の経験をいかに受け止めたか、である。これを探るために、彼らからの聞き取りが活発に行われ、そこに表われた記憶をどのように解釈すべきかが、大いに議論されるようになった。しかし、当時のことを聞き取ることは、それが可能な生存者が少なくなったことから、非現実的になりつつある。そこで、今後ますます重要性を帯びると思われるのが、戦争体験者が残した手記、すなわち「戦記もの」である。

「戦記もの」は、第二次世界大戦終了後、膨大な人々によって様々な立場から執筆され、戦争の経験がいかなるものかを示してきた。この「戦記もの」に関しても、記憶の一形態として分析が試みられるようになり、その特徴や変遷が明らかになってきた。[1]これは戦争体験を考察するうえで欠かせない視点を提供するものであった。しかし、「戦記もの」の数が非常に多く、その執筆者や内容、そして刊行形態が多様であるため、さらなる研究の蓄積が求められている。本章はそのためのささやかな試みとして、アジア太平洋戦争時に日本帝国の占領地において日本語教育に携わった人々の手記を取り上げる。彼らの文章は「戦記もの」として取り上げられること自体少ない。これは、教員がその職務の性格ゆえに、戦争との関わりが間接的という印象があるからかもしれない。しかし彼らは日本の支配地域に幅広く派遣され、日本語教育は占領政策の基盤であった以上、その重要性は無視し得ない。本章では、彼らの言説とその手記の性格がいかに関係しているのかを論じる。これにより、「戦記もの」におけるメディアとしての特徴（送り手や受け手、作成手法や刊行形態、制作時期とその時代・社会背景など）の記憶への影響を吟味したい。

前記の課題に取り組むために、ここではフィリピンとビルマ（現ミャンマー）に派遣された日本語教員たちが残した二つの「戦記もの」、すなわち元比島日本語教育要員の会（以下、比島日語教員会と略す）が出版した『さむぱぎいた』と、セクパン会が出版した『せくぱん―ビルマ日本語学校の記録』を取り上げ、比較分析する。これは次の三つの理由による。①二つの出版物は、戦地に赴いた人々が戦後結成した組織によるものであり、「戦記もの」の一つの典型である。占領地に派遣された教員に関しては、類似した出版物は他には知られたものはない。したがって先の大戦を考察するうえで重要な存在だが、これまで十分に分析されてこなかった。もちろん、これらは日本語教育研究において、戦中の教育の実態を解明する資料としては、引用されることがこれまであった。[2]しかし今日、過去の経験を機械的に記録したものが記憶ではないとされ、記憶をいかに扱うべきかが盛んに議論されるようになっている。これを踏まえて、本章ではこれらの手記をメディアとしての「戦記もの」という

写真1　『さむぱぎいた』と『せくぱん―ビルマ日本語学校の記録』

視点をもとに分析したい。[3] ②フィリピンとビルマへは、ほぼ同時期に各二〇〇名前後の日本語教員が派遣され、彼らは日本への引揚まで類似した運命をたどった。③体験としての共通性がある一方で、この二つはメディアとして性格が大きく異なり、両書を比較することは、「戦記もの」をメディアの側面から分析するうえで有効である。詳細は後述するが、『さむぱぎいた』が雑誌として長期にわたって出版されたのに対して、『せくぱん』が一冊の書籍として出版されたことは、重要な相違点の一つである。

本章では、まず第一節で「戦記もの」の概要について整理する。次に第二節で、占領政策と日本語教育との関係を見る。第三節では、二つの「戦記もの」を使って派遣教員たちの経験を概説し、それぞれの特徴を述べる。そして第四節では、「戦記もの」のメディアとしての性格が記憶の抽出にどのように影響を与えているのかを論じたい。[4]

1　「戦記もの」とは

「戦記もの」とは、「戦争体験に基づいて書かれた手記、回想録、日記、手紙、エッセイ、研究論文、小説など、広く指す」[5]。この「戦記もの」作成過程において、戦争に関する記憶が、「戦争体験」として切り出されてゆくが、今日ではその際に働く様々な社会的作用のありようが問われるようになった。[6] 日本で出版されてきた膨大な数の第二次大戦に関する「戦記もの」を分類することは困難であるが、前記の問いを念頭に、あえていくつかの点で整理すると以下のようになる。

・執筆者：戦闘員—非戦闘員
・執筆人数：単著—共著
・内容：体験記（回想録、日記、手紙など）—その他（小説、ノンフィクション、研究論文など）
・刊行形態：市販品—自費出版ないし非売品

これらの区分で最も多いと想定される二つの種類は、戦闘員—単著—体験記—自費出版の組み合わせ、および戦闘員—共著—体験記—自費出版のタイプである。[7] 後者のタイプを主に生み出したのは、戦友会である。戦友会は戦前戦中の体験をもとに戦後再集団化した戦争経験者（およびその家族・遺族）の集まりであり、通例の活動は、彼らの「身代わり」に戦没した同僚の追悼会と会員の親睦を図るための懇親会、そして名簿の作成・更新である。この戦友会の重要なもう一つの活動が「戦記もの」の発行であり、戦友会研究と「戦記もの」研究は、密接した関係にある。このタイプの「戦記もの」は、執筆にあたって執筆量や費用といった点で、単著に比べて敷居が低くなることが多いため、幅広い人々の文章を見ることができる。また集団の記憶を見ることができる点も重要で、これが無視できないのは、個人の記憶に当該者の所属する集団が影響を与えるからである。[8] 付言すれば自費出版の場合、商業目的で出版されたものよりも戦争体験者の心中をより反映しやすくなっており、そこに負担を負ってでも表現したいことが見えるといえよう。[9] 本章で取り上げる比島日語教員会とセクパン会は、活動内容が戦友会そのものであり、彼らが自費出版した手記は、これらの点で前述した「戦記もの」の典型的な一種ととらえられる。

では、「戦記もの」の歴史を、本章で取り上げている事例を位置づけつつ概説しよう。「戦記もの」が多くの担い手により出版されるようになるのは、サンフランシスコ講和条約で日本が主権を回復して以降である。当初は元高級将校や従軍記者によって執筆されたものが大部分であったが、次第に元下士官から元一般兵へと書き手の裾野が広がっていった。(10) 二つの組織の結成（セクパン会は一九五九年、比島日語教員会は一九六六年）は、高度経済成長によって日本全体の生活水準が安定し、戦中の記憶の問い直しが可能になった時期にあたる。戦後二〇年を画する一九六五年が訪れたことも過去を振り返る契機となり、このころからさらに多くの「戦記もの」が日本各地で出版されるようになった。(11) 一九六七年に発刊された『さむぱぎいた』もこの流れの上にある。第一集の寄稿者をみると、全員が元教員で大部分がフィリピン派遣時に関する体験記である。一九七〇年刊と推定される第二集になると、旧戦地への慰霊や遺骨収集目的の日本人渡航者が増加したことを反映して、フィリピン再訪関連の文章が記載されるようになる。(12) この同じ年に『せくぱん』も出版されているが、一九七〇年代は戦友会の結成・活動の最盛期といってよい。(13)

『さむぱぎいた』の刊行は、編者の一人の死去などが理由となって、一六年の空白を置いて一九八六年から再開される。以後毎年発行されるが、一九九一年、鬼籍に入る会員の増加と高齢化により第八集で終刊に至る。その時に、原稿が集まるならば、一九九五年に『戦後五〇年特別記念号』（以下、記念号と略す）を刊行することになった。そして比島日語教員会最後の例会とともにこれが実現する。これは戦後五〇周年に、「戦記もの」作成のピークが訪れたことと連動している。(14) 両組織の実質的な参加者は、最盛期で比島日語教員会が四〇名前後、セクパン会が八〇名前後と推定される。

前記のような経過のなかで戦争経験が「戦記もの」として蓄積されたが、『さむぱぎいた』と『せくぱん』の特徴は、著者が非戦闘員として外地に赴き、その業務である日本語教育が大きな部分を占めていることにある。そこで、次に日本語教育と日本の占領政策との関係を見ていこう。

2 占領政策と日本語教育

一九四一年一二月の開戦後、日本軍の支配圏は現在の東南アジアを中心とした南方各地に及んだ。この地域における占領政策の主軸の一つに日本語教育はなった。これは、占領実務の遂行、「大東亜共栄圏思想」あるいは「日本精神」の普及、すなわち日本支配の正統性の浸透、そして旧宗主国である欧米思想の一掃といった根本的な課題の克服に不可欠であったからである。この日本語教育に関する政府の方針は、一九四二年八月の閣議において取り扱いを決定した、「南方諸地域日本語教育並普及に関する件」で示された。これによると、日本語教育ならびに日本語普及に関する諸方策は、陸海軍の要求に基づき文部省において企画立案することになっていた。使用する教科書や教員についても、同様の枠組みで規定されており、軍の主導が明示されていた。(15)

占領当初は現地に駐留した軍人たちによって、場当たり的に行われていた日本語教育であったが、先の閣議決定を受けて専門家として大規模かつ組織的に送り込まれたのが、本章で取り上げている日本語教員たちであった。派遣された教員の正確な数は不明であるが、フィリピンには約一八〇人、ビルマには約二〇〇人が赴任し、南方全体では九七〇人の派遣が計画されていたようだ。(16)ここで取り上げている教員たちが送られた任地は、フィリピンはアメリカの、ビルマはイギリスの植民地であった。

ただ、フィリピンやビルマで行われた日本語教育は、朝鮮や台湾といった植民地で行われたような「皇民化」ではなかった。もちろん日本語教育は「強制」であったが、フィリピンの場合、タガログ語も公用語であり、無視し得ない存在となっていた英語の使用は当座認められていた。ビルマの場合は、六〇余りの日本語学校を新たに設立しており、既存の教育機関への影響は限定的であった。フィリピンもビルマも一九四二年の時点ですでに、東条英機首相は将来的な独立を認める旨の発言を議会で行っており、戦略上重要拠点とみなされていた他の南方占領地域と比較しても、日本への同化のための教育施策が相対的に弱かったのである。(17)

3　日本語教員たちの経験

前記のような背景のもとで、任地に送られた教員たちはどのような文章を残したのだろうか。『せくぱん』は「刊行のことば」や扉ページなどを含めて一五四本の文章、『さむぱぎいた』はあとがきや編集後記を含めて一七九本を掲載している。加えて双方とも、教員の配置表などの資料が付けられている。掲載された文章のうち、教員たちのものは、オーラル・ヒストリーないしライフ・ヒストリーのように、自分のこれまでの人生を時系列に沿って述べたものではなく、戦中を中心に断片的な情報をまとめたものがほとんどであった。こうした文章が扱っているのは、以下の内容のいずれかの部分である。

⓪派遣前（応募理由、渡航までの経過）
①非戦闘員としての経験（教務での出来事、教務外での出来事）
②戦闘員としての経験
③戦闘停止後の抑留・引揚
④引揚後の出来事（慰霊、教え子・元同僚との交流）

これらのなかで、日本語教員ならではの内容がみられるのが⓪、①、そして④である。これは、⓪が本人希望による外地への赴任、①が教務と現地人（生徒と同僚）との関係性、そして、④が業務の非軍事性ゆえの戦後の旧占領地との紐帯、といったそれぞれの特性に基づいている。これらの部分を中心に教員たちの経験をたどってみたい。

(1) フィリピン

占領地に赴任する教員の採用は、道府県からの推薦や公務員の転勤などによる場合もあったが、中心となったのは一般公募からの選考であった。最初の募集は一九四二年一一月で、派遣先がフィリピンであったので、英語能力が条件とされた。主な応募者としては、当初から想定されていたように中等教育に携わっていた英語教員が多くいた。採用された人々の大部分は何らかの形で講習を受け、一九四三年一月、三月、九月のいずれかの時期にフィリピンに向けて出発している。フィリピンでは日本語教育は初等・中等教育の場だけでなく、高等教育の場、官公吏訓練所のような社会人教育の場でも行われた。教員たちには、教育訓練所などで現地人日本語教員の育成・指導を担うものもいた。さらに、地方駐在者は、州政府の教育関係全般の指導や監督を担う場合もあった。これらの日常的業務以外には「日本語週間」と呼ばれる、現地人の日本語に対する関心を深め、その普及に協力させるためのイベントが重要であった。その主要な出し物が子供による日本語大会で、スピーチ、朗読や合唱、劇などがプログラムに組み込まれていた。終戦が近づくにつれて、治安の不安定さもあって、教員たちの異動は頻繁に行われていたようだ。(18)

当初は、日本の軍事占領下で、戦争しているとは思えないほどの平穏があったが、アメリカ軍の攻撃が身近に迫ると、教務の停止を余儀なくされ、女性教員の大部分は日本へ退避し、残りは軍務に組み込まれた。彼らの新たな役割は、食糧調達や炊事などの作業、情報収集、そして日本軍とフィリピン側との連絡役のような任務で、食糧買付交渉などにあたって英語の通訳を求められることが多かった。そして終戦まで、敵軍の攻撃におののきながら、食糧を求めてジャングルをさまようといった、この世の地獄のような体験をすることになった[19]。結局日本語教育関係者のなかで、命を落としたものは八二名に及んだ。この生死の境を彷徨するなかで共有された「死者との連続性」、その上で生き残ったことによる「罪悪感」が、それまでの教員としての結びつきと重なりながら、戦後社会のなかで慰霊を核とする一般的な戦友会と同様の組織を形成させたと考えられる[20]。

（２）ビルマ

ビルマの場合の教員採用から渡航に至るプロセスは、前記フィリピンと基本的には同じ枠組みで行われ、一九四三年七月の第一次要員から一九四五年一月の第一一次要員まで、派遣され続けた。すでに一九四三年初めごろから戦局の悪化が表面化し、一九四四年のインパール作戦失敗後は、状況は一層過酷になるなかでの勤務であった。したがって、フィリピンの場合のようには、教員の体験が「平時」と「戦時」に明確には分かれていない。彼らが勤務した日本語学校は、寺院や学校などの使われていない施設、あるいは空き家を用い、当初は多くの学校でさばききれないほどの生徒が集まったという。修業年限は一年で、生徒の数や年齢層、クラス構成は学校ごとに、また戦局の影響により異なっていた。例えば蘭貢《ラングーン》第一日本語学校では、少年組（一〇歳から一五歳まで）と青年組（軍や民間企業といった日本人関係への就職者が中心）といった形でクラス分けされていた[21]。五〇分の授業二時限が一日のスケジュールであることが一般的であったようだ。

途中で防空壕に待避することがしばしばありながらも授業は行われていたが、一九四五年に入ると教育を続けることは困難になる地域が増え、教員たちは現地召集を受けて軍務につく、教育挺身隊に所属する、あるいは年長者や女性はタイから日本に退避する、これらいずれかの道を選ぶことになった。教育挺身隊は、日本軍が後退を続ける敗色濃厚な情勢のなかで、わずかなスペースを用いて日本語教育に携わり、現地人との意思疎通を図ることによる治安の維持や情報収集、宣撫などの役割を果たした。フィリピンに赴いた教員たちと同様、敵の攻撃と共に病気や食料不足に苦しみ、山中やデルタ地帯で四九人の関係者が死去した。一方で、終戦までがりなりにも教務を続けていたものもいた。[22]

(3) 日本語教育の評価

『さむぱぎいた』も『せくぱん』も、自らや同僚の戦中の振る舞いをいかに評価するかという戦友会の「戦記もの」に多く見られる最重要の論点を共有している。[23] 彼らは、非戦闘員として自ら希望して渡航したものが多く、限られた期間であるとはいえ日本語教育に携わった。彼らの「戦記もの」の特徴は、この経験が問われていることである。

これに対するいわば「答え」として、この二つの出版物に所収された文章でしばしばみられるのが、現地人との交流の描写である。多くの「戦記もの」において、現地住民の姿は希薄であるとされる。[24] しかし、ここで取り上げている二つの「戦記もの」では、重要な部分を占めている文章が多い。ことに目立つのは、学校関係者である同僚や生徒との関係で、[25] 支配被支配の枠組みを越えた交流がたびたび触れられる。『せくぱん』の場合、「生徒からの手紙」として一章をさいて、戦中そして戦後に生徒から送られた、大部分が日本語の手紙が掲載されている。また、教え子や同僚との戦後の再会の場面もしばしば描かれる。これは、『さむぱぎいた』においても同様である。[26] ここには教師という職種の性格が反映されている。当時勤務地に教員として個人または少人数で派遣された場合、現地人の同僚や生徒が日々の人間関係の中心となる事が必然であった。また戦後も教務に就き定年を迎えたものが少なくなかったが、彼らにとって現地人の同僚と生徒は、より大きな存在となったと考えられる。これは戦争の意味づけが経験者の戦中─戦後を貫くアイデンティティの確立に欠かせず、自分の人生全体を振り返って、戦争体験を位置づけようとする傾向が顕著になる事が影響しているのだろう。[27]したがって、現地人との良好な関係の重ねられる描写は、自分たちの現地での日本語教育の正当化、積極的な評価の付与と解釈しうる。

『さむぱぎいた』と『せくぱん』には、このように自らの職務に関する肯定的見解から導かれた文章がしばしばみられるといった点で共通性があった。しかし、その評価のあり方には相違がある。『さむぱぎいた』では会員間の考え方の違いは相対的に大きい。中心人物であった二人の編者、小川哲郎（以下敬称略）と説田長彦がその両極となっている。小川は戦後のフィリピン訪問の結論として、次のように述べた。

私は兼々、私達が戦時中教えた日本語が、比島人の憎しみの中に忘れられてしまったとすれば百数十名の我々の同僚は徒死したことになるのではないかと思っていた。然し昨年、今年と二回にわたる訪問の結果、嬉しかったのは、私達の教えた日本語が、各地で個々の比島人の中に、個々の日本語教員に対する好意と懐かしみと共に立派に生きていることを見出したことであった。無駄に苦労したのではなかった。[28]

小川のこのような見解に対して、真っ向から反対する主張を唯一であるが展開したのが説田であった。

ずるずると『大東亜共栄圏』建設のスローガンにのめり込み、比島における教育の現場で、それを実践してしまった私。フィリピン人特有の寛大さで、今でも厚い友情を示してくれるフィリピンの友があるからとい

って、自分のしてきたことを、間違っても誇らかに語ることは許されない。ただただ赦しを乞うのみである。(29)

彼ら二人の考え方の対峙は、フィリピン派遣教員たちの自己評価の幅の広さを示す。一方、『せくぱん』には、占領下の日本語教育の意味づけに関しては説田のような明確な否定的見解はみられず、これほど大きな意見の相違はない。このこととも関係するのだが、軍政支配そのものに対する批判的な言及が『さむぱぎいた』と比べて著しく少ない。例えば、草薙正典はビルマでの日本語学習熱の高さを、「日本をアジアの指導者として、イギリスの抑圧をはね返したいというビルマ民衆の欲求はそれほど強かったのである」と解釈し、上田天瑞は、㈠「日本に対する親近感」㈡就職の便、㈢日本語が比較的容易、㈣費用が比較的少ない、また学校の評判を挙げている。(30) 彼らには、フィリピンでの教員経験者の多くが様々な形で触れている日本語教育の軍事的強制性への意識が希薄である。

4 メディアとしての「戦記もの」と記憶

二つの「戦記もの」の間に見られるこの違いを、本章ではそのメディア的側面から考察したい。まず、媒体としての性格を論じるために、刊行形態と出版時期に注目する。『さむぱぎいた』は定期刊行物の体裁をとり、一九六七年から一九九五年まで中断期間を含めて三〇年近くの間発行された。一方『せくぱん』は一冊の箱入りハードカバーの単行本として一九七〇年に出版された。

まず一九七〇年に出版された『せくぱん』と同時期に刊行された『さむぱぎいた』の第一集と第二集を取り上げたい。この一九六〇年代後半から七〇年ごろには、戦争の体験に生々しさがまだ残っていた。当時は日本語教員たちも、帝国支配の一端を担ったものに対する批判的な言説を意識せざるを得なかった。同時にそこには死者の存在がある。そもそも「この文集を謹んで亡き僚友の霊前にさゝぐ」という第一集の献辞に示されるように、他の多くの「戦記もの」と同様、創刊時に想定されていた読者は身内、なかでも死んだ戦友だった。戦友会においては、彼らの慰霊とその体験の承認を求める顕彰が重視される。そこで「戦記もの」においては、戦争そのものについては否定ないし評価を回避しつつ、死者の行為は意味づけなければならなかった[31]。先に挙げた、戦時の日本語教育を完全に擁護する小川の主張はこの時期になされた。彼のなかには、戦争に関することが全否定される戦後日本において、「戦時中、日本軍の行った非行が大きくクローズアップされているので、私達文官が軍政下で為した、まともな仕事までも一緒にされている[32]」という認識があったのであろう。

一方『せくぱん』の出版の意図は、冒頭の「刊行のことば」によると、自分たちの記録を、外部に発表することではなく、自分たちのため、あるいは子孫のために残すこと、そして他の「戦記もの」とは異なる非戦闘員の記録を残すことであったと記している。ここでも読者として念頭にあるのは身内である。そして、現地人が「如何に親日的であり、協力的であったかは、ビルマに行った者でなければ容易に理解されない[33]」という一節が示すように、占領政策に関わったことに対する当時の日本社会全般の批判的な風潮と自己の認識との齟齬が、彼らの言説の背後にあることが分かる。

したがって、一九六〇年代半ばから一九七〇年に書かれた『さむぱぎいた』の第一集・第二集と『せくぱん』は、日本の帝国主義政策の加担者に対する当時の批判的な視線を意識し、身内に向けて執筆していたことは共通している。しかし、この占領地での日本語教育の評価に関連して、前節での引用を見るとわかるように、軍事的強制という日本統治時代の性格を程度の差はあれ意識するフィリピン側に対して、ビルマ側ではその部分が相対的に希薄である。このことは、終戦時の経験に対する認識の違いに明示される。フィリピンでは、多くの教員たちが現地人からの厳しい対応、すなわち「沿道、沿線の住民は我々敗残の日本軍を待ちかまえて、罵声と石の雨を降らせるので、米兵は銃で威嚇射撃をして原住民を静め」る場面に遭遇した。[34] 一方ビルマの場合は、こうした反応を記したものはない。彼らの多くが語っているのは、現地人、とりわけ生徒や同僚との感動的な別れである。例えば終戦後、勤務地で別離の式典であいさつしたのち、「生徒達の涙の顔が一斉に私の方に向けられた時、私は怒涛のような別離の哀しみに襲われた」[35]と沢井測は書いている。このような認識の差が戦中期のそれぞれの日本語教育の意味付けに影響したと考えられる。

ただ奇異なのは、フィリピンで日本軍への抵抗が様々なレベルで行われたのと同様、ビルマにおいても一九四四年八月において多様な政治勢力が連合して、「反ファシスト人民自由連盟」が結成され、一九四五年三月には国軍の抗日蜂起が発生し、共産党や農民ゲリラもこれに呼応した。[36] したがって、こうした現地人の日本支配への抵抗はフィリピンと同様ビルマでも経験されたはずである。実際、勝峰義忠の文章には、対日蜂起を始めた現地人によって日本人の教員や老人が攻撃されて血を流し、仲の良かった子供の態度が急変したさまが描かれる。しかし、これら一部の文章を除けば、ビルマ人の日本人支配に対する反感が文面から感じられるものはまれであり、勝峰自身のビルマ人の行動に対する認識も、占領下の日本語教育そのものの問題ではなく、「もう一ヵ月も早く開校していたら、こんな事態にはならなかったかも知れない」というものだった。[37]

したがって、戦時下での日本人と現地社会との関係性に、二国間で相違があったことは間違いないとしても、教員たちの認識の差を単にそれに還元することはできないのではないだろうか。そもそも人の記憶は、当該事象が生じた時代に得たもの自体ではなく、あくまでそれを想起した時点から見た過去という性格が付与される。そしてその構築は、個々人で完結しておらず、当事者の所属する集団の記憶、彼・彼女を取り巻く社会的関係が影響を与える。[38] そこで戦後から出版時期までの日本・フィリピン（以下、日比と略す）関係、および日本・ビルマ

（以下、日緬と略す）関係を、関連する歴史認識を含めて見てみよう。戦後フィリピンの対日外交は、反日感情を反映し停滞時期が長く続いた。このことにより、フィリピンを一九七〇年前後に慰霊訪問したときに、日本語教員たちは反日感情を意識せざるを得なかった。これに対して、日本とビルマの関係は、日本の主権回復後まもなく、一九五五年に正常化したことに表れるように、比較的良好に推移した。例えば、戦後の食糧難の時に日本からのコメの買い付けにビルマは好意的に応じ、一方日本側も一九六〇年代末から八〇年代末まで大規模な経済支援をビルマに対して行っている。[39]

両国の対応の相違には、日本占領直前の旧宗主国についての認識が影響しているとみなされる。フィリピンの場合、一九四六年のアメリカからの独立が一九三四年に決まっており、すでに独立準備政府に内政のほとんどが移管され、親米意識を持つものも多かった。一方、ビルマでは反英意識が相対的に強かった。日本は対英戦略の一環としてこれに反応し、英雄となったアウンサン（アウンサンスーチーの父）や一九四八年に独立後最初の首相となったヌ、そして一九六二年のクーデター以降実権を握ったネーウィンをはじめとした独立運動家を支援した。この経過は、ビルマ側の視点に立てば、時には日本、時にはイギリスの信頼を獲得し、それを利用してナショナリストとしての要求を実現させるという被支配下の政治・行政エリートたちによる政治的取引であった。この結果として、独立の英雄たちは日本と手を結んでいた自己を正当化するために、日本が独立に貢献した側面を肯定することになった。これらのことは戦中の日本人の否定的行為や現地人の反日闘争を軽視させ、ビルマが「親日国」である、あるいはビルマ人と日本人との「特別な関係」が醸成されたという認識を、日本側関係者に生じさせた。[40]

戦後のこの日緬関係が、元教員たちの戦時の行為についての自己評価、人によっては軍政支配そのものへの評価に影響したものと考えられる。彼らがこの関係を集団として実感したのは、日本占領時代に日本語教育を受けた駐日ビルマ大使ウ・バシュエがセクパン会の一九六八年大会に出席した時である。[41] その会合での会員に対する挨拶で、同大使は「[ビルマの生徒たちは] 大きな感謝の気持を以て皆々様を憶い出していることは疑いもないことと思います」[42]と述べている。ビルマを代表する立場にある彼の言動は、単に個人的な師弟関係を超えて、戦中の日緬関係に対する肯定的な解釈を会員たちに与え、教員たちに集団としての記憶、いわゆるモデル・ストーリー（特定のコミュニティ内での特権的な地位を占める語り）を形成させることになったのだろう。[43]

こうした傾向を日本全般のビルマに対するイメージが後押しした。個人や集団の記憶には、全体社会の支配的言説（マスター・ナラティヴ）が影響を与える。[44] ビルマとの関係において、この言説の形成に大きな役割を果たしたのが、戦後間もなく児童雑誌に掲載され、一九四八年に単行本として出版されてベストセラーとなり、一九五六年に映画化もされた『ビルマの竪琴』である。戦地に赴いたことのない作者の竹山道雄は、復員兵の語りをもとにこの架空の物語を創作したが、大部分の日本人にとってビルマ人や日緬関係についての数少ない情報源となった。このなかで強調されている、戦後に日本人に優しく接する「素朴な仏教徒ビルマ人」像は、日本に浸透していった。その結果、復員兵たちの「戦記もの」にも無視し得ない影響を与えたと考えられている。[45] おそらく教員たちの手記も例外ではなかったのだろう。

この様な経過で築かれた日緬関係の言説は、固定されたものではなかった。ことに戦前から培われた特別な紐帯は、一九八八年の民主化運動によるネーウィン独裁体制の崩壊と軍事政権の登場、その関係を支えた両国間の人脈の希薄化、すなわち日本占領期を経験した旧ビルマ人エリートや旧国軍高官、そして日本側関係者の死去や高齢化により姿を消していった。[46] この証左と考えられるのが、一九九〇年になって、ビルマの国営紙『労働者日報』が、旧日本軍の残虐行為を非難する記事を掲載したことである。ネーウィン政権以降このような記事が国営紙に掲載されたのは、日本側の認識ではこれが初めてであったとされる。[47] かつて独立に貢献したとして日本軍関係者を叙勲し、日本の功績を公に認めたビルマの対日本観の変容は、その二〇年前に出版された『せくぱん』には反映しようがなかった。

これに対して『さむぱぎいた』の方は一九八六年に第三集が出版され、以後一〇年にわたって刊行されることにより、教員の妻や子供の文章が増えて内容が多様化しただけでなく、終戦から五〇年後までの時代の変化が反映されることになった。この時期に日比関係は相対的に改善に向かい、日本語学習を含めて経済大国日本との関係を保持することはフィリピンで積極的な意味を持つようになった。このことは過去の日本語教育の意味づけを変え、教員たちの自己評価をより肯定的なものにしたと考えられる。(48)靖国神社参拝問題や教科書問題があったとはいえ、日本が経済発展の果実を享受し、戦争の経験そのものが身近なところでは意識されなくなった時代でもあった。このことは一九九五年刊の記念号で多くの寄稿者が「忘却」を語っていることからもわかる。また第八集での終刊決定でも示されるように、戦争体験者が高齢化し、消えつつあることも肌身に感じていた。これらの状況は「戦記もの」執筆における新たな読者への意識、戦争体験の継承の必要性という認識を促す要因となった。これは第八集の編集後記において、この文集は「前の大戦で私たちが犯した戦争という愚挙の悲惨さを後世に伝えたい」という目的で刊行されてきたという言葉で明示される。(49)実際、国会図書館などへ納付されるようになったこの文集が卒業論文に使われ、研究者に注目されていることが、手記に書かれている。(50)ここには、戦争体験者の語りが同様の経験を保持する人々を対象とする時代から、経験を有さない人々を対象に想定する時代への変化が見て取れる。(51)

このように、刊行期間が一九六七年から一九九五年まで及んだ『さむぱぎいた』は、国際関係から個人まで様々なレベルでの変化を受けて、全体では寄稿者の意見の幅を広げることになったと考えられる。(52)ただ、一九七〇年までの『さむぱぎいた』においても、意見が『せくぱん』ほど一致していたわけではなかった。例えば、河野盛志は、日本語教育が大東亜共栄圏政策の一環であり、有識階級すなわち学校教員を日本の戦争遂行の有力なる協力者とすることが任務であったと、自らの日本語教育に否定的評価を与えている。[53] したがって、二つの「戦記もの」の相違は、単に執筆時期の問題だけではないことがわかる。

そこで考察すべき点は、編者の役割である。「戦記もの」において、長さや様式を統一する編集が無視し得ない影響を与えることがある。[54]『さむぱぎいた』の場合、三人の編者が常時存在した。しかし、会員から投稿された手記に手を入れることは基本的になかった。したがって、掲載順に秩序はないし、文章の長さも形態もまちまちで、日記、散文、短歌、手紙、英文、そして遺族や関係者に対するインタビューも含まれていた。家族や知人から受け取った手紙のコピーをそのまま掲載したものもある。内容も多様で、赴任地での体験や日本語教育とも関連が薄い文章もあった。『さむぱぎいた』には、幅広い考え方を述べる余地が広がっていたことがわかる。

一方、『せくぱん』では編者（セクパン編集委員）が大きな影響力をふるっている。「刊行のことば」などからわかることは、執筆者の選定と依頼が彼らの主導で行われており、また年月などについて正確を期すために、会員の原稿をつき合わせたり、問い合わせなどを綿密に行ったりしたことである。この編集の影響力は『せくぱん』が一冊の書籍としてまとめられていることで、強められる。すなわち同書は「一、日本軍のビルマ進駐と軍政監部時代」、「二、ビルマ独立後の日本語教育と各地の日本語学校」、「三、ビルマ方面軍のラングーン撤退及び教育挺身隊と蘭部隊」、「四、敗戦と抑留生活」、「五、失われた僚友たち」、「六、生徒からの手紙」、「七、見聞と体験」、「八、ビルマの伝説・民話集　ビルマ仏教覚書　歴史断章」といった構成になっている。したがって、文章間の連関も示され、『さむぱぎいた』のように、類似した地図が繰り返し掲載されることもない。つまり、「自由な随筆欄」あるいは「多様性」を意図したと扉ページに明示されている七章以外は、記述内容においても統制がとられていたといえよう。[55] 言い換えると、『さむぱぎいた』は個人の体験や考えの寄せ集めなのに対して、『せくぱん』

は、編者が組んだ書籍の構成に、個人の経験がはめ込まれている。この結果、全体として統一性が生まれ、構成上重視されていない内容は触れられなくなった。例えば、教員体験の「⓪派遣前（応募理由、渡航までの経過）」を取り上げた文章は、『さむぱぎいた』に比べて少ない。

『せくぱん』における編集の影響力は、単に手記の整理にとどまらない。というのも、編者は、会としての立場を冒頭の「刊行のことば」で明示しているからである。そこでは、外部の目に彼らの手記が触れた時のためにとして、ビルマでの経験の概要がまとめられ、次のような一節がある。「[常時空襲に曝されたビルマで]日本語学校が組織的に大量に設けられたことについては、軍の作戦目的を超えたビルマ人自身の圧倒的な親日感、旺盛な知日欲に作用されたということができましょう。ビルマ民衆の要望に応えようというのが、当時の軍及び軍政監部の意向となったことでも、それは理解されます」。さらに、終戦直前の現地人からの抵抗に関しては、「ビルマ反乱軍は日本の敗戦に根ざした政治的要素の強い例外的な事件」とされてしまっている[56]。このように、自らの日本語教育に対してほとんど留保もなく肯定的な評価を掲げ、しかも軍政支配が現地人の要望に沿ったものであると述べている。これが会全体の意見として、巻頭に提示された環境も、『せくぱん』に含まれる手記全般へ影響したといえるだろう。

統一見解のようなものを編者が掲げられたのは、比島日語教員会とは大いに異なるセクパン会の組織としての性格があった。比島日語教員会では、東京の金地院住職松浦勝道と高等学校校長であった小川哲郎、そして早稲田大学教授として戦後長きにわたって日本語教育に力を尽くした会長の木村宗男が初期の中心的存在であった。小川と松浦の死後刊行された第三集以降は、大手石油会社に勤務した説田長彦と松浦の子で金地院住職となった浩道が編集を担うようになった。彼らのなかで、戦時に将校格にあたる司政官だったのは小川だけであり、その小川もフィリピン大学など教育の現場に立っていた。

これに対してセクパン会の会長は、戦中軍政監部文教部長だった田上辰雄であった。文教部長はビルマにおける教育行政の中心的存在であり、彼は大佐待遇の軍属として、ビルマ赴任前に面談した東条英機首相が「激励して下さったことが忘れられない」と書ける立場にあった。[57] 日本語教育の立ち上げを主導しただけではなく、占領政策に幅広くかかわったようで、当時のビルマ国家代表のバーモウをはじめとして数多くの高官たちとの交流があった。一九四三年八月の時点で帰国し、戦後北海道開発庁次官などの要職に就く一方、戦前から日緬の民間交流に重要な役割を果たした日本ビルマ協会（現日本ミャンマー協会）の専務理事になり、戦後ビルマで実権を握った人々との交流を誇示している。[58] つまり田上は、先述した日緬の「特別な関係」の当事者であった。彼の手記の中には、戦時にビルマ人エリート達が「日本軍への協力に如何に熱意を傾けたか、如何に連日勤勉に活動したか、私は心から敬意を表している」、あるいは、その一人に「ビルマが独立できたのは本当に日本のお蔭です」と言われて感謝された、また彼をはじめとした日本人が「兄弟国」であるビルマを愛し、その独立と繁栄のために「命がけの努力をした」、そして教え子たちは日緬の強い絆となって「永久に大きな貢献をしてくれるであろうことを信じている」といった文章がちりばめられており、先に触れた「刊行のことば」に沿った考えを持っていたことが分かる。[59] 付言すると、副会長大泉行雄は軍政監部文教部付、監督部・参謀二課文教班長として文教行政を統括し、戦後は香川大学学長で、もう一人の副会長の小山隆はビルマ政府教育顧問として派遣され、のちに都立大学や東洋大学で教授となった。これらの人事から当会の性格が見て取れよう。[60] つまり、戦時にビルマで教育現場に立った教員ではなく、軍政下で教育行政の中核を担っていた官僚が主導する組織であったのである。[61] 彼らは編集委員に入っていなかったが、田上の文章が手記として巻頭を飾っているように、その影響力を察するのは難しくない。

戦友会には、統制的機能が働き、戦場での悲惨な光景や残虐行為、上官への批判などが語られたり、書かれたりすることが管理・抑制される傾向があるという。そこには、現在の人間関係の保持が優先されることがある。(62)『せくぱん』の場合、『さむぱぎいた』に比べて、この統制機能がより働きやすい環境にあったといえよう。

おわりに

戦中の出来事の記憶、その経験の対する認識を示すメディアとして「戦記もの」がある。本章では、占領政策の要であった日本語教育を担った教員による二つの文集を比較して、「戦記もの」のメディアとしての性格と記憶との関係を考察した。

焦点を当てた任地での行為に対する評価は、「戦記もの」の基本的なテーマであったが、教員たちの場合は占領地での教育が問われた。二つの「戦記もの」におけるこの評価の相対的相違、『さむぱぎいた』における多様性、『せんぱく』における自己評価の高さには、そのメディアとしての性格からみると、編集と出版期間が大きな意味を持っていた。編者が原稿にほとんど手を入れなかった『さむぱぎいた』に対して、『せくぱん』では思想的立場を冒頭で明示した編者の影響力が散見される。この編集の性格は、セクパン会が戦中の支配体制を踏まえた戦友会であったことにもよる。また出版物の体裁として、単行本の形でまとめられていることも編集をより必要とした。単行本として出版されたことは、出版期間とも関連する。『せくぱん』は、一九七〇年における記憶と評価をまとめているのに対して、『さむぱぎいた』は定期刊行物として出版期間が一九六〇年代末から三〇年近くにおよんだ。この出版期間は、執筆者自身の変化だけでなく、想定する読者の変化、日本社会の変化、そして日比関係の変化を反映することにつながった。『せくぱん』では、「特別な」日緬関係の時代のみが反映されていた。編集や出版時期が「戦記もの」に影響を与えることは、これまでの研究からも知られていた。本研究では、それがその書き手の特徴や時代環境と作用し合うことで、多くの執筆者による共著に表出された集団の記憶にも一定の傾向をもたらすことを、より具体的に明らかにした。ことに教員という職業の特性が絡んでくることが、本事例の場合重要である。すなわち、戦中だけでなく戦後の旧勤務地の現地人との紐帯、これと連なる日本と旧占領地との国際関係が彼らの記憶に大きな意味を持っていた。

「欧米支配からの解放」という「史観」を採用するか否かは別として、先の戦争との関わりを正当化する「戦記もの」は珍しくない。その理由の一つとして、一般的な「戦記もの」に表われる現地人の「不在」が推定される。しかし、本章の事例を見ると、彼らとのトランスナショナルな関係の存在が、占領統治の否定的側面の理解や戦時の行いの反省に必ずしも至ることがない事を示している。これは戦時体験の国境を越えた共有が一筋縄ではないことを表しているとはいえまいか。今後の課題としては、こうした問いに取り組むとともに、他の事例をさらに組み込んで、メディアとしての「戦記もの」の分析視角をより普遍的なものとして確立してゆくことになろう。

［註］

（1）「戦記もの」に関連する主要な研究書としては、以下のものがある。戦友会研究会『戦友会研究ノート』青弓社、二〇一二年。高橋三郎編『共同研究・戦友会』田畑書店、一九八三年。高橋三郎『「戦記もの」を読む―戦争体験と戦後日本社会』アカデミア出版会、一九八八年。成田龍一『「戦争経験」の戦後史―語られた体験／証言／記憶』岩波書店、二〇一〇年。野上元『戦争体験の社会学―「兵士」という文体』弘文堂、二〇〇六年。吉田裕『兵士たちの戦後史』岩波書店、二〇一一年。

（2）たとえば以下の著作がある。木村宗男「戦時南方占領地における日本語教育」木村宗男編『日本語教育の歴史』（講座日本語と日本語教育15）明治書院、一九九一年、一四五〜一五九頁。多仁安代『大東亜共栄圏と日本語』勁草書房、二〇〇〇年。

（3）本章は、以下の論文と一部重複している。木下昭「占領地日本語教育はなぜ「正当化」されたのか―派遣教員が記憶するフィリピン統治」『東南アジア研究』五二巻二号、二〇一五年、二〇八～二三四頁。

（4）本章では、戦地に赴いた教員たちを「移民」の一種と考える。日本の場合この概念が、日本の非勢力圏への永住目的の移住者という意味で用いられることがある。しかし、今日では勢力圏と非勢力圏への移住を一括してとらえることの意義が指摘されるようになり、また永住者の多くが元来留学生や出稼ぎ労働者のような短期滞在予定者であったことが知られるようになった。これを踏まえて本章では、「移民」をより包括的な概念と見なしている。蘭信三「序―日本帝国をめぐる人口移動の国際社会学をめざして」蘭信三編著『日本帝国をめぐる人口移動の国際社会学』不二出版、二〇〇八年。

（5）高橋、前掲書、一九八八年、一頁。

（6）野上、前掲書、二二一～二二二頁。

（7）早瀬晋三によると、フィリピン戦線に関して少なくとも一三〇〇超の「戦記もの」があり、三分の一の五〇〇点弱が個人の自費出版、六分の一の二〇〇点余りが団体の自費出版によるものである。早瀬晋三編『フィリピン関係文献目録―戦前・戦中、「戦記もの」』（南方軍政関係史料四〇）龍溪書舎、二〇〇九年、三四頁。一方、ビルマ関係の「戦記もの」については、一九八四―五年に行われた調査によると、当時五〇〇ほどの戦争関連書籍が確認され、なかでも個人および戦友会による自費出版の「戦記もの」が多いことが示唆されている。田辺寿夫「〔H〕戦争」ビルマ研究グループ編『ビルマ関係邦語文献の解題及び目録』ビルマ研究グループ事務局、一九八五年、二一四頁。Hisao Tanabe. "Japanese Ex-soldiers' View on Burma Appeared in Their War Memoirs." Burma Research Group ed. *Burma and Japan : basic studies on their cultural and social structure* (Tokyo : Burma Research Group. 1987) : 308-310.

（8）モーリス・アルヴァックス著、小関藤一郎訳『集合的記憶』行路社、一九八九年。

（9）高橋、前掲書、一九八八年、二九頁。

（10）吉田、前掲書、七五～八八頁。

（11）高橋、前掲書、一九八八年、七〇～七一頁。

(12)早瀬、前掲書、三六〜三七頁。
(13)吉田、前掲書、一四八〜一五二頁。
(14)早瀬、前掲書、三四〜三五頁。
(15)「南方諸地域日本語教育並普及に関する件」『興亜教育』一巻九号、一九四二年、六二頁。
(16)山田秀吉「〈資料〉比島派遣教育要員の調査(続)」『さむぱぎいた』第五集、一九八八年、四〜一〇頁。
(17)石井均『大東亜建設審議会と南方軍政下の教育』西日本法規出版、一九九五年、二五二〜二五四頁。
(18)海老原角次郎「在比三年の記録―第一部 比島南端の日本語教育」『さむぱぎいた』第七集、一九九〇年、三〜七頁。説田長彦「〈資料〉比島派遣日本語教育要員配置表」『さむぱぎいた』第七集、一九九〇年、一〜一六頁。山田秀吉「〈資料〉比島派遣教育要員の調査」『さむぱぎいた』第四集、一九八七年、一〜二九頁。
(19)細田久夫「三十四年後のマニラ訪問―昭和五十二年三月十九日から二十二日迄」『さむぱぎいた』第四集、一九八七年、五八〜六七頁。
(20)高橋由典「戦友会をつくる人びと」『共同研究・戦友会』一九八三年、一二六〜一三四頁。
(21)堀米留蔵「蘭貢第二日本語学校」セクパン会編『せくぱん―ビルマ日本語学校の記録』修道社出版、一九七〇年、九四頁。
(22)畑幸助「第七班(アパウン地区)」『せくぱん』二八一〜二八四頁。吉金一郎「デルタにとり残された日本語教育要員と現地召集者―その他、生死不明となった僚友たち」『せくぱん』三七一〜三八七頁。
(23)吉田、前掲書。
(24)成田、前掲書、一五頁。
(25)ビルマ側の手記でこの他に目に付くのは、僧侶や地域の支配者との関係である。これは日本語学校の設置に当たって、多大な影響力を持つ彼らとの交渉が必然であったからである。
(26)垂石義太郎「教え子だった駐日ビルマ大使との再会」『せくぱん』五二五〜五二九頁。水野輝義「わたくしとフィリピン・日記他」『さむぱぎいた』第四集、一九八七年、五〇頁。

(27) 伊東公雄「戦中派世代と戦友会」『共同研究・戦友会』一八四〜一九〇頁。木下、前掲書、二二七〜二二八頁。
(28) 小川哲郎「比島再・再訪記」『さむぱぎいた』第二集、一九七〇年頃、四三〜四四頁。
(29) 説田長彦「フィリピンと私―占領下の日本語教育に関わって」『さむぱぎいた』第八集、一九九一年、一〇九頁。
(30) 上田天瑞「ビルマ人の日本語学習―蘭貢日本語学校の思い出」『せくぱん』四八三頁。草薙正典「(軍) 蘭貢日本語学校」『せくぱん』一九頁。
(31) 新田光子「慰霊と戦友会」『共同研究・戦友会』二一四〜二五二頁。高橋、一九八八年、一四六〜一五四頁。
(32) 小川、前掲書、四三頁。
(33) セクパン会編集委員「刊行のことば」『せくぱん』二頁。
(34) 細田、前掲書、六〇頁。
(35) 沢井測「第十一班（カマウエ地区）」『せくぱん』二八八〜二八九頁。
(36) 後藤乾一『東南アジアから見た近現代日本―「南進」・占領・脱植民地化をめぐる歴史認識』岩波書店、二〇一二年、三二六頁。
(37) 勝峰義忠「シュエジン日本語学校―白石宗夫氏の遭難」『せくぱん』一八八〜一九一頁。
(38) アルヴァックス、前掲書。野上、前掲書。
(39) Donald M Seekins. *Burma and Japan since 1940 : From 'Co-Prosperity' to 'Quiet Dialogue'* (Copenhagen : NIAS, 2007).
(40) 根本敬『抵抗と協力のはざま―近代ビルマ史のなかのイギリスと日本』岩波書店、二〇一〇年、三頁、二五〇〜二五二頁。
(41) 大使の名前の表記は、『せくぱん』で使用されているものに沿っている。
(42) 垂石、前掲書、五二七頁。
(43) 桜井厚『インタビューの社会学―ライフストーリーの聞き方』せりか書房、二〇〇二年、三六頁。
(44) 桜井、前掲書、三六頁。
(45) 根本、前掲書、二五〇頁。Tanabe. 311.

(46)根本、前掲書、二五四～二五五頁。
(47)『ミャンマーニュース』三九九号　一九九〇年一〇月、一四～一五頁。
(48)木下、前掲書、二三〇～二三一頁。
(49)説田長彦「編集後記」『さむぱぎいた』第八集、一九九一年、一二〇頁。
(50)木村宗男「戦後五十年目の『さむぱぎいた』」『さむぱぎいた』戦後五〇年特別記念号、一九九五年、一～二頁。
(51)成田、前掲書、一八～一九頁。
(52)一九九〇年前後から、戦友会の発行するいくつかの「戦記もの」において、戦争への関わりや意味づけ、また軍隊そのものに関して、多様な意見が噴出するようになった。吉田、前掲書、二一六～二八三頁。
(53)河野盛志「教員訓練所（Normal Institute）」『さむぱぎいた』第一集、一九六七年、一九頁。
(54)野上、前掲書。
(55)『せくぱん』四三一頁。
(56)セクパン会編集委員、前掲書、二頁。
(57)田上辰雄「軍政の思い出とその後のビルマ」『せくぱん』四三三頁。
(58)日本ビルマ協会は一九三三年に大手貿易会社を中心に設立され、経済提携や文化交流を深め、両国間の親善関係を強固にすることを主目的としていた。
(59)田上、前掲書、四三六～四三七頁。
(60)『さむぱぎいた』にも教育行政の責任者が投稿している。
(61)当時現地では、官僚と教員との間には教育現場や戦場などの場で直接的な交流があった。
(62)吉田、前掲書、一一一～一一二頁。

第3章
『麦嶺学窓』と『南加学窓』からみる戦前期の在米日本人留学生像

松盛美紀子

はじめに

明治期、近代的な知識を求めてドイツ・イギリス・フランスなどヨーロッパへの日本人の留学が本格的に始まった。アメリカ合衆国（以下、アメリカ）も留学先の一つであり、近代日本の政治や教育分野などで活躍する多くの日本人が渡った。

アメリカでは、文部省をはじめとして各省庁から派遣される、いわゆる官費留学生がハーバード大学、イェール大学、コロンビア大学、シカゴ大学など東部や中西部の名門私立大学に集中していた。一方、同時代の西部諸大学に通学する日本人は、その多くが私費留学生で、彼らは「スクールボーイ」と呼ばれる、いわゆる白人家庭で家事労働に従事しながら学費を稼ぐ苦学生であった。彼らの多くは、大学卒業後も引き続き現地に止まり、在米日本人移民社会の発展に貢献していたことから、在米日本人移民史を語る上で重要な存在であるといえる。

本章では、南カリフォルニア大学（University of Southern California、以下ＵＳＣ）の日本人学生によって発行された機関誌『南加学窓』（*The Japanese El Rodeo*）第一巻（一九一二年）、二巻（一九一三年）、七巻（一九一九年）とカリフォルニア大学バークレー校（University of California, Berkley、以下ＵＣＢ）の日本人学生によって発行された機関誌『麦嶺学窓』（*The Berkeley Lyceum*）第八巻（一九一七年）から、二〇世紀初頭に西部の大学に留学した日本人留学生の実像を明らかにすると共に、学生が発行した機関誌のメディアとしての意味を考える。なお、各機関誌の総目次は論文末尾に付した（表1、2）。

1　日本から海外へ

日本人の海外留学は、日本の近代化を支える制度の一つであった。西洋文化の導入と受容が急務であり、西洋諸国に追いつくことが最大の目的とされた明治期には、海外への留学が大いに注目され、留学生の派遣は国家の重要な政策の一つであった。政府は一八七〇年一二月二二日に「海外留学規則」を発布し、留学規定を成文化した。留学期間や留学資格以外に、「留学ハ尊卑ノ別ナク皇族ヨリ庶子ニ至ル」まで許可され、留学先で学ぶ専門学科は本人の自由とされるなど、海外留学は「開放化の原理」のもと極めてオープンな姿勢ではじまった。この時すでに、官費留学と私費留学の区別がなされていた。官費留学生は留学年限を五年と定められ、文部省、陸海軍省、外務省、農商務省などの省庁から、それぞれ独自の目的で派遣された。私費留学生は留学期間を個人で自由に決めることができたが、留学費用として必要な年六〜七〇〇ドルの用意ができなければ渡航が認められなかった。皇族や華族は「国民の指導的な階層としての使命」のもとに洋行や留学が奨励され、民間の間では三井家や小野家がビジネスの視野を広げるために子弟たちを欧米に留学させ、教育機関では慶應義塾がヨーロッパの経済学を学ばせるために小泉信吉や中上川彦次郎らをロンドンへ派遣し、仏教会も海外に留学生を派遣した。(1)

新しい国づくりに必要な諸分野の知識と技能の吸収や導入を目的とした明治初期の留学は、行政、社会、学校の指導者層、皇族・華族、実業家の子弟など一部の人々に限られたものの、政府によって海外留学が制度化されたことで留学者は増加の傾向をたどった。一八九〇年頃になると、留学の斡旋と代理事務を行う会社の設立が計画されるようになるなど、日本人のあいだで海外留学は一大ブームになりつつあった。(2)

2　日本人のアメリカ留学

明治初期の海外留学の渡航先は、アメリカが最も多く、次いでイギリス、ドイツ、フランス、ロシア、ベルギー、オランダであった。留学先としてアメリカが選ばれた理由について、明治期の日本人留学生史を研究した石附は次のように指摘している。第一に、日本側の親和的な対米感情である。「鎖国日本にとっての最初の外交関係に登場したのがアメリカ」で「外交折衝においてアメリカ側は、出来る限り「有効的な調停者」としてのポーズ」をとっていたこと、さらに遣米使節団や岩倉ミッションに対してアメリカ政府と民間人が好意的であったこと、漂流・漂着日本人をアメリカ人が救助・保護したことなどが日本人の対米感情に大きく影響した。第二に、宣教師の存在である。アメリカのキリスト教各教派は一九世紀末から東アジアへの宣教活動を展開し、日本にも多くの宣教師が来日した。宣教師はキリスト教の布教とともに医療や教育の分野においても熱心で、そうした活動を通して政府諸機関、地方当局、個人との関係を密にしていった。彼らの日米両国にまたがる人的・社会的ネットワークによってアメリカ留学への道づけがなされた。第三に、ヨーロッパに比べると振興国であった当時のアメリカで、実学を学ぶことのほうが国家にとって利益になるとの考えである。ヨーロッパは専門分野が高度に細分化されているとの見方から、広く一般的な知識を学ぶことのできるアメリカが留学先として好まれた。シアトルやその周辺、サンフランシスコ、その他の地域に日本人が集住し、特にニュージャージー州ニューブランズウィックに多くの日本人学生が集まった。(3)

しかしながら、一八八〇年に留学政策が転換されると、文部省派遣の留学生が主流になり、留学先はアメリカやイギリスからドイツへと集中するようになった。アメリカを留学先として選択する留学生の数は大幅に落ち込み、その後も低調が続いた。ところが第一次世界大戦の勃発により、ドイツへ留学していた留学生は他国へ避難しなければならず、文部省も留学先をドイツから他国へと変更を余儀なくされた。文部省が一時的措置としてアメリカへ留学生を派遣することを決定したことで、アメリカの日本人留学生数は急激に増加し、アメリカは留学先の第一位となった。戦争終結後は再びドイツ留学が盛んになるが、アメリカもドイツやイギリスに次ぐ留学先として選択されるようになった。(4)

日本は様々な面でドイツを手本とし、ドイツ中心主義の時代が続いていたが、そのような中でも文部省はアメリカにも留学生を派遣していた。文部省からアメリカに派遣された留学生は厳しい選抜試験に合格し、帰国後の身分が保証されたエリートたちで、多くはハーバード大学、イェール大学、コロンビア大学、シカゴ大学など東部や中西部の名門私立大学に在籍した。

一方、同時期に西部諸州の大学にも日本人留学生の姿は見られた。彼らの多くは私費による留学生で、生活費にも事欠くような苦学生であった。明治期の文部省派遣留学生について研究した辻によると、一九〇〇年代に入ると「修学」目的の渡米者が急増し、最も留学渡航の多かった一九〇七年は諸外国への留学を目的とする渡航者三三四〇人のうち、約九五パーセントがアメリカ行きであったという。辻は、アメリカへの修学・留学ブームは、渡米関連書籍の出版ブーム、アメリカでの苦学推奨とそれにまつわる宣伝、海外渡航斡旋団体の設立によって後押しされたものであったと指摘する。一八八〇年代には、赤峰瀬一郎『米国今不審儀』（一八八六年）、富田源太郎・大和田弥吉『米国行独案内―一名、桑港事情』（一八八六年）、石田隈治郎・周遊散人『来たれ、日本人』（一八八七年）、これら三冊の渡米案内書が出版された。一九〇〇年頃になると、島貫兵太夫『成功之秘訣』（一九〇一年）、『最新渡米策』（一九〇四年）、吉村大次郎『独立自給北米遊学案内』（一九〇三年）、秋広秋郊・藤本西洲『海外苦学案内』（一九〇四年）、刑影生『米国苦学実記』（一九一一年）、『海外立身案内』、『立身到富海外渡航案内』（一九一一年）が次々と出版され、渡米案内書の「出版ブーム」となった。これらの出版物には、アメリカの教育機関、雇用機会、日本人移民社会の情報が盛り込まれ、アメリカでの生活が魅力的に描かれていた。そしてアメリカは働きながら勉強でき、しかも労働の対価が日本よりも高水準であるという印象を与えることで、立身出世を夢見る若者の心を強くとらえた。さらに、日本人の海外渡航を支援・斡旋する団体として片山潜の渡米協会、島貫兵太夫の日本力行会が誕生し、民間団体によって苦学生を海外へ送り出すシステムが作られた。[5]

多くの苦学生は「立身出世」の名のもとに、アメリカで英語を学び、新しい専門知識と技術を吸収した後に日本で成功することを夢見ていた。しかしながら、手元にほとんどお金を持たない状態でサンフランシスコ（カリフォルニア州）やシアトル（ワシントン州）に上陸した彼らは、名門大学が集積する東部へ移動する資金を持ち合わせていなかった。彼らは当座の生活費を稼ぐ必要性からサンフランシスコとその周辺に留まり、家事奉公人のスクールボーイ、日雇労働、ウェイターやコック、農業などに従事した。[6] 例えば、スクールボーイをしながら勉学に励む苦学生は次のような一日を送っていた。

時鐘リンリン、蹶起《けっき》寝床を出て、ストーブを焚き、朝餉《あさげ》を整へて主人の起くるを待ち、フライパンを叩き前垂れを拂つて、倉皇学童に上り、碩儒の講演を聞いて人生の秘儀に驚き、深遠の学理を修めて頭脳岑々、夕刻帰路を急いで主婦のご機嫌を伺ひ、ポテトーの皮を剥ぎ、オニオンの涙に咽び、山なす食皿を洗ひ尽して漸く台所を片付け、明日の課題を予習せんとて机に対し、細字蟹行の書に親しめば、終日の徒労一時に高じ来つて、心機昏邃《すい》。文字点々紙上に漂ふて霞の如く淡く、夢は直に四千浬外の家郷に馳せて［…］時針既に十二時を指す、早や読書の時にあらず、空しき微睡の長きを呟きて、消燈寝床に横はる、是れ我等の一日なり。(7)

西部に渡った苦学生はアメリカで教育を受けることを大きな目標として掲げていたが、仕事と勉強の両立は非常に厳しく、実際に学校を卒業するのはまれであった。例えば、UCB東洋言語科の准教授であった久野喜三郎もこのような苦学生の一人で、仕事と勉強を両立させながら、通常年限（四年）以上の時間を要してようやく学士号を取得したという。このように、苦学生が大学を卒業するのは極めて忍耐が必要で、困難なことであった。それゆえ、一八八七年から一九〇〇年までにUCBを卒業した日本人はわずかに七名、一八九一年から一九〇〇年までにスタンフォード大学を卒業した日本人は五名、サンタクララ近くのメソディスト派のパシフィック大学や、オークランドのパシフィック神学校に進学し卒業する日本人も若干名であった。(8)

3　加州大学日本人学生倶楽部と『麦嶺学窓』

西海岸で日本人移民者数が最大であったカリフォルニア州では、UCBとスタンフォード大学が州内で最も有力な高等教育機関であり、学科の充実と学生数の増加などで年々規模を拡大させていた。これらの大学では前述したような苦学生である日本人留学生の姿もみられるようになり、ＵＣＢでは一八九二年に日本人留学生による集会が初めて行われた。一八九七年、久野喜三郎の尽力によって大学付属の天文台の一室を借り受け、毎週土曜日の夜に集会を行い、日本人留学生同志の親睦を深め合った。その後、一九〇一年に日本人留学生たちは宿泊施設と集会場を兼ねた会館を保有することになり、この時同時に規約を定めて日本人学生会を正式に設立した。

シャタック街のアパートの一室で集会を開くようになった当時の様子について『麦嶺学窓』では次のように紹介している。

［…］一たび他の白人学生に対するに及ぶや、矮小にして且不潔なる陋巷、動もすれば日本人の面目を損し、彼等白人より交際を求め来るも遺憾ながら我より遠ざからざる可からざるの不幸に遭遇すること決して少なしとせず、彼の東洋学会の起きるや東洋語学教授フライアー先生は、我学生倶楽部を来訪せんとこと申出でられ、殆んど当惑したることあり［…］(9)

写真１　『麦嶺学窓』第８巻（1917 年）
『南加学窓』同様に、日本語欄と英文欄が１冊に収められている。写真は日本語欄の表紙。（国立国会図書館所蔵）

日本人留学生らは、シャタック街で「亜米利加黒奴も住むまじき客室」に下宿をしながら集会を開くものの、来客を招くには「御粗末千万」な状態であった。その後、ＵＣＢの西に位置するヘンリー街に二階建ての一軒家を借り受けて倶楽部の新たな拠点とし、「万事整頓せる倶楽部」へと発展させた。[10]

ようやく清潔で快適な空間を手に入れた日本人留学生は、天皇の肖像とアメリカ大統領セオドア・ローズベルトの肖像が並べて掲げられた客間で訪問客をもてなした。客間は、苦学生でありながらも、自分たちはアメリカにおいて日本を代表し日本の立場を代弁する存在であるとの強い使命感と、日本人としての彼らのアイデンティティが凝縮された空間であったといえる。その後、日本人留学生はヴァージニア街にある土地家屋を六〇〇〇弗で購入し、再び会館を移転させた。カリフォルニア州外国人土地法（一九一三年）の法案提出が取りざたされると、加州大学日本人学生倶楽部は同団体を法人団体として組織改編することで、購入した土地家屋が奪われないよう外国人土地法への対策を講じた。[11]

加州大学日本人学生倶楽部の主な活動の一つに機関誌の発行があった。それは、団体の活動を記録することと会員間の交流を図ることが中心的な役割であった。一九〇七年九月、『麦嶺学窓』第一巻が発行された。第一巻の発行に際しては、会員が夏季休暇を利用してロサンゼルスやシアトルの日本人移民社会まで足を運び、現地の日本人実業家たちに財政支援を呼びかけた。その結果、多くの広告収入が集まり、第一巻は一〇〇〇弗の売上を出し大成功を収めた。

『麦嶺学窓』の構成や内容については、論文末尾に付した総目次（表2）にあるように、日本語と英語のセクションに分かれ、第八巻（一九一七年）の日本語欄は「口絵」「論説」「文苑」「雑録」「倶楽部欄」の五部構成となっている。本文は日本語欄一二三ページ、英語欄五一ページ、その他学生の集合写真と協賛広告一二ページで、あわせて一八六ページに及ぶ立派な読み物であった。

4　南加大学日本人学生会と『南加学窓』

一九〇六年のサンフランシスコ大地震により、多くの日本人がカリフォルニア州を南下してロサンゼルスに移り住み、サンフランシスコに次ぐ日本人街を形成した。その南カリフォルニア地域では、一八八〇年にロサンゼルス市内に創設された南カリフォルニア大学（以下、ＵＳＣ）が最有力の大学であった。

ＵＳＣが設立された当初のロサンゼルスは、人口わずか一万一〇〇〇人程度の田舎町で、周辺は現在のような都市化が進んでいないむき出しの自然が広がる荒野であった。ＵＳＣはキリスト教のメソディスト派によって創設された私立大学で、神学部は太平洋神学校（Pacific School of Religion、カリフォルニア州バークレー市）と共に、西部地域の神学をリードした。ＵＳＣでは、他学部に先立ち哲学、教育学、歴史学、政治学、化学、地学など文系から理系科目までを包括するリベラル・アーツ学部が最初に設立された。第三節で紹介したＵＣＢとの違いは、ＵＳＣは私立大学であることと、宗教的思想に基づいた教育機関であることだ。さらに、二〇世紀初頭にはすでに巨大都市として発展を遂げていたサンフランシスコ近郊に位置するＵＣＢは全米でも有数の学術研究を行っていたが、ＵＳＣは当

写真２　『南加学窓』第１巻（1912年）
日本語欄と英文欄が１冊に収められている。写真は日本語欄の表紙。
（University of Southern California University Archives, Doheny Memorial Library　所蔵。USC Digital Library、uaic_Volume933/uschist-1912-sup~0001.tif）

時まだ地方都市に過ぎなかったロサンゼルスで学生数五〇名ほどを抱える小規模な大学であった。(12)

USCでは、設立当初から「グレーター・ユニバーシティー」を目標に掲げ、健全な宗教の力によって徳性を涵養することと、キリスト教の根本真理を高調することを大学教育の基本方針とした。神学科は教派を問わないが「教役者其の他クリ《（ママ）》スト教伝道に献身せんと欲するもの」で牧師の推薦を得たものに限られていたが、その他の学科は学生の信仰に関して一切の制約を設けず、様々な宗教観を持つ学生が自由な思想で自由に教育を受けることができた。(13)設立当初は、「学生に人間智識の粋を獲得せしめ、眼界広く、思慮深き、紳士を養成する」ことが最大の目的であった。USCはリベラルアーツ教育に力を入れるとともに、法学や医学などプロフェッショナル教育にも力を入れるようになり、南カリフォルニア地域で最も有力で、カリフォルニア州全域でもUCB、スタンフォード大学に次ぐ有力な大学へと発展した。(14)

USCに日本人留学生の姿が見られるようになったのは、一九〇〇年代初めと考えられる。同大学の卒業生名簿ならびに『南加学窓』によると、一九〇五年に香川県出身の高木梅軒(15)が歯学科を卒業し、USCを卒業した初めての日本人となった。その後、高木に続いて日本人卒業生が次々と輩出された。(16)

USCも、第三節で言及したUCB同様に、日本人学生の数が徐々に増えたことで学生会が組織された。一九一一年九月に南加大学日本人学生会（英語名：Japanese Student Association of University of Southern California）は「南加大学に於ける同胞学生の親善を計り対白人学生社交的目的を以て」一九名の日本人学生によって設立された。南加大学日本人学生会は、東洋科教授のジェームス・メイン・ディクソン（James Main Dixon）とハワード・ハリス（Howard Harris）が顧問を務め、日本人学生を様々な形でサポートした。ディクソンは一九一一年九月にUSCに創設された東洋科の教授として着任するまでの一三年間、東京帝国大学で教壇に立った経験から、東洋事情や東洋文化に精通した人物であった。ハリスもまたUSCの東洋科教授として迎えられるまで、牧師として長年日本で布教活動や教育活動に従事した経験を持つ。南加大学日本人学生会は日本を理解するディクソンやハリスの存在に大きく支えられたといえる。また、当時のアメリカ社会では、すでに日本人に対する排日運動が起こっていたが、ＵＳＣのキャンパス内では日本人学生に対して友好的であったように思われる。それは、前述したディクソンやハリスの存在が大きかったことと、大学の母体であるメソディスト派が二〇世紀初頭にかけて日本を含む東アジア地域への東洋伝道を積極的に展開していたため、東アジア地域に関する理解がある程度深まっていたことによると考えられる。例えば、学生新聞 *The Southern California* では、発行当初の一九一二年九月から日本人学生や南加日本人学生会の動静についてしばしば報じられ、学生会が発足する際も比較的大きな記事が掲載された。論説欄で取り上げられた南加大学日本人学生会の集会に関する記事では、同団体を"Japanese-American Fraternity"と呼び、日本人留学生の親睦を図り、日米学生の友好をうながす目的を持っている団体であることや、さらに日本人学生の英語運用能力の向上を図る取り組みが行われていることなどが報じられた。会則には記されていないが、ディクソンやハリスが日本人学生会に所属する学生を中心に英語の課外授業を実施しており、南加大学日本人学生会は日本人学生の英語力を鍛えるための「塾」のような機能も持ち合わせていた。(17)

南加大学日本人学生会のその他の活動として、機関誌『南加学窓』（*Japanese El Rodeo*）を年一回発行していた。一九一二年六月一五日に発行された『南加学窓』第一巻は、日本語欄一〇二ページ、英語欄二五ページ、その他写真や協賛広告の掲載が二〇ページで、あわせて一四七ページに及ぶ立派な冊子であった。学生新聞 *The Southern California* はこの機関誌を日本人学生によるジャーナリスティックな読み物として大きく紹介し、言語においてハンディキャップがあるにもかかわらず、機関誌からは日本人留学生の大きな進歩が感じられる、と日本人学生会の労をねぎらった。そして、紙面の内容が日本に関するものだけでなく、大学、アメリカ合衆国についてなど多岐にわたっている点についても触れ、『南加学窓』が大学近くのMiller's Book Storeで販売される案内文も掲載されるほどであった。(18)

論文末尾に付した総目次（表1）にあるように、『南加学窓』第一巻における日本語欄の本文の構成は、「口絵」「本欄」「論壇」「文苑」「雑録」と五部構成となっており、先述した『麦嶺学窓』との大きな違いはあまり見られない。本文の体裁が共通しているのは、『南加学窓』を編集する際に『麦嶺学窓』を参考にしたものと考えられる。というのも、UCBの加州大学日本人学生倶楽部は出版した『麦嶺学窓』をカリフォルニア州の主要な日本人移民団体や企業に寄贈しており、その一つとして南加大学日本人学生会も含まれていたからだ。一方で、中西部シカゴ大学の日本人学生によって発行された『市俄古学苑』第八号（一九一七年）も『南加学窓』や『麦嶺学窓』とほぼ同じ構成であったことから、当時の日本人学生による機関誌は、学校案内、論説、最新の学術研究の紹介、文芸あるいはコラム、卒業生および在校生名簿、という基本的構成を踏まえながら、紙面の編集が行われていたとも考えられる。(19)

5　『麦嶺学窓』と『南加学窓』から見えるもの

(1) アメリカ教育界の長所について

『麦嶺学窓』と『南加学窓』では、ともにアメリカの学校教育の特徴について繰り返し述べられている。例えば、アメリカ社会の人種的多様性について触れながら、アメリカの大学もまた人種的に多様性を持つ空間であること、さらに移民の同化が早いのはアメリカの学校教育の成果であると指摘した。また、USC法学科の紹介では、日本の法律学校を「理屈的」「規則的」「御役所的」と批判し、一方アメリカの大学は「米国的教育の精神に従ひ、常識に従って、自由、権利、財産を保護し、正義人道の下に各自の天性を充分に発達せしめ、常識に富める円満にして高雅なる紳士を養成するにあるなり」と分析し、アメリカの大学では各自の自主性が重んじられ、ジェントルマン教育も行われていると主張した。[20]

さらに、日本の階級社会を「同じ形体を備へし人間に人為的の階級などあるべき理由はない」と批判し、日本政府による政策は一部の特権階級を保護するものではなく、むしろ「食ふに食なく、着るに衣無く住むに家なき多数労働者の向上を計る」べきであると痛烈に批判した。そして、これまで日本政府が模倣してきたドイツ式の体制を「貴族的思想官吏崇拝の悪風」と表現し、今後はアメリカのような「平民的思想が非常の勢ひを以て社会を風靡する」と、民主主義に基づくアメリカ式教育の将来性について語った。[21]

辻によると、第一次世界大戦以前の日本では、一般にアメリカの研究レベルは低いとみなされていた。とりわけ文部省からアメリカへ派遣されて帰国した留学生がこうした評価を示すことで、アメリカでの教育全般の評価として周知されるようになった。留学生がアメリカの研究レベルが低いと感じた要因は、日本の研究水準のほうが高いと感じたこと、アメリカはドイツのような基礎研究を重視するというよりもむしろ応用や実学志向が強かったこと、エリートとしての自負心を持って渡米したにもかかわらず、一般の学生と同等に扱われ研究上の便宜を受けられなかったことなどである。[22]

こうした日本側の評価は、アメリカで学んでいる日本人学生の間でも認知されていた。『市俄古学苑』第八号（一九一七年）は、日本の医学界がアメリカで学んだ医師や学者を総括して「アメドク」と冷笑的に呼ぶことを紹介した。蔑称とも言うべきこの総称は、アメリカの大学で学んだ医師や学者の学力や技能が他国に渡った留学生に比べて劣っているとの印象や、アメリカの大学を視察に訪れた日本人研究者がアメリカの学術レベルが低いと述べる感想に依るところが大きいという。アメリカで学ぶ日本人学生は、こうした日本側の評価はアメリカで学ぶ日本人学生全体の評価には当たらず、「誤解」であるとした。

『麦嶺学窓』や『南加学窓』では「論題」欄、「論説」欄、「学芸」欄でアメリカの最新の学術研究について紹介した。これは、学生間の学術交流だけでなく、日本においてアメリカでの教育の評価を意識した側面もあったのではないだろうか。両機関誌は第一次世界大戦によってアメリカの学問レベルが向上した点に何度となく触れている。

『麦嶺学窓』「大戦後日本思想界の変化予想」の中で三苫茂は、第一次世界大戦によって留学先としてアメリカがドイツに取って代わることを示唆した。三苫は、日本におけるアメリカ学術界に対する評価が低い理由として、文部省からアメリカへ派遣される留学生が少ないため、アメリカ学術界の動向について日本で紹介されていないことが大きく作用していると分析した。そして、アメリカ学術界の将来について次のように述べた。[23]

［…］米国留学生の増加に伴ひ今後米国学術は非常の勢ひを以て日本学術界を風靡する事と思ふ。従来蔑視せられし米国学術も近年漸く模倣時代を過ぎて独創的となり、或る学術に於ては先進国のそれに優る共劣らざる進歩的学説を備へ、新進大家の輩出は日を追ふて盛んになりつゝある。今日の趨勢を以て将来を推せば米国学術の将来は真に刮目するに値あると信ずる。[24]

三苫は日本におけるアメリカ学術界の評価の低さを「蔑視」と表現し、日本で低評価を受けているアメリカ学術界では近年優れた学説が次々と発表され、各分野の世界をリードする存在になるとの見解を示した。そして、第一次世界大戦後の日本人留学生の留学先は、「古き欧州の文明」に代表されるドイツではなく、「進歩的学説」を備えるアメリカにあると力説した。三苫は、日本人留学生を「新智識の所有者」と称し、「一国の文明を誘導する」大きな存在である彼らがアメリカで学ぶ意義を唱えた。現在留学中の日本人に対しては、「丁度此の新旧思想更替《（ママ）》の変遷期に際会《（ママ）》して居るが故に、帰国後は従来に反して社会より好遇《（ママ）》せらるゝ事は確実である」と述べ、これまではアメリカで学位を取得しても日本での就職は困難であったが、今後は好転するだろうとの考えを示し、日本人学生に希望を持たせた。[25]

『麦嶺学窓』では、勝山勝次郎が「米国に於ける化学研究」の中で染料開発を例に挙げながら、第一次世界大戦を機にアメリカ化学界が独自研究を始め、研究レベルが飛躍的に向上していることを紹介した。そこでは、次のようなことが述べられた。アメリカは繊維に使用する染料をドイツに依存していたため、第一次世界大戦が開戦すると染料の輸入ができない状況に陥った。アメリカは染料の研究を国内の大学、化学工場、研究所等で行うようになり、その結果ドイツ製に劣らない品質の染料が国内生産できるようになったという。勝山は、第一次世界大戦によってアメリカは輸入に依存することの危うさを経験し、化学工業の発展の程度が戦争の勝敗を左右することを自覚したと指摘した。その結果、アメリカは国内の化学研究を充実させる方針へと舵を切り、一九一六年に国立科学研究所を設立した経緯を伝えた。また、産学連携により化学研究を行っているマサチューセッツ工科大学の新しい取り組みについても紹介し「米国にては将来此の種の教育法が漸次起ると思ふ」との見解を示した。勝山は、アメリカの産業界が競争原理を導入し、設備の整った研究所を次々と設置したり、高品質で低価格の製品を製造している現状も伝えた。[26]

三苫や勝山のようにアメリカの研究状況について伝えるだけでなく、日本の将来について意見する立場も見られた。『南加学窓』「宗教と教育」の中で、帆足理一郎はキリスト教主義教育の有効性について持論を展開した。彼は、「日本の社会の改善、向上を謀るには、教育が根本政策である」[27]という立場から、今後のあるべき日本の姿は「国民は世界文明の恩沢に感じて、何等か世界の文明に貢献しなくてはならぬ」とした。帆足は、仏教や神道を「狭い民族的宗教」とみなし、これらの宗教にしがみついている間は「到底世界的の教育を施すことは出来ぬ」と考えた。それは即ち日本が世界で活躍する人物を輩出できない要因であると指摘した。帆足は、「日本は最早日本の日本ではない、世界の日本である。世界各国は日本を世界の一等国として大に尊敬を拂つて居る」と語り、一等国として「世界共通の真理」であるキリスト教を受け入れなければ、自ら一等国の資格を破棄するようなものであり、「寧ろ吾等の恥辱」であると持論を展開した。(28)

日本・中国・アメリカの経済関係について分析した坂本は、『南加学窓』「日清米の経済関係」の中で、日本と中国にとってアメリカが最大の貿易輸出相手国であるとし、アメリカとの貿易をめぐって日本と中国が競合関係にあることを指摘した。特に日本の対米総輸出額の三分の一を占める生糸だけでなく、茶、花莚は中国においても生産が盛んで、中米貿易が日米貿易を凌ぐ勢いになっていると分析した。こうした状況を踏まえて、坂本は二〇世紀の日本は米中の間を介在しつつ、工業化を進めることで経済を活性化させ、さらに運輸交通の利便性を高めることで国際的な競争力を高めることができると主張した。(29)

(2) 東部の紹介

西部の大学に進学する日本人学生にとって、東部は憧れの地であった。そのため、西部の大学を卒業後、東部の大学へ進むことも少なくなかった。東部の大学へ進学した卒業生は『麦嶺学窓』や『南加学窓』に近況を寄せることもあり、読者は機関誌を通して東部の様子に触れることができた。例えば、UCBを卒業後コロンビア大学へ進学した宇都宮政一は、高層ビルが建ち並び、地下鉄や高架鉄道が走るニューヨークを「世界文明の中心」と表現し、「総のサイエンス、総の智識は遺憾なく利用されて居る。人は既に自然と物質とを此處に征服して居る」と、驚きをもって大都会ニューヨークの感想を述べた。また宇都宮は、自身が通うコロンビア大学の特徴についても詳しく紹介した。例えば、コロンビア大学がＵＣＢと違って共学でないこと、月謝が高いこと、ジェントルマン教育を行っていること、学生による自治組織がないことなどである。その他、コロンビア大学には外国人学生が多数在籍し、コスモポリタン倶楽部を介して相互に親睦を図っていることも紹介した。宇都宮によると、コロンビア大学では外国人学生の中で中国人が最も多く、次いで多いのが日本人だという。さらに、日本人留学生は一九一六年以来文部省からの派遣留学生が急増し、コロンビア大学の一部の日本人留学生とニューヨーク市在住の有志によってつくられた「コロンビア会」という社交機関についても併せて紹介した。(30)

『南加学窓』も、文芸欄に掲載された作品を通して東部の様子について伝えた。スクールボーイをしながら苦学する主人公良助の日常と恋愛を描いた内藤生趣の「雪解け」という作品では、良助が苦学する様子が前半部分で詳細に描かれている。作品の後半部分は、良助が西部で学業を修めた後、東部の大学へ進学する場面へと移る。良助は新天地東部で触れた雰囲気について次のように語っている。

加州ではいつも米国の下層社会や暗黒面ばかりに居たり、見たりして居たが、東部に来てからは少くとも常に中流の人と交際し、時には立派な一流の紳士淑女と接する機会もあるので、総て西部で見る事の出来なかつた米国の善い方面が判つたしそれに社会一般がまるで西部と反対に丁寧で、殊に日本人に対しては礼節を重んじてくれる様な感じも起つて来て、是まで只、西部の米国をみてその全般を押した自分の愚さを深く後悔した。(31)

このように、実際に東部で生活する卒業生から送られる近況報告以外に、文芸作品においても西部と東部の違いが示され、読者に「魅力的な東部」を伝えた。

(3) 日本人学生の使命と活躍

『麦嶺学窓』と『南加学窓』では、しばしば日本人学生の使命について語られた。それは、アメリカで学ぶ日本人学生の評価が日本において低いことが大きく関係していたと考えられる。日本においてアメリカでの研究評価が低い要因については既に述べたように、文部省派遣留学生のアメリカでの印象が大きく作用した。アメリカの日本人学生はそうした日本におけるアメリカ留学生に抱く「悪い」印象に危機感を持っていたといえる。そのため、アメリカで学ぶ日本人学生は、アメリカで学ぶ同胞学生の生活や態度を正す必要があると考え始めた。アメリカに渡った日本人留学生で特に私費留学生は、苦学しながら学問を修めることを目標としていたが、志半ばで中退するケースも多かった。中退者の中には、アメリカに渡ったことで両親の監督下から自由を得て勉学以外のことに夢中になったり、単純労働など限られた職業ではあるものの比較的容易に金銭を得られることから苦学することを止めて経済活動に傾倒していったりする日本人学生も多かった。こうした日本人学生を「刹那的享楽に貴重なる青春の日月を徒費する底の落伍者」と表現し、彼ら「落伍者」の存在が目立って伝えられたことでアメリカで学ぶ日本人学生の評価が低下してしまったと考えた。そのため、アメリカで学ぶ日本人学生は、機関誌を通して同胞学生に「堅忍不抜の精神」で当初の志を貫徹するよう励ました。(32) そして、アメリカで学ぶ日本人学生の使命を規定するようになった。例えば、『麦嶺学窓』では「発刊の趣旨」でUCBに学ぶ日本人としての心構えを次のように説いた。

［…］吾等は遠く異郷に在りて、外国大学に修学する者。されば吾人は、自ら吾人が特殊の境涯と位置とを自覚し、其の使命の重大なるを想はずんばあらざる也。則ち吾等は日米人の親善を増進せしむる点に於て一

般世人の人士より一歩、否散（ママ）歩の利を有せり。[33]

日本人学生は、自分たちの置かれた立場や使命を自覚して日米両国の親善に寄与するとともに、一般の日本人移民よりも一歩先を行って、広くアメリカ人の間に日本に対する「正しい」理解が深まるよう尽力する役割があるとした。さらに『南加学窓』では、ＵＳＣの法科で学ぶことで「同胞の権利、自由、財産保護の方法を講ずる」ことができ、高等教育を受けた日本人として、そして法律を学んだ日本人として、排日運動が高まるカリフォルニアの日本人移民社会における自らの役割についても示した。[34]

特に注目すべきは、日本人移民社会の「啓蒙」について早くから関心が示されていた点である。『南加学窓』「同胞社会へ一筆啓上」において晩村子は、日本人移民社会の現状と将来について語りながら、日本人の米化の必要性を唱えた。晩は、日本語学校が短期間のうちに急増したことや、日本語学校での教育の難しさに触れながら、「米国主義の教育を施し立派なる大和民族の米国市民を貢献する」ことが急がれると述べ、アメリカ市民を育成することに主眼を置いた二世教育の必要性について言及した。そして「子女を米国化せしめ、自己も進んで米国化するに努め、一日も早く米国市民たるの権利を獲得し将来に於ける日本移民の前途に一筋の光明を投じ」ることが急務であると訴えた。[35]

このように、西部では日本人学生が大学生として、自らの役割を規定しながら、日本人移民社会や日米関係で貢献できることを模索した。さらに日本人移民の啓発運動の中で繰り返された言説を早くから使用した点は非常に興味深く、彼らの言説と日本人移民社会のリーダーたちがその後に展開する米化運動との連動性を想起させる。

（4）『麦嶺学窓』と『南加学窓』の学生名簿

『麦嶺学窓』と『南加学窓』では、日本人学生の活躍についても積極的に伝えた。例えば、機関誌に掲載された学生名簿では、卒業生および在校生の名簿と共に近況も記された。UCBでは、一八八七年から一九一七年までに卒業した六八名の日本人留学生中、約四〇パーセントにあたる二六名が工学士およびマスター・オブ・サイエンスの学位を持つ卒業生であった。彼らの中には南満州鉄道の顧問技師、江西省九江英口租借地域の鉄道技師、広東漢陽鉄道の技師として中国大陸へと渡ったり、日本に帰国して東洋製糖株式会社、安川電気製作所、大阪紡績会社、三井神岡鉱山などに就職したりしていることから、彼らがアメリカで学んだ最先端の工業技術が大陸や日本の近代化に生かされていたことがわかる。文系学科の卒業生の中には上海で税関官吏として中国大陸で就職するものもあったが、その多くは日本に帰国して各地の教育機関で教師として勤務したり、医師や歯科医師として開業したりしていた。もちろん、UCBを卒業後もアメリカに残り東部の大学院で研究を続けるもの、医院を開業するもの、事業を始めるものなども見られた。学生名簿の一覧には、朝鮮半島へ渡り京城新報を創刊した峯岸繁太郎や一九〇九年にハワイで起こった日本人による大規模ストライキに関わった根来源之の名前も確認できる。[36]

一方、USCの『南加学窓』でも一九〇五年からの卒業生や在校生の一覧が記されている。しかしながら、卒業生の就職先に関する詳しい情報は明記されていない。ただ、調査当時の現住所が「羅府」とあるのが全体の約五〇パーセントに達することから、USCの卒業生はUCB卒業生よりも比較的現地への定住傾向が強かったと考えられる。法科、歯科、薬学科など専門職を養成する学科の卒業生は現地日本人移民社会で法律事務所や医院を開業して日本人移民の生活を支えた。のちに羅府日本人会会長となり邦字新聞『加州毎日』を創刊する藤井整をはじめ、迎田勝馬、清原団蔵、須々木栄、安西清春、島野好平、宮田雄次郎、原聖道、仲村権五郎らは日本人移民社会のリーダーとして大いに活躍し、移民社会が抱える子弟教育、社会問題、労働問題等に熱心に取り組んだ。また、坂本義孝は、ＵＳＣ東洋科の講師を務めたのちに中国大陸へ渡り、東亜同文書院の教師や上海ＹＭＣＡの会長を務めた。帆足理一郎はＵＳＣを卒業後シカゴ大学へ進学し、のちに早稲田大学教授となった。このようにＵＳＣの日本人留学生においても、中国大陸や日本の教育界で貢献する優秀な人材が輩出されていたことが分かる。[37]

坂井謙祐は日本人学生の現状について、『南加学窓』「日本人学生の状態に付て」で、次のように報告した。それによると、当初の日本人学生はキリスト教会付属の学校に通学しながら労働をする生活をして、高校に進学する学生数は毎年六、七名程度でそのうち卒業できたのは二、三名であったという。ところが高校に日本人学生会が創設されると、毎年一〇名前後の日本人が入学し、そのほとんどが卒業していると伝え、「斯の如き好例は北米の地はおろか故国に於ても見ることは極く稀である」と称賛した。そして、ＵＳＣ入学者も増加傾向にあり、以前とは異なり現地のハイスクールを卒業した日本人が多く入学し、西部の日本人学生の変化を伝えた[38]

このように、『麦嶺学窓』や『南加学窓』の卒業生欄、さらに坂井による報告は、アメリカで学ぶ日本人の多くが日本、中国、アメリカ各地で活躍していることを示し、それはアメリカで学ぶ日本人学生に対する日本国内のイメージを払しょくさせるだけの力を持っていた。

おわりに

『麦嶺学窓』と『南加学窓』はともに、日本人留学生が集まる学生団体によって発行された機関誌であったが、掲載された情報は学生間で共有されるだけでなく、日本人移民社会、現地の白人社会、日本社会に向けて広く発信することが意識された機関誌であったといえる。そして、これらの機関誌の発行を支えたのは現地日本人移民社会であった。例えば『麦嶺学窓』は、サンフランシスコ領事館を筆頭に横浜正金銀行桑港支店、住友銀行桑港支店、三井物産株式会社桑港支店、北米貿易会社、日米新聞社、新世界新聞社、在米日本人会、桑港日本人会など、現地日本人社会において有力な企業や商店、日本人会のトップが名誉会員や特別会員として名を連ね、機関誌に権威と重厚感を与えた。『南加学窓』も同様に、ロサンゼルス領事、羅府新報社、亜細亜商会、アメリカン貯蓄銀行、朝日靴店など、サンフランシスコに比べると規模は小さくとも現地日本人移民社会で有力な商店の支援を受けた。同時代に発行された『市俄古学苑』第八号（一九一七年）と比較すると、同機関誌は一切広告が無く、名誉会員・会員ともに卒業生で構成されている。しかしながら、『麦嶺学窓』も『南加学窓』も共に現地日本人社会の企業や商店の広告に多くの紙面が割かれており、名誉会員・会員にそれらの支店長、社長、店主が名を連ねている。つまり、両機関誌は学生による同人誌的読み物という範囲を超えて日本人移民社会に広く知れ渡った雑誌であり、日本人移民社会で読み物として手に取られる雑誌の一つであったととらえることができるだろう。

さらに『麦嶺学窓』と『南加学窓』は、大学の各学科の授業内容、入学資格、授業料などが事細かく記されている特徴を持つ。そして、アメリカでは女性が参政権を獲得しようとしていること、授業で女子学生は臆することなく男子学生と議論することなど、日本とアメリカの文化的違いについても伝えた。こうした情報は、大学進学を希望する現地移民社会の高校生やアメリカ留学を検討している日本人大学生、そして彼らの家族にとって、非常に有益であっただろう。また、アメリカや日本の学界で研究に従事する日本人にとって、日本人学生が執筆した論文は、アメリカの最新の学問傾向を母国語で知ることができたことから、これらの機関誌は学術雑誌としての側面も持っていた。さらに、東部で勉学に励む卒業生が、同窓生や西部の異なる大学出身者との交流、東部での生活、大学事情を生き生きと伝えることで、西部にいながら東部地域の最新の状況を得ることができた。

最後に、『麦嶺学窓』よりも遅れて発行された『南加学窓』は、常に『麦嶺学窓』をライバル視していた。しかしながら、両機関誌に共通するのは、ＵＣＢもＵＳＣも東部の大学に引けを取らない高水準の教育を提供していることを主張した点にある。それは、西部特有の反骨精神の表れと言い換えることができるだろう。

日本が藩閥、学閥などの障壁に遮ぎられて、あたら有為の才を抱きながら、薩長の地に生れざりし因果と、帝大を出でざりし不運は、悪縁何処迄も付き纏ひ、遂に路傍の一賤奴として朽ち果つる者の多き今日の状態は国家人物経済上非常の損害である。[39]

官費留学生として東部地域の大学に派遣された日本人留学生の待遇や、出身地や出身大学で人生の進路が決定する日本社会に対して、西部の大学で学ぶ日本人留学生たちは、自分たちが「自給自足」で勉学に励み、アメリカ的美徳であるセルフメイドマンを体現していることに強い誇りと自信を持っていたことが窺える。それは、アメリカの高等教育研究者であるＦ・ルドルフが「アメリカのステート・ユニヴァーシティーを定義づけたのは、広大な中西部および西部であり、そこではフロンティア的民主主義とフロンティア的物質主義とが、実務思考の大衆施設を支えた」と指摘するように、西部に根付くフロンティア精神ともつながっている。つまり、「古い伝統」の中で階級や古典教育に縛られていたアメリカ国内の高等教育の中心であったカレッジと一線を画すような西部の大学精神が、西部の日本人学生の中にも受け継がれていたといえるだろう。[40]

表1『南加学窓』第1巻（1912年）、第2巻（1913年）、第8巻（1919年）総目次

『南加学窓』第1巻（1912年）総目次		
表紙	近藤　曲松	
デディケーション（故国百萬の学生諸君へ）		
南加大学総長ボヴァード博士（略伝）		
—口絵—		
ボヴァード博士の肖像		
本紙に表はれたる諸教授		
南加大学文科大学		
日本人学生と新渡戸博士		
—本欄—		
発刊の趣旨		(1)
校歌（和訳）		(1)
南加大学	石崎重蔵	(2)
文科大学	矢島、石崎	(3)
神学部の沿革及其現況	木村義喜知	(4)
工科大学	藤澤孝輔	(6)
法科大学	宮崎百十彦	(8)
歯科大学	岡　浪之助	(10)
東洋科に就て	坂本義孝	(12)
自余の諸分科大学		(13)
三教授の面影	長谷川新一郎	(13)
学生の活動振り	佐藤清治	(17)
—論壇—		
東西教育の合一	河野　保	(21)
宗教と教育	帆足生	(22)

『南加学窓』第2巻（1913年）総目次		
表紙	上山鳥城男	
校歌（和訳）		
—口絵—		
南加大学文科大学		
同　文科大学内同胞学生諸氏		
同　法科大学内同胞学生諸氏		
同　歯科大学内同胞学生諸氏		
同　美術科内石膏室の一部及上山氏の傑作		
南加大学同胞卒業生諸賢		
川上清氏デクソン博士を訪ふ（英文欄内）		
—日本語欄—		
発刊の辞		(1)
—論説—		
国民性の扞格	坂本義孝	(2)
イエスの福音と基督教	帆足理一郎	(5)
進化論上に立つた基督教	長谷川新一郎	(18)
中世紀に於ける欧州思想界の粉擾	齊藤和一	(23)
戦時国際公法に於ける継続航海主義を論ず	宮崎百十彦	(31)
米国に於る人口増加率の減少	佐藤清治	(34)
—学芸—		
生物界に於ける相互扶助及自治体	濱中廣信	(41)

『南加学窓』第8巻（1919年）総目次		
表紙	長谷川漣月女史	
—口絵—		
羅府日本人学生会会員諸君		
南加大学同胞学生諸氏		
南加大学及各高等学校		
—日本文欄—		
発刊の辞		(1)
—論説—		
国家と青年	帝国領事　大山卯次郎	(3)
連盟憲法の一二につき	バチェラ　オブ　ローズ　藤井整	(4)
政党の目的	マスター　オブ　アーツ　齊藤和一	(9)
銀行業信託の意義	理財学士　古市定吉	(11)
英国に於ける民主思想の発展を論ず	経済科　阿久津三男	(13)
浪漫的愛	文科　原　聖道	(17)
人権平等と力の不平等	法科　仲村権五郎	(21)
宗教政治産業革命より社会革命	細野軍治	(25)
—学芸—		
乱排歯列の原因と健康論	歯科　月藤宇佐吉	(42)
白熱炭繊條電燈	電工科　横山時治	(46)
—文芸及随筆—		
落葉	水島うばら	(41)

廃物利用の時代	佐藤清治	(31)
日清米の経済関係	坂本義孝	(34)
人生の目的	帆足生	(37)
同胞社会へ一筆啓上	晩村子	(45)
―文苑―		
愛と恋（詩人百年祭の記念として）		
ブラウニングの詩編『指輪と書巻を』読む	皆夢生	(49)
雪解け（小説）	内藤生趣	(63)
落葉集（短歌）	夕星	(79)
―雑録―		
日本人学生の状態に就て	阪井謙祐	(80)
予が希望	境澤英雄	(82)
山	齊藤生	(84)
大学生の覚悟	近藤曲松	(88)
どんな人物が居る乎	生趣	(91)
婦人の解放	皆夢	(95)
跋詩		(97)
雑報		(98)
広告主へ感謝		(103)
《英文欄》		
序論		(1)
南加大学総長の教書		(2)
フース博士の書簡		(3)
ヒーリー博士の日本人学生観		(3)

接触作用に就て	高橋貞二	(48)
健康の要訣	岩田嘉一郎	(51)
―文芸及随筆―		
田舎住ひ	近藤曲松	(60)
留別の詩	高木梅軒	(61)
印象	内藤一郎	(61)
喜劇『田舎娘』	向田勝馬	(72)
―学校案内欄―		
（一）南加大学		(79)
（二）南加の膨張と南加大学の地位		(79)
（三）雑報		(89)
《英文欄》		
序説		(1)
南加大学総長の教書		(2)
東西両洋の邂逅	川上清氏	(3)
太平洋に寄する詩	帆足理一郎	(16)
日本人の生活と美術との真価	デクソン博士	(17)
南加大学に於ける操觚業	ラポート氏	(21)
学生に対する大学の責任	デニス氏	(22)
日本佛教と基督教	帆足理一郎	(27)
国家としての日本	長谷川新一郎	(30)
日本に於ける教育	ハリス博士	(35)
米国は日本の門戸を開放せり	ベロース氏	(36)
大学生	ピヤース博士	(37)
和歌一体	ピヤース夫人	(40)

朝明け	水島うばら	(50)
霊的活路の叫び	箕山生	(50)
我れ一人の憂愁	みがく	(51)
米化か？人間化か？	原　生	(51)
米国基督教道徳の権威を疑ふ	箕山生	(52)
子供の悦び	三角生	(52)
生活勝利の声	はら生	(53)
仙人の歌	伊藤翠風	(54)
聴講	水島うばら	(55)
―学校案内欄―		
南加大学	一大学生	(56)
南加大学医科大学	医科　岡見茂一	(60)
南加大学卒業生名簿		(71)
南加大学現在日本人学生名簿		(73)
高等学校	ハイスクール生	(75)
ロスアンゼルス、ハイ、スクール		(77)
―報告―		
事務報告		(79)
会計報告		(80)
編集余録		(81)
《英文欄》		
序説		(1)
学生会の歌	乾夫人	
南加大学総長の教書		(2)
デクソン博士の教書		(2)

評判好き学科の二三
　聖書文学　ヒル教授　(4)
　教育科　(4)
　社会学の範囲　ハント博士　(5)
日本人学生団体　(6)
母校へ告辞（詩）　帆足生　(7)
松の国と仙人掌の国　ディクソン博士　(7)
雲雀に（詩）　帆足生　(9)
日本人特性の一班　立石次左エ門　(10)
菊の花（詩）　帆足生　(14)
世界主義　帆足理一郎　(15)
小石へ（詩）　帆足生　(25)

奥付
南加学窓（第1巻）
1912年6月15日発行（年1回）
編集　帆足理一郎
会計　内藤一郎
広告係　佐藤清次
発行者　南加大学日本人学生会
発売所　佐藤書店（341 1/2 East First Street, Los Angeles, Cal.）
印刷所　朝日印刷所（348 East Second Street, Los Angeles, Cal.）
定価40仙　郵別5仙

日本法制史の梗概　宮崎百十彦　(41)
帰化問題に就て　坂本義孝　(45)
大米国よ　宮崎正司　(49)
南加大学日本人学生会　(53)

奥付
南加学窓（第2巻）
編集員　佐藤清治
事務専任　近藤信太郎
発行所　南加大学日本人学生会（Japanese Student Association of University of So. California, Los Angeles, Cal.）
印刷所　朝日印刷所
南加学窓寄送希望者は申込次第実費にて羅府東1番街341半の佐藤書店より配布せらるべし

社会学より見たる日本音楽　乾　精末　(3)
宗教の根本義　文学士　二十二鐵鎧　(8)
佛教は無神教なりや　文科　宇津木二秀　(10)
久遠の彌陀　文科　原　聖道　(13)
金属繊條電燈　電工科　横山時治　(17)
紫の野に立ちて　原　聖道　(20)
ロスアンゼルス、ハイスクール　廣田生　(22)
小さき歌　岡本チエ子　(24)
—広告—

奥付
南加学窓
編集　伊藤末学
事務委員　横山時治
会計　武部良之助
発行所　羅府日本人学生会（Japanese Student Association of Los Angeles Cal. 840 West Thirty-Sixth St., Los Angeles California）
印刷所　帝国印刷所（羅府北サンピドロ街234）

出典：南加大学日本人学生会『南加学窓』第1巻（1912年）、第2巻（1913年）、羅府日本人学生会『南加学窓』第7巻（1919年）。

表2『麦嶺学窓』第8巻（1917年）、『市俄古学苑』第8巻（1917年）総目次

『麦嶺学窓』第8巻（1917年）総目次			
—口絵—			
加州大学日本人学生倶楽部員			
発刊の趣旨			(1)
加州大学			(4)
—論説—			
経済道徳小観	商学士	及川通衛	(15)
経済学の研究範囲並方法	文学士	齊藤三郎	(21)
国家主義乎世界主義乎	文学士	北澤佐雄	(30)
大戦後日本思想界の変化予想	文学士	三苫　茂	(35)
電力固有の経済的特徴	工科	多田　秦	(40)
米国に於ける化学研究	化学科	勝山勝次郎	(50)
生物学上より見たる人類の進化と人間改良論		今野豊治	(57)
—文苑—			
都会より田舎へ		ＸＹＺ生	(67)
哀別		野の人	(71)
詩二編		浪　衣	(73)
—雑録—			
大学正科入学に関する摘要			(75)
倫敦より		米田　實	(78)
紐育より		宇都宮政一	(80)
加州大学日本人基督教青年会		野田生	(88)

『市俄古学苑』第8巻（1917年）総目次	
—口絵—	
市俄古大学総長ジャドソン博士肖像及筆跡	
学生倶楽部員	
市俄古大学正門	
大学庭西南隅の景	
大学付近ワシントン公園の景	
ハーバー紀念図書館	
シカゴ大学女子寄宿舎	
—論説—	
近代の政治理論	川邊喜三郎
社会学の威力	小林　郁
日米の史学	松本彦次郎
『シカゴ学派』と米国神学の傾向	帆足理一郎
北米に於ける心理研究の過去及現在	福谷益三
—紹介—	
シカゴ大学日本人学生諸君の為に	来栖三郎
シカゴ大学医科大学の新計画	田代四郎助
同　哲学科に就て	深作案文
同　経済学部及商科に就て	小林郁
同　社会学科及政治学	川邊喜三郎
同　歴史部	奥田秀二郎
同　神学科	帆足理一郎

by Yoshi S. Kuno, Instructor in Japanese, U. C. (24) Biological Notes: —by G. O. Shinji M. S. (30) 1. Number of chromosomes of a scale insect (30) 2. Mating habit of Icerya purchase (30) 3. Sex determination in an aphis, Euceraphis butulae Kalt (31) 4. Methods of controlling sex (33) Ash of the Avocado, by S. Ozaki, M. S. (34) On Meat Inspection, by Y. Kitsuda, B. S. (42) The Traits of the Present Day Philosophy, by S. S. Nagata, B. A. What is the Matter with the Present Age? by S. Matsushita '19 (48)	会員名簿 寄付金報告 ※英文欄なし
奥付 麦嶺学窓 大正6年10月30日印刷 大正6年11月1日発行（非売品） 編集者　藤森賢吾 発行者　尾崎知飫 印刷者　島　連太郎（大日本東京市神田区美土代町2丁目1番地） 印刷所　三秀舎（大日本東京市神田区美土代町2丁目1番地） 発行所　加州大学日本人学生倶楽部（The Japanese Student Club of the University of California, 2303 Virginia St., Berkeley, Cal. U. S. A.）	奥付

出典：加州大学日本人学生倶楽部『麦嶺学窓』第8巻（1917年）、市俄古大学日本人学生倶楽部『市俄古学苑』第8巻（1917年）。

［註］

（1）石附実『近代日本の海外留学史』中央公論社、一九九二年、一〇、一八三〜一八六、一九五、二〇三頁。石附、前掲書、一九五頁。

（2）石附によると、輸出入業を営む門屋幸之助らの東京同盟会社（一八九〇年九月設立）が、留学手続きの代理と斡旋業務に加え、授業料、食、住の諸費を合わせて、年三〇〇両で引き受けるとして、貿易業務とこれらの斡旋業務の拡張のために五万円の借り入れを大蔵省に申請していたという（石附、前掲書、四〇四〜四〇五頁）。

（3）石附前掲書、二〇六〜二一一頁。

（4）辻直人『近代日本海外留学の目的変容―文部省留学生の派遣実態について』東信堂、二〇一〇年、五〇〜五三頁。

（5）辻、前掲書、一一七〜一一九頁。ユージ・イチオカ『一世―黎明期アメリカ移民の物語り』刀水書房、一九九二年、九〜一五頁。イチオカは、アメリカへの修学・留学ブームの背景として徴兵忌避も挙げている。一八七三年の法律では、一七歳から四〇歳までの男子全員に兵役の義務があったが、海外留学は例外的に兵役延期が認められていた。しかしながら一八八三年の法改正によってこの例外規定が廃止されたことによって、苦学生に日本を出る決意を誘発した（イチオカ、一五〜一六頁）。

（6）イチオカ、前掲書、三四〜三五頁。

（7）南加大学日本人学生会「*Dedication*」『南加学窓』第一巻、（一九一二年）。

（8）イチオカ、前掲書、三五頁。久野喜三郎は愛知県名古屋市出身で、中学校を卒業したのち渡米した。UCBに進学し、通常修業年数の四年以上かかって一八九七年に工学士を、一九〇〇年に工学修士を取得した。その後、同大学から東洋言語学科の日本語講師として勤務した。Yuji Ichioka. *Before Internment: Essays in Prewar Japanese American History*, CA: Stanford University Press, p. 256. University of California (System) Academic Senate. Author. *1941, University of California: In Memoriam*: 13-15. (http://texts.cdlib.org/view?docId=hb3199n7tr;NAAN=13030&doc.view=frames&chunk.id=div00005&toc.depth=1&toc.id=&brand=calisphere) 閲覧日二〇一五年八月一日。

（9）加州大学日本人学生倶楽部『麦嶺学窓』第八巻、一九一七年、九一〜九二頁。

(10) 加州大学日本人学生倶楽部、前掲書、九二頁。
(11) 加州大学日本人学生倶楽部、前掲書、九三頁。
(12) 南加大学日本人学生会、前掲書、一九一二年、一～三頁。
(13) 南加大学日本人学生会『南加学窓』第二巻、一九一三年、八一～八五頁。
(14) 南加大学日本人学生会、前掲書、一九一二年、一～一七頁。
(15) 松本本光『加州人物大観（南加之巻）』昭和時報社、一九三〇年、奥泉栄三郎『初期在米日本人の記録、北米編、第一〇冊』文生書院、二〇〇三年、三〇頁。南加大学日本人学生会、前掲書、一九一三年、八七頁。
(16) 南加大学日本人学生会、前掲書、一九一三年、八七頁。
(17) *The Daily Southern California*, September 26, 1912, October 4, 1912. 南加大学日本人学生会、前掲書、一九一二年、八五頁。
(18) *The Daily Southern California*, October 14, 1912.
(19) 南加大学日本人学生会、前掲書、一九一二年、南加大学日本人学生会、前掲書、一九一三年、羅府日本人学生会『南加学窓』第七巻、一九一九年。市俄古大学日本人学生倶楽部『市俄古学苑』第八号、一九一七年五月。
(20) 南加大学日本人学生会、前掲書、一九一二年、八～九頁。
(21) 加州大学日本人学生倶楽部前掲注九書、三九頁。
(22) 辻、前掲書、一四五～一六八頁。
(23) 加州大学日本人学生倶楽部、前掲書、三五～三六頁。
(24) 加州大学日本人学生倶楽部、前掲書、三五～三六頁。
(25) 加州大学日本人学生倶楽部、前掲書、三五～三六頁。
(26) 加州大学日本人学生倶楽部、前掲書、五一～五三頁。
(27) 南加州大学日本人学生会、前掲書、一九一二年、九二頁。

(28)南加州大学日本人学生会、前掲書、一九一二年、三〇〜三一頁。
(29)南加州大学日本人学生会、前掲書、一九一二年、三六頁。
(30)加州大学日本人学生倶楽部、前掲書、八〇〜八八頁。
(31)南加州大学日本人学生会、前掲書、一九一二年、七八頁。
(32)市俄古大学日本人学生倶楽部、前掲書、八一頁。
(33)加州大学日本人学生倶楽部、前掲書、一〜二頁。
(34)南加大学日本人学生会、前掲書、一九一二年、八〜九頁。
(35)南加州大学日本人学生会、前掲書、一九一二年、四五〜四八頁。
(36)加州大学日本人学生倶楽部、前掲書、一〇一〜一〇九頁。
(37)羅府日本人学生会、前掲書、七一〜七四頁。
(38)南加州大学日本人学生会、前掲書、一九一二年、八〇〜八二頁。
(39)加州大学日本人学生倶楽部、前掲書、三九頁。
(40)F・ルドルフ著、阿部美哉、阿部温子訳『アメリカ大学史』玉川大学出版、二〇〇三年、二三九〜二七二頁。

コラム　同窓会誌のなかの満洲記憶

佐藤　量

1　満洲の学校と同窓会

学校を卒業したあと、多くの人は同窓会と関わるようになり、時には懐かしい仲間と会ったり、昔の話に花を咲かせたりする。卒業年度ごとに「何期生」などナンバリングされ、歴史のある学校にもなれば一〇〇年近く続く同窓会も少なくない。卒業生が長い年月をかけて受け継いできた同窓会は、いわば学校の記憶の集合体であり、同窓会誌はその記憶装置といえるだろう。

外地の学校にも同窓会がある。かつて日本は、朝鮮や台湾、満洲や中国に数多くの学校を設置して、たくさんの児童や生徒、学生が通っていた。これらの学校の卒業生もまた同窓会を形成した。つまり、外地の学校同窓会は、外地の学校の記憶を継承しており、そこからは外地での生活の様子や引揚げ後の人間関係などについて窺い知ることができるのである。

外地の学校には、内地の学校とは違ういくつかの特徴がある。ひとつには、日本の敗戦をもって学校が閉鎖されたことにより、一九四五年以降の卒業生がいないことである。そのため外地の学校同窓会は、戦前・戦中までの人間関係だけで構成されていることになる。それもあってか、非常に仲間意識が強く、終戦から七〇年が経過した現在においても、活動を続けている同窓会も少なくない。

もう一つは、日本人以外の人びとも通っていたことである。たとえば満洲の学校では、一クラス四〇名ほどのうち、五名ほどの中国人がいっしょに学んでいた。こうした中国人学生は、富裕層の子弟であることが多く、「留学生」という立場で勉学に励んでいた。同窓会誌によれば、成績上位者には中国人学生が多かったという。外地の同窓会誌からは、外地における人的交流のあり方や多様な人間模様が見えているのだ。

2　全国各地に引揚げた同窓生をつなぐ

では外地の学校同窓会誌には、どのようなことが書かれているのだろうか。満洲・関東州の学校を例に、その特徴的な内容を紹介したい。

満洲の学校には戦前から同窓会があったものの、学校閉鎖により活動の一時中止を余儀なくされるが、終戦後ほどなく活動を再開する。その目的は引揚者の支援であった。すでに外地の学校を卒業して内地で就職している同窓生らが集まって、中国大陸から引揚げてくる同窓生を迎え、生活再建をサポートするために活動を再開したのである。

関東州の中心都市である大連には、多くの日本人が居住し、学校の数も多かった。たとえば、旧制中学である大連第一中学校（以下、大連一中と略す）は、一九四七年六月一九日に東京上野の京成聚楽において第1回同窓会を開催した。大連一中の同窓会記念誌『われらが心のふるさと―大連一中』によれば、その席上で大連一中の元教員である清野謙蔵氏は次のように述べた。

「われわれ一中の教師はなんと幸福者であろう。敗戦の混乱期に人のことなど構っておれぬ、自分一人がどうして生きていこうかと毎日不安と焦燥に駆り立てられているとき、内地にたどり着いた私たちに、恩師だということで、校友の皆さんからあたたかい見舞い金までいただき、ありがたいことである」

日本に引揚げた外地の学校関係者は、ほかの多くの引揚者と同様に、引揚者ゆえの苦労を強いられた。なぜならば、引揚者は、日本社会との縁が疎遠になっているケースが少なくなく、戦後の生活再建が困難であったからである。そうした状況下で、同じ引揚者同士の互助組織として同窓会は機能したのである。同窓会では、まず会員名簿の完成に努めた。一九四三年発行の大連一中同窓会名簿を基礎に、大連の旧住所と引揚げ後の住所を調べ、一九四八年一〇月に大連一中同窓会誌『伏丘』の創刊号に載せた。その結果、全国各地に引揚げた同窓生から問い合わせが相次ぎ、とりわけ、引揚げ後の転校、転入手続きのための証明書発行依頼が殺到した。すでに学校長のいない同窓会では、同窓会委員長が代表となって外務省とのあいだで証明書発行の手続きを行った。その後、大連のほかの学校同窓会からも問い合わせが相次ぎ、戦後しばらく同窓会は、全国各地に引揚げた同窓生の連絡業務も担っていた。

3　日本と中国をつなぐ

戦後の生活再建が一段落した一九五〇年代以降になると、日本と中国は非公式な民間交流を進め、おもに経済交流の回復を目指した。これに対して満洲の学校同窓会は、日本人と中国人の同窓会ネットワークを活用して、日中の民間交流に役立とうとしはじめる。

たとえば、大連郊外の旅順にあった旅順工科大学は、工学系の単科大学であり優秀な技術者を数多く輩出していたが、一九五〇年代には日中間での技術交流を目指す同窓会活動を展開した。実際に、一九五〇年代後半には、日中双方の同窓生が往復書簡を交わし、日本側の同窓生による訪中団を結成して、国交のない時代に両国政府の承認を得て訪中した。その際の一連の動向が、旅順工科大学同窓会誌『興亜』に採録されている。

「敗戦すでに一〇年たった今日、まだ中日両国の交流ができていないことは、中日両国のためにかつての戦争以上に大きな不幸だと思います。アジア民族の興隆を図るために沢山の問題がありますが、その根幹をなすものは中日両国の理解ある提携にあり、それを率直に語り合えるのはわれわれ旅順同学の同志だと確信しています。私は貴兄の御尽力によってその機会を得られることを心から熱望するものです。」

これは、一九五六年一月一五日に、日本人同窓生A氏から中国人同窓生B氏に送った手紙の一部であり、『興亜』第二五号（一九五六年五月）に採録された。それに対してB氏は、一九五六年二月一七日に以下のように返信した。

「A先生。あなたが今年の一月一五日に出されたお手紙を、私は大変興味深く拝見いたしました。私は両国人民の兄弟関係や旅順工大同窓の関係について、あなたと率直な意見の交換を行うような機会が持てればと、非常に祈願いたしております。私は先生の一途な中日両国関係の正常化に対するご苦心に対し、非常に興味深く、同時に敬服いたしました。（中略）あなたがご存じのごとく、中国人民はかつて植民地としてうまい汁を吸われたことがあるので、被圧迫民族を完全に理解し、民族独立と和平共存を要求する心情は切なるものがあります。中日両国旅順同窓の方々や、技術畑の方々が進んで率直に会談するように提唱されたあなたのご意見に対して、非常に理解もし、支持もするのであります。」

これらの手紙からは、無邪気に大陸再進出を目指すA氏に対して、B氏の手紙には、同窓としての友情と抗日・愛国心とが同居しており、複雑な心境を察することができる。

このあとも往復書簡は継続し、その都度同窓会誌に掲載されていた。A氏は引揚げ後に機械製造会社を起業し、B氏は中国政府の役人となって、おもに重工業分野の管理職に就いていた。B氏にとっては、反日気運が高まっている一九五〇年代後半に、日本人同窓生と関わることはリスクをともなうものの、一方で中国政府が推し進める重工業分野を主力とした五カ年計画において、同窓会ネットワークを活用することは、技術交流や人材育成に有益であった。結果的に、両国政府の断絶により経済交流は頓挫するが、中国人同窓生の立場が苦しくなってからも、両者の関係性は継続する。中国人同窓生にとって同窓会は、日本人同窓生との友情をつなぐかけがえのないものであると同時に、自身のアイデンティティや社会的立場を脅かしかねない両義的な存在であった。

おわりに

満洲の学校同窓会は、単に個人的な経験を語り合い、懐旧を温める場ではなく、日本人と中国人同窓生双方の戦後生活において重要な意味をもたらしてゆく。このことは、満洲経験が、当事者たちの戦後生活に地続きであり、その後も影響し続けることを意味しているだろう。

もちろん、ここで取り上げた以外にも重要な記述が多くある。たとえば、同窓会によって日本人と中国人同窓生の絆が深まる一方で、「売国奴」や「対日協力者」を疑われた中国人同窓生は、大躍進、文化大革命期に過酷な迫害を強いられた。こうした出来事については、情報不足もあってか同窓会誌ではあまり詳しく記述されることはない。また、一九七〇年代後半になると多くの日本人が「ノスタルジア」を語りはじめ、日中国交回復後には訪中旅行が活発化するが、それは同時に加害の記憶が忘却されていく過程でもあった。このように、戦前から戦後に至るまで刊行され続ける満洲の同窓会誌には、満洲経験に由来するさまざまな記憶が記録されているのである。

II

新聞・雑誌と移民コミュニティ

第４章
ブラジル・ノロエステ地方における日本語新聞
――一九一〇年後半～一九三〇年代を中心に

半澤典子

はじめに

戦前期日本人ブラジル移民たちは、伝達手段としての日本語新聞を発行又は購読する行為を通して移民としての意識を変革させ、該社会を変容させ、その評価を変化させてきた。日本語放送など存在しなかった初期日本人移民社会において、日本語新聞はもっとも重要な伝達手段であったばかりでなく、伝達機能としての俊敏性・正確性・公平性、さらには隠蔽性をも兼ね備えることで、新たな人間の意識や移民社会を構築する際のメディアそのものであった。

戦前の日本語新聞研究に関しては、清谷（一九九一、一九九八、一九九九年）がある。[1]主要日本語新聞の記事を多岐にわたって分析している点で研究の参考にはなるが、当時の日本人移民社会に与えた影響と将来的観測についての予見までには至っていない。前山（二〇〇二年）は、草創期の日本語新聞について、『日伯』の三浦を視座に置きながらも新聞創設者の経歴をハワイにまで遡って分析し記述している点興味深い。(2)

本研究では、戦前期ブラジル・サンパウロ州ノロエステ地方に焦点を当て、一九二〇年代のノロエステ地方に活動拠点があった日本語新聞の『聖州新報（以後、聖報）』を視座に置き、一九一〇年代よりサンパウロ市に拠点を置いていた『日伯新聞（以後、日伯）』及び『伯剌西爾時報（以後、時報）』などを参考にし、当時の主要日本語新聞が情報をどのような立場で報道し、初期日本人移民社会にどのような影響と変化をもたらしたかなどについて考察する。

1 なぜノロエステ地方なのか―日本人移民と日本語新聞創刊

初期移民にとって日本の対蹠点に位置するブラジルでは、気候や土壌の相違、ブラジル国内情勢・言語・生活習慣の不理解、さらには母国日本の情報欠如などが異国に暮らす中での精神的不安材料そのものであった。そのような中でもっとも身近な日本語媒体物は新聞であった。

サンパウロ州における初期の日本人移民は、コーヒー園労働者（コロノ）としての入植をその前提とした。コーヒー栽培地域は、一九世紀末以来サンパウロ市を起点に時計回りとは逆回りに主要鉄道沿線に展開していた。すなわち、セントラル線沿線から始まり、モジアナ線、パウリスタ線、アララクワラ線、ノロエステ線、ソロカバナ線沿線へとサンパウロ州内に拡散していったのであった（図参照）。日本人コロノの入植は、州東部から北部の主としてセントラル線からアララクワラ線沿線が中心であった。一九一〇年代中頃から州北西部のノロエス

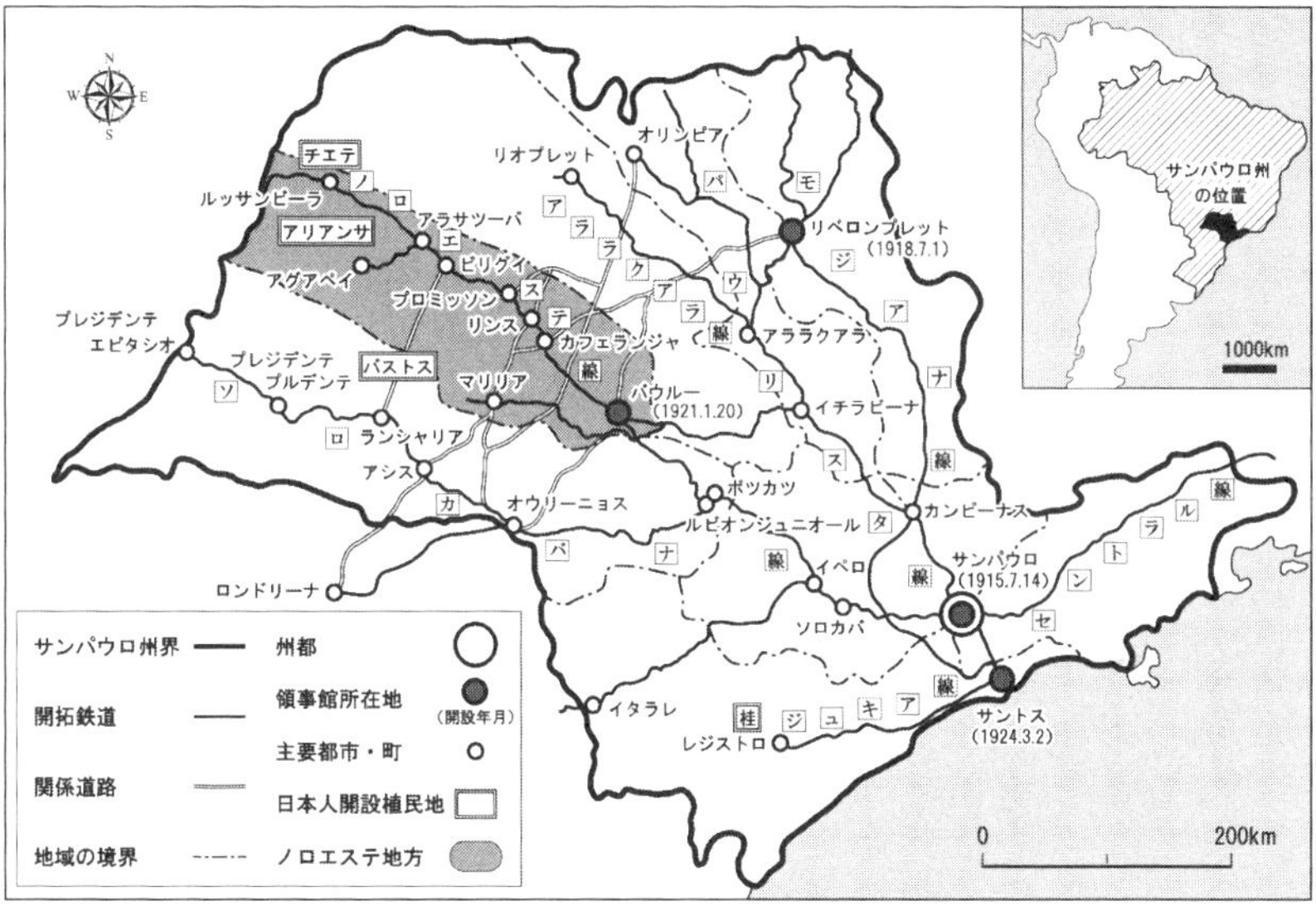

サンパウロ州の開拓鉄道（1933年当時）
伯剌西爾時報社『伯剌西爾在留邦人分布図、1933年』及び氏原彦馬『北パラナ英国シンジケートの土地図』などより筆者作成

テ線沿線に、コロノからの脱却を図り借地農や独立自営農を目指す人々が集住するようになった。その先鞭を切ったのはカフェランジャ駅に一九一五年平野運平によって開発された平野植民地であった。入植者にとって移動地域やその周辺地域の土地情報や日本人の活動情報は重要であり、それらの情報を内包した記事が掲載された新聞を彼らは求めていた。結果、政論紙よりコミュニティ紙の性格の強い新聞が創刊されるようになったのであった(3)。

ノロエステ地方とは、バウルー以西パラナ川河岸までの一帯を指すが、一九一〇年代のノロエステ地方では、バウルーからアラサツーバに至る一帯が日本人移民のコロノから借地農や独立自営農民に転換する過程で入植した地域となる。ノロエステ地方の玄関口であったバウルーはサンパウロ市から約三二〇km程北西に位置し、バウルー日本領事館も一九二一年一月に開設されていた。ノロエステ線、パウリスタ線、ソロカバナ線などの開拓鉄道の発着地で、奥地の農産物の集散地、鉄道の乗換地でもあったため旅館業をはじめとした商工業活動も栄えていた。すなわち、当時のバウルーはサンパウロ方面からノロエステ地方へ、さらにはパラナ川以西のマットグロッソ州から国境を越えてボリビアへ、南部はパラナ州へ、北部は当時米作の盛んだったミナスジェライス州米作三角地帯へと通じる文化・経済活動の結節点（ハブ）であったのである。当時のバウルー市の人口約二万五〇〇〇人、そのうち日本人は一一六家族四〇〇人ほどがコーヒーや綿花栽培をしており、物資の集散地であったことから貨物自動車（トラック）を持つ日本人も四家族ほどいたようだ。(4) 一九二三年の『通商公報』によれば、サンパウロ州における日本人農場主の保有農場は一一六七地点で全サンパウロ州の農場数七万九一六九の一・五％、農場面積は四万三二三九ヘクタールで全サンパウロ州の農場面積一〇七四万八九八七ヘクタールの僅か〇・四％に過ぎなかった。(5) また、一九二三年七月六日の『聖報』によれば、当時の在伯同胞総数約四万人、約八〇〇〇家族の三分の一が独立自営農民で残りが借地農とコーヒー園労働者で折半していたという。このことに関しては外務省南亜米利加通商局長赤松談話として「日本移民総数ハ四万人ヲ超ヘサルベシ」とあることから根拠づけられる。(6) すなわち、ブラジルに移民して一五年足らずの日本人移民の農業状況は、農場数・農場面積ともに少なく農業基盤が確立していたとは言い難かった。

一九二七年当時のノロエステ地方の日本人人口は三三一二家族一万九八七〇人、うち地主は一五六七人であった。(7) さらに一九三二年八月当時のサンパウロ州内在伯邦人総人口は一二万一一四八人（男：六万四五五二人、女：五万六六五九六人）で、うちノロエステ鉄道沿線人口は四万八三七二人、ソロカバナ線沿線人口は一万八四〇八人、パウリスタ線沿線は一万七九九人などとなっており、ノロエステ鉄道沿線に在ブラジル日本人移民が最も多かったことがわかった。彼らの主な農作物生産は、ノロエステ線沿線ではコーヒー栽培、ソロカバナ線沿線やパウリスタ線沿線では棉花生産が他地域より卓越していた。(8) このように着実に拡大発展しつつあったノロエステ地方の実態が、新聞の需要を増大させ、日本語新聞各社による購読者獲得競争を高めた要因の一つとなったと考えられる。

2　一九一〇年～一九三〇年代のサンパウロ州における主要日本語新聞
―『日伯新聞』、『伯剌西爾時報』と『聖州新報』

（1）主要日本語新聞とその特性

ブラジルにおける日本語新聞の創刊は一九一〇年代半ばから始まった。移民たちがコロノから独立自営農民への転換期に当たる一九一六年一月には早くも星名謙一郎と鹿野久一郎の共同による週刊『南米』が発刊されている。発刊地はサンパウロ市でその内容は星名の所有するソロカバナ線奥地の土地分譲広告を主としたコミュニティ紙であったためか一九一八年一二月まで刊行されていた。現存するのは一九一八年一月一二日（第一〇三号）～一九一八年一二月二四日（第一五〇号）までのようだ。(9)

週刊『南米』創刊以後、『日伯』（一九一六年）、『時報』（一九一七年）、『聖報』（一九二一年）などの日本語新聞がサンパウロ市ばかりでなく地方都市にも次々と創刊された。『南米新報』（一九二八年）、『アリアンサ時報』（一九三〇年）、『日本新聞』（一九三二年）、『北西民報』（一九三四年）などである。これらのうちノロエステ地方で創刊されたのは『アリアンサ時報』と『北西民報』である。(10)『アリアンサ時報』は一九三〇年四月九日創刊で、創刊者は力行会アリアンサ支部宮尾厚、編集長は中川権三郎であった。一九三七年五月一二日、ノロエステ線アラサツーバ市に移転し『日伯協同新聞』と改称している。一九四五年五月の発行部数は五五〇〇部程であった。『北西民報』は一九三二年六月二五日、ビリグイ中央青年連盟の機関紙としてビリグイで創刊され、創刊当初は『ビリグイ民報』と称した。一九三三年末、同連盟の解散に伴って廃刊となり、一九三四年梶本明によって再刊され『北西（ノロエステ）民報』と改称した。一九三八年、本社をリンスに移転。発行部数四五〇〇部であった。

とはいえ、ノロエステ地方における主要紙は『日伯』及び『時報』と『聖報』であったので、この三紙についてその特性を以下に述べてみたい。

①『日伯新聞』

一九一六年八月三一日の天長節を機に、竹村殖民商館耕地通訳官を務めた金子保三郎と『ロッキー時報』の新聞作成経験者でアメリカからの再移住者輪湖俊午郎との共同で創刊された。(11)「邦字新聞はブラジル邦人に目と口を与えるもの」を社是としてサンパウロ市エルネスト・デ・カストロ街に拠点を置き、領事館情報を中心とした移民生活を報道することにその特色を見出していたが、発刊当初は石版刷りであった。しかし輪湖は意見の相違から一年足らずで金子と別れた。第一次世界大戦後の不景気の中で社主の金子は体調不良と印刷技術向上に関わる資金造りのために一旦帰国したが念願叶わず、一九一九年九月、三浦鑿造（通称、三浦鑿）にその全てを売却している。(12)日本での三浦は英語や講道館柔道を学び新潟県高田中学柏崎分校英語教師をしていたが、学校に軍事教練が導入されると教師を辞め、一九〇八年訪日中のブラジル官軍練習艦の柔道教師として乗船しブラジルに入国した。ブラジルの格闘技カポエイラに惨敗・失職し、一〇年以上不安定な生活を余儀なくされていたようだ。一九一九年金子から日伯新聞を譲渡された三浦は、移民とは一線を画す意識と目線を持ち政論紙的報道を得意としたが、時に大日本帝国政府（以後、日本政府）批判や民衆の醜態を記述するなど報道の公正性や信憑性が懸念されるような記事を掲載した。この公私を問わない歯に衣着せぬ政論やコミュニティ論は、日常生活上の不満をうっ積させていた移民たちから代弁者として支持されたが、良識ある民衆からは反感を買い、在ブラジル日本公館からの信頼感も損ね、一九三一年と一九三九年の二回、ブラジル国外追放の憂き目にあわされた。結果、再追放を契機に『日伯』は廃刊となった。

現存する最古の新聞は一九二四年二月二二日・第三六一号のもので六ページ七段組みの活字版である。創刊時から一九一九年一一月一四日までは石版刷りであったようだがその原版は現存しない。活字版になってからの購読料は年間一八ミル前払い制であった。創刊当初は週一回金曜日に発行していた。金曜日発行にはその週の出来事を土曜日と日曜日にもゆっくり読んで欲しいという願いがこめられていたようで、その他の日本語新聞における金曜日発行の意図も同じと考えられる。

現存する最古紙の一面記事は三浦による「同胞自決」と題した政論で、「日本移民が渡伯以来十有七年、移民政策の成績は上がらず。移民奨励など政府の眼中にはない。」と日本政府のブラジル移民政策を鋭く批判している。この報道姿勢が購読者を増加させ、日本移民二五周年に当たる一九三三年当時の発行部数は約七〇〇〇部、ノロエステ地方にも多くの購読者を抱えていたようだ。一九三六年四月から週三回発行、一九三七年八月には『聖報』や『時報』に一歩遅れを取って日刊紙に移行している。一九三一年から八年間『日伯』の編集長を務めたのは野村忠三郎だった。その社説には定評があったようで日系社会に『日伯』紙が浸透する大きな誘因となっていたようだ。しかし、一九三九年五月二七日・第一七一六号をもって廃刊となった。この背景には社主三浦鑿の国外追放事件が関わっていたことは誰もが認めるところとなっている。

『日伯』紙を特徴づける記事として、ブラジル国内の日本人移植民社会が形成されて二〇年も経過し、二世の子供たちの教育や出稼ぎ移民から定着移民へとその思考の変換を遂げようとしていた移植民たちに、ポルトガル語への関心を高めさせようとの観点から、一九二八年一一月二一日・第六〇七号に「NOTAS E INFORMAÇÕES」というポルトガル語の記事が登場するようになったことがあげられる。二世の子供の教育を考慮した『日伯子供新聞』も一九三三年一月一日から同年五月二七日まで週一回二一号まで発刊されていた。また一九三六年からは全伯少年野球大会や全伯青少年野球大会を主催し、その様子を記事化するなど青少年育成にも力を注いでいたこともあげられよう。

②『伯剌西爾時報』

一九一七年八月三一日、伯剌西爾移民組合代理人神谷忠雄の招聘により渡伯した黒石清作によって創刊された。[13]神谷はサンパウロ州政府による日本移民への補助金打ち切りで、移民の渡航が一時中断となったことに対する『週刊南米』や『日伯』による移民会社批判に危機感を感じ、北アメリカの『ロッキー時報』記者だった黒石を呼び寄せたのだった。一九一七年六月ブラジルに着いた黒石は、日本から最新の活字と印刷機械を持ち込み、印刷工まで同行させていた。当時の移民会社の協同的結合体であった伯剌西爾移民組合は、サンパウロ州政府との移民契約に基づいて移民を送出していた関係上、ブラジル日本移民の教養の高揚と倫理道徳的人間教育を目指していたので説得調の文体に特徴がある。サンパウロ市コンセリェーロ・フルタード街に社を構え、一年前金子と『日伯』を立ち上げたばかりで訣別してきた輪湖俊五郎が編集長となっていた。黒石と輪湖は、アメリカでの新聞作りの経験を活かして読み易いルビ付き活字新聞を発刊した。また、移民たちにいち早く現地の言葉を理解してほしいとの教養高揚の意図から、ブラジル語講座を連載するなど、斬新なアイディアを盛り込みつつ購読者増加を目論んでいたことが、同紙一九一七年九月一四日、第三号・第五面の社告「一〇月五日発行の本紙より伯剌西爾語講習欄を設け語学の通信教授を開始するので、この際（新聞の）購読申し込みをしていただきたい」からわかる。ブラジル語講座は一九一八年一二月一三日までほぼ一年間掲載されていた。

現存する最古版は一九一七年九月七日の第二号で、その第一面記事には「目的を達する方法は簡易」と題して「一日、農と目的を立てた上は終生この目的のために努力することを決心し、事業の発展を図らねばならぬ。」と移民たちへのブラジル定着と農業への心構えを説いている。また、おもな一面記事にはそれに関わる写真を紙面中央に掲載するなど紙面構成にも工夫が凝らされている。例えば同日紙の第一面に掲載された写真は、一八二二年九月七日、ブラジルがポルトガルから独立宣言した時のイピランガの丘の光景を映したもので、『時報』誕生の瞬間を象徴するにふさわしい掲載であった。

ポルトガル語の導入も他紙に比べて早く、一九二八年六月二二日・第五五八号の二〇面に「O SOLO É A PATRIA, CULTIVALO É ENGRADECÊLA（田園はわが故郷、耕すは国の栄え）」と、移民を啓蒙する記事を掲げている。発刊当初からの四ページ七段組みのルビ付き活字で印刷された紙面と洗練された内容は、当時ブラジル最大の発行部数を誇っていたエスタード紙に「ブラジルにおける活字日本新聞の嚆矢」と云わせるほどのインパクトを与えていた。(14) その要因は、第一回移民以来、日本移民のコーヒー園労働への不定着性という悪評を払拭し、移民送出を推進しようとしていた伯刺西爾移民組合の意図にあったと思われる。一九一七年一二月一日、伯刺西爾移民組合の主要二社であった東洋移民合資会社と南米殖民株式会社が合併し、海外興業株式会社（以後、海興）を創設、一九二〇年には森岡移民株式合資会社をも取り込むと、伯刺西爾移民組合はその業務一切を海興移民部へ引き継ぎ解散した。(15) 結果、『時報』は海興から分離し黒石の個人経営となった。以後の発刊に関して「海外興業のお抱え新聞」と誤解されることになった一面は、ここに存在したと考えられる。

週一回金曜日に発行していた『時報』創刊時の購読料は年間一〇ミルと他紙に比べて割安で、しかも活字印刷であったので読みやすかったことと、第一面は毎回移民社会への教示を与えるような内容の記事で埋まっていたことなどから、『週刊南米』や『日伯』からのプレッシャーはあったにもかかわらず、購読者層は安定していたようだ。残存する最古の紙面である一九一七年九月七日・第二号第一面に「目的を達する方法は簡易」と題する社説が掲載されているが、その中で「ブラジルにおいて移殖民の業に従事すると目的を定めた以上は、［…］一心不乱に全力をその事業に傾倒させれば効果は速やかにかつ大である。」と移民の意気高揚を煽っているなどはその好例であろう。発行部数も一五〇〇部と他紙に比べて多く、移民二五周年の一九三三年には八二〇〇部に達するほど、主要日本語新聞三紙の中では突出していた。日刊紙への変更は他紙とほぼ同時の一九三七年八月二三日・第一三七六号であった。このことに関し『聖報』が以前より該紙に、八月二三日に日刊紙とすることを公表していたことから、『日伯』共々その波に遅れまいとする競争心が現われたのではないかと考えられる。移民を指導する意識や態度を表出させる傾向のあった『時報』ではあったが、中央では『日伯』と競合し、地方では一九二一年の『聖報』発刊を歓迎しつつも牽制する姿勢を取らざるを得なかったといえるだろう。

二世の教育という視点から、一九三四年には子供新聞である『子供の園』を創刊している。一九四一年の外国語新聞禁止条例により、八月九日・第二五五〇号をもって休刊せざるを得なくなった。[16] 第二次世界大戦後の一九四六年一二月二一日・第二五四五号八頁目にはポルトガル語版を挿入して復刊したが、戦後の勝ち組負け組問題の中で、勝ち組系新聞と化したことから認識派グループからの信頼をなくし、一九五二年一二月一八日・第三三四〇号をもって廃刊となった。[17]

③『聖州新報』

一九二一年九月七日、ブラジルの独立記念日に焦点を合わせ、ノロエステ地方の結節点バウルーで創刊されたのが、香山六郎を社主とする『聖州新報』であった。香山は『時報』の黒石の好意により、一九二一年四月二九日・第一八六号・第五面に以下のような「聖州新報発行予告」を掲載している。

今般バウルー市に於きまして『聖州新報』と呼ぶ邦字週刊新聞を発行致します。鮮明なる振仮名つきの金属版刷であります。『聖州新報』は私一個の独立経営で何等覊絆に囚はれぬ［…］何者にも媚びず何物にも惶れず恒に同胞の味方となり相談相手となる新聞であります。同胞の深刻なる実生活に触れ、実際問題の記事を以て満たされ居る［…］趣味と実益との旺溢〔する〕新聞であります。晩くも来五月末頃までには初版を発行致します［…］。

大正十年四月二十一日　　バウルー市　聖州新報社　　香山六郎

同胞諸兄姉

一九二一年一月、バウルー市に領事館が新設されたことを契機として、在伯日本人のもっとも多いノロエステ地方から、個人による独立経営で同胞の味方であり、移民の目線で移民の声をいち早く報道する重要性を強調し、趣味と実益溢れる新聞であると宣言したのであった。この時点においては『時報』の黒石も『日伯』の三浦も競合するほどの新聞ではないと問題視していなかったようで、黒石は『聖報』の発刊宣伝を自社紙に掲載させているほどであったが、三浦は「香山六郎が新聞記者ならチョウチョ、トンボも鳥のうち」と自紙で香山を揶揄したと前山（二〇〇二年）は記述している。(18) しかしこの記事をいつ三浦が書いたのかについての前山の言及はない。事実、現存する日伯紙は一九二四年二月二二日・第三六一号からなので、一九二一年九月七日『聖報』発刊当時の事は『日伯』を通しては調べようもない。いずれにしても三浦は、香山の新聞創刊に対して独特の筆勢で、香山を子供のようにあしらうことで、『日伯』購読者に同紙の面白さをアピールする意図があったのではないかと考えられる。

社主の香山六郎（一八八六～一九七六・熊本県玉名郡高瀬町出身）は、第一回移民船笠戸丸の自由渡航者で、同船者で皇国殖民合資会社サンパウロ駐在代理人であった上塚周平（一八七六～一九三五・熊本県下益城郡杉上村赤見出身）とは、熊本済々黌の同窓生であった。(19) 上塚は熊本済々黌、旧制第五高等学校から東京帝国大学法科を卒業した法学士であり、ブラジル到着後は香山を同社の事務補助員として移民業務に従事させていた。

香山が新聞発刊を予告した時の「鮮明なる振仮名付つきの全属版刷り」との説明とは裏腹に、創刊当初の『聖報』の印刷技術は石版やジンコ版であったため、インクが紙に染み込んで文字が非常に読みにくい欠点があったことと、年間購読料も一五ミルで中央紙との差もあまりなかったことなどから、購読者層を拡大させるのは至難の業であったようだ。また、中央紙のような強力な情報筋を持たなかったことから、中央紙にはない特徴をどのように持たせるかと腐心したようだ。そこで一九〇八年、ノロエステ線初の移民導入地サン・ジョアキン耕地の通訳であったこと、上塚が開設したノロエステ線エイトール・レグール植民地の日本人パイオニアの一人であったことなどを前面に押し出し、ノロエステ鉄道の駅前情報など身近な情報の提供者となること、すなわち、移民の目線で情報を提供することで沿線移民たちの支持を得たのであった。サンパウロという都会ではなく、地方都市バウルーに新聞社を創設する際の香山のこの発想は、都会の官憲や新聞社などからの懸念とは裏腹に、沿線移民の信頼を勝ち得る最大の強みであったといえる。創刊当初の発行部数は二〇〇部、その年の暮れでも二七〇部程度であったが、翌年には八〇〇部にまで伸ばし、その内一五〇部程はソロカバナ線沿線の購読者になっていた事実がその証といえよう。

現存する最古紙面の第一面には「殖民者の長短」という題で「吾四万同胞移植民をノロエステ、ソロカバナ、アララクワラ、イグアッペ及びマットグロッソの六ケ所に大別し管見してみる。」との比較地方論が掲載されているが、このような記事こそ当時の移民たちが欲しがる情報であったことを自らの体験から察知していた点も見逃せない。すなわち「ノロエステ同胞は物質的には優勢を誇示しているにもかかわらず、言論・思想面にかけてはイグアッペ植民者に比べより新しき人間的生命に触れておらず、［…］資本家やプロレタリアートの熾烈な新人間味の士はノロエステよりもイグアッペ植民地より群出することであろう。」などと、その性格の違いを比較しながら「ノロエステ植民者の活動振りにプロレタリアートの思想を抱かせ、ノロエステ線とソロカバナ線の中間地帯の太古林に斧を振い、そこに旧道徳・旧習慣に囚われぬ新しき生命ある人間界を建設したい。」と、ノロエステ沿線の将来に夢を膨らませた開拓者香山の理念を展開している。(20)

一九二五年五月八日より『聖報』は中央紙であった他の二社と肩を並べられるような活字印刷となった。創刊後五年、他社の創刊から約一〇年遅れの活字印刷導入であった。その際には「在伯同胞は聖州新報を読め！同紙は常に移植民の真の伴侶である」とアピールし、ノロエステ地方唯一の日本語新聞は『聖報』であることを強調している。[21]さらに同じ活字印刷であるなら、購読料は『日伯』や『時報』の二五ミルより五ミルも安価で、しかも地域情報を即時に伝達できるとし、三日から一週間遅れで配達される他紙との相違を明示し、早くて安くて身近な新聞であることを強調しながら購読者層拡大に腐心していた様子が読み取れる。結果、在ブラジル日本移民二五周年の一九三三年の発行部数は五三〇〇部にも増大し、地方紙としての基盤を確固たるものにしていた。しかし一九三〇年四月、ノロエステ地方のアリアンサに『アリアンサ時報』（社主宮尾厚）が、一九三二年六月にはビリグイに『北西民報』（社主梶本明）が創刊されたことによる購読者層の相違と拡大の困難さ、創刊当時のバウルー市と現在の同市の人口は二倍強に留まるが、鉄道や道路網の整備拡大に伴うヒト・モノのサンパウロ指向は勢いを増すばかりであったこと、地方紙に甘んじられない社主香山六郎の発展的姿勢などから、一九三四年一〇月二三日『聖報』紙上に「社告」を掲載し、活動拠点をバウルー市からサンパウロ市に移転させ、紙名も「NOTISIAS DE S. PAULO」と改称することを宣言している。当時サンパウロ州で日本人などの外国人が新規事業を展開する際には、企業のトップはブラジル人で、五人以上雇用する商工業者は、その三分の二以上はブラジル人を雇用する義務があるとする規制（「改正新内国人雇用令」一九三一年）により、名目上の社長を養女静子の夫のダリオ・P・アルメイダ（ブラジル人）に変更せざるを得なくなった。[22]ポルトガル語の挿入に関しては、一九二五年一二月一八日・第二九九号の第一面に、活字印刷になって一年目の購読者への感謝の言葉を〝Aos Leitores〟とポルトガル語で掲載したのが最初であった。[23]このポルトガル語表示は一度限りのもので事後への継続はなかった。しかし、ポルトガル語版を挿入せよとのヴァルガス政権下の政策には背けず、一九三七年八月二三日・第一二七九号からの日刊紙への変更時に改めて「NOTICIAS DE S. PAULO」と表記し始めた。[24] さらに一九四一年、外国語新聞禁止令が発令されたことを契機に「日本人移植民のための日本語新聞」を信条としていた香山は同年七月三〇日、自主的に廃刊している。[25] 現存紙は七月二六日・第二二三五号までである。この背景には、ブラジルで生活している以上ブラジルの法規制には従わなければならないという香山の遵法精神の他に、あくまでも日本人であることへの香山の精神的固執と移民の目線による新聞であるという道義的意識などが優先していたこと、さらには、ポルトガル語版を掲載するにはポルトガル語を解する編集人を新規雇用しなければならず、人件費や技術費などの増大といった経営的課題が生じることへの不安があったと思われる。この点は確固たる基盤を形成していた中央紙の『時報』に及ばぬ点であった。なお『日伯』は、新聞禁止令発布以前の一九三九年廃刊となっていた。一九四五年八月一五日の終戦宣言を確認した香山は、翌日の晩、自宅裏庭で今まで手元に保管していた全ての新聞を自らの手で焼却処分してしまっている。[26] 大きな歴史的損失であったといわざるを得ない出来事であった。

以上、三紙についての概要は表を参照願いたい。

（2）主要日本語新聞比較総論

①新聞間の対抗意識

同じサンパウロ市に拠点を置いていた『日伯』と『時報』は、片や官憲批判系、片や移民組合系とそのカラーを異にしていたこともあり、紙面上の論戦には対抗意識が明白であった。『日伯』への危機感から『時報』が創刊された経緯や、輪湖が黒石との『時報』設立以前に金子の『日伯』を手伝っており、その創刊一年後には『時報』の編集長に収まっている事実からも、その意図的区別意識あるいは対抗意識を窺うことはできよう。

主要日本語新聞概要

	日伯新聞 Nippak － Shimbun	伯剌西爾時報 NOTICIAS DO BRASIL	聖州新報 SEMANARIO DE SÃO PAULO
創刊時期場所	1916年8月31日サンパウロ市エルネスト・デ・カストロ街18，郵函375	1917年8月31日 RUACONSELHERO FURUTADO N0.39C Posta11082SAO PAULO	1921年9月7日バウルー市ノロエステ街、郵函58
社主出身地，渡伯事情	創刊者：2名 金子保三郎（生没不詳）愛知県，1912年耕地通訳者 輪湖俊五郎（1890～1965）長野県，アメリカからの再移住者　元『ロッキー時報』記者）， 三浦鑿造（1882～1945），高知県(愛媛県)。ブラジル海軍練習艦「ベンジャミンコンスタン」号の柔道指導者として着伯。1919年9月、金子より全面譲渡	黒石清作（1870～1961）新潟県 伯剌西爾移民組合代理人神谷忠雄の招聘により移民教育部長の名目で1917年6月渡伯。 編集長に日伯新聞創刊者の一人であった輪湖俊五郎（1920年迄）	香山六郎（1886～1976）熊本県 1908年笠戸丸自由渡航者 徴兵忌避による渡伯。
創刊目的特徴	「邦字新聞は，ブラジル邦人に目と口を与えるもの」移民の定住を論じ，植民地開設を説く。三浦時代は「同胞自決」の考えから，サンパウロ市を中心に領事館や日本の情報と都会の移民生活を報道する事に特化。	「ブラジル移民の為の邦字新聞」として，移民の道徳的教化が目的。伯剌西爾移民組合の機関紙的性格を持つ。 創刊当初より電力利用の活字印刷。	日本移民の増加著しいノロエステ地方の要地バウルーで「在伯同胞は聖州新報を読め！同紙は恒に移殖民生活の真の伴侶である」と日本移民の目線で移民の声をいち早く報道することに特化。ノロエステに根付いた地方紙となる
現存最古紙面の印刷技術	1924年2月22日版（第361号） 6ページ，7段組みグーテンベルク式ルビなし活字印刷（但し創刊時～1919年11月14日迄は石版刷り）	1917年9月7日版（第2号） 4ページ，7段組み ルビ付き活字印刷1500部	1923年2月23日版（第71号） 4ページ，7段組み　当初は石版からジンコ版（亜鉛版）：手書きのため読解困難 1925年5月8日より活字印刷
現存最古紙面の購読料	1924年2月22日版（第361号）によれば，年間18ミル　前金払い 週1回，金曜日発行	1917年9月7日版(第2号)によれば，年間10ミル　前金払い週1回、金曜日発行	1923年2月23日版（第71号）によれば，年間15ミル 前金払い週1回，金曜日発行
現存最古紙の一面記事	「同胞自決」日本移民が渡伯以来十有七年，移民政策の成績上がらず。移民奨励など政府の眼中にはない。(1924年2月22日)	「目的を達する方法は簡易」一旦，農と目的を立てた上は終生この目的の為に努力することを決心し，事業の発展を図らねばならぬ。（1917年9月7日）	「殖民者の長短」　吾4万同胞移植者をノロエステ，ソロカバナ，アララクワラ，イグアッペおよびマットグロッソの6ケ所に大別し,管見してみる。(1923年2月23日)
1925年購読料	25ミル（1925年1月1日）	25ミル（1925年1月1日）	20ミル (1925年5月8日活字版に変更時)
発行部数	7000部（1933年） 1936年4月から週3回発行 15000部（1939年当時）	8200部（1933年） 1931年より週2回発行	5300部（1933年）。 1935年12月には10000部。 1935年より週3回発行
日刊紙	1937年8月25日（第1187号）	1937年8月23日（第1376号）	1937年8月23日（第1279号）
ポルトガル語記事導入	1928年12月21日(第607号)8面 NIPPAKU　SHIMBUN [NOTAS E INFORMAçÃOES]	1928年6月22日（第558号） 20面［O SOLO　É　A　PATRIA, CULTIVALO　É　ENGRANDECELA （田園は我が故郷，耕すは日の栄え）	1925年5月8日（第177号）1面活字新聞切り替えと同時に　タイトルに ［SEMANARIO　DE　SÃO PAULO］
廃刊	1939年5月27日（第1716号）	1941年8月9日（第2550号）で一時終刊し，1946年12月21日（第2545号）で復刊。8面目はポ語版。1952年12月18日（第3340号）廃刊。4面目はポ語版。	1941年7月30日，ただし現存の最終版は7月26日付紙（第2235号）。
特記事項	1931年3月26日，三浦社主国外追放。 1939年7月,再度三浦国外追放。 1931年10月，前年開設したばかりのノロエステ支社をアラサツーバからリンスに移転。 日伯子供新聞(1939年1月1日～5月27日)　週1回，21号まで発行。	発刊当初より伯剌西爾語講習録掲載、担当者嶺昌。 伯剌西爾移民組合の海興吸収に伴い、1922年4月から 黒石による個人経営。　1924年リンス支部開設。 1934年9月「子供の園」創刊。	1934年11月13日,サンパウロに本社移転。紙名をNOTICIAS DE SÃO PAULO　と改称。 創刊905号が聖市第1号となる。 文芸欄に俚謡導入。

注：新聞社住所は紙上通りに表記。各新聞、香山六郎『回想録』他より筆者作成

『時報』の黒石は一九二一年九月バウルーに『聖報』が創刊される際、香山からの創刊案内記事掲載依頼を受け入れ『時報』に掲載させていたことは前述した。いずれはライバルになるかもしれない同業者の創刊案内記事を掲載させた黒石の思うところは何であったのか。単なる子供扱いではなく、当時のノロエステ地方では『日伯』の購読者が『時報』のそれを上回っていたといわれており、「敵の敵は味方である」といった心理であろうか、黒石は新たな対抗馬に創刊支援をした形を取ったといえる。一方、三浦以後の『日伯』と『聖報』は中央紙と地方紙という違いこそあれ、個人的発想による創刊であるという点や、両者ともアメリカ滞在経験者ではなく、日本からの直接渡航者であったこと、さらには香山は、三浦のブラジル到着後の生活を批判的に見ていたことなどが重層して三浦とは相容れなかったようだ。三浦にとって『聖報』創刊はノロエステ方面の購読者層を失うことに繋がりかねない事態だったことなどから、三浦は従来アラサツーバにあったノロエステ支社を一九三一年一〇月リンスへ移転させている。[27] ノロエステ地方のほぼ中心に位置するリンスに支社を構えたのは、当時ノロエステ地方の情報発信の中心地と化していたリンスでの情報と購読者の獲得強化を狙った策と考えられよう。

このようなことから総合的に判断すると、当時の新聞は、社主同士の個人的意見の対立で購読者の興味をそそるといった一面を持っていたので、『日伯』と『聖報』は創設面では「個人対個人」、創刊地面では「中央紙対地方紙」という意識で対抗し、『時報』と『聖報』とは創設面では「組織対個人」、創刊地面では「中央紙対地方紙」という意識から、表面的には『時報』の優位性が明確であったため、友好的関係を取り繕うことが可能だったといえよう。このように『時報』は『聖報』の創刊当初は祝福したものの、素人が創刊した手書き新聞であったことから、その成り行きを窺って安穏としていたようだ。ところが創刊二年目で『聖報』購読者が八〇〇人を超えると危機感を覚えたのか、一九二四年にはリンス支部を開設し情報発掘に取り組んでいた。[28] 一九二四年当時のノロエステの日本人人口は三七〇五家族一万九一八八人、地主一一三一人であったことから、全ての日本人家族が新聞を購読したとして三七〇五部がノロエステの日本語新聞の許容数であったはずで、すでに『聖報』が六五〇部程販売していることから、残りを『日伯』と『時報』で析半したとしてもそれぞれ一五〇〇部程度にしかならない。とはいえ中央紙である二社の発行部数の三分の一以上を占め、さらに日本人の集住が見込まれるノロエステの潜在的購読者数の増加は、二社にとって経営上不可欠なターゲットであったはずである。『時報』が一九二八年一月から第四面に「ノロエステ欄」を設けている点にも、ノロエステ重視の姿勢を見て取ることができよう。

『日伯』と『時報』の対立の極限にあった記事は、『日伯』社主三浦の国外追放事件であろう。三浦の公私を問わない常軌を逸した報道を真っ向から非難したのが『時報』社主黒石だったのだ。一九二九年四月一〇日、日伯本社に元同社員であった青年が侵入し機材を破壊した事件が発生した。黒石は五月三日「葡字新聞に現れた日伯事件」と題して社主三浦の言動に対するブラジル各紙論評を報道すると、三浦は犯人を闇で扇動したのは黒石であると言及し、その他の記述も含めて両者の論争は激化するばかりであった。結果的に黒石らによる三浦排除運動は拡散していった[29]。二度に亘った三浦の国外追放事件は、黒石と日本官憲による徹底した三浦排除策であったのだ。一九三一年二月五日・第六九三号『時報』には、「サンパウロ市［…］に日伯新聞がなく、三浦鑿と高岡専太郎とが居なかったらどれ程良いだろうとは［…］何人も等しく感ずる処だろう[30]」とあり、徹底した三浦非難・排除を訴えていたことがわかる。ところがこの動きに対して『聖報』社主香山は、自紙に日伯本社破壊事件を詳細に報道して情報発信の公正を保ち、一九三一年、三浦の第一次国外追放時には周囲の空気を読んで、同業社主としてではなく古き友人として三浦追放解除請願書にサインしていたという[31]。紙上では激論を交わしても、一個人としては「同行相哀れむ」の感があったのだろうか。香山の社会情勢に対する機転の良さと、同業者として他人事と一蹴することのできなかった香山の私情がにじみ出た事象であったといえよう。

②移民の目線との関わり

新聞編集に関して『日伯』は、創刊当初より「新聞はブラジル邦人に目と手を与えるもの」といって新聞発行の企画を進め、移民の目線より上部の視線から日本移民のブラジル定住を唱え、植民地開設の促進を説いていた。この考えは経営権が三浦に移譲された後も受け継がれ、三浦は「日本移民が渡伯以来一七年経とうとしている現在においても母国政府の移民政策の成績は上がらない。ブラジルへの移民奨励策など政府の眼中にはないのだ」と日本政府を批判し、目先の収益に翻弄され単なる出稼ぎ意識から脱却しない初期移民たちに、ブラジルへ定着するための農業生産計画を志すことを促し、正邪善悪の区別を明確にし、そこに正当な批判を加える姿勢をも日伯社の一貫した主義としたことなどから、ノロエステ地方に集住し始めていた日本人移民に、独立自営農としての着実な道を選択する際の指標の一つとなったと思われる。[32]

一方『時報』は、伯剌西爾移民組合の御用新聞として創刊された関係もあり、移民の生活の質の向上を促す意図を強く表出させていた。「ブラジル移民のための邦字新聞」としての使命感からか、創刊初期より「伯剌西爾語講習案内」をほぼ一年間継続掲載し、また二世教育問題や衛生問題、大使館や領事館・海興情報などを常に掲載し、移民たちにブラジル社会で生きるための示唆と情報を提供をしていた。この点に『時報』の移民たちを訓育するような姿勢、上から目線的姿勢を見ることができる。三浦国外追放事件の報道においても、三浦同様、善悪正邪の区別を明確にして正当な批判を加える姿勢を取り続け、淡々と表現し続けたことは多くの購読者を納得させるものであったといえよう。

『聖報』は、ノロエステ地方に創刊した経緯から、地元紙であることを全面に押し出し、平易な言い回しで地域社会の日常的出来事（結婚、誕生、死亡、開・閉店など）や、ノロエステ地方を中心とした請願運動の先鋒を切るなど、常に身近な問題を速やかに移民の目線で掲載するコミュニティ紙に徹することに努めていたことがわかる。例えば、一九二四年末から二五年当初にノロエステ地方を中心に発生したコーヒー旱害の際、プロミッソンの上塚周平たちによる「珈琲旱害被救済貸付金問題」の日本政府への請願運動時には、地元紙の強みを存分に発揮し、バウルー領事館を中心とした活動経過や返済時の心得、返済状況の細部にわたって頻繁に紙上に掲載し、独立自営農民たちに協同と団結することの重要さを訴えていた。またこの請願運動に関して、何故ノロエステ独立自営農民だけが救済されるのかといった他地域からの反論や、三浦の徹底した反対論を頻繁に掲載していた『日伯』や、冷静に情勢を見極めつつ読者の意見の是々非々を掲載していた『時報』に対して、単に反論するのではなく、より具体的に対応・報道することで、ノロエステ独立自営農民の結束を強めさせようとしていた点は、地元紙らしい説得力を秘めていて納得できるものであった。この運動は香山自身の生活と密着していたこともあり、移民の目線での論説が目線の高かった他紙との相違を明瞭にし、購読者を納得させ、その数を増大させる要因になっていたともいえよう。(33)

3　新聞の目指したものとその影響

(1)　新聞の構成内容から見えるもの

一九二三年六月から八月にかけて、バウルー市には従来の週刊紙を日刊紙にした外字新聞（ポルトガル語新聞）『Correiro de Bauru』と『O Bauru o Tempo』が創設された。一九一七年当時ブラジル最大の新聞社であったエスタード紙は、同年八月の発行部数一六〇万四九九五部、うちサンパウロ市内五五万二一五〇部、周辺地方二六万八七八九部、一日平均約五三〇〇部という発刊数で日本語新聞とは比較にならない規模を誇っていた。

これら外字新聞と比較して、バウルー市には一九二〇年代中頃すでに販路を拡大していた日本語新聞が三紙を下らなかったということは、関東大震災直後の一九二四年以降における日本人国策移民の増加とノロエステ地方への日本人移民の集住が、購読者数の増大をもたらしたという点で大きく関わっていたといえるだろう。(34) それほどノロエステ地方在住の日本人移民たちは、日本語そのものと日本語で発信される情報に飢えていたばかりでなく、新聞に親しむことで得られるさまざまな情報や情操の涵養を望んでいた証であったといえよう。

創刊当初の日本語新聞は概ね週一回発刊され頁数は二~六頁であった。新年・紀元節や天長節・皇室関係慶弔儀・自社の創立記念日など、特別な行事の際には紙面数が四〇頁に及ぶこともあった。その大部分は広告で占められており、その広告も地方ごとに掲載するなど購読者の興味関心を誘うように構成されていた。通常の紙面で特に目立ったのは土地の売買広告で、急速に発展していたノロエステ地方らしく広告欄の半分以上を占めていた。農業生産の拡大と独立自営農民としての飽くなき土地所有願望を各新聞社が把握した上での紙面構成であったといえよう。また広告内容の掲載地域や広告掲載者・団体などを見ることで、その新聞の流通範囲も概観できた。一方、広告料は各新聞社にとっては購読料とともに重要な財源であった。土地売買広告は、コーヒー旱害が発生する以前の土地売買ブームを反映して一九二四年当時が最も多く、『日伯』や『時報』にも頻出していたが、『聖報』には同一広告を半年の間に二十数回掲載していた土地売買人もいる程であった。(35)

紙面構成は三社ともほぼ共通し、第一面に社説もしくは論説文、時局ニュースなどを掲載。二面には内外通信、特に日本との通信事項、経済情報を、三面には移民社会関連ニュース、例えば鉄道・道路の新設・延伸、日本人会の結成、日本語学校建設、各地の動き紹介。四面は文化欄で、保健衛生問題や相撲、陸上競技大会、盆踊り、運動会といったスポーツ関連記事、文芸活動などに割いていた。短歌、俳句、創作詩、連載小説、読者登壇など、労働に疲れた人々の精神を涵養し購読意欲を掻き立てる工夫も凝らされていた。これらの記事を通して、日本国内の地域生活に見られたような文化・体育活動がそのままブラジル日本人移民社会にも踏襲されていたことがわかる。ブラジル国内にありながらブラジルの言語、すなわちポルトガル語を全くもしくは多少理解する程度の人々で構成されていた日本人移民社会は一種の民族島を形成していたわけで、日本社会そのものであったのだ。

(2) 販路拡大から見えてくるもの

新聞の販路拡大はどのようになされていたのであろうか。『聖報』を中心に明らかにしてみたい。

サンパウロ市からノロエステ地方に輸送されてくる新聞は、パウリスタ線、ソロカバナ線でバウルーまで運搬されてくる。バウルー以遠の地にはさらに鉄道輸送されて行く。バウルー近在の日本人集住地には駅前の旅館やホテル・雑貨店・日本人会や青年会など、日本人が集まる施設が取次店となり、私書箱(郵函、Caixa Postal)が設置されていた。植民地内の場合は世話役の家などを取次所とするのが通例であった。所用で集住地に駄馬や徒歩などで出かけてくる人々が、自宅近くの住民たちの新聞や郵便物などを纏めて持ち帰り、途中該当者に届けていく。特別な新聞配達員がいた訳ではなく、信頼と相互扶助の精神に支えられた日本の村落共同体的活動が存在していたのだった。

バウルーで発行されていた『聖報』であっても、遠隔地のソロカバナ線ブレジョン耕地に届くまでに三日は要する。ところがサンパウロから輸送されてくる中央紙は、発送からバウルー駅到着までに二日から三日、遠隔地の住民に届くまでに一週間程要することになり、新聞が情報の伝達手段であるとはいっても瞬時性は欠かざるを得なかった。ブラジルの住所表記に「Caixa Postal(私書箱、郵函)」とか「Rua xx. km △△(××道路△△km)」という表示方式があるのも、住民の居場所を合理的に示すための一方策だったのである。

『聖報』がバウルーに創刊したのは、バウルー領事館が近在するので日本国内外を問わずニュースをいち早く受信できるだけでなく、ノロエステのハブであった利点から地元のニュースも即刻住民に届けられるという、情報の受・発信地としての立地条件を最優先し、情報の提供者であると同時に需要者であるという双方向性理解を可能にしたこと、社主である香山自身が開拓の実体験者であったことから、迅速公正な情報伝達の重要性を心得ていたからであったと考えられる。

時に情報収集は新聞社員の奥地巡回時に実施された。巡回者である社員の役割は、旅館やホテルのない奥地の巡回先で移民の家に宿泊させてもらいつつ購読料金の回収、新規購読者の勧誘・獲得、バウルーやサンパウロなど都会の情報、時には日本や世界の情勢などを伝達するのが主であったが、逆に奥地の情報を収集する絶好の機会でもあった。したがって社員が奥地巡回に出る際、新聞社は「社告」を掲載し巡回先での宿泊所確保を兼ねた依頼をしている。該当地域の住民、特にその地域の世話役の家では巡回者の訪問を待ち望み心からのもてなしをすることで、新聞社及び巡回員へのねぎらいと協力の姿勢を示したのであった。情報の提供者と享受者が一体となることで情報の相乗効果が期待されたのである。この情報の相乗効果は、新聞のみならず各種年鑑などにも凝縮されていた。香山六郎『のろえすて日本人年鑑』聖報社、一九二八年。時報社『伯剌西爾年鑑』同社、一九三三年。香山六郎『在伯日本移植民二五周年紀念鑑』聖報社、一九三四年などの年鑑類は、現在もブラジル移民研究の貴重な史料として活用されている。

おわりに

移民としての人の国際移動の基本は、その理由の如何を問わず個人の意志に起因する。移民先における情報収集の困難だった初期移民たちはメディアの存在を願った。一方メディアの創造者たちは、情報に飢えていた移民たちに対し、時には政論紙として、また時にはコミュニティ紙として情報を瞬時に正確公平に、時として隠蔽性・

誇張等の要素を加味して提供することで、広範なノロエステ地方内の個々の移民社会を結ぶメディアネットワークそのものを構築していた。購読者層の拡大と新聞各社の経済的基盤確立は同時並行的に進行していたのである。特に視座とした『聖報』は、地元の問題を最重要テーマとして常に報道することで、購読者との親近感を増幅させ信頼感を深化させてこの両者を達成していた。

これらの観点から、メディアとしての『聖報』はノロエステ地方と共に成長発展したといえる。単なる伝達手段から地域密着型地方紙としての基盤を確立させたばかりでなく、ノロエステ日本人移民社会の情報の要として、生産活動における共同化の重要性を彼らに認識させ、各種産業組合の礎を築く示唆を与えていた。このことはノロエステ地方に発生した「請願運動」に如実に現れていた。「請願運動」とは一九二四年末、同地方に発生したコーヒー旱害により困窮した独立自営農民たちが、地域のリーダーであった上塚の提唱した「請願運動」に賛同し、当時の田付在ブラジル特命全権大使を動かし、「珈琲旱害被救済貸付資金」（八五万円）を日本政府から拠出させた、所謂「八五低資」問題のことである。日本政府がブラジル独立自営農民に対して救済資金を貸出した唯一の事例であった。結果、独立自営農民たちは結束する重要性を会得し、ノロエステ地方の大発展を促した。その経過と成果の新聞報道は、ブラジル社会における日本人移民の信頼と評価を高めるのに大きな貢献をしていた。新聞はメディアとしての任務を果たしていたのであった。

［註］

（1）清谷益次「f．新聞の発行」『ブラジル日本移民八十年史』移民八十年史編纂委員会、一九九一年、五六頁。「新聞は移民にとって何であったのか」『人文研』第二巻、サンパウロ人文科学研究所（以後、人文研と略す）、一九九八年、二一〜四八頁。『人文研』第三巻、人文研、一九九九年、二一〜六四頁。

（2）前山隆『風狂の記者　ブラジルの新聞人三浦鑿の生涯』お茶の水書房、二〇〇二年、二一三～二三六頁。
（3）日比嘉高『ジャパニーズ・アメリカ―移民文学・出版文化・収容所』新曜社、二〇一四年、七〇～七一頁。
（4）香山六郎『在伯日本移植民廿五周年紀念鑑』聖報社、一九三四年、二四五～二四六頁。
（5）外務省通商局「外国人農場所有状況」『通商公報』第四一巻、第一〇五〇、一九二三年（不二出版、一九九七年）、四二頁。
（6）外務省南亜米利加通商局長赤松談話「南亜米利加諸国ト日本移民」『別冊伯国之部　本邦移民二関スル外国官民ノ言動並新聞論調』外務省外交史料三―八―二、移民課公第二一、一九九二年。
（7）香山六郎「サンパウロ州北西部日本人発展統計表」『のろえすて日本人年鑑』聖報社、一九二八年、見開き。
（8）香山六郎「各線別統計表」『在伯日本人移植民二五周年紀念鑑』聖報社、一九三三年、見開き。
（9）清谷益次「新聞は移民にとって何であったのか」『人文研』第二巻、人文研、一九九八年、三頁。
（10）半田知雄『ブラジル日本移民・日系社会史年表』人文研、一九九六年、六六頁、七〇頁。
（11）輪湖俊五郎、一八九〇～一九六五年、長野県南安曇野郡出身。一九〇六年、英文学研究のために渡米、『絡機（ロッキー）時報』で働く。一九一三年、カリフォルニア州議会で排日法案が通過したことに憤慨しブラジルに再移住。一九一六年、金子保三郎と共に『日伯』を創刊したが意見の相違により退社。翌一九一七年、黒石清作による『時報』創刊時に編集長として参加。一九二一年退社。パウリスタ新聞『日本ブラジル交流人名事典』五月書房、一九九六年、二八二頁。
（12）戸籍上は三浦鑿造。一八八二～一九四五年、高知県出身。但し前山は愛媛県本籍地説も存在するとしている。前山、前掲書、二〇〇二年、七九頁～一一二頁他に詳述あり。
（13）神谷忠雄（一八八〇～一九五一年）、東洋移民会社代表。一九一〇年サンパウロ州政府と移民契約を結び、一九一二年東洋移民会社第一回移民一四一二人を送出。一九一六年「南米殖民株式会社」、「東洋移民合資会社」、「森岡移民合資会社」の合同による「伯剌西爾移民組合」を結成、その代表者。サンパウロ州政府との移民交渉に当り契約締結し移民復活に貢献。「伯剌西爾移民組合」は法人組織ではなく、三社の共同的結合にすぎない。『日本ブラジル交流人名事典』、八一頁、巻島得寿『日本移民概史』海外興業株式会社、一九三七年、五二頁。

(14)「エスタード紙上の伯刺西爾時報」『時報』一九一七年九月一四日、第三号、五面。
(15)「移民組合解散、海興移民部新設」他『時報』一九二〇年一二月一〇日・第一六六号、第五面。巻島得寿『日本移民概史』海興、一九三七年、五三頁。
(16)外務省「各国ニ於ケル新聞・雑誌取締関係雑件　伯国ノ部外字紙禁止問題」『外務省記録目録戦前期第二巻』一九四一年、A―三五―六―一六、石射大使より松岡外務大臣宛書簡第一七八―一。
(17)新聞の発刊号数は時として前後することがある。この記事にもそれが伺えるが、記事通りとした。
(18)前山、前掲書、二〇〇二年、二七七頁。香山はこの件に関して著書『回想録』人文研、一九七六年、三二二頁で述べている。
(19)一九〇八年皇国殖民合資会社第一回移民船笠戸丸の輸送監督、サンパウロ駐在代理人として渡伯。同会社では香山六郎の上司。『日本ブラジル交流人名事典』、四三頁。
(20)「殖民者の長短」『聖報』一九二三年二月二三日・第七一号、第一面。
(21)「在伯同胞は聖州新報を読め！」『聖報』一九二五年五月八日・第一七七号、第三面。
(22)第一面には一九三四年十一月一三日、サンパウロ市タバチンゲイラ街九六番地、郵函二七六五に本社移転。創刊九〇五号（聖市第一号）、Director : Dario. P. Almeida. Proprietário : Rocro Kowyama の記載がある。Dario. P. Almeida は、香山の養女静子の夫にあたるブラジル人。
(23)「Aos Leitores」『聖報』一九二五年一二月一八日・第二九九号、第一面。

O "Semanario de São Paulo" deixará de circular próxima semana, a fim de ressurgir em 1 (primeiro grau) de janeiro vindouro com uma edição maior. Por isso, saudando desde já a entrada do novo ano. 0 "Semanário de São Paulo" agradecendo. despede de seus prezados leitores de 1925.

「購読者の皆様へ」（訳：筆者）『聖州新報』は来週休刊し、来年一月元旦に増補版を発刊いたします。茲に一九二五年に賜りました読者の皆様方の御厚意に対し衷心より厚く御礼申し上げ、新年のご多幸をお祈り致しております。

(24)外務省「各国ニ於ケル新聞・雑誌取締関係雑件伯国ノ部外字紙禁止問題」『外務省記録目録戦前期第二巻』一九三九年、A―三―五―

六―一六。桑島大使より有田外務大臣宛書簡第一三三号によれば、「外国ノ新聞其ノ他刊行物ハ今後ハ総テ解釈付ニアラサレハ発行不可能トナレル次第ニテ一般外字新聞殊ニ邦字紙ハ今後其ノ経営上多大ノ支障ヲ来スヘキモノト認メラル［…］」とある。
(25) 前掲二四「石射大使より豊田外務大臣宛書簡、第三一四号の二」一九四一年の中に「(聖州新報ハ廃刊、南米新報ハ休刊ヲ偽装セリ)ニ対シテ、其ノ可能性ノ範囲内ニテ八月三一日以後葡語版ヲ発行シ得ル様準備方申聞ケ置キタルカ邦字版廃止後ニ於ケル在留民ニ対スル報道方法ニ対シテハ研究中ナリ」とある。
(26) 『回想録』、三一七頁では無条件降伏の三日後、三九八頁では翌夜と書かれていて信憑性に欠けるが、ここでは表記通りとしておく。
(27) 「社告」『日伯』一九三一年一〇月八日・第七四九号、第七面。
(28) 「社告　リンス支部開設」『時報』一九二四年六月二〇日・第三四九号、第七面。
(29) 「葡字新聞に現れた日伯事件」『時報』一九二九年五月三日・第六〇二号、第一面。一九二九年四月一〇日に発生した日伯社破壊事件に端を発した三浦の言動に対するブラジル各紙の論評を掲げ、三浦の排除に動き出したもの。
(30) 「社会廓清の劈頭三浦処分を提唱」『時報』一九三一年二月五日・第六九三号、第一面。
(31) 香山、前掲書、一九七六年、三六二～三六四頁。
(32) 「同胞白決」『日伯』一九二四年二月二二日・第三六一号、第一面。「本社襲撃から国外追放運動まで 三浦鑿」『日伯』一九二九年五月一〇日・第六二三号、第一面。
(33) 「珈琲旱害被救済貸付金問題」に関しては、貸付金八五万円の配分をめぐって主要新聞は、その経過から賛否両論まで購読者も含めて紙上論戦を展開しており、それだけでも膨大な資料の分析となる。その研究成果は後日発表したい。
(34) 拓務大臣官房文書課『拓務省統計概要』一九三二年、第三回、二三頁によれば、一九二四年から一九三〇年のブラジル本邦人渡航者員数は六万九〇〇〇人を上回った。
(35) 『聖報』一九二五年五月八日・第一一〇号～一九二五年一二月一八日・第二〇九号までに、ノロエステ線ペンナポリスの国崎重次は、同一土地の売買広告を二九回掲載していた。

第５章

一九一〇年の悲劇はいかに報道されたか
―カナダ・ロジャーズ峠の雪崩災害と日本人移民社会

河原典史

1　忘れられた悲劇―はじめにかえて

第二次大戦以前に海外で活動した日本人、いわゆる移民が選んだ渡航先はハワイ、アメリカ西海岸やブラジル東部などが代表的である。それに対し、カナダへも少なくない日本人が渡った。当時のカナダにおける日本人について、「江州ソーミル、熊本ヤマ、死ぬよりましかなヘレン獲り」という興味深い俗言がある。これは、日本の出身地とカナダでの職業との関係を示している。すなわち、滋賀県出身者は製材所（saw mill）、熊本県出身者は山奥の鉱山や伐木場で活動するものの、慣れない機械操作、倒木や落盤で怪我や命を落とすのなら、ニシン（herring）やサケの漁獲ならびにその加工に携わる和歌山県出身者の方が恵まれているかも……という、初期移民の記憶が表わされている。それら以外にも、日本人移民は多様な職業に就いた。例えば、後にリトル・トーキョーと呼ばれたバンクーバーのパウエル街で同胞を顧客とする商業やサービス業、フレーザー川中流域のイチゴ栽培などがあげられる。[1] つまり、ハワイをはじめとする移民先では農業に従事する日本人が多かったことに対し、カナダではサケ缶詰産業や伐木・鉱山労働に就く人が多かったのである。[2]

しかし、新保[3]の研究を除けば、多くの初期移民が就いた鉄道保線工については看過されてきた。その理由として、彼らの多くが契約移民としてカナダへ渡ったことがあげられる。前述した滋賀県や和歌山県人から、移民会社を介さない自由移民が多かったため、鉄道契約移民へ焦点が当てられてこなかった。内陸部の工事・保線現場へ派遣された彼らは、貨車を改良した住居での過酷な契約を終えて転業するため、これについて語るインフォーマントも多くなかった。[4]

資料1　ロジャーズ峠の雪崩災害現場（レベルストーク博物館所蔵）

このようななか筆者は、これまで見過ごされてきたカナダ太平洋鉄道（Canadian Pacific Railway, 以下ＣＰＲ）の雪崩に被災した日本人の実態を明らかにした。[5] 一九一〇年三月四日、ブリティッシュ・コロンビア州（以下、ＢＣ州）の内陸部のセルカーク山脈に位置するロジャーズ峠で雪崩が発生した[6]（資料1・第1図）。ＣＰＲの除雪作業に携わっていた七〇余名のうち、大規模な第二次雪崩災害によって五八名の鉄道工夫が落命した（表1）。[7] そのうち三二名は日本人であり、彼らの多くは移民会社を介した契約移民として三年間の労働契約を結んだ、いわば出稼ぎ移民であった。拙稿では、被災者の出身地からこれまでのカナダ日本移民の輩出地と異なる契約移民の実態を捉えることに努めた。そのため、当時のカナダ日本人社会において、この未曾有の災害をめぐる報道内容については必要最小限に留めざるをえなかった。例えば、災害の詳細や被災者の救出、そして遺体の発見とその移送方法などについては、ほとんどふれられていない。

そこで本稿では、第二次大戦以前のカナダにおいて最大の日本語新聞『大陸日報』に掲載されたロジャーズ峠の雪崩災害の記事、とりわけ葬儀の様子から二〇世紀初頭のカナダ日本移民社会の諸相について論じる。

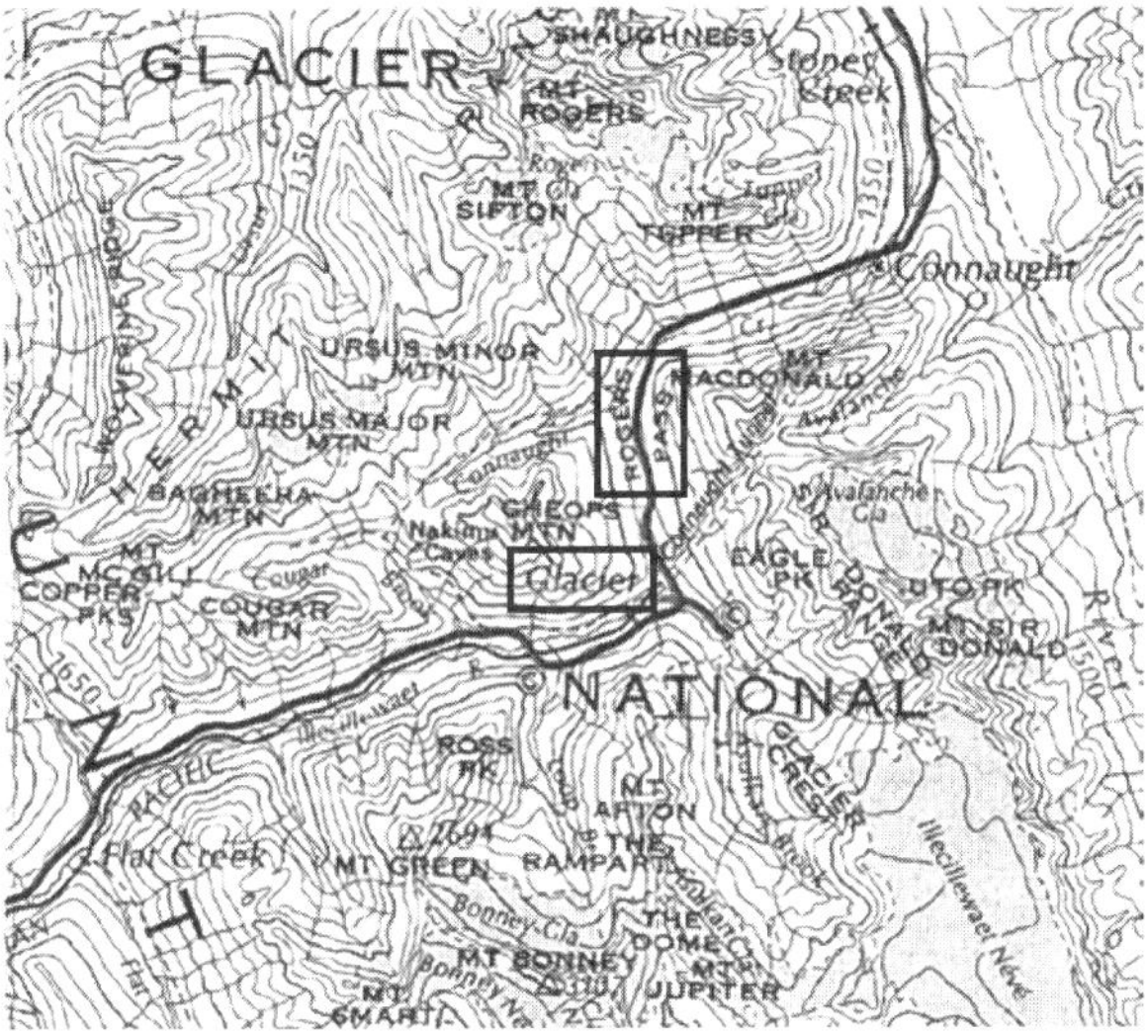

第１図　ロジャーズ峠とその周辺
現在では旧線跡は道路（曲線の実線）、新線はトンネル（直線の点線）で描かれている。（Golden 1：250,000（原寸），1976）

2　鉄道契約移民と雪崩被災者

一八八一年に創業されたCPRでは、同年にカナダ東部のモントリオールから横断鉄道の工事が着工された。やがて、それは西岸のバンクーバーからも着工され、一八八五年に全通した。建設には多くの中国人移民が就いたが、全通後には過酷な重労働、冬季の除雪や春季の雪崩の危険性から、彼らは保線工から離れるようになった。また、人頭税が課せられていた彼らの雇用を回避するため、CPRも彼らの離職を促進した。つまり、全通したものの、その後のCPRには保線工が必要不可欠であったにもかかわらず、その供給は不安定だったのである。(8)

かかる状況に着目したバンクーバーにおける日加用達

表1 ロジャーズ峠の雪崩災害による日本人犠牲者（組別・発見日順）

	組	名前	本籍地	発見日	到着日	埋葬日
1	佐藤	水川 房吉	岡山県吉備郡呉妹村尾崎東谷	3月 5日	***3月8日***	3月12日
2		堀内 平吉	静岡県小笠郡垂木村下垂木	3月 8日	3月13日	3月15日
3		石山 金作	静岡県小笠郡西郷村上西郷	3月 8日	3月11日	3月15日
4		小林 幸一	静岡県小笠郡上内田村上内田	3月 8日	3月11日	3月15日
5		望月 安次郎/保次郎	静岡県庵原郡江尻村江尻	3月 8日	3月13日	3月15日
6		辻村 千太郎	滋賀県犬上郡亀山村楡	3月 8日	3月13日	3月16日
7		金川 健一	広島県安佐郡狩小川村狩留	3月 8日	3月13日	3月16日
8		和佐 音吉	山口県玖珂郡通津村	3月 8日	3月13日	3月15日
9		佐々木 喜太郎	滋賀県愛知郡稲枝村金田	3月 14日	3月16日	3月18日
10		松本 清	広島県深安郡福山町船町	3月 14日	3月16日	3月18日
11	濱野	田邊 銀蔵	福井県三方郡山東村坂尻	3月 5日	***3月8日***	3月12日
12		大竹 喜三郎	福井県敦賀郡敦賀町三島	3月 5日	***3月8日***	3月12日
13		上野 継三郎	滋賀県犬上郡西甲良村下之郷	3月 5日	***3月8日***	3月12日
14		平野 勇	広島県安佐郡伴村伴	3月 5日	***3月8日***	3月12日
15		林田 松榮	福岡県嘉穂郡穂波村椋本	3月 5日	***3月8日***	3月12日
16		平野 信蔵	岡山県川上郡松原村神原	3月 13日	3月16日	3月18日
17		今村 武房	福井県三方郡南西郷村大藪	3月 14日	3月16日	3月18日
18		坪井/川崎 愛太郎	岡山県浅口郡寄島町中安倉	3月 14日	3月16日	3月18日
19	西山	池田 直作	静岡県安倍郡不二見村村松	3月 8日	3月11日	3月15日
20		竹田 泰治	静岡県安倍郡不二見村村松	3月 8日	3月11日	3月15日
21		笹木 成一	広島県安佐郡久地村	3月 8日	3月13日	3月16日
22		武田 徳一	広島県高田郡北村	3月 8日	3月11日	3月15日
23		尾村 袈裟吉	鹿児島県肝属郡垂水村本城	3月 8日	3月11日	3月16日
24		迫田 彦八	鹿児島県肝属郡垂水村柊原	3月 8日	3月11日	3月16日
25		山路 満之助	鹿児島県肝属郡垂水村柊原	3月 11日	3月13日	3月16日
26	阿部	小野寺 猛	宮城県登米郡石越村北郷中央	3月 13日	3月16日	3月18日
27		佐藤 賢次郎	宮城県登米郡米川村瀧沢	3月 13日	3月16日	3月18日
28		三宅 来太郎	岡山県吉備郡総社町総社	3月 13日	3月16日	3月18日
29		阿部 正虎	長野県小縣郡滋野村別府	3月 21日	3月22日	3月26日
30		鈴木/熊谷 正慶	宮城県登米郡上沼村	3月 22日	3月23日	3月26日
31		坪井 源一	岡山県吉備郡岩田村上高田	4月 18日	***4月19日***	4月21日
32	鈴木	前田 寛十朗/嘉十	静岡県駿東郡沼津町山王前	3月 5日	***3月8日***	3月12日

註 :到着日の太字斜体はレベルストーク、その他はバンクーバーへの到着日
外務省外交史料館所蔵「明治四十三年在外本邦人死亡雑件　ロジャーズパスニ於ケル遭難者の原籍及氏名」「移民取扱人ヲ経由セル海外渡航者名簿」・「海外旅券下附表」、ならびに『大陸日報』(1910年3月8日〜4月21日付）より作成

会社の後藤佐織[9]は、東京移民合資会社[10]と提携し、一九〇七年の六月から翌年一月にかけて約一五〇〇名の契約移民をカナダへ送り出した。ただし彼らの出身地は、わずか一〇県に限定されていた。最も多いのは四〇〇名を輩出した鹿児島県で、全体の約四分の一を占めていた。そして、二六六名の熊本県と一七五名の宮城県に次いで、福井県から一五四名がカナダへ渡った。ほぼ同数で沖縄県出身者がみられ、以下は福岡・静岡・岡山県と続き、そして神奈川県と栃木県となる[11]。

ところで横浜港を発った彼らは、およそ一〇〇〇名の鉄道工夫と五〇〇名の炭鉱夫とに大別できる。カナダ到着後に日加用達会社を経て、おもに鉄道工夫はＣＰＲの沿線、炭鉱

夫はバンクーバー島のカンバーランドへ送られた。最多の輩出地である鹿児島県からは半数ずつであるが、熊本・宮城県ではほとんどが鉄道工夫であった。そして、四位の福井県は一五四名のすべてが鉄道工夫であった。つまり、当時のカナダでは保線にあたる鉄道工夫の需要が大きかったのである。

外務省外交史料館には、ロジャーズ峠の雪崩事故における犠牲者と彼らの本籍地を記した資料が残されている。この『明治四十三年在外本邦人死亡雑件』に収められた「ロジャーズパスニ於ケル遭難者ノ原籍及氏名」について、後述する『大陸日報』（資料2）の記事から判明する諸点を整理したものが表1である。それによれば犠牲者三二名のうち最も多かったのが静岡県出身者の七名であり、広島・岡山県が各五名、宮城・福井・滋賀・鹿児島県が各三名、長野・山口・福岡県が各一名となっている。つまり、カナダのサケ缶詰産業に大きな影響を与えた和歌山県出身者の犠牲者は皆無なのである。

3　『大陸日報』にみる雪崩事故の様子

(1)『大陸日報』の発刊

三月四日に発生したロジャーズ峠の雪崩災害は、七日に現地新聞の *The Vancouver Daily Province* 誌に速報された。事故当日が金曜日の深夜であったため、翌週の月曜日が第一報となった。ここには一二体の日本人遺体のうち、Hirano や Takeda などの身元判明者が記され、翌八日には四枚の現場写真も掲載された。この災害は、遠く離れた日本でも『東京朝日新聞』、『東京毎日新聞』

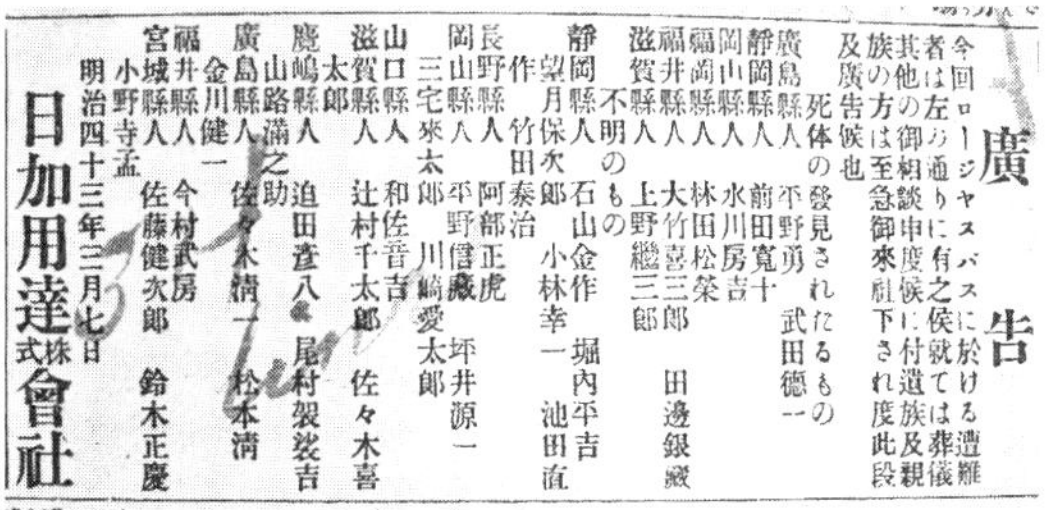
廣告

今回ロージャスパスに於ける遭難者は左の通りに有之候就ては葬儀其他の御相談申度候に付遺族及親族の方は至急御來社下され度此段及廣告候也

死体の發見されたるもの
廣島縣人　平野勇　武田德一
靜岡縣人　前田寛十
岡山縣人　水川房吉
福岡縣人　林田松榮
福井縣人　大竹喜三郎　田邊銀藏
滋賀縣人　上野繼三郎
不明のもの
靜岡縣人　石山金作　堀内平吉
望月保次郎　小林幸一　池田直
作竹田泰治
長野縣人　阿部正虎
岡山縣人　平野信藏　坪井源一
三宅來太郎　川嶋愛太郎
山口縣人　和佐晋吉
滋賀縣人　辻村千太郎　佐々木喜
太郎
鹿嶋縣人　迫田彥八　尾村袈裟吉
山路滿之助
廣島縣人　佐々木清一　松本清
金川健一
福井縣人　今村武房
宮城縣人　佐藤健次郎　鈴木正慶
小野寺孟
明治四十三年三月七日
日加用達株式會社

資料2　ロジャーズ峠の雪崩災害を伝える『大陸日報』（1910年3月8日）ブリティッシュ・コロンビア大学所蔵）

や『都新聞』などでも報道された、なかでも『東京朝日新聞』は、八・九・一〇日の三日間に渡ってこの災害を報じている。初日の記事に関しては、上海経由でロイター社、ならびに同社のアメリカ特電としてサンフランシスコから発信されたものである。また九日には岡山県の『山陽新聞』や熊本県の『九州日日新聞』などのように、犠牲者の出身地やカナダへの契約移民を輩出した地方などでも報じられた。同日における宮城県の『河北新報』の記事は、以下のようにある（ママ）。

邦人労働者の惨禍　外務省着電に依れば、奈陀ロッキー山中イナベアンタシツク鐵道グシユール停車場附近にて雪崩の為め邦人労働者数死傷せり　即死者三十五名を下らさる可。

字数の限られた短報には誤認が多く、また繰り返し報道はされなかった。そこで、事故の詳細とその後の救援活動、さらに日本人移民社会の対応を時系列的に把握するためには、現地で発行されていた日本語新聞を精査する必要がある。災害当時の一九一〇年、バンクーバーでは『加奈陀新報』と『大陸日報』、そして『加奈陀毎日新聞』の三誌が発行されていた。『加奈陀新報』は、日本メソジスト協会の牧師・鏑木五郎が一八九七年七月に発行した週刊新聞『晩香坡週報』に遡る。それは一九〇三年一一月に活版を使用した六頁の『加奈陀新報』であり、翌年二月に四頁の日刊新聞に発展した。一時、飯田道左に経営が譲渡されたが、後述する理由によって再び鏑木が営むようになった。同紙はカナダへの同化を薦めるキリスト教系の新聞であったため、バンクーバーの日本人社会のなかには仏教会教師の派遣、そして新しい日本語新聞の発刊が望まれた。そこで、一九〇五年にカナダへ渡ってきたのが佐々木千重であった。福井県今立郡服間村（現在の福井県越前市）出身の佐々木は、翌年にカナダ仏教会を設立した[12]。彼は、仏教会幹部の賛助によって週刊雑誌『仏の教へ』の発刊を準備した。そして、バンクーバーの日本人有力者とともに、反同化志向の新聞発刊が目指された。その要人が、先発した『加奈陀新報』の鏑木と袂を分けた飯田であった。そして、一九〇七年六月二二日、カナダ第二の日本語新聞『大陸日報』が創刊されたのである。伏見宮殿下がイギリスから帰国の途中、バンクーバーに立ち寄る日を創刊日とすることからも、非キリスト系・反同化志向の新聞であったことが読み取れよう。なお、当初の社長は先述した飯田であったが、一九〇八年二月から山崎寧に代わった。さらに、一九〇八年六月に創刊された週刊新聞『週刊日加公論』は、翌年から日刊『加奈陀毎日新聞』へと発展した[13]。

これら三誌の日本語新聞のうち、まとまって現存するものは『大陸日報』だけである。したがって、ロジャーズ峠の雪崩災害の詳細と日本人社会の対応を精査するには、同紙の活用に限定される。反同化を謳う仏教会寄りの紙面構成であることに留意しつつ、本稿では『大陸日報』の内容を分析する。

（2）雪崩の発生と救出活動

三月四日に発生したロジャーズ峠の雪崩災害について、『大陸日報』では三月七日に第一報が報じられた。その冒頭を抜き出してみよう[14]。

雪崩遭難　同胞三十余名が一時に遭難死亡したる Rogers Pass 雪崩についての後報によれば、椿事はCP線にほとんど空前の惨禍にして、遭難者総数は六十一名、このうち白人は二十九名、邦人三十二名の由。もっとも、昨日あたり総数九十二名なりとの報も伝えられしが、鉄道当局は六十一名也と語り居たりき遭難者中無残にも一命の生存者なく。

遭難者の数や、そのなかに生存者がいない点などについて、続報では誤認であることがわかる。これは、初期報道にはよくあることで、記者は責められない。続いて、雪崩の発生とその後の災害について記事が続く。

初め去る金曜午後五時四十分 Bear Creek に雪崩あり、長さ 500 feet に渡りて線路を埋めしが為に、ロータリーエンジンに工事列車附随し同胞ギャングよりも出動して取り片付けに従事中、土曜日午前十二時半頃に至り、突如第二回の雪崩は百雷の如き音して木を倒し石を飛ばし、全長四分の一マイルに渡りて大塊一時に墜落し来たりて、アッと言う間もあらせず一同惨禍に陥りし。

つまり、三月四日夕刻に雪崩が発生し、その雪塊はＣＰＲの線路を遮断した。それを除雪車も活用して除雪するため、現地の労働者が出動した。しかし、日付が変わったばかりの翌五日の深夜に二度目の大雪崩が発生し、彼らは被災したのである。さらに、記事は救援の様子を報じている。

土曜午前二時頃 Glacier より Revelstoke に着するや、直ちに救急列車を仕立てて CP 当局は時を移さず医師、看護婦、工夫等を現場に急行せしめ、同隊は午前六時 Rogers Pass の西方一マイルの地に到着し、直ちに取り片付けに着手し、生存者の捜索を主として懸命に尽力したるもその甲斐なく、一昨日一日中打通して凛冽たる寒風身を斬るばかり。

二度目の大雪崩発生後、悲報は現場のロジャーズ峠の最寄のグレーシャー駅（第1図）から、西方のレベルストーク駅へ届いた。そして、雪崩発生からおよそ六時間後、医師、看護婦や保線工夫が現場へ到着したようである。記事では救援活動が続けられ、最初の遺体が発見された様子を伝えている。

Calgaryより召集されたる救急隊など合計六百名以上のもの奔走したるも、捗々しからず土曜中にはわずかかにロードマスターFraser、火夫Griffs、機関手Phillipおよびポトラップ車掌Bucklay、ブレーキマンMahonの数名と、邦人一名の遺骸を発見したるに止まり、昨日も引き続き捜索に従事したり。

ロッキー山脈を越えたアルバータ州カルガリーからも多くの救助者が到着し、積荷管理者（ロードマスター）、機関助士（火夫）や機関手などともに日本人の遺体も発見された。前者が白人のためか、すでに名前まで把握されているのに対し、日本人については特に記されていない。ところで救助者が、いくつもの近隣の駅から駆け付けている。CPRの各駅に、保線工が常駐していたことは、次の記事からもわかる。

応援隊はCalgary、Revelstokeをはじめ Field、ラッガン、Kamloops、Glacier、そのほとんど付近各停車場より派遣され。

この事実については、ロジャーズ峠の描かれた一枚の絵葉書が物語る（資料3）。ロジャーズ峠が描かれたこの絵葉書は、カムループスのF. Sasakiなる人物が、バンクーバーのS. Uchidaに送ったものである。F. Sasakiとはカムループス駅駐在の保線工であった岩手県下閉伊郡田野畑村出身の佐々木福治[15]で、S. Uchidaは岩手県出身者の組織する水澤立生会支部の支部理事・内田盛である。[16]事故発生から一週間後の三月一二日に投函されたと思われるこの絵葉書には、雪崩災害の救出に従事したことを「ロジャスパッス附近の雪崩軍を退治の為め、非常呼び出て、去る五日より現場勤務」と記されている。佐々木も現場へ駆けつけ、その後一週間も滞在して救援活動にあたったようである。そして、第一報となった三月七日の記事の最後は、次のようになっている。

> 同胞遭難者総数は三十二名なるが、姓名並びに所属ギャングに就いては、昨日午後一時半、Rogers Pass 発電にて日加用達の村田氏により来報あり。さらに今朝十時山形氏より来電あり。［…］邦人工夫出動遭難以前、極く近頃まで佐藤組は Arrowhead にあり、西山組・鈴木組は Field、濱野組は Rogers Pass、阿部組は Glacier にありし由なるも、近頃各所に雪崩頻々たるより、これらの各ギャングより数名宛のボーイ徴発されて、一団となりたる者が現場に向かし也。

CPR沿線の主要駅に配属された保線工グループは、組またはギャングと称された。今回の雪崩事故では佐藤組や鈴木組など、五組三二名の犠牲者が列挙されている。それらを整理したものが表1である。そのひとつである阿部組の記載は、次のようになっている。

阿部組　阿部正虎（長野）、坪井源一、三宅来太郎（岡山）、佐藤賢次郎、鈴木正慶、小野寺孟（宮城）

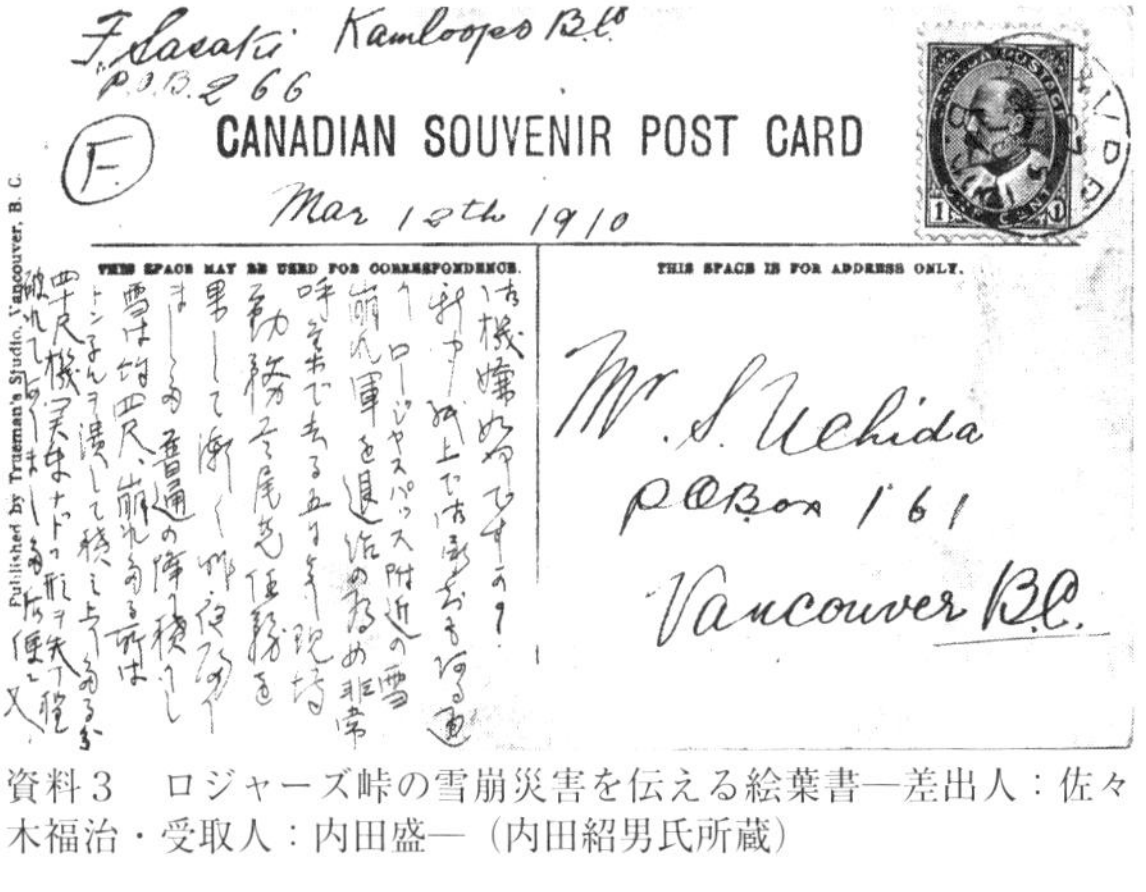

資料3　ロジャーズ峠の雪崩災害を伝える絵葉書―差出人：佐々木福治・受取人：内田盛―（内田紹男氏所蔵）

まず注目したいのは、犠牲者に出身県が付されている点である。当時のカナダ日本人社会では出身地を基盤とするさまざまな組織がなされ、その郷土意識も強かった。それは、とりわけ後述する葬儀に現出された。そして、被災した五組のうち、阿部組だけが組長の阿部正虎が亡くなっていることである。長野県小縣郡滋野村（現在の東御市）出身の阿部正虎は、一九〇七年に「研学」を目的とする旅券を取得してカナダへ渡った。その前年には、四歳年少の弟・孝之が「研学」として渡加していた。キリスト教徒の木村熊二が一八九三年に創立し、後に作家となった島崎藤村も教壇に立った小諸義塾で学んだ阿部兄弟は、早くから海外での活躍を望んでいたのであろう。また、長野県東部に布教の場を求めたカナダ・メソジスト派の宣教師の影響も考えられる。ただし、少しの英語が理解できるだけでは、当時のカナダで日本人が就ける仕事は限られ、正虎はＣＰＲの保線工になった。そして彼は、後発の東京移民合資会社を経た日加用達会社の契約移民の組長を担ったようである。[17]

なお、「日加用達の村田氏」「山形氏」とは、滋賀県犬上郡亀山村清崎（現在の彦根市）出身の村田保造と、和歌山県出身の山形貝吉を指す。彼らは日加用達会社支部主任であり、村田はカルガリー、山形はムースジョーのようにＣＰＲの沿線主要地に派遣された。同様の人物としてメデシンハットの井出律（佐賀県佐賀郡東川副村徳富・現在の佐賀市）出身や、レベルストークの庄川昇之介（新潟県南蒲原郡庄川村・現在の見附市出身）などもいた。[18]

（3）続報と談話

事故から一〇日経過すると、災害当時のより詳細な様子が報じられるようになる。一四日の『大陸日報』では、事後現場はバンクーバーから四二四マイルの位置にあり、グレイシャー駅とロジャーズ峠との中間にあるセルクリーク峠と比定された。標高四三五一フィートのこの地点はロッキー山中における最も危険な場所で、多数のスノーシェッド（除雪棟）があり、線路のほとんどはトンネルで貫かれていた。これらの設備によって、通常の雪崩は防ぐことができる。しかし、今回では岩石や大木の混ざった雪崩が、第一七除雪棟の入口付近を襲ったのである。午後七時三〇分に起こった最初の雪崩は、北方のタッパー山の中腹より雪塊が墜落したもので、それによってレールが埋没したために列車が不通になった。そこで、カルガリー駅─カムループス駅間の各駅に駐在していた阿部・濱野・佐藤・西山組[19]などの日本人鉄道工夫、そして白人のメーソン・エクストラ・ブリッジ組などが現場にかけつけた。

翌一五日の記事では、かろうじて危機を逃れた責任者（ロードマスター）が、大至急に西方一・五マイルにあるグレイシャー駅に疾走し、同地よりレベルストーク駅へこの惨事について打電したことが報じられている。その一報を受けたレベルストークでは警鐘が乱打され、市民は応急援助隊を組織したという。結成された三〇〇名はシャベルを用意し、夜明けを待って午前九時半に現場に急行した。そして人種、民族や職業に関わらず、一〇〇人以上が現場に駆け付けたのである。

三月一七日の続報には、いくつかの興味深いエピソードも紹介されている。雪崩に遭遇した西山組長は雪中に埋まったものの、顔面の雪を払いのけて脱出を試みていた際、部下二名によって引きあげられて助かったようである。佐藤組長は、雪崩発生の数日前から体調を崩し、第一の除雪作業には加わらなかったようである。まるで運命のいたずらのような些細なできごとで生死を分けた彼らについて、『大陸日報』では「以上の諸氏はよくよく運の強い人々と云うべきなり」と記している。それらのなかで、もっとも強運だったのは、次の人物かもしれない。

手袋片手で助かる　手袋が人を救った訳には非らざれども、濱野組の山口県人・濱野菊太郎は同夜就働中手袋を片手失い、暫時の程は左手に移し、右にはめつ寒を凌いで働きいたるも、凛冽肌を殺ぐが如きに寒に最早や得堪ず、Rogers Pass のギャングを指して帰りかけたるが、いまだ帰りつかざる間に二回目の大惨事出来。いわば、手袋の為に一命を拾った様なものなり。

山口県大島郡蒲野村（現在の周防大島町）の出身の濱野菊太郎は、除雪作業にあたって片方の手袋を忘れ、それを取りに戻って難を免れたのである。三三名の蒲野村出身者とともに彼は、岡山市を拠点とする帝国移民合資会社の契約移民として一八九九年にカナダへ渡った[20]。渡航時、農業移民として契約した一六歳の濱野は、この雪崩災害時には二七歳になっていた。つまり、先達として英語を理解できるようになった彼は、後に契約移民として新しくやってきた日本人鉄道保線工のリーダーになったのである。組長以下、二七人からなる濱野組には、出身地の不明者が八人いるものの、組長と同郷の山口県出身者は二人しかいない。その他には、九人の福井県出身者を筆頭に、福岡県出身者が四人、滋賀・岡山県からも一人ずついた[21]。

4　葬儀と県人会

雪崩災害の様子が明らかになるにつれ、『大陸日報』では遺体の発見と移送、そして葬儀と埋葬の日程について報じられるようになった。そして、カナダ日本人社会は社会保障問題へと動き出した。三月八日の記事には矢田領事[22]の現場への出張や検視裁判を注視すること、さらに同胞の義務として日加用達会社の態度と処理に向けて厳格なる監視を怠らないことや、犠牲者に対する県人会の奮起が促されている。

三月三一日の『大陸日報』は、災害現場に最も近いレベルストークにおける日本人二三人が発起人となり、すでに義捐金が一〇〇ドルに達したことを報じている。また、バンクーバーでは日加用達会社が仏教会と日本人メソジスト教会を訪問し、佐々木開教師と金澤牧師に今回の遭難者遺族救済の義捐金募集を相談している。そして、最初の犠牲者を弔った一〇日当日の『大陸日報』では、その様子が以下のように記されている。

矢田領事を始めとして、死者出身の各県人会代表者および加奈陀日本人会代表者、各新聞記者および遺族知己等会葬するもの百数十名に達したり。佐々木開教師の読経終るや、まず日加用達会社を代表して児玉基治氏の弔辞あり。次に加奈陀日本人会代表・浅野五明氏の弔辞朗読、福井県人会代表者・加納法隆、福岡県人会代表者・有門彌太郎二氏の弔辞に次いで、信州殖民会代表者・清水吉次氏の弔辞朗読あり。遺族親戚知己の焼香の全く了れるは十時十分過ぎにて、漸次に Mount Pleasant 墓地に埋骨せあい。

一九〇九年に五二名の有志により創立された加奈陀日本人人会は、会長を山崎寧、つまり後の大陸日報社長、そして副会長・幹事・主計以下、一二名の評議員から組織され、浅野五明もその一人であった。また、当時のバンクーバーには滋賀県人会や和歌山県人会にあたる紀伊同志会をはじめ、一八の県人会が設立されていた。三名の犠牲者を数えた福井県県人会は、一九〇九年に創立された。五〇名からなる同会の会長は、日加用達会社副社長である後藤佐織である。阿部組組長の阿部正虎を弔う信州殖民会は、一九〇七年に井出六太郎を会長、清水吉次を副会長兼会計として設立され、一一〇名の会員を数えた。[23] このように、日本人会や県人会を中心とする組織が葬儀の中心となり、一四日以降も葬儀が行われたのである（表1）。[24]

次に、三月二六日（土曜日）の記事をみてみよう。

今朝の葬儀 Rogers Pass の惨死者　阿部正虎（長野県）および鈴木正慶（宮城県）二氏の葬儀は、本朝九時十五分より Alexander 街の仏教教会において営まれたり。会葬者約四十名にして、佐々木開教師の厳かなる読経あり。次に加奈陀日本人会代表者・浅野五明氏の弔文朗読、および信州殖民会代者・井出六太郎氏、宮城県人代表者、日加用達会社・児玉基治氏等の弔辞朗読ありて式を終り、Mount Pleasant 墓地に埋葬せりと。

長野県出身の阿部と宮城県出身の鈴木は同日に発見され、遺体はバンクーバーへ移送された（表１）。CPRのバンクーバー駅の貨物取扱所は日本人街に隣接していたので、そこからアレキサンダー街の仏教会へ馬車を利用して運ばれ、両者の葬儀も同時に取りおこなわれた（資料４）。その後、バンクーバー南郊のマウント・プレザント墓地（現在のマウンテン・ビュー墓地）に遺体は運ばれ、そこに埋葬された。これまでも同墓地では日本人は一か所に集められて埋葬されており、今回の雪崩災害においても、日加用達会社は隣接する一画に発見・葬儀・埋葬された順に北から南側へと犠牲者を弔った。そのため、犠牲者のなかで遅くに発見された両名は、一画のほぼ南端に並んで埋葬された。なお、鈴木のように単身で契約移民として従事した多くの鉄道保線工たちについては、埋葬地に墓石が建立されることは稀有であった。しかし、実弟の隆之が先に渡加し、事故時にもバンクーバーで居住していた阿部の場合には、墓石が建てられた。キリスト教徒であった阿部の墓石の頂部には、金属製の十字架が添えられていたと思われる痕跡が残っている（資料５）[25]。

『大陸日報』では、四月二一日に行われた最後の行方不明者・岡山県出身の坪井源一の葬儀が翌日に報じられている。これまでとほぼ同様、仏教会において佐々木開教師の読経に次いで日加用達会社代表・児玉基治の弔文朗読が行われた。そして、福井県人会代表・加納法隆、熊本県人会代表・友永からの吊辞があり、次に遺族総代として阿部孝之の挨拶があった。

東京移民会社による契約移民をＣＰＲ沿線に派遣した日加用達会社の重鎮は、毎回の葬儀に参列している。そして、各回の犠牲者の県人会とともに、福井・熊本県県人会の関係者も、ほぼ毎回参列している。佐々木開教師

資料４－１　阿部正虎の葬列（バンクーバー駅南東付近。前列左端は佐々木千重宣教師、右隣の白手袋をした青年が正虎の実弟・孝之）（阿部文生氏所蔵）

資料４－２　阿部正虎と鈴木正慶の埋葬（マウント・プレザント墓地（現在のマウンテン・ビュー墓地。右側が阿部家関係者、左側が鈴木家関係者）（阿部文生氏所蔵）

資料5　阿部正虎氏の墓石（マウンテン・ビュー墓地）。頂部に十字架跡が残る。右側には、同時に埋葬された鈴木正慶氏が眠る）（2015年3月　河原撮影）

と日加用達会社の副社長・後藤佐織の出身地であるため、福井県から多くの鉄道保線工が渡加し、今回も多くの犠牲者が生じたためであろう。幸いにも犠牲者はいなかったが、熊本県からも東京移民合資会社を通じて多くの鉄道契約移民を輩出したため、同県人会も追悼の意を表わしている。そして、遺族総代として阿部孝之が挨拶をしたのは、今回の犠牲のなかで唯一、保線工組長として亡くなった阿部正虎の実弟であったからである。このように、葬儀の様子から、当時のカナダ日本人社会の様子が垣間みられよう。

5　事故を伝えた人々

このように、連日『大陸日報』は日本人被災者と、それを弔う日本人社会の様子を伝えた。それを報じた記者について、三月一四日に以下の記事がある。

Rogers Pass の遭難現場に出張せる加奈陀社・掘田嶺水、毎日社の山中曲江および本社の立石紫灘の三名は十二日（土曜）午後八時悉く帰晩せり。

前述したように、災害時の大陸日報社の社長（発行兼・編集人）は、飯田道左から経営権を譲与された山崎寧であった。以下、主筆に霊鞍岳山（芳外）、記者に長田正平（波韻）と松倉貞市（松影）、そして立石純夫（紫灘）がいた。[26] 立石紫灘こと立石純夫は、『加奈陀同胞発展史』の編集主任の大役を務めた。彼については同社が発行した『加奈陀同胞発展大観　附録』に収録された「在留同胞人物観」にも紹介されている。この種のものとして美辞麗句が並ぶものの、その一部について紹介しよう。[27]

立石純夫君は、西海佐賀の出身なり。明治三九年素志を懐きて、米国シアトル市に上陸す。滞在一年たまたま加奈陀の有望なるを聞き四〇年晩市に来る。その間、君は大阪毎日社の通信依嘱を受けて、絶えず米加の事情を内地に紹介するに努めたり。同四一年大陸日報の招に応じ、記者として筆を執ること二年、同四三年ステブストン漁者団体理事を嘱託せられて同地に赴任す。幾何もなく、加奈陀日本人会は幹事の適任者を得ずして事務の渋滞を来せしより、君を選抜してこの職務に就かしむ。君は嘗て加奈陀日本人会評議員たり、又学務委員を兼ねたりしが、この転業と共に辞して再び受けず、佐賀県三養基郡北茂安村字白壁は君の出生地なり。新たに事務所を構へ代理仲買請負通訳等の方面に向つて活躍せり。

一八七五年に佐賀県三養基郡北茂安村白壁（現在の佐賀県三養基郡みやき町）において立石素玄・光夫妻の長男として生まれた立石は、一九〇六年にアメリカ・シアトルへ渡った。カナダへ移った彼は、大阪毎日新聞社への通信業務を担い、現地の様子を日本に伝えていた。その経験を活かし、創業直後における大陸日報社の記者として健筆を振るったようである。その後も、立石はカナダ日本人社会の重鎮として活躍した。[28] 前述したように、日加用達会社のメデシンハット支部長であった井出律も同郷であり、しかもほぼ同時期に渡米している。当時における佐賀県の筑後川下流域には、何らかの渡航ブームが惹起されていたと思われよう。[29]

『大陸日報』において、論説を執筆していた霊鞍（禿氏）岳山にもふれておきたい。彼についても、「在留同胞人物観」に記録がある。それによると、「芳外」と号した彼は、一九〇六年にバンクーバーに上陸し、『大陸日報』の創刊に参加したという。[30] 一八八五年に福井県今立郡片上村吉谷（現在の福井県鯖江市）の西教寺に生まれた禿氏岳山は、一九〇一年に近隣の小阪村（現在の福井県鯖江市）にある明生寺の霊鞍浄厳の養子になった。一九〇四年に北陸中学校（現在の北陸高等学校）を卒業後、京都の佛教大学に入学した彼は、やがて哲学館（現在の東洋大学）に転校した。一九〇六年に当校を中退した彼は、前年に渡加していた同郷の佐々木開教師を頼ってバンクーバーへ渡った。そして、前述したように一九〇七年の大陸日報社の創立にあたって、佐々木は岳山を主筆に推したのである。つまり、浄土真宗本願寺派仏教会の縁故でカナダ仏教会、そして『大陸日報』が生まれただけでなく、雪崩災害の被災者の葬儀執行と、それを報告する新聞報道も福井県出身者が重要な役割を占めていたのである。日加用達会社の実質的な責任者であった後藤沙織も福井県出身であることを考えると、二〇世紀初頭のカナダ日本人社会における福井県人会の役割は、決して看過できないのである。[31]

6　移民を送り出す新聞―おわりにかえて

本章では一九一〇年三月に起こったカナダ・ロジャーズ峠の雪崩災害について、当時バンクーバーで発刊されていた日本語新聞『大陸日報』から事故の様子やその後の救援活動、特に日本人犠牲者に対する義捐活動や葬儀から看取できる日本人移民社会の諸相について明らかにした。そこでは、カナダ仏教会、日本人会や県人会の重要性、さらに『大陸日報』の記者について紹介した。とりわけ、これまでカナダ日本人移民史で等閑視されてきた福井県出身者を中心に説明した。

本章では、渡加した鉄道契約移民と彼らをめぐる日本人移民社会の諸相を解明するために、現地の日本語新聞の精査に努めた。しかし、新聞というメディアは現地、いわゆる移民先（受容地）の様子を伝えるだけではない。日本から海外へ移民を送り出す役割、ときには輩出地の状況を知ることもできる。それだけでなく、受容地からの情報伝達によって、輩出を惹起することも少なくない。例えば、ロジャーズ峠で落命した山路満之助をはじめとする鹿児島県出身者の三人は、東京移民合資会社の契約移民であった。彼らの渡加の直接的な要因は不明であるが、『鹿児島新聞』には、カナダへの契約移民を募集する記事が連載されている。[32] それらは決して目立つものではなかったが、当時の就業広告としての影響は決して小さくはなかったであろう。

このような新聞広告や記事に関して、宮城県の事例は極めて重要である。一九〇六年、及甚こと及川甚三郎が密航を企て、成功を収めた。[33] 翌年、密航者の一人であった及川泰二郎が帰国し、仙台に投宿した。その様子については、一九〇七年五月二〇・二二・二七日、そして六月三日付『河北新報』において凱旋帰国のごとく報じられた。そして、故郷からの渡航希望者の相談に応じる旨も記されたのである。この応募によって東京移民合資会社の契約移民としてカナダへ渡った宮城県出身は約一七〇名であり、そのうち鈴木正慶ら三名がロジャーズ峠の雪崩災害で帰らぬ人になったのである。いわゆる「密航船水案丸事件」の再考とともに、この史実は連鎖移住をめぐる新聞の役割を考察する事例となる。[34] 新聞というメディアが移民の輩出と受容にどのような機能を果たしていたのか、残された課題は少なくない。

付記

本章の作成において、カナダ雪崩協会の藤村知明様には多大な御協力をいただきました。また、ロジャーズ峠雪崩犠牲者慰霊祭実行委員長のジョン・ウッド氏とレベルストーク鉄道博物館のみなさまにもお礼申しあげます。本章に関わるご遺族である長野県の阿部文生様、宮城県の熊谷直文様、福井県の今村正憲様、ならびに茨城県の山路和盛様とそのご家族には、資料のご提供など多大なご高配を賜りました。また、国会図書館新聞資料室、外務省外交史料館や横浜開港資料館など資料閲覧においてお世話になりました。本稿の作成にあたって、平成二七〜三一年度基盤研究（C）（一般））「カナダ契約移民の輩出と渡航後の地域的展開をめぐる歴史地理学的研究」（代表・河原典史）の一部を利用しました。

［註］

（1）河原典史「第二次世界大戦前のカナダにおける日本人の就業構造」『地理月報五〇一』、二〇〇七年、一〜四頁。

（2）日本語で著された代表的なカナダ日本人移民史研究として、以下の文献があげられる。飯野正子『日系カナダ人の歴史』東京大学出版会、一九九七年、佐々木敏二『日本人カナダ移民史』不二出版、一九九九年、新保満『カナダ日本人移民物語』築地書館、一九八六年、新保満『カナダ移民排斥史―日本の漁業移民』新装版、未来社、一九九六年、山田千香子『日系カナダ社会の文化変容―「海を渡った日本の村」三世代の変遷』御茶の水書房、二〇〇〇年など。これらの先行研究に対して、著者は等閑視されてきた日本人漁業者の拡散的移動と転業について報告してきた。河原典史「カナダ・バンクーバー島西岸への日本人漁業者の二次移住―クレヨコット・トフィーノ・バムフィールドを中心に」米山裕・河原典史編『日系人の経験と国際移動―在外日本人・移民の近現代史』人文書院、二〇〇七年、一四七

〜一七一頁。同「『前川家コレクション』にみる女性と子供たち—カナダ・バンクーバー島西岸の日本人」『京都民俗』二八、二〇一一年、一一一〜一三〇頁。同「二十世紀初頭のカナダ西岸における捕鯨業と日本人移民」『地域漁業学会』五二—一、二〇一二年、六五〜八三頁など。

（3）新保満『石をもて追わるるごとく—日系カナダ人社会史』御茶の水書房、一九九六年、一〜三四二頁。

（4）カナダにある鉄道契約移民の実態についての研究は、アメリカ合衆国における同種の事例研究以上に乏しい。鶴谷寿『アメリカ西部開拓と日本人』日本放送出版協会、一九七七年、一〜二二〇頁。

（5）河原典史「カナダ・ロジャーズ峠における雪崩災害と日本人労働者—忘れられたカナダ日本人移民史」吉越昭久編『災害の地理学』、文理閣、二〇一四年、一九三〜二一〇頁。

（6）ロジャーズ峠付近では雪崩が発生しやすい。カナダ—アメリカ合衆国の数理国境となる北緯四九度線付近では、太平洋からの偏西風が卓越している。海洋からの水分を含んだこの恒常風は、BC州を南北方向に縦走する環太平洋造山帯の山脈列を超えるたび、風上の西側において冬季には降雪をもたらす。そして、フェーン現象によって東側には高温・乾燥風が吹き下ろすのである。その結果、乾燥したセルカーク山脈東麓では、落雷による火災が多く発生する。それによって植生が失われ、降雪時には裸地となった山の斜面に雪崩が発生しやすくなるのである。

（7）John G. Woods. *Snow War: An Illustrated History of Rogers Pass, Glacier National Park, BC.* The Friends of Mount Revelstoke and Glacier National Parks. 2010.

（8）David Laurence Jones. *Tales of the CPR.* Calgary: Fifth House. 2002. クリスティアン・ウォルマー著、安原和見・須川綾子訳『世界鉄道史—血と鉄と金の世界変革』河出書房新社、二〇一二年、一九四〜二三四頁。

（9）鉄道や道路の建設と改善、林業全般、貿易などに必要な労働者派遣会社であった日加用達会社は、一九〇六年にバンクーバーにおいて資本金一〇万ドルで設立された。社長はCharles Gardiner Johnsonであるが、同社の中心人物は、副社長の後藤佐織であった。一八七〇年に福井市で生まれた後藤は、一八八九年にアメリカ・サンフランシスコへ渡航後、ウエイターやコックなどの労働を経て、鉱業に携わった。その後ノーザンパシフィックレールウエーカンパニーの邦人労働者請負業に従事した彼は、事務員を経て支部長、そして監督に就いた。その後、カナダへ移った彼は、一九〇六年にＣＰＲとの労働者請負の斡旋会社を設立した。『日系移民人名辞典〈北米編〉』第一巻、日本図書センター、一九九三年（日米新聞社編『在米日本人　人名辞典』一九二二年、一五二頁）。

(10) 東京移民合資会社は、一八九七年に資本金二万円で横浜市弁天通（現在の横浜市中区）に開業した。社長の斎藤忠太郎は東京専門学校（現在の早稲田大学）を卒業後、横浜商法会議所（現在の横浜商工会議所）に入所した。その後、日本絹綿紡績会社を経て、彼は東京合資会社を起した。横浜商工会議所編『横浜開港五十年史（下巻）』名著出版、一九七三年、二〇一頁。同社はカナダだけでなくハワイ、アメリカ合衆国、オーストラリア、メキシコやブラジルへ契約移民を送出した。

(11) 以下、本章については（註５）を参照。

(12) カナダ佛教会初代開教師である佐々木については、以下の文献に詳しい。生田真成『カナダ仏教会沿革史―第二次大戦以前のＢＣ州を中心に』カナダ仏教教団、一九八一年、一六～二一頁。

(13) 当時のカナダにおける日本語新聞の創刊ついては、以下の文献に詳しい。新保満・田村紀雄・白水繁彦『カナダの日本語新聞―民族移動の社会史』、ＰＭＣ出版、一九九一年、二五～八〇頁。新保満・田村紀雄「日系新聞研究ノート２　戦前カナダの日系紙　上―一世の新聞と二世の新聞」『東京経大学会誌』一三三、一九八三年、三一七～三四三頁。新保、田村「日系新聞研究ノート３　戦前カナダの日系紙中―一世の新聞と二世の新聞」『東京経大会誌』一三五、一九八四年、九九～一四二頁。

(14) 直接的に関係のない文は省略し、旧仮名使いは現在のものに改め、適宜に句読点を施した。また、重要な部分には傍線を施した。以下、『大陸日報』の記事の引用については同じ。

(15) 内田と佐々木の出身地については、以下の資料より判明する。中山訊四郎『加奈陀同胞発展大鑑　附録』一九二二年、一〇九頁。（佐々木敏二『カナダ移民史資料』第三巻、不二出版、一九九五年、四九一頁）。

(16) この絵葉書は、内田盛氏の孫にあたる内田紹男氏所蔵。

(17) 阿部兄弟をはじめとする長野県からのカナダ移民と、カナダ・メソジスト派との関係については別稿に記したい。

(18) 大陸日報社編『加奈陀同胞発展史』一一三頁、一九〇九年（佐々木敏二『カナダ移民史資料』第一巻、不二出版、一九九五年、一九六～一九七頁）。日加用達会社の設立とその組織については、別稿を準備している。
(19)『大陸日報』の記事によれば一部には、鈴木組の五名も含まれていた。
(20) 外務省外交史料館所蔵『帝国殖民合資会社移民渡航認可に関する雑件』
(21) レベルストーク鉄道博物館には、当地における各組毎の保線工への Payroll Records（給与記録）が残され、そこには氏名や職種が付されている。それらを整理すると、Bookman（組長）と彼に配属された Labour（組員）がわかる。濱野組の詳細については、（註5）を参照。
(22) 矢田領事とは、明治四〇年一一月にバンクーバー帝国領事館に領事として任官された矢田長之助である。中山、前掲書、六四頁（四七頁）。以下、ロジャーズ峠の雪崩災害犠牲者の葬儀に関わる重要人物については、別稿に改めたい。
(23) 中山、前掲書、一二一～一二五頁（七五～七七頁）。
(24) 事故から一〇日後の一四日午後に、福井県三方郡南西郷村大藪出身の今村武房の遺体が発見された。今村はこの雪崩事故の犠牲者のなかで最年少の一九歳であった。遺体は一六日午後にバンクーバーに到着し、その二日後の一八日午前九時にマウンテン・ビュー墓地で宮城県出身者二名、岡山県三名と滋賀・広島県各一名からなる合同葬儀が行われた。今村家に残る香典帳をみると、在加奈陀福井県人会からも五円四銭の見舞金が送られた。
(25) 二〇一〇年八月一三日、この雪崩事故の犠牲者を追悼する百周忌合同慰霊祭が、マウンテン・ビュー墓地で行われ、筆者も参加した。この行事を機会に、犠牲者の埋葬場所には折鶴を模ったプレートが埋め込まれ、周囲には灯籠を模った石碑が建立された。
(26) 中山、前掲書、一〇四頁（六七七頁）。
(27) 中山訊四郎『加奈陀同胞発展大鑑　附録』一九二二年、四七五頁（佐々木敏二『カナダ移民史資料　第二巻』不二出版、一九九五年、五一一頁）。
(28) 立石純夫は実父の亡くなった一九二七年には、すでに帰国していたという。立石家については、純夫の大甥にあたる藤永正広氏からのご教示による。

(29) 立石と同郷の佐賀県三養基郡北茂安村白壁に生まれた古賀大吉も、立石や井出と同年の一九〇六年にカナダへ渡った。彼はサケ缶詰産業や製材業に就いた後、バンクーバーで宿泊施設の経営を経て、一九一二年からバンクーバー沖のボゥェン島のレクリエーション施設の建造に携わった。なかでも、「花嫁の小路」「花嫁の滝」と名付けられた日本式回遊路を造ったことは、カナダ日本庭園史において特筆される。拙稿「カナダにおける日系ガーディナーの先駆者たち（四）―「花嫁の滝」を築いた古賀大吉―」The Year of 2012 Membership Roster. 23-29. 2012.

(30) 岳山は一九一二年頃に帰国し、霊鞍浄厳の養子縁組を解消し、禿氏姓に戻った。岳山については、以下の文献に詳しい。菊池孝育「カナダと新聞と飛行機―禿氏岳山の生涯―」、盛岡大学短期大学部紀要一二、二〇〇二年、一一七～一三四頁。

(31) 後藤の出身地である福井市には、東京移民合資会社北陸部が設置された。大和中町の醤油醸造業者の伊東幾久次郎が代理人、坂井郡本郷村（現在の福井市）の生田藤蔵が募集人となった。古屋政次郎と後藤佐織をめぐるアメリカとカナダ、そして日本における斉藤忠太郎、後藤佐織と伊東幾久次郎をめぐる福井県からの鉄道契約移民の展開については、今後の課題としたい。

(32) 一九〇七年四月三〇日から五月四日にかけて『鹿児島新聞』に掲載された記事は、以下のようなものである。「英領カナダバンクーバー行契約移民六拾五名至急募ス　鹿児島市西本願寺筋　東京移民合資会社業務人　吉谷政雄」。

(33) すでに一八九六年に渡加し、カナダ西岸のサケ漁業、とりわけ廃棄されるスジコを採取し、それを日本へ輸出して成功していた及川甚三郎はフレーザー川中洲のドン島を買収し、そこを及川島と名付けた。そして、困窮する故郷の宮城県登米郡鱒渕（現在の宮城県登米市）周辺の人々を救済するため、彼は密航を企てた。この事件については、以下の文献に詳しい。新田次郎『密航船水安丸』講談社、一九七九年、一～三四三頁。小野田寛一『カナダへ渡った東北の村―移民百年と国際交流』耕風社、一九九六年、一～五〇〇頁。山形孝夫『失われた風景―日系カナダ漁民の記録から―』未来社、一九九六年、二八二頁。

(34) バンクーバー島東南岸に上陸を試みた水安丸の乗組員一行は、地元住民に発見され、ビクトリアの入国審査施設に収容された。このとき、入国許可に奔走したのが領事館の書記生であった吉江三郎であった。東京府に生まれた彼は東京法学院（現在の中央大学）を卒業し、朝鮮やハワイなどを歴任した後、バンクーバーの日本領事館に着任した。冬季になると除雪が必要になるＣＰＲの保線工として入国させることで、彼は及甚の企てた密航を穏便に処理した。この事件が契機になったのか、吉江は領事館を辞し、翌年に後藤が興した日加用達会社へ転出した。及川と吉江だけでなく、日加用達会社の後藤らの関係から、「密航船水安丸事件」は再考されるべきである。

第6章

広告よりみたハワイにおける日本人の興行
——一九二〇年の『布哇報知』と『馬哇新聞』の場合

飯田耕二郎

はじめに

本章はハワイにおいて大衆芸能やスポーツなどの興行がどのようなものであったかについて、同志社大学人文科学研究所が所蔵する一九二〇年の日本語新聞『馬哇《マウイ》新聞』と『布哇《ハワイ》報知』に掲載されている広告などを通して明らかにするものである。興行の内容は活動写真（無声映画）、芝居、浪曲、相撲などである。一九二〇年は呼寄移民の時代で、この年オアフ島第二次大ストライキがあり、転業がさかんでホノルルなどの都市に人口が集中する時期でもあった。(1)

この二紙を選んだのは中心地のホノルルではこの頃、他に『日布時事』もあるが興行関係の広告では『布哇報知』の方が多くの紙面を割いているため、また同年代にホノルル以外の地域で現存する日本語新聞は『馬哇新聞』のみだからである。『日布時事』については、ビジュー劇場やエンパイア劇場などの西洋物の常設館の広告など『布哇報知』にない広告もみられるが、ここでは取り上げず『布哇報知』で比較的少ない相撲についての記事で内容を補った。

大衆芸能や相撲などスポーツの興行については、興味深いテーマであるにもかかわらず、管見の限り音楽に関しては、官約移民一〇〇周年の頃に相次いで刊行されたジャック・Y・タサカ（田坂）『ホレホレ・ソング』（日本地域社会研究所、一九八五年）や早津敏彦『日本ハワイ音楽・舞踊史』（サンクリエイト、一九八六年）そして写真集のジャック・Y・田坂『ハワイ文化芸能一〇〇年史』（EAST WEST JOURNAL CORP. 一九八五年）などしか本がなかった。しかし昨年、中原ゆかり『ハワイに響くニッポンの歌―ホレホレ節から懐メロ・ブームまで』（人文書院、二〇一四年）が刊行された。これは従来のものをしのぐ本格的な研究書である。また日本の映画については、鈴木啓「ハワイの日本映画」（後藤明他編『ハワイ研究への招待―フィールドワークから見える新しいハワイ像』関西学院大学出版会、二〇〇四年）や権藤千恵「ハワイ日系コミュニティにおける日本映画の経験」（米山裕・河原典史編『日系人の経験と国際移動―在外日本人・移民の近現代史』人文書院、二〇〇七年）の論文がある。これらは初期移民社会からの通史であり、いずれの場合も大衆歌謡や日本映画に関する一九二〇年頃の詳しい考察がみられない。相撲などのスポーツの興行についても、先のジャック・Y・田坂の写真集や工藤美代子『海を渡った力士たち―ハワイ相撲の百年』（ベースボール・マガジン社、一九八八年）があるが、一九二〇年頃の記述はほとんど見当たらない。いわば空白の時期でもあり、その点でもこの頃の日本人の大衆芸能や相撲など興行の様相を考察することは意義あることと考える。

広告や写真はその時代の世相を反映している。とくに一九二〇年当時は活動写真をはじめとする各種の興行について、時には写真入りの新聞広告は大きな紙面を割いて掲載しており、それだけ当時の人々にとって大きな関心を寄せる魅力あるものであったと思われる。

1　『馬哇新聞』一九二〇年の興行広告

『馬哇新聞』に登場する興行関係の広告記事は以下の通りである。ほとんどが当時の日本人の中心地ワイルクにあった二つの常設館の活動写真のものである。同紙の広告によると森活動写真部は一年前（一九一九年）に常置、持主・森勝治、国近常設館は六月一日より入場料値上で大人三十仙、小供《（ママ）》十仙（セント）とある。また後者の館主は『布哇同胞発展回顧誌』（日布時事社、一九二一年）の広告[2]によれば広島県甲奴郡田総村出身の国近義男である。

［ワイルク国近常設館］

1・6「新派悲劇・露」
1・13～23「忠臣蔵」
1・27～2・20「新派大悲劇・野辺のしも」
2・24～3・5「新派大悲劇・通夜物語」
3・12～19「旧劇・田宮坊太郎」
3・23「新派軍事大活劇・国のため」
3・30～4・3「新派大悲劇・アラ尾譲助」
4・6～16「新派大悲劇・おのがつみ」

4・20〜23「旧劇・弁慶一代記」
4・27〜5・7「新派大悲劇・誘惑（前・後篇）」
5・11〜18「荒木又右衛門」
5・21〜6・1「新派大悲活劇・闇に立つ人」
6・4〜11「旧劇・馬方与七郎」
6・18「新派大悲劇・二人静」
6・22〜29「新派大悲劇・二人静」、「旧劇・浦里時次郎明がらす（浪花節入り）」
7・2〜6「西洋劇・闇夜の泣き声」、「新派大悲劇・三人の友」
7・9「西洋劇・闇夜の泣き声」、「旧劇・切られ与三郎」
7・16〜20「西洋劇・闇夜の泣き声」、「侠客三日月治良吉」
7・23「乳房の榎」
7・27〜8・3「西洋劇・闇夜の泣き声」、「旧劇・吉原百人ぎり」
8・6〜10「西洋劇・闇夜の泣き声」、「塙団右衛門」
8・13〜20「西洋劇・闇夜の泣き声」、「塙団右衛門」、「新派大悲劇・孔雀草」
8・24〜9・7「西洋劇・闇夜の泣き声」、「新派大悲劇・孔雀草」、「親鸞聖人御一代記」
9・10〜13「西洋劇・闇夜の泣き声」、「日独戦争余聞毒煙」
9・17「西洋劇・闇夜の泣き声」、「日独戦争余聞毒煙」、「誠忠美談・中山大納言」
9・24〜28「西洋劇・闇夜の泣き声」、「旧劇・一休和尚」、「誠忠美談・中山大納言」
10・1〜8「新派悲劇・雨後の月（琵琶歌入り）」、「悪眼」
10・12〜26「軍神広瀬中佐一代記」

10・29～11・2　「旧劇赤穂義士・神崎与五郎」、「新派大悲劇・廻る因果」、「外国物数種」
11・5　「旧劇赤穂義士・神崎与五郎」、「新派大悲劇・廻る因果」、「悪眼」
11・9～16　「曽我兄弟」、「西洋物・悪眼」
11・23　「曽我兄弟」、「旧劇・斑鳩平次」、「西洋物・悪眼」
11・26　「旧劇・斑鳩平次」、「西洋物・悪眼」、「布哇島火山の大噴火」、「布哇美人のフラダンス」、「西洋物歴史劇」
12・7　「新派悲劇・琵琶歌」
12・10　「悪眼」、「新派悲劇・琵琶歌」
12・14～17　「悪眼」、「新派悲劇・琵琶歌」、「旧劇・阿波の鳴門（義太夫入り）」、「喜劇・生き仏」
12・24　「悪眼」、「山瀬孝太郎君の忠勇美談・血染の連隊旗」、「喜劇・生き仏」

［森活動写真部］
1・6　「新派悲劇・金じき夜しや」、「旧劇・飛び加藤」　主任・森勝治、弁士・旭緑郎、技師・服部新
1・13～16　「新派悲劇・金じき夜しや」、「新派大悲劇・露」　弁士・旭緑郎
1・23～3・5　「幡随院長兵衛」、「新派大悲劇・露」
3・12～4・6　「宮島心中」　弁士・旭緑郎
4・16～5・14　「新派大悲劇・秋子夫人」、「旧劇・堀場安兵衛」　浪花節入り、弁士・上川勇
5・18　「浦里時次郎・明がらす」、「新派大悲劇・富と愛」　浪花節入り弁士・加美川勇
5・21～6・11　「浦里時次郎・明がらす」、「新派大悲劇・富と愛」、「チヤリチヤプリン」、「大正四年大観艦式」　弁士・加美川勇
6・18～7・9　「旧劇・俊徳丸」、「新派悲劇・闇に立人」、「海軍特別大演習」　弁士・梅星
7・16～8・3　「塙団衛門一代記」

8・6　「新派悲劇・己が罪」弁士・梅星
8・10〜17　「侠客三日月治良吉」、「新派悲劇・己が罪」弁士・梅星
8・20〜9・3　「船の秘密」弁士・木曽梅星
9・7　「船の秘密」、「雨後の月」、「欧州戦争」、「海軍二等卒名誉の戦死」弁士・木曽梅星
9・10〜10・1　「新派大悲劇・孔雀草」、「雨後の月」、「船の秘密」、「欧州戦争」、「海軍二等卒名誉の戦死」弁士・木曽梅星
10・5〜8　「新派大悲劇・孔雀草」、「毒煙」、「欧州戦争」、「船の秘密」、「海軍二等卒名誉の戦死」弁士・木曽梅星
10・12〜29　「軍神広瀬中佐一代記」
11・2〜26　「軍神広瀬中佐一代記」、「船の秘密」
12・3〜24　「外国もの・紫覆面」弁士・吉川燕柳、「新派悲劇・三人の友」弁士・木曽梅星、「田宮坊太郎一代記」

［その他］
1・1　謹賀新年　湊家若蝶一行
6・3〜5　新派劇「大正会」一座　ワイルク森活動写真部（持主・森勝治）
6・10〜12　新派劇「大正会」一座　下パイア劇場　請元・タンチョン
7・5　独立祭の大競馬　十四番の競馬　カフルイ共進会場　馬哇共進会競馬会主催
7・16　西洋相撲優勝試合　サムセパー対吉田俊造等　カフルイ劇場
9・4〜6　労働祭の野球　ホノルル支那人組対全馬哇日本人軍等　ワイルク野球場等
9・17〜19　大阪大相撲（監督・朝日山）　カフルイ共進会場　勧進元・馬哇改正会　［広告1］
10・21〜23　馬哇郡共進会　種々の競争、遊戯、見せ物、競馬、野球、音楽隊等の余興あり
11・10より約一ヶ月　新派劇晴友会一座（座長・青木誉志夫）馬哇島各地

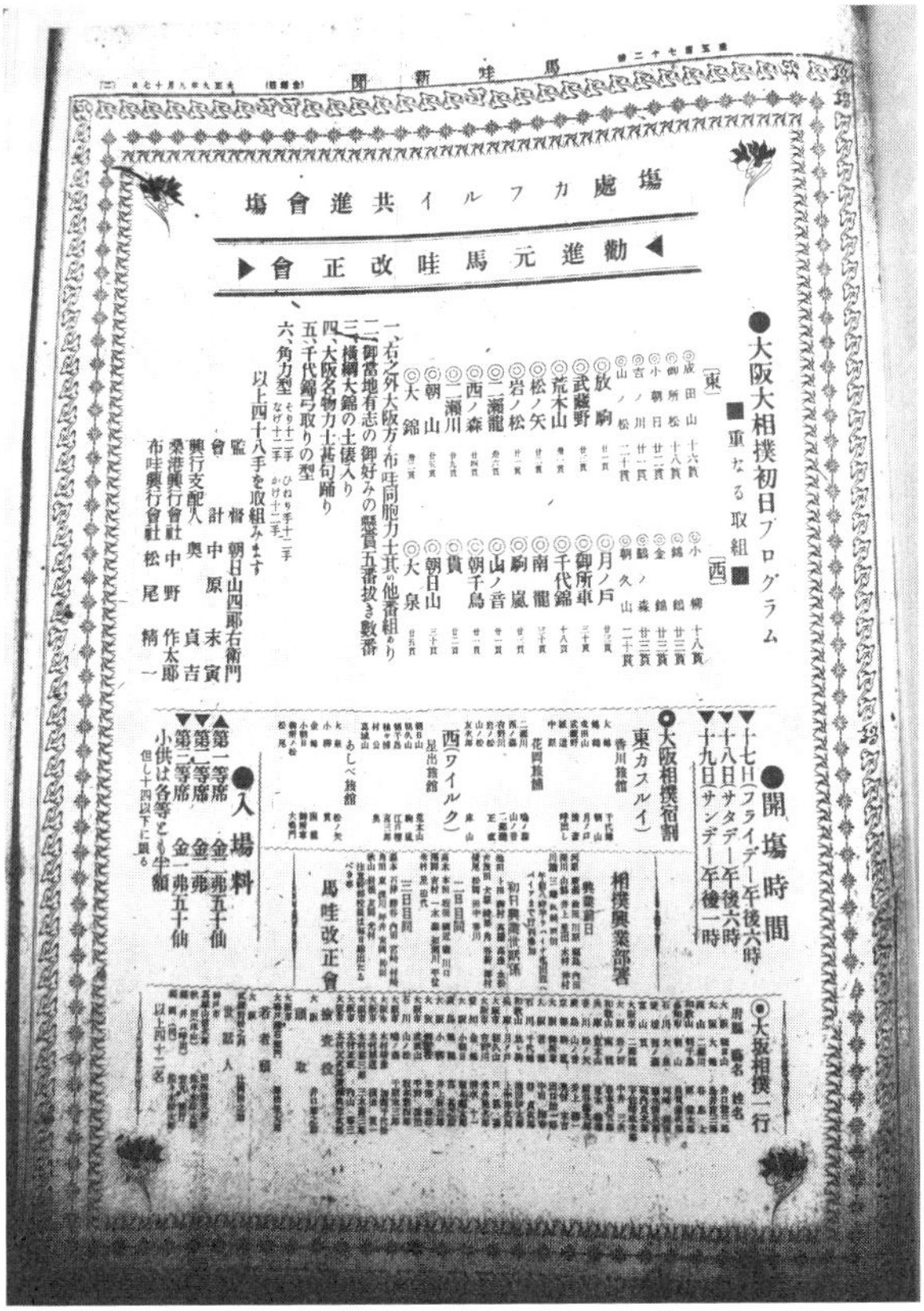

［広告１］　大阪大相撲『馬哇新聞』第572号（大正９年９月17日）より

11・18より三日間　大演芸会　古ミル劇場　ワイルク仏教青年会
11・30？　東京海老一神楽（海老蔵など曲芸・滑稽劇）布哇興行会社・松尾精一、馬哇支配人・原田春吉
12・4〜8　特別大活動写真（有名なる世界力士のチャンピオン競技）12・4ハイク、12・5ワイヘー、12・6ラハイナ、12・7ワイルク、12・8カフルイ・プウネネ
新年の大運動会（対島野球試合、新年大競馬、其他の催し）カフルイ共進会場

国近常設館では、一〜二週間の間隔で、六月頃までは一本立て、それ以後はほぼ二〜三本立てで上映しており、いっぽうの森活動写真部は一〜三本立て、期間はそれより比較的長く一カ月以上に及ぶこともあった。また「軍神広瀬中佐一代記」は同じ時期に両館で、「新派大悲活劇・闇に立つ人」、「新派大悲劇・孔雀草」、「新派悲劇・雨後の月」などは同じものが時期をずらして両館で上映されていたことが

分かる。弁士については森活動写真部のみ記されており、旭緑郎、加美川（上川）勇、木曽梅星、吉川燕柳の名がみられる。

その他六月の「大正会」はハワイの新派劇団である。(3) 下パイア劇場での請元であるタンチョンは前掲の『布哇同胞発展回顧誌』の広告によれば、(4) 日米雑貨食料品や土木建築請負などを営む五十嵐長造の商店名である。同月のカフルイ劇場での西洋相撲（プロレス？）優勝試合は、「日本人青年の吉田俊造君が出場。入場料、一等一弗、二等五十仙、三等三十五仙、他に活動写真（五巻もの）を供す」とある。

九月の大阪大相撲と一一月の東京海老一神楽はいずれも後掲のホノルル興行の後で行われている。松尾精一の布哇興行会社も絡んでいるので、詳しくは後述する。なお海老一神楽の馬哇支配人・原田春吉は［広告2］にも名を連ねているが、『布哇日本人年鑑　第十七回』（布哇新報社、一九二〇年）の「在布哇日本人々名録」（以下「人名録」）によるとワイルク在住者で職業は雑業とあるが、『布哇日本人銘鑑』（一九二七年）では原籍地が広島県芦品郡岩谷村で「原田興行部を起し各種の興行に関係し」(5) となっており、当時のワイルクにおける興行師である。

一一月の新派劇晴友会一座（座長・青木誉志夫）は北米大陸巡業中から約一ヶ月の予定で馬哇島各地を巡業とあり、これもホノルルの後である。青木誉志夫は「人名録」によれば、ホノルル在住で京都府出身、当時の有名人と思われる。

一二月の特別大活動写真の広告は、ニューヨーク市マジソン公園で撮影した西洋相撲の試合で、マウイ島各地で開演された。当時西洋相撲の人気が高かったことがうかがえる。最後は一二月二四日における新年の大運動会の予告で、対島（ハワイの各島対抗）野球試合、新年大競馬、其他の催し（バスケットボール、優勝舞踊会）があるとのことである。

2　『布哇報知』一九二〇年の活動写真広告

(1)　活動写真館と布哇興行会社について

新聞広告について取り上げる前に、ホノルルにおける活動写真館とその関係者について述べてみよう。まず活動写真館に関して、『最新布哇案内』（一九二〇年）には次のように紹介されている。

活動写真　夜の娯楽としては活動写真である。下町は云はずもがな、如何に場末の果でも、活動写真館の無い処はない。就中《なかんづく》、日本物を映写して居るのは、常設館ホノルル、座と、旭劇場で、リバチー、ビジュー館等西洋物の大常設館である。尚パワー、ベレタニア館、エンパイヤー、布哇館杯《など》有名のもの、其他数十ヶ所ある。(6)

【広告】日本物活動写真常設館
ホノルル、市マウナケア街　旭劇場
同　ア、ラ街　ホノルル、座
便船毎に斬新なるフィルムを提供致候
布哇ホノルル、市
フィルム販売並に賃貸　日米興行株式会社
支配人　川手浩一（ママ）(7)

【広告】活動写真館　日本物、西洋物　毎夜映写
パワー劇場　ホノルル、市　南キング街パワー
支配人　木村兵三郎(8)

パワー劇場（Pawa'a Theatre）は、写真集『THEATRES OF HAWAII』にその写真が掲載されており、解

説文によると「キング街でプナホー街から二ブロック町側にあり、ベンチを並べた野外劇場で、高い波型の金属の壁で囲われていた。常連客はにわか雨に備えて傘を持ってきた。一九一六年にオープンし、日本の映画、後にハリウッド映画を呼び物にしていた。一九二九年に新しいパワー劇場がオープンした時に閉鎖された[9]（筆者訳）」とある。トタン板に囲われた野外の劇場だったことが想像される。

旭劇場とホノルル座そして公園館については、ジャック・Y・タサカによる次のような記述がみられる。

ハワイ在留日本人が経営する最初の芝居小屋として一八九九年一月に新築・開場した「旭座」は、一年後の一九〇〇年一月に「ペスト焼払い大火」で消失。再建して欲しいという在留同胞の切なる要望に応えて、新しい劇場の新築工事が一九〇八年に始められて、同じマウナケア街のパウアヒ街角近くに立派に竣工。「旭劇場」と改名して華々しく開場しました。

ホノルル座は一九〇三年に中国人の芝居小屋としてアアラ街に開場しましたが、火事で「旭座」を失った日本人は之を借り受けて興行。長年にわたり日本人向けに芝居や浪花節の興行、演説会、活動写真やトーキーの上演が行なわれ、そのためにたびたび改装や改築が行なわれました。一九二六年には広島県出身の沢村作市が沢村興行部を興してホノルル座の支配人となって日本物の活動写真の常設館となりました。

一九二〇年一一月二四日にアアラ公園の西側に新しい劇場が開場しました。もともと中国人が経営する芝居小屋として建てられたもので、「公園館」と名付けられました。これを日本人の興行師が借り受けて、一九二一年の正月興行から「日本館」と名付けて各種の演芸を催したり、日本物の活動写真を上映したりして人気を集めました。[10]

ホノルル座が活動写真の常設館になったのは、この頃からの可能性がある。沢村作市は人名録では澤村商会主となっているが、日米興行株式会社の広告（『布哇報知』一九二〇年一月一日および一一月一九日）によれば、この会社のフィルム係で一一月に退役している。また『布哇同胞発展回顧誌』の［広告2］によると旭劇場の劇場主は松尾精一で、布哇興行株式会社社長でもあった。これを川手浩の日米興行株式会社が使っていたようである。

布哇興行株式会社は、『布哇日本人発展史』（一九一五年）によれば「大正四年三月資本金一万弗（一株二十弗五百株）を以て株式方式により組織したる会社にして布哇県政府の認可を得たもの」[11]とある。旭劇場株式会社社長の野沢辰二郎氏が発起者となり、諸興行業者の統一を図るなどの目的で組織された。

しかし野沢氏はまもなく死亡し、松尾精一氏が社長となった。『布哇同胞発展回顧誌』の［広告2］にも彼の事業内容について紹介されているが、彼の履歴については前掲の『布哇日本人銘鑑』（一九二七年）に詳しい。彼は一八七八年生れで、原籍地は広島県比婆郡西城町、一九〇七年ハワイに渡航。以下、同書によると「氏は明

［広告2］『布哇同胞発展回顧誌』（日布時事社、1921年）より

治四十三年日本より活動写真を輸入し日本物フィルム上映の端を開き明治四十五年旭劇場改革に方《あた》り新に株主となって重役に選ばれ大正四年大株主野沢氏死亡するや同劇場の全権利を買収し布哇興行株式会社を起して社長になった、［…］布哇興行会社を土台に布哇各島、米大陸、加奈陀に跨り日本より知名の芸人を招聘し日本活動フィルムの輸入、上映、大阪大相撲、浪花節、柔道、拳闘其他あらゆる種類の興行を試み今日では布哇、米大陸興行界の重鎮として納ってをる」[12]とある。

彼は一九三四年に五六歳で亡くなるが、約二〇年間ハワイ興行界の中心人物であったといえよう。

（2）活動写真について

一九二〇年の活動写真についての新聞広告は以下の通りである。

〔旭劇場〕

1・1　「旧劇・俊徳丸」・「賜天覧・特別大演習実写」弁士（以下略）・河合清風、「泰西活劇・鉄拳」下川呑洋
パワー平和劇場・モイリ、劇場・ワイパフ・ワヒアワでも正月興行あり、日米興行株式会社

2・18～「新派悲劇・三人之友」河合清風、「泰西活劇・鉄拳」若月清洋

3・1～2　「旧劇・桜の御所」弁士八人、「新派悲劇・乳屋の娘」河合清風　［広告3］

3・4～「新派軍事大活劇・国の為」河合清風、「泰西活劇・鉄拳」若月清洋

3・10～「浄瑠璃入・佐倉宗五郎」河合清風、（太夫）竹本咲太夫、「泰西活劇・鉄拳」若月清洋

3・17～「新派事実劇・三人少尉」河合清風、「泰西活劇・男子の精力」若月清洋

3・24～「維新英傑勤王志士・大村益次郎」河合清風、「泰西怪劇・暗黒団の秘密」若月清洋

4・1～「新派活悲劇・雨夜の女」河合清風、「泰西怪劇・暗黒団の秘密」若月清洋

4・8～「旧劇・切られ与三郎」河合清風、「泰西怪劇・暗黒団の秘密」高守秋月

4・15～「新派活悲劇・雨後の月」河合清風、「泰西怪劇・暗黒団の秘密」若月清洋

4・21より七日間　「軍神　広瀬中佐」村重博祐、（琵琶弾奏）村重千代香、請元・太田保次郎

4・29～「旧劇・吉原百人斬」河合清風、「泰西怪劇・暗黒団の秘密」若月清洋

5・9より四日間　「新派悲劇・磯之夜嵐」河合清風、「泰西怪劇・闇黒団の秘密」若月清洋

満二周年記念特別興行・賞品引替券進呈

5・13〜「旧劇・一休和尚」河合清風、「旧劇・安達ヶ原三段目」（浄瑠璃太夫）竹本宝玉、「連続・闇黒団の秘密」若月清洋
5・20〜「新派・毒煙」河合清風、「旧劇・三十三間堂棟木由来」（浄瑠璃太夫）竹本宝玉、「連続・闇黒団の秘密」若月清洋
5・27〜「乳房の榎」河合清風、「連続・闇黒団の秘密」若月清洋、「旧劇・三十三間堂棟木由来」「旧劇・三勝半七」（義太夫）竹本宝玉
6・2〜「泰西活劇・覆面女義賊」河合清風、「神秘怪劇・闇黒団の秘密」若月清洋、「旧劇・阿波鳴門」池田清花、（義太夫）竹本宝玉
6・8〜「新派悲劇・宮島心中」河合清風、「神秘怪劇・闇黒団の秘密」若月清洋、「旧劇・菅原伝授手習鑑」（義太夫）竹本宝玉
6・16〜「新派悲劇・怒涛の曲」河合清風、「神秘怪劇・闇黒団の秘密」若月清洋、「泰西活劇・覆面女義賊」高森秋月
6・23〜「泰西活劇・覆面女義賊」若月清洋、「新派悲劇・変化傘」「女曽我」河合清風
6・30〜「泰西活劇・覆面女義賊」若月清洋、「史劇・西郷南洲一代記」河合清風
7・7〜「新派家庭悲劇・通夜物語り」河合清風、「泰西活劇・後の金剛星」日野宮清江
7・13〜「旧劇・丹後の人鬼山荘太夫」河合清風、「泰西活劇・意志の堅い人」高森秋月
7・20より四日間　ウヱルス一座「西洋奇術・美人の抜首」、「旧劇・鞍馬神之助」河合清風、「泰西活劇・意志の堅い人」高森秋月
7・27〜「新派悲劇・あわれ秋子」河合清風、「泰西活劇・意志の堅い人」高森秋月
8・2〜「金州南山血染の連隊旗・山瀬幸太郎（忠勇美談）」河合清風、（筑前琵琶師）沢部曹流、「泰西活劇・意志の堅い人」高森秋月
8・19より四日間「後編膝栗毛」河合清風、（新渡来女弁士）秋山みどり、（新渡来女筑前琵琶師）秋山旭芳、「泰西活劇・意志の強き人」高森秋月

今井活動写真団

8・23より三日間「新派悲劇・富と愛」日野宮青江、「泰西活劇・意志の強い人」
8・26〜「泰西活劇・意志の強い人」日野宮青江、「新派正劇・びはうた」高守秋月、（琵琶）重村旭漕
9・2〜「泰西活劇・意志の強い人」和田清光、「旧劇・信の田狐・鬼の団平」河合清風

9・8～「泰西活劇・意志の強い人」和田清光、「新派大悲劇・紫のひも」河合清風
9・19～「泰西活劇・意志の強い人」和田清光、「旧劇・鬼殺重蔵」河合清風
9・24～「泰西活劇・意志の強い人」和田清光、「新派悲劇・孝女白菊」「新羽衣」河合清風
9・29～「泰西活劇・意志の強い人」和田清光、「旧劇・斑鳩平次」河合清風
10・27～「泰西活劇・秘密の黒箱」和田清光、「旧劇・曽我兄弟」川上清花

〔ホノルル座〕

10・10より五日間　落成初興行「旧劇・毛谷村六助」河合清風、「泰西活劇・意志の強き人」和田清光
10・27～「泰西活劇・秘密の黒箱」和田清光、「旧劇・曽我兄弟」河合清風
11・4～「尼港虐殺事件・噫我が同胞」河合清風、（筑前琵琶）秋山旭芳、「泰西活劇・秘密の黒箱」和田清光、主催・今井活動写真部
11・11～「日本各地漫遊記」、「新派悲劇・洋中の心中」河合清風、「泰西活劇・秘密の黒箱」和田清光
11・17～「新派悲劇・運命」高森秋月、「泰西活劇・秘密の黒箱」和田清光
11・24～「新派悲劇・運命」高森秋月、「新派日米合同劇・芸者の恋」川上清花、「泰西活劇・秘密の黒箱」和田清光
11・30～「旧劇（武勇伝）・荒川熊蔵」尾上半三郎
12・7～「泰西活劇・秘密の黒箱」和田清光、「新派悲劇・高野山上の悲劇」
12・14～「泰西活劇・黒箱の秘密」和田清光、「旧劇・黒田騒動」尾上半三郎
12・22～「泰西活劇・黒箱の秘密」和田清光、「新派悲劇・海のひびき」高守秋月

〔公園館（アアラ公園音楽堂横）〕

11・24～「西洋物・暗中の人」、「喜劇・チャプリン」

［広告3］『布哇報知』第2167号（1920年3月1日）より

一九二〇年の当初ホノルルでは旭劇場で常時、活動写真を一週間程の間隔で上映していた。一〇月頃からはホノルル座が落成し、そちらが常設館となる。ほとんどが日米興行株式会社の興行であるが、今井活動写真部[13]が主催の時もあった。今井定七などのように活動写真業の者がホノルルに何人かいた（「人名録」参照）が、川手浩を含めいずれも広島県出身である。

上映写真は旧劇、新派、泰西活劇など二〜三本立てで、今風に言えばそれぞれ時代劇、現代劇、西洋アクション劇であろうか。それと日露など戦争ものが人気を博していた。弁士は河合清風（主任弁士—「人名録」参照）、若月清洋、和田清光、高守秋月などで、高守はハワイにおける日本人弁士の元祖という。[14]なお河合と高守は熊本県出身で、彼らは九州弁でやったかもしれない。

弁士の他に浄瑠璃太夫や（筑前）琵琶弾奏もあった。時には三月一〜二日のように、弁士八人が役割を分担して出場する場合もあった（［広告3］参照）。八人とも「清」の漢字のつく名前の弁士で、いずれも河合清風を中心とする河合会のメンバーと思われる。なお四月二一日〜の弁士・村重博祐の職業は理髪店主、三月一〇日〜の太夫・竹本咲太夫は張替業もやっていたが（「人名録」参照）、当時は河合清風のような専門の弁士と、副業で夜だけやって昼間は他の仕事に就く者もいた。[15]

3 『布哇報知』一九二〇年その他の興行広告

(1) 芝居・浪曲について

一九二〇年における芝居・浪曲の新聞広告は以下の通りである。

1・1（広告） 浪界の明星・木村重友一行 （日時・場所不明） 太夫元・宮本吉十郎
1・7より四日間 新女優劇（主任・雲井嫦娥、加茂川さよ子、豊島真珠、雲井不如帰 旭劇場
2・10より五日間 元ホノル、座跡 新派合同大演劇（新派大正会―有村頓兵衛外・新渡来女優） 請元・大森唯喜
3・31より四日間 モイリ、劇場 有村一派大正会新派劇 請元・カイムキ松岡友助
4・15～17 歌舞伎芝居 モイリ、劇場 モイリリ青年連世話人一同
4・30～5・1 小松屋旅館裏 新派大正会一座 請元・津川甚八
8・17より五日間 旭座歌舞伎・文明座浪花節・連合大芝居 モイリリ宮尾館府 モイリリ世話係一同
9・28より五日間 新派大芝居（晴友会・青木誉士夫ほか） パワー劇場 請元・今井新一
10・14～16 新派劇晴友会 ハレイワ永楽座 請元・藤永円一
12・9より三日間 歌舞伎大芝居（片岡辻太郎一座） 旭劇場 春廼家一郎・世話人一同
12・24より二日間 浪花節開演（吉田花子・吉田文子・小奈良丸・布哇亭奈良丸） 公園館

芝居は旭劇場のほかモイリリあるいはハレイワなど地方で行われることもあった。新派大正会の有村頓兵衛は「座長として一時布哇全島に鳴り響いたが、日本からの役者ではなく一七、八歳の時、一移民として山口県玖珂

郡柳井町から来布、生来の芝居好きがこの道に入らせた」[16]とある。雲井不如帰もホノルル在住の俳優兼浪曲家で旅館主でもあった。また、太夫元の宮本の職業は興行師、請元の大森は商店員、松岡は自動車運転士、藤永は自動車業であった（「人名録」参照）。

（２）労働連盟後援（罷工者慰問）について

一九二〇年はハワイにおいて大ストライキのあった年である。これはオアフ島の耕地で二月に始まり、七月一日に終了した。この間に罷工（ストライキ）者を慰問する興行（イベント）がいくつか行われたことが広告からわかる。以下の通りである。

4・6～7　大演芸会（新派大芝居・活動写真・浪花節等）旭劇場　主催・浄土宗青年部
5・13より三日間　歌舞伎芝居　シルバー・ホテル（？）庭園　ワイアルア発起者
5・22～23　浪花節　小天狗一行（大和家桃子・浪花家太蔵）　モイリリ罷業者収容中の大ハウス　発起者一同
5・28～29　芝居・時局大演説　ワヒアワ鳳楽座　ワヒアワ有志の後援
5・31　慰問大演芸会　ワイマナロ罷業者引揚地のカイルア　青年会連合罷業者慰問団
6・6　慰問大角力　ワイアルア同盟会旧本部前　主催者・土州山昇、響矢市太郎
6・20　慰問大角力　布哇好角会附力士数十名　ワイパフ有志者一同
10・10　労働問題演説会　旭劇場　山川万二郎

主に芝居、浪花節、大角力（相撲）、演説会などが行なわれた。場所はホノルルの他、ワイアルア、ワヒアワ、ワイパフなどオアフ島の主な耕地である。一九〇九年のオアフ島第一次大ストライキでも相撲などが大きな役割

を果たしたといわれているが、[17]こうした催しが労働者たちの慰めになったに違いない。

(3) 神社祭典について

ホノルルにある主な神社の祭典の広告は以下の通りである。

6・20(日) 清正公御祭礼(余興―新田劇・二輪加等) スクール 日蓮宗布教院
7・18(日) 石鎚神社大祭典(祭典式・大相撲・御神楽等) 石鎚神社世話係一同
7・25(日) 加藤神社大祭(祭典式・御神楽・撃剣柔道等) 加藤神社々務所
8・8(日) 稲荷神社大祭(祭典式・余興―歌舞伎) 南キングセリダン街 稲荷神社世話係一同
9・26(日) 太神宮大祭典(余興―奉納子供角力・歌舞伎芝居) リ、ハ街 太神宮社務所

季節は六〜九月の夏季で、日曜日に行われた。主に神楽、歌舞伎、角力などである。

(4) 相撲・剣道について

先に紹介した『ハワイ文化芸能一〇〇年史』によれば、戦前の日本からのハワイにおける相撲の巡業は以下のようであった。

一九一四年 東京大相撲の横綱太刀山・大関鳳一行
　四三人が七月九日に到着し、ホノルルで六日間興行した後、マウイ・ハワイ・カウアイの各島でそれぞれ二日間ずつ興行し、一ヶ月後に帰国した。

一九一五年　東京大相撲の横綱梅ケ谷・大関西の海一行

二三人がサンフランシスコ博覧会の帰途ホノルルに立寄り、九月三〇日から四日間、フォート街のスケートリンクで興行し、一〇月八日帰国した。

西の海の付き人として来布した江戸桜は翌年再度来布し、二世力士を養成した。沖の海（後の沖識名）はその一人で東京大相撲の井筒部屋入りが内定したが、母親の賛成が得られず、好機を逸した。のちに日本のプロレス界で活躍した。

一九二〇年　大阪相撲の朝日山・大錦一行

一九二一年　東京大相撲の栃木山・大錦一行

一九二五年　大阪相撲の朝日山部屋一行

前掲の慰問大角力以外に行われたものは以下の通りである。布哇好角会は一九一七年に桟橋労働者のボスであった水崎寅之助の主唱によって発足したハワイ相撲の団体である[18]。また剣道の組織である「布哇講武会」は一九一五年に始まり、一九一六年に道場を加藤神社の境内に移すとある[19]。

6・15　オアフ連合剣道大会　旭劇場　主催・布哇講武会

7・4（独立祭）若港引退大角力　出雲大社境内　布哇好角会　ホノルル有志

8・29〜31　櫓太鼓東西力士　ヌアヌ街パウアヒ角　大阪角力協会、桑港興行会社、布哇興行会社・松尾精一

12・25　大相撲開催　ワイアルア二ツ橋　主催者・土州山、響矢

「若港」は当時の布哇横綱であった[20]。この頃、布哇好角会と『布哇報知』の関係は良好でなく[21]、そのためか相撲の興行に関する『布哇報知』の広告は意外と少ない。大阪大相撲の興行については、当時の『日布時事』や『布哇報知』の記事によると、ホノルルのダウンタウンで八月末に三日間にわたって開催された後、九月二日オアフ

島ワヒアワ鳳楽座で、四日、五日にはワイパフ耕地の日本人劇場で興行し、いずれも近くのエワ耕地、アイエア、遠くワイアナエ、ワイアルア方面からの見物人が多く大盛況を呈した。さらに九月八日よりハワイ島に行きヒロで一〇日より三日間、一三日にマウイ島へ移動し一四・一五日ラハイナ、一七・一八・一九日カフルイ、二一日にホノルルに戻り、二三日からカウアイ島へ、二四・二五日ワイメア、二六・二七日カパアでの四日間興行、三〇日ホノルルに帰って、一〇月三日に南京号にて帰国の予定とある。[22] マウイ島カフルイでの興行は前掲の［広告1］のとおりであるが、ほぼこの日程をこなしてハワイの主要四島の日本人集住地を巡業したものと考えられる。

なお、大阪大相撲についてはこの頃が最盛期と思われ、前年の一九一九年に大阪国技館（現在の新世界スパワールドの北側）を建設。開館記念興行として東西合併相撲が開催された。以降、大阪角力協会は春、夏の二場所をこのドーム型三階建ての大阪国技館で行った。一九二五年東京・大阪角力協会は解散して大日本相撲協会を結成、一九二六年大阪相撲は大日本相撲協会に実質的に吸収された。

（5）その他の興行について

6月？　珍魚世界無類の真者の人魚・足のある蛇　アアラ公園フォレスタース祝祭場　興行主・木村兵三郎
9・14より四日間　海老一神楽一行（海老一海老蔵以下七名）　旭劇場　布哇興行株式会社・松尾精一　［広告4］
10・1〜2　海老一神楽一行　ハレイワ永楽座　請元・寺田房雄、村中弥五郎
10・6〜7　帝劇女優東花枝・海老一一座・合併上演　旭劇場　布哇興行会社・松尾精一、日米興行会社・川手浩など
10・29より三日間　大演芸会　パワー劇場裏　マキキ春揚館

11・10　西洋角力優勝試合　池田金城對ジエネ・ロージヤース其他　国民軍武庫

六月の興行は、大道芸に類するものと思われる。興行主の木村は前掲のパワー劇場支配人である（「人名録」参照）。また先掲の旭劇場における七月二〇日からのウエルス一座「西洋奇術」の出し物として「美人の抜首」を売り物にしたのもそれに類するものと思われ興味深い。

［広告4］『布哇報知』第2305号（1920年8月13日）より

海老一神楽の興行は『日布時事』の記事などによると、九月一四日より四日間、旭劇場にて喜劇、曲芸などが演じられて大人気の裡に終わった後、二〇・二一日は近郊のアイエアで開催、二二・二三日はホノルルのパワー劇場、二六日リリハ街の大神宮で神楽の奉納、その後ワヒアワ鳳梨《ほうり》座（広告2では鳳楽座）

にて挙行とある。[23] 一〇月初めのハレイワ永楽座[24]における興行請元の寺田と村中は一九二〇年の人名録には登場しないが、両人ともワイアルア在住で漁業関係者であった。寺田は魚屋で広島県出身、村中は魚商で山口県出身である。[25] その後しばらくの間は不明であるが、一一月末には前出のようにマウイ島でも興行を行っている。

西洋相撲の試合の場所である国民軍武庫《ぶこ》はホテル街の政庁裏にあった国民軍を訓練する所で、池田金城はホノルル在住の西洋角力チャンピオンである[26]（「人名録」参照）。

おわりに

本章では一九二〇年の『布哇報知』と『馬哇新聞』の興行に関する広告記事を拾い出し、それに関わる人物について分析を試みたに過ぎない。『布哇報知』はホノルルを中心にオアフ島で行われた興行に関する記事、『馬哇新聞』はワイルクを中心とするマウイ島の全域で行われた記事である。ハワイにおけるこの時代の興行の中心は活動写真でホノルルやワイルクなどでは弁士のいる常設館が複数あり、毎週のように活動写真を観ることができた。その他に芝居、浪曲そして相撲なども盛んであった。今と違って娯楽がそう多くないこの時代、神社祭典など年中行事に、そして耕地や館府（キャンプ）でもこういった催しが行われたことが分かる。日本からきた一世たちは同時代の日本の娯楽を楽しめたし、二世の子供たちもこれらによって日本語や日本の文化を学んだに違いない。

今後は同時期の日本や米大陸の興行との比較や、双方からの大衆芸能やスポーツの交流の実態についても分析を試みたい。

【参考資料】興行関係者の人名録

（ホノルル市）

青木誉志夫	新劇団長	セリダン街	京都
江本藤作	日米興行会社員	ク、イ街	静岡
方京次四郎	角力行司	ア、ラレーン	広島
伊原霞吉	活動写真業	キング街アラパイ	山口
池田金城	西洋角力士	ヌアヌ街	高知
今井貞七	活動写真業	ベニヤード街	広島
川手　浩	日米興行会社支配人	スクール街	広島
河合清風	日米興行主任弁士	マウナケア街	熊本
木村兵三郎	パワー劇場支配人	南キング、パワー	山口
雲井不如帰	旅館主並に俳優兼浪曲家	スクール街	愛媛
松岡友助	自働《ママ》車運転士	カイムキ十二番	山口
松尾精一	布哇興行会社社長	ベニヤード街クナレーン	広島
松藤秀蔵	活動写真業	ヌアヌ街	広島
宮本吉十郎	興行師	ア、ラレーン	山口
村重博祐	理髪店主	キング街パラマ	山口
大森唯喜	秋元商店員	スクール街	熊本
太田保次郎	河野商店員	キング街	広島
高守貞記（秋月）	日米興行会社書記兼弁士	ア、ラ街	熊本

竹本咲太夫　義太夫三味線張替業　モイリ、　熊本
沢村作市　沢村商会主　ア、ラ街　広島
内海新助　日米興行会社技師　ベニヤード街　山口
（オアフ島ハレイワ）
藤永円一　自働《ママ》車業　広島
（馬哇島ワイルク）
原田春吉　雑業　広島

『布哇日本人年鑑　第十七回』（布哇新報社、一九二〇年）の「在布哇日本人々名録」より。傍線の人物は本文中に登場する者。

［註］

（1）一九二〇年のハワイ全体における日系人人口は一〇万九二七四人（全人口の四二・七％）で、ホノルルの日系人人口は二万四五二二人（全人口の二九・四％）であった。拙著『ハワイ日系人の歴史地理』ナカニシヤ出版、二〇〇三年、一八頁による。

（2）『布哇同胞発展回顧誌』日布時事社、一九二一年、二一五頁。

（3）川添樫風『移植樹の花開く』同刊行会、一九六〇年、三四六頁。

（4）日布時事社、前掲書、一九二一年、二三五頁。

（5）曽川政男『布哇日本人銘鑑』同刊行会、一九二七年、二六頁。

（6）村崎並太郎編『最新布哇案内』布哇案内社、一九二〇年、五一頁。

（7）村崎、前掲書、一九二〇年、九六～九七頁の間。傍線筆者。

（8）村崎、前掲書、一九二〇年、一九八頁の後。なお木村兵三郎は、日布時事社、前掲書、一九二一年の広告によれば、山口県玖珂郡川

下村出身とある。

（9）Lowell Angell. *Theatres of Hawaii* (Charleston, South Carolina: Arcadia Publishing, 2011): 29.

（10）ジャック・Y・タサカ「思い出の写真で綴る古き良き時代のホノルルの劇場と映画館」（『EAST WEST JOURNAL』二〇〇三年八月一五日）。傍線は筆者による。

（11）森田榮『布哇日本人発展史』眞榮館、一九一五年、四九八頁。

（12）曽川、前掲書、一九二七年、二五六頁。

（13）今井興行部は、横川眞顯『ハワイの弁士―日系人移民と活動写真の時代』財・日米映画文化協会、二〇〇六年、二一頁によると「大きな発電機を自動車に据え付けてハワイの島々を回って映画を映して見せていた人がおった。巡業ではハワイ一だった。人々がまだ満足に家も車もない時、全島の隅々まで回り歩く第一人者だった」とある。

（14）川添樫風、前掲書、一九六〇年、三一三頁。

（15）横川、前掲書、二〇〇六年、四五頁。

（16）川添、前掲書、一九六〇年、三四六頁。

（17）工藤美代子『海を渡った力士たち―ハワイ相撲の百年』ベースボール・マガジン社、一九八八年、一六四頁。

（18）工藤、前掲書、一九八八年、一六五頁。なお同書一六六頁では、「稽古は水崎の家のすぐ近くの出雲大社の境内に常設土俵が造られており、熱心な力士たちが集まって来た。力士たちの多くは水崎配下の桟橋労働者たちだった。」とある。

（19）ジャック・Y・田坂『ハワイ文化芸能一〇〇年史』Honolulu: East West Journal Corp. 一九八五年、二二一～二二三頁。

（20）『日布時事』一九二〇年六月七日の記事による。なお若港は、『布哇日本人年鑑第一一回』（布哇新報社、一九一四年）の「人物紹介」によれば、本名は三津家吉治で熊本県玉名郡横島村に生れ、一九〇〇年に渡航。十余年来一度も敗れたる事なし、とある。

（21）一九二〇年六月一日の『布哇報知』の「好角会改善運動起る・水崎排斥の声高まる」という題の記事について、同年六月二日の『日布時事』に、好角会および当時顧問であった水崎に対する中傷記事だとする「布哇好角会」の広告記事が掲載されている。

(22)『日布時事』一九二〇年九月一・二・三・五・二一日、および『布哇報知』九月三・八・一六・二一・二九日の記事による。
(23)『日布時事』一九二〇年九月一四・二〇・三〇日、および『布哇報知』九月二四日の記事による。
(24) ハレイワはオアフ島北部にあって、隣接するワイアルア砂糖耕地労働者の居住地(キャンプ)商業地域として発達した町である。栄楽座は一九一一年に新設された劇場で、自家発電、水道設備をもつものであった。詳しくは飯田、前掲書、二〇〇三年、一三〇～一三一頁参照。
(25) 寺田については『布哇日本人年鑑　第八回』布哇新報社、一九一〇年の「在布哇日本人々名録」、村中については『日布時事布哇年鑑』日布時事社、一九二七年の「布哇日本人人名住所録」による。
(26) 村崎、前掲書、一九二〇年、一一〇頁および『日布時事』一九二〇年九月一七日の広告記事による。なお、国民軍の司令長官はハワイ県知事で、日本人系国民軍も一個中隊を有していた。

III

跨境するメディア

第７章
移民は何を運ぶか―日記等を通して考える

山本剛郎

１　問題の所在

(1)　決死の覚悟

以下では、幕末期における海外への人の移動を問題とする。当時は動力源が畜力から機械力に徐々に変わりつつあった時期ではあるが、空間的移動をするということは、それが言語習慣を同じくする同一国内であっても大なる危険と決断を伴うものであったことは、想像に難くない。また、産業化・情報化の技術のもと諸々のバックアップを受けて、快適にジェット飛行機を享受できる今日とは異なり、当時の移動は、何のバックアップシステムもないまま、船を活用せざるを得なかった。「板子一枚下は地獄」の心境であったろう。したがって、たとえ短期の移動であっても、外国に行くということは危険極まりない覚悟のいることで「永久の別れ」の気持ちで出かけることが多かったと思われる。観光という発想がない当時の移動の目的は、ある特定の任務を果たすため、ということであったろう。上司から命ぜられた使命の遂行のためであれ、自分が自分に課した任務や目標のためであれ、外国に行くということは、命がけの大仕事だった。送り出す家族や親族にとっても、一方で家の名誉を感じつつも、他方で何が起こるか予想できない危険な任務に戸惑いを隠すことはできなかったであろう。人前では口に出せない昼夜の心配ごとは想像を絶するものがある。そうした心境の一端を、日記を先取りして言えばこうである。「家の女子らは、ありがたいことだとも言わずに、いかにせんいかにせんと打ちしおれるしまつである。［…］しかし大任を負わされて五大州に名の聞こえんことは男子に生まれた甲斐がある、と言ってなだめすかす。［…］愚かな身、天地開闢以来はじめて異域への使命をこうむり君命をはずかしめたら神州の恥辱となると思うと胸苦しいことは限りがない」（村垣淡路守範正『遣米使日記』九月一三日。以下、九・一三のように略述、また著者名も省略）[1]の心境。もうひとつは、逆に志願した時のハレの心境である。「世態人情において外国航海などと言えば、開闢以来の珍事と言おうか、むしろ命がけのことである。家来という者もあまり行く気がしないらしいが、「そういう状況のなか自分から進んで行きたいと言うのであるから、即刻許されてお供をすることになった」[2]。これは福沢諭吉が咸臨丸への乗船を懇願して渡航を許された時の心境である。最後に、『遣米使日記』の末尾をみておこう。「日記はもとより人に見せるものではないが、海外に渡航して神国の尊いことを知り、また風土人情の異なるさま、海路の辛苦まで忘れ果てるのも本意でないのでお恵みのありがたさを子孫に知らせたいと思った」と日記を書くことにした意図を綴っている（『遣米使日記』一一・一）。以上のような心の動きを秘めながら当時の渡航は始まったのである。

(2) 移民とは

さて、今日、われわれが外国に出かける際、観光・留学・公務・視察・役務（仕事・労働）のため、などとヴィサの関係で渡航目的が分類されているが、当時においてはそうした区分はあまり意味をなさなかった、と思う。そこで以下では、今日では留学、視察と見なされる移動をも移民に含めて考える。そこで移民とは何かを考えることから始めよう。

ここでは「移民を、国境を越え生業・仕事の本拠地を移動させる人（およびその家族）」[3]と考える。「国境を越え」ても出身地と移住地との間の社会的・文化的差異がほとんどない場合も地域によっては、ないわけではない。しかし、以下では国際移動を念頭におき、国内移動は考えない。「生業・仕事の本拠地を移動」させても、定住意思の有無や滞在期間の長短によって、移民を外国人労働者や出稼ぎ労働者と区別する向きもあるが、幕末を対象とするので、ここではその区別も不必要であろう。ここでは、国境を越えて他国に一時的であれ、生活や労働の拠点を移している人を問題とする。船旅であることは、船内での行動、寄港地での体験など、目的地に着くまでの毎日が新たな生活行動の始まりであり、現地にあっては見るもの、聞くもの、接触するものの大半は初めての異文化体験であり、帰路にあっても同様であった、と思われる。要するに出発から帰国までの異文化接触の日々の生活は、それまでの日本での経験とは異なり、非日常で刺激的な出来事で満ちていたに違いない。非日常の一端を、これも先走って述べれば、次のようになろう。「船の動揺はますますひどく、毎日が烈風と高波なので少しも静まることがない。食欲もない床に伏しながらいかにありやと時々声をかける」（『遣米使日記』一・二四、一・二五）。これは、ポーハッタン号乗船者[4]の場合だが、咸臨丸の乗船者は次のように語っている。「往航は連日非常の暴風雨で同乗の米国人もかつて遭遇したことがないほど、一同必死の難儀をした。が、航海練習の上では有益」と負け惜しみを言いたいほどに非日常の困難を経験したのである。[5]

（3）本章の目的──運ぶとは

以下では、明確な任務に規定されつつも、それらを超えて日々の生活を活きる人たちの生活行動、つまり、異文化接触の中での視察や見学を中心に考える。そうしたなかで、人は何を得、何を棄てるのか、さらには日本という国意識があったかどうかはともかくも、これまで住み慣れた自分たちの地域を改めてどう考え、訪れた異国をどう思ったのか、つまり、帰国後多くの人に何を伝えようとしたのか、そのため、何を持ち帰ったのか、これらを解くことが本章の目的である。換言すれば、表題の「運ぶ」ことの意味の解明である。

「運ぶ」とは移動することを通して一方から他方に、あるいは相互に、伝達される「内容」を意図している。何を運ぶのか、その「内容」とは、具体的には、情報・知識・ものの考え方という抽象度の高い内容から具体的なモノ（品物）まで多岐に亘る、と考える。伝達されるこれらの「内容」は、短期間で他地域に普及していくものもあれば、普及、浸透に時間を要するものもある。また、たとえ普及・浸透するにしても、伝達される「内容」は、その過程において、当初のものとは変質・加工されることもある。それは誤解に基づくこともあれば、受け入れ側の文化に起因することもあろう。こうした過程を通して、伝達される「内容」は、記録され、多くの人の記憶に留まってはじめて受け入れ側のモノとなるということであろう。こうした長い時間的経過のなかでの異文化理解を詳細に分析することは興味のあることであるが、ここでの関心は異文化に初めて出くわした人たちの意見・感想・思いにあるので、これに焦点を絞る。すなわち、各自が当然のこととして持っている生活様式、行動規範・価値観などとは大いに異なる文化に接触した時の感情的衝撃や認知的不一致として把握される体験に焦点をあてる。その体験は、各自が記す日記を通して伝えられ、それが運ばれる「内容」と考える。過程分析は別の機会に譲りたい。

2　幕末期の使節団の日記に見る外国

(1) 日記を取り上げる理由―取り上げる意義

以下では、記録された手段として日記を取り上げる。日記には、異文化体験をした際の感情的衝撃や認知的不一致の告白体験が語られていると思うからである。もう少し言えばこうである。日記が私的性格を強くもつということは、別言すれば日記から、内省的で、ココロの内側を読み取ることができるのではないか、ということである。異国の地での異文化体験が時には感情を込めて、時には認知上のズレとして語られていることであろう。しかもそれに同調しているのか、反発をしているのかは、われわれのもっとも知りたいところである。こうして日記を通して、自分を他人の位置に置いてみることができるし、また、自分の周囲を客観的に見ることもできる。そうすることによってやや誇張した言い方をすれば、人の感情の不変性・恒常性あるいは逆に変動性・変化などを知ることができよう。[6]つまり、(i)何世紀にも通じる、変わらぬ人間感情を垣間見ることができる場合もあれば、(ii)人間感情の断絶を感じることもあろう。

(i)の立場にたつと、日記を通してわれわれは、日本人の思考と感情の変わりにくい部分の一端を読み取ることができる。別言すれば、過去の日記の中に現在の人を見る、過去の人と現在の人との類似性を見る、過去の人の書いたものの中に現代性を見る、と言うことである。

(ii)の立場に立てば、日本人の思考・感情の変わりやすい部分が強調されると言える。別言すれば過去の人間はわれわれにとって異邦人に近いということである。

いずれの立場であれ、日本人が異文化に接した時の反応を知る上で、日記は多くの手がかりを与えてくれる。

すなわち、われわれは日記を通して、日本人の異文化理解の一端を知ることができる、と考える。外国人との接触の少なかった鎖国時代や維新後の、日本人が、外国人に接しどんな感情を抱き、どんな行動に出たのか、そうした状況・様子を日記はどのように語り・伝え・訴えているのか、を読み解こうというわけである。「何を」経験したのか、そして「どのように」感じたのかを読みとることを重視するのはもちろんだが、加えて、語らず伏せられていることにも注目する。日記において伏せられていることも語られていることと同様に重要だと考える。語られていない中に何かが示唆されているのではないかと思うからである。もっとも語られていないことを感知することは難しいが。その努力をすることによって、本章は、何を伝え、何を伝えないのかの、手がかりを得させてくれる、と考える。以上が日記を取り上げる理由・意義である。

(2) 誰が書いた日記なのか

幕末から明治にかけての日本の歴史は、西洋体験つまり異文化体験の歴史である。それは今日も続いていると言っても過言ではない。日本の近代化は、西洋体験、異文化理解を通してコスモポリタンに日本人がなってゆくことと言えよう。その西洋体験の先兵を務めたのが以下の日記を認めた使節団一行である。

ところで、使節とは、国家を代表して、特定の任務を帯びて外国に使わされる使者のことで、派遣されている当座は、与えられた交渉ごとに加えて、視察などの労働―たとえば日本にいま欠けているものは何か、「これこれ」は今後の日本に必要なものか等の視点に立つ日々の行動―を遂行することが任務であり、そのため、社会の制度や仕組みのあり方および現地の人々の風俗・習慣・暮らしぶりと日本のそれらとを比較検討しながら、日々の生活体験を強いられるわけである。

幕府が派遣した数次にわたる使節団のうち、以下では一八五八年締結の日米修好通商条約批准のため、一八六〇年に渡米した第一回遣米使節団の日記と、それに随行して咸臨丸で渡米した乗船者の日記、および第一回派遣から二年後の一八六二年の第二回遣欧使節団の日記を取り上げる。

第一回遣米使節団の日記では、副使村垣淡路守範正による『遣米使日記』と、正使新見豊前守の従者である玉虫左太夫による『航米日録』(7)とを、個別にではなく同時並行的に取り上げる。比較が容易であるからである。咸臨丸で彼らに随行した一行の日記では、正使木村摂津守喜毅の『奉使米利堅紀行』(8)を参照する。

第二回の遣欧使節団の日記では福沢諭吉の『西航記』(9)、『西航手帳』(10)に依拠している。

3　第一回遣米使節団による日記

(1)　使節団の航海ルート

一八六〇年一月二二日彼らの乗った米軍艦ポーハッタン号は江戸港を出帆、サンフランシスコへ直行のはずであったが、嵐で被った破損個所の修繕のため急遽ホノルルに寄港。ホノルル出帆二月二七日、サンフランシスコ到着三月九日。三月一八日パナマに向けてサンフランシスコを出帆、その後パナマ地峡を汽車で横断、再び船でニューヨークへ。そこで再度蒸気船に乗りワシントンへ。使節団が大統領に条約批准書を手渡したのは三月末であった。帰路は喜望峰を回りインド洋を渡って帰国。今日の飛行機での移動とは大違いである。その分、貴重な体験をし、多くを学んだことであろう。長い船旅が使節団に異文化を咀嚼・吸収する時間的ゆとりや考える余裕を与えたことと思うからである。

（2）文化の相対化・絶対化

①驚嘆・感嘆　異文化に向き合った際、まず体験することは、驚き・感嘆であろう。この驚嘆や感嘆からやがて好悪の感情が生まれることであろう。この感情つまり感性の問題は、たとえば、歌舞音曲を聞いてどう感じたか、出された食事に対する好みはどうだったか、周りの人の服装を見ての感想はどうか、等々である。さらにはやがておどろきながらもそこに、便利だ・好都合だ、逆に不都合だ・勝手が悪いなど、優劣の価値判断を伴うや深みを帯びた反応が起こる。これは、米国の近代技術文明やそれらから派生した、物質文明や諸々の施設、政治や経済の仕組み・ノウハウ等々をどう評価・判断するかの問題である。これまでの生活経験と照らしあわせて、あるものには同調し、別のあることには不適応を示したことであろう。以下は、そうした彼らの視察・訪問先での行動や感想である。

②歓迎会や訪問時の相手の態度　歓迎会には酒宴がつきもので、村垣にとっては「（催しの会は）悪く言えば江戸の市店等の鳶人足の酒もりのように思われ」（『遣米使日記』三・一三）、いつ終わるともわからない会に不快感を示している。また、国事館を訪問したときの感想として「外国の使節に初めて対面したのに少しの礼もなく、平常懇親の人の来る如く茶さえ出ずじまいであった」「わが国においては礼を重んずるときには習礼といって、前もってその席に出て一度その通り（予習を）することになっているから、謁見の前にはからってほしいと言ったが、最終的には聞き入れられなかった等々」（『遣米使日記』閏三・二七）、婦女子が政務の場に来ることも含めて、接遇のあり方に不平たらたらである。その最たることはこうである。大統領に面会した際先方の 簡素な服に拍子ぬけし、こちらが衣冠を正しても意味がない、との印象を懐き、「上下の別もなく礼儀も少しもないので狩衣を着たのも無益であったと思う」（『遣米使日記』閏三・二八）とさえ述べる。さらに、事前の連絡無しに先方がやって来ることに対し、礼儀知らずと怒るなど（『遣米使日記』三・一〇）村垣日記から自民族中心主義

的発想が伝わってくる。

③招待を断る　滞在中、村垣は招待の申し出を頻繁に受けるが、断ることが多い。「夜は外出しないのが慣例」（『遣米使日記』二・二一）、「使節の大任を済まさぬうちに遊興などには出ない」（『遣米使日記』二・二二）、「ハワイ王国と日本とは国交がないから」がその理由である。「かねて夜は外出しない国風と言っておいたが、この国は夜陰をよしとし、断ることもできず」（『遣米使日記』閏三・二九）、時には不本意ながら夜に出かけることもあった。また「夜、ダンスを催すから一見せよとすすめられる。男女が組合い、ただくるくる回るのみ。しばらく見物して、ほどよく断わって帰る」（『遣米使日記』五・八）。はなはだ迷惑なことと感想を漏らしている。気分がすぐれない時には、「わが国に始めてきたペルリの婿で大統領縁家の招待をも断る」（『遣米使日記』四・一〇）のであった。これらもすべて相手の気持ちを察し得ない、どちらか言えば自分中心の考えに立つ感想である。

④水葬事件　玉虫左太夫の日記に「水夫ひとり病死。船上にて葬式を行う。その儀式、前の如し」（『航米日録』閏三・二三）とあるが、村垣の同日の日記には葬儀の記述はない。別の日に村垣は葬儀について語っている。「船中で亡くなったものは、士官以上は持ち帰り、港にて土葬し、コモドール等高官の人はガラスの器に入れて本国に送り、水夫などは水葬にするのが普通の法。しかし水夫のごとき者にもコモドールまで出て送るのを見て、わが国の人は怪しんだが、かれは礼儀もなく、上下の別もなくただ真実を表わして治める国であるから、こうしたものと思われる」（『遣米使日記』閏三・一六）。同じ閏一六日の玉虫の日記には葬儀の記述はない。別の日の玉虫日記に「水兵の水葬時には、船将悲嘆の色外に顕はる」（『航米日録』閏三・九）、同日の村垣日記には水葬の記述はない。村垣と玉虫とで水葬のことを書く日がずれていることを問題にしているのではない。指摘すべきは、玉虫が水葬の件に絡めて階級上の上下差はあってもそれが身分差にはつながらないことを強調しているのに対し、

村垣は、逆に身分的差異を立てることによって社会秩序が維持されると考えているように思われる、ということである。職階はあっても身分差別のないアメリカ社会について、状況は異なるが玉虫は次のように述べている。兵が艦長の前を通るとき脱帽の身で拝礼する風の無いことや、船中の人数の確認がおこなわれた際の何でもない船員のしぐさについて、「船将・士官の別なく上下相混時例え水兵たりともあえて船将を重んずる風見えず。船将も威張らない。同輩の如し。情交親蜜にして事あれば力を尽くして相救う。我国とは相反すること」(『航米日録』三・一七)と。二人の見解は大きく異なっている。玉虫の見解の方が少数派であるが、この時期こういう考えの持ち主がいたことは強調するに値すると考える。

⑤食習慣・衣服　異文化地域への旅行において困ることは、食事(風呂、便所)などを中心とする衣食住についてであろう。四月六日、村垣は「あつもの(スープ)、さまざまな肉、サンパン酒などをすすめられる。大統領も対食していることであるから少しはつつましやかであるが、ようすも知らないので傍らの婦人の食べるのを見て真似をするのもおかしい。[…]を数々引き換引き換え一四・五回に及び、杯酒もすんだころ、ガラスの大きな椀に水を入れ、白布を添えて出してきた。どうするものかとあたりを見回し、マネをして手を洗い、口を注いだ。水を飲んだ同僚もいた」(『遣米使日記』四・六)。緊張したことであろう。こういうこともあった。「フィラデルフィアで出された夕食時のご飯はバター付き。クレームをつけると砂糖で調理した米が運ばれ、ご飯をあきらめパン食で済さざるを得なかった。また、宿舎についても茶もなくタバコの火さえない。一杯の湯茶さえ飲めない。彼らは水を飲むばかりである。村垣は「世界中の食物風俗が一様であるなかでわが国がひとり異なるので異域への旅行は難儀である」(『遣米使日記』四・二一)と不平を述べている。日本のみが異なっていると考えているようであるが、これはちょっと勘違いであろう。なお、玉虫の日記はこのこと(フィラデルフィアで出された夕食時のご飯)には触れていない。かつて蝦夷地に出かけた経験のある彼にとっては何でもなかったのであ

ろう。遡って三月一一日の日記に、「慣れる、慣れないが大事で、外邦に来り、飲食に苦しむは、井蛙のみにて一歩も他に行く能わざる者なり。有志の士はこれらに困することなけん」（『航米日録』三・一一）と述べ、これまでに食したアメリカでの食は味美ならずといえども空腹を養うにたるメニューだったと述べている。郷に入りては郷に従えというわけである。玉虫は、村垣とは違って文化相対主義的発想の持ち主であることがここでも実証されると言えよう。食事の話題をもう少し続けると、村垣は、日本から持参の食糧が不足気味の折「かれの肉のみ多い」とこぼしている。懸念は日ごとに厳しさを増し「ニューヨークを出て三〇日、味噌も醤油もとっくになくなり、酒さえもなく、毎日かつおぶしを削り切干の大根に、すこしばかり隠しておいた醤油を点じるだけ。水も乏しく従者は茶さえ十分用いかねている。入浴も三十日していない」（『遣米使日記』五・二四、六・一三）と深刻な状況を嘆いている。他方、同日の玉虫日記は食糧のことには触れず「風強く船歩大に速なり。ただ船の揺動あり。午後、赤道直下を過ぐ。太陽直下といえども寒暖計は百度に及ばず、夜冷気、袈衣を用いる」（『航米日録』六・一三）と関心のある測量や赤道直下の気象について語っている。村垣は翌日「今朝赤道を過ぎたという、炎熱が耐え難いと聞いていたが、単衣物を着て汗の出るほどのことも無し」（『遣米使日記』六・一四）と安堵の気持を述べている。日本食が気になる硬直した村垣の視点に対し柔軟な発想の玉虫が対照的である。

ついでに服装に関して言えば玉虫は「ハワイで国王の装束至て粗なり、赤色の羅紗のみに更に飾りなし」（玉虫『航米日録』二・二六）、また、大統領に謁見した時には「衣服は黒羅紗にして格別の飾りなく、出入りの時にも警蹕せず、平人に同じ」（『航米日録』閏三・二八）と述べているが、他方、村垣日記は「今日を晴れの日と、いろいろ支度し、正装したが」、七十有余の米大統領は「商人と同じ姿で黒羅紗の筒袖、股引は何の飾りもなく太刀も持たない」（『遣米使日記』閏三・二八）と不満げである。眼の付け所が異なっているということか、玉虫は大統領の飾らない姿に好意的だが、村垣は逆に大統領の飾らない姿に不満な様子である。玉虫は、アメリカが身分差別のない平等社会であると考えているようだが、逆に村垣はそうであることに不満を示していると言えよう。以上、風俗習慣・生活スタイルの異同の観点から日記を見てきた。自民族中心主義か、文化を相対化しているかどうか、また社会の成り立ちの点では身分社会か平等社会かが問われていた。

(3) 視察先・訪問先

次に使節団一行の視察先に目を向けよう。以下では、近代的技術文明の産物である都市の景観・汽車・気球、国会議事堂などの政治関連施設、そして病院について簡潔に述べる。

①都市の景観・汽車・気球　「ワシントンは都府であるから馬車が多くにぎやかだが、石を敷いた道を鉄輪の車が走るのでその音がかましく、話も聞こえぬくらい、とてもうるさい」(『遣米使日記』閏三・二六)。初めて鉄路に乗ったときの印象は、「車の音、雷の鳴りはためく如く、左右をみれば三、四尺の間は草木も縞のように見えて見止まらず。七、八間先を見ればさのみ目の回るほどのこともなく、馬の走りを乗るがごとし。話しも聞こえず殺風景のものなり」(『遣米使日記』閏三・六)。乗り心地は良くない印象である。他方玉虫は、同日の日記に技術系の人物らしく、距離と要した時間から計算して「速さに驚き入るなり」と蒸気車の性能に感心している。速さを良しと考えるかどうか、二人の評価はここでも分かれている。

技術に感心した例をもう一つ。気球船での話である。村垣日記は「風船の見学を前日誘われたが通弁の誤訳で普通の船だと思って断わったが、実は気球の風船だったので行くべきだった」と珍しく残念がっている。(『遣米使日記』四・二六)。ニューヨークまで風に乗って出かけられることに興味を持っていた由である。他方玉虫は、自分は行けなかったが人から聞いた話として技術的なことを詳述している(『航米日録』四・二六)。これは二つのことを示唆していると考える。一つは近代的技術文明の産物としての気球の技術の優秀さについてであり、他は通訳の不慣れ・語学教育の必要性についてである。後者の通訳との意思の疎通の計りにくさについては別の日にも述べている。「測量術などは彼ら［アメリカ］が長じているから、有志の者が留学したら益も多いことと思うのみ。質問したいことも数々あるが通弁を必要とするから十のうち一か二を理解できるだけだ」（『遣米使日記』四・九）と通訳のもどかしさを語っている。このように村垣は、アメリカの科学技術文明（機械文明）についてはこれを大いに見習いたいと思っていることは事実である。

②議事堂　国会審議について村垣は日本橋の魚河岸の競り市を彷彿とさせると述べている。近代的技術文明から派生した議事堂がどういう仕組みで成り立っているのか、その重要性を明確に理解できていないのであろうか。詳しく触れていない。民主主義の何たるかを理解するにはもう少し時間を要するようである。議事堂についてこうも語っている。「議事堂といって国政を議する局に外国人は入れないことになっているが、日本人には特別に見せると言う」（『遣米使日記』閏三・二六）。翌日には「国事館といって外国事務、金蔵方その他の諸局を訪れる」（『遣米使日記』閏三・二七）。これらの役所の機能についても何も語らない。どちらといえば服装やしぐさなど礼儀に関する人物描写に終始し、これまでの書き方の延長線上にある。役人でありながら異国の政治には無関心なのであろうか。

③病院　施設を代表して病院について触れておこう。村垣の日記に「病院は男女の席を区別し男子には男子、女子には女子の看護人を付き添わせ、これが数百人いると言う。胎内の十月の胎児を初月より十月まで一体ずつ瓶に入れ焼酎に漬けてあり［…］都府はもちろん人家の集まった市街には必ずこの院があるよし。わが国も恥ずべきことである」（『遣米使日記』四・一五）。技術文明の結果としての病院が、庶民の社会的・文化的生活に好い影響を及ぼしていくと考え、恥ずべきことと感じたのであろう。

（4）訪れた国・地域の歴史・国情

①外国観　立ち寄った国や地域の歴史、国勢などについて多々論じている。外国や他地域のことを知ることは、回りまわって自国を知ることに繋がると考えてのことであろう。「女子といえども文字を読む。驚き入ることなり」（『航米日録』二・一七）。ハワイでの感想だが女子教育の必要性を感じたのであろう。また、玉虫は、ホノルルで市内見物の途中、米人宅に呼ばれる。家の中を隅々まで案内されて、大いに驚く。アメリカ人は何も隠しごとをしないのだ、と。と同時に隠すことの愚かしさを学び、格式にとらわれぬ人間同士の付き合いの大切さ、ひいては鎖国のおろかしさを感じたようである。村垣もそういうことを多少とも感じているふしがある。先に触れた「議事堂は外国の人は入れないことになっているがわが国は特別に招かれる」（『遣米使日記』閏三・二六）という態度に、隠さないことによって相手との友好関係は深まるということを肌で感じたのではないか、と思われる。

②人種観　外国の歴史や風俗の情報を得るにつれ外国の人への興味もわいてくる。それはやがて優劣の感情を招く。以下は、その例である。村垣はハワイで、国王謁見の翌日、王の名代が対面の謝辞を述べに来たときのことを語っている。「テイロルが出迎えもするに及ばずと言うので、メリケンでも島の王を見下げているらしい。こちらも王の如く送りもせずに済ませた」（『遣米使日記』二・一九）。

外国の状況、他地域の現状を見聞し、日本国が意識され、将来を危惧することもあったようで、その一例を最後に挙げておく。村垣は「英仏が天津より北京に攻撃、皇帝は韃靼に落ち延び、ここに四百余州の中華という国威が廃れた」と記し、「嘆くべし、恐るべし」（『遣米使日記』九・一五）と述べている。江戸幕府のことが頭を去来したことであろう。

この日記を通して言えることを最後に記しておこう。多々あるが、村垣は異国の地にあってもこれまでの自らの生活スタイルを崩さず、自己の文化を相対化することなく、むしろ絶対化し、身分制社会である日本の流儀を通す、いわば自民族中心主義のタイプであり、他方、玉虫は、異文化に対して是々非々の態度を以て臨み、どちらかと言えば文化相対主義的な考えの持ち主であったこと、加えて彼は基本的には仕事上の上下差は日本の士農工商のような身分差に結びつくものではない、と考えていた、つまり、いわゆる平等主義的考え方の持ち主でもあった、ということである。二タイプの人物の存在を強調しておきたい。

4　第一回遣米使節団の随行船乗組員による日記

(1)『奉使米利堅紀行』

随行船咸臨丸の乗組員は正使木村摂津守喜毅、艦長勝海舟、以下総勢九六名、志願した福沢諭吉は木村の従者として同行。なお、アメリカ人も乗船してはいたが日本人の操縦による初の太平洋横断だった。参照する日記は、先述したように木村の『奉使米利堅紀行』である。

①日記に見る木村の人柄　「市中に出る。[…] 夫人が多く面会に来る。いぶかってなぜかと問うと、妻子を伴って貴客を迎えるのが習いだから、と」(『奉使米利堅紀行』二・二七)。「この国の人皆懇篤にして礼儀あり。わが国との交際を喜んでいる」(『奉使米利堅紀行』三・三)。さらに「つとめて懇切周旋し、われわれに対し軽蔑侮慢の意の無いことは、皇国の威霊ともいうべきだが、他方、この国の風俗教化の善をおもい知ることでもある」と続けている。前日の三月二日には「余を尊む事、臣僕のごとくなり」とアメリカ人に好感を持たれていると自信満々である。木村はすぐに相手と親しくなれる性格の持ち主のようで、親しくなると何人もの人から招待を受ける。招かれると、「懇切の意、辞すべき理由もない」(『奉使米利堅紀行』三・一〇)ので承諾する。そして、自分も返礼のため招こうと約束したりしている。ときにはご婦人から咸臨丸を見学したいと請われ、案内もして

いる（『奉使米利堅紀行』三・一一）。そして、別れに際しては「手を握り惜別の様子凄然たり」（『奉使米利堅紀行』閏三・一二）。文字通りの草の根の外交を展開している、と言えよう。

二月七日、咸臨丸は桑港《サンフランシスコ》近くで、香港からの米商船に遭う。「ブルークルーフルを以て応答。支那人多く乗り組めり」（『奉使米利堅紀行』二・七）。つまりは、カリフォルニアの金山に向かうアメリカへの移民を多数運ぶ船と交信したわけである。砂金の採取地が発見され、鉱山に要する労働力の大部分を支那人に拠っていたからである。支那人排斥が起こるまで移民数は増加、その後日本人移民がこの地に来ることを誰が想像できたであろうか。

二月二八日サンフランシスコ港に停泊中のエピソードを一つ。(11) 米国に対し二一発の礼砲が咸臨丸から放たれた。礼法発射の号令を発することを命ぜられた乗組員の赤松は大いに緊張した、という。この礼砲の交換は日本の軍艦が外国で発した最初であったからである。本来、礼砲は入港時に行うものであったが、国際礼儀に慣れない日本艦は、サンフランシスコ港到着後、先方と打ち合わせた後、発砲したのだった。この応砲の発射については艦内の危険のこともあり、賛否両論だったが、自信のある運用方の強い主張で実施されたのである。どうしたことか、木村の日記にはこの礼砲に関する記述がない。正使なので関わりの無いはずはないと思うのだが、艦長に任せ、自分は関わっていないと知らんぷりである。なお、諭吉もこのエピソードに触れている。(12) 艦長勝は危ないから打つな、他方運用方は打ってみせる、と。

②日本人の類型化の試み　初めて異文化体験したときの反応は人によってマチマチであろうが、今日でも通用する二タイプの日本人の原型を認めることができる、とキーンは言う。(13) タイプ（ⅰ）は、異国で土地の料理を苦もなく積極的に注文する人、タイプ（ⅱ）は異国でも土地の料理よりは日本から持参した食糧を食する人である。（ⅰ）を拡大・敷衍して言えば、外国の習慣・制度・文化・考え方・音楽などに対しても否定はせず、むしろ

肯定的な反応を示し、外国での生活に適応しやすく、また楽しめるタイプと言えようか。本日記の著者木村はこのタイプに属し、彼はアメリカ人の日本人に対する敬意や友情を受動的に受け取るだけでなく、返礼しようとも心がけた人だった。彼は公務を離れた私的な招待にも応じているが、そうすることも使節団の一員としての使命と心得ていたからであろう。木村は、しかも、こうして外国人に混じっても彼らに流されることなく、自己を、すなわち自己のアイデンティティを失わずに、相手に好印象を持たれたのである。先の『航米日録』の著者玉虫左太夫もこのタイプに属する人物と言えよう。

（ii）についても同様に考えれば、外国の制度や文化になじめない、したがって外国の音楽は騒音でしかない、社交ダンスは退屈、上品に欠けると感じてしまい、招待はできることなら断り、自室で過ごすことが多く、現地の人とあまり交わらない。つまりは、これまでの生活文化という明確な基準のもと、それから外れる異国での生活スタイルを敬遠するタイプである。先の『遣米使日記』の著者村垣はこのタイプに属するといえよう。どちらのタイプの日記も後の時代に多くの影響を与えたことは言うまでもない。異文化を受け入れることなく、自文化に固執し、その分、西洋に屈折した感情を持ち、文明批判的に西欧を捉えることも、近代化の過程で辿るべき日本の路と思うからである。もっとも、逆に西欧文化に過剰同調することは控えなければならないが。

③木村の日記から見えてくるもの　木村の日記を通して読み取れることが二つある。その一は、咸臨丸のこの航海は、日本人が漁船ではなく、大型船を操って太平洋を横断できることを証明したということ、日本の軍艦として礼砲の交換を初めて行ったこと、その二は、外国の地にあって日本人としての自覚を失わずに相手に感銘を与えながら振る舞うことができる人もいたということ、つまりは卑下せずに対等に付き合おうとする日本人がいたということが垣間見られたということ、である。前者は科学技術の点で、後者は日本人としての自覚・アイデンティティという点で、後に続く者たちにとって大きな自信となったことと思われる。

5　第二回使節団　遣欧使節一行の日記

(1) はじめに

時は移り、先の渡航の二年後の一八六二年、幕府はヨーロッパへの使節派遣を余儀なくされる。その目的は、アメリカなど五ケ国と結んだ通商条約に盛り込まれた、江戸・大坂の開市、兵庫・新潟の開港、の延期を申し入れるためである。アメリカは延期を認めたが、他の四国は本国での直接交渉を望んだからである。この第二回派遣団は、正使竹内保徳以下、福沢も含めて総勢約四〇名で、今回は英軍軍艦ヲージン号で出かけた。

福沢は、先のアメリカでは見聞するところは多くはなかったが、この第二回目の渡航では、それまでに原書で読んでいだことでわからないこと、関心のあることに絞って実見し、事情に通じる人に問いただすことに心掛けたという。(14) 彼は、一年にも及ぶヨーロッパ視察での見聞を『西航手帳』および『西航記』として認めている。それらに基づいてヨーロッパ世界の様子を見よう。

(2) 『西航手帳』および『西航記』

諭吉の関心事は、近代文明技術から結果する社会制度にあり、そうした制度に付随・関連してつくられた社会的基盤や施設を数多く視察している。それらのすべてをここで取り上げることはできないが、訪れた先をまずは確認しておこう。

①産業基盤を支える装置や施設—製鉄局、テレグラーフ、トンネル、鉄橋。②生活基盤を支える施設・組織・装置—学校、病院、図書館。③政治基盤を支える装置—議事堂、軍隊・軍事・測量。④経済基盤を支える装置や

経済活動―展覧場。⑤各種の社会福祉施設・文化施設―養唖院、養盲院、傷病舎、博物館、植物園。⑥訪れた地域や国々の各種情報―歴史、国情、国際関係、外国観・人種観・差別感。以下この順に簡潔に見ていこう。

①産業基盤を支える装置や施設　「蒸気車および鉄路を造る製鉄局に行く。その装置は甚大で、蒸気機の力は合わせて三五〇〇馬力、職人八〇〇名が毎日鉄を二万ポンド製造する。年間に費やす石炭は一二〇万ポンド、蒸気車を平均七日毎に三輛造る」（『西航記』七・二）。驚いたことであろう。と同時に日本にもぜひ必要な装置と思ったことであろう。

「コロンスタットに行く。船脚一〇尺以上の船は軍艦・商船ともにここにしか寄港できない。すなわちここは最大の要害の場所で、大砲数百門を装備し、ここに運上所、海軍局、製鉄所などあり。製鉄所では軍艦製造用の鉄板をつくり、海軍局では船を修繕するドックが設置されている」（『西航記』八・一七）。

テームズ川には多くの橋が架けられ、人の往来には便利であるが、他方船の通行には妨げとなる。そこで一八二五年ある人が「河底を穿ち、地道をつくり，橋に代わらんことを企て大土工を起こし水底よりした一四―五尺にして地洞を穿ち、洞の幅五〇尺、高さ四二尺円井戸状の長洞を成し、この洞を往来河の両岸に通ずべし」（『西航記』四・一八）。「コルン着。そこに大河あり。河西のコルンと河東のデウツに二年前に長さ千フィートの鉄橋を架し、両地相通ずるようになった」（『西航記』六・二二）。先にはトンネルを、いまは鉄橋をまじかに見、文明の偉大さに感嘆した。また、ここには創建以来千余年という、欧州最大のカトリックの大寺もある。伝統と近代文明の良さを取りそろえた街に魅せられたことであろう。

「機器が七〇―八〇個もあり、英国内はもちろん外国にも通じる最大のテレガラーフ電信器局に行く。テレガラーフ電信器局は国内に一〇ケ所ほどある。そこにおいて感心したことは設備の優秀さに加えて機器を取り扱う者は皆婦人」（『西航記』五・九）ということであった。職業婦人の働くことについてどう思っているのかについてコメントがほしいところである。

以上はすべて近代的技術文明に関わる事項であり、これらは、さらに社会の経済的発展・進歩に寄与するものと理解、認知したことであろう。

②生活基盤を支える施設・組織・装置「ジミナチック・エン・コッメルシアルと呼ばれる学校へ。ここは、身体と商売のことを学ぶ学校で、ここには大きな学校が一二ケ所に分かれて有り、うち七つは政府に属し残りは民間が建てたもの。政府の学校の学費は少額である。今日訪れたのは私立で、学童数は八歳から一八歳までの一五〇名、教師二五名、英独仏ラテンギリシャの国語、商用の方法、分離術、本草学、天文、地理や身体の運動も教える。欧州の学校はどこもこれを教えている」と詳しく論じている（『西航記』八・一二）。

「鉱山学校へ出向く。この学校は専ら鉱山のことを教え、教師四〇名、学生二〇〇名学科は八つに分かれ、一二歳より入学。一年に一つの学科を学び、八年で終わり、二〇歳で士官となる。鉱品の性質を学び、分析法を開発し、金鉱に用いる機器の用法などを研究する。そしてロシア内に産する鉱物を採集し、校内に展示している」（『西航記』八・七）。

インスチィチュート・デ・フランスという学校に行く。この学校は子供の学校ではなく、老先生（学者）のためのそれである。定員は四〇名で増員はない。欠員が出ればその都度補充をする。この学校のメンバーであることは朝廷の宰相の様に尊敬される由。語学、歴史、術学、政学及び理学、技学の五科に分かれ、諸先生は毎日一科を講論する。聞こうと欲する学者はきてもよい、と（『西航記』閏八・三）。この時期にこういう学士院のような組織があるとは驚きである。

病院の視察では、ほぼどの病院の場合も、設立の経緯、運営方法、経営のあり方、そして病院制度一般について、必ずしもこの順序ではないが論じている。たとえば、こうである。「病院での費用は政府より出ることはない。病院を造するときに各戸より貧富に応じて出銀させる。病院の修理や病者に与える衣食薬品や婢僕の給料の冗費は諸々の方法で賄う、とそのいくつかを挙げている。［…］その他、海陸軍の病院、養老院、養幼院、養唖院、養育（盲）院の入費は全く政府より出す」（『西航記』三・一七）。この点に関して『西航手帳』には「政府より建てる貧院の費用は、府中の戸毎の貧院税というもので賄われ、たとえば、間口二十尺奥行き五十尺の家には毎年貧院税がおおよそ十五ポンド」[15]とある。

以上、近代的技術文明を通して得られた知識・ノウハウを生かした学校・病院に関わる事項を取り上げた。学校や病院の普及は、世のなかを文化的・社会的・経済的に発展・寄与させることは言うまでもなかろう。家庭内教育から公教育への移行は社会が近代化していくひとつのバロメーターであろう。学校や病院は近代技術文明の産物であるが、それが果たした社会的・文化的影響は大きいということを再認識したことであろう。と同時に今後の方向性を見いだしたのではなかろうか。

③政治基盤を支える装置　パリでハウス・ヲフ・コムモン共和議事堂を訪問。選挙の仕方を習う。政府はことを実行するときここ（共和議事堂）と商議することなどを学ぶ。「国民を分け各々二万五千人となし、このうちより、入札を以て一人を選挙し、推てデビュト（民衆名代の義）となし、これハウス・ヲフ・コムモンに行って国政に参り議す。ここで議すことは国民の意である。デビュトを選ぶには貴賤貧富を論ぜず、ただし三〇歳以下の年齢の者と法を犯した者はダメ」（『西航記』三・二六）。

国帝自ら指揮して大調練を年に四回行うなどのロシアの軍法を学ぶ。「帝の行営は中央にあり、三兵行営の四方に陣し、前面と右方は歩兵隊、左方大砲隊長、後は騎馬隊なり」と。国の統一は軍隊・皇帝にありと悟ったことであろう（『西航記』七・二五）。

税に関して、「ロシアでは他国に行くときは、他国に行っている年限だけの家税・地税を予め納め置くこと」と定めている。「ロシアでは外国に長く滞留しても、その国の戸籍に入ることはこれを許さず。また、もし外国で娶り子供が生まれた場合、願い出れば、その子の外国籍を認めることもあるが、願いがなければ母子ともにロシアの戸籍に属する」[16]。

以上、政治的組織・施設・政治的関連事項として議事堂、皇帝の指揮する軍隊および税と国際結婚の話題を取り上げた。議事堂での仕組みを理解・認識できたかどうかはともかく、新しい発想のもとでの政治のあり方を学んだことであろう。

④経済基盤を支える装置や経済活動　「欧米、アジアよりその国の産する名品、便利の器械を展示、器械はその用法を示すため職人も来たり。日本の品物の展示場もあるが外国に比べると品数が甚だ少ない。漆器陶器刀剣紙類その他小細工の身で総商品の値は二〇万両なり。来場者はたいてい一日留まり、その数は四～五万人、欧州の王侯貴族富豪で見ないものはいないという」(『西航記』四・一六)。日本の出品には不満である。経済活動を活性化させるべきことを訴えている感じである。市場交換経済に関する観念のあまり発達していない時期のことであるので、致し方のないことである。しかし、経済の発展に向けての努力がなされ始めるのは時間の問題である。

⑤各種の社会福祉施設・文化施設　養唖院では都下の養唖百余人を六～七人の教師が、語学・算術・天文・地理などを、尋常の学校と同じように教える。「初めてこの院にくると指でアベセの記号を習い、次いで唇舌歯喉の運動を見、あるいは触れ、その運動の機に倣い、声音を発することを学ばせる。[…]やがて唇舌歯喉の動きを見てその語を解し、ともに談話することを得る」という。How do you do との諭吉の質問に、very well thank you との応答があった。この時の感想はどんなであったろうか。どんなことが閃いたであろうか。

養盲院については「盲人に読書を教えるには紙に凸の文字を印し、地図などには紙に穴をあけ海陸のかたちを書き、指端にてこれを触れしむ」。養癩病（発狂者の病院）については「患者一人ごとに一室を与え、昼間は室より出し院内を歩行し、園にて遊び、花を採り、あるいは歌舞し［…］人を殺した者もこの院に終身入れられる。本日この類の者を三人見た」（『西航記』四・二二）と現実感を伝えている、と同時に感心したことであろう。

同じ社会施設でも世間からは歓迎されないが、しかし社会に不可欠の施設にも出かけている。獄屋である。「訪問先の獄屋は、石室四層で当時罪人が四六〇名。壮健なる者は獄内で手業をする。その賃金は、半分は官に収め獄屋の入費となり、半分は官府が預かりその人の出獄時に返納される。またここに学校が五ケ所にわかれてあり、週二度授業がある。尋常の学校と変わらない。平日も書籍を与え暇時には復習させている。また毎日半時間ずつ運動もさせている、という」（『西航記』六・三〇）。参考になったであろうか。

禽獣魚虫類を集めた博物館へ出かけた時の記述では「かつて洋書で見たことがあったが実物は初めての、マモウトという大きな象に似た動物を観る。また館内には紙製の地球儀が掲示されていたが、これは欧州一の大きさだ」と敬服している（『西航記』八・九）。

諭吉は、傷病兵等の社会福祉施設や書庫・植物園などの文化施設も訪問している。これらは世の中の社会的・経済的・文化的発展・向上に不可欠の施設だ、と認識したことであろう。

⑥訪れた地域や国々の各種の情報　最後に国際関係、国勢、国情、人種観の記述を見よう。

他国や他地域の情報を集めておくことは大切なことである。世界の中の日本を理解する点で必須のことだからである。シンガポール、カイロ、マルタ、ポルトガル、香港について、人口や人口構成、産業、歴史について述べている。他方スウェーデン、仏、プロイセン、ベルギーなどの国々の友好・併合・侵略に伴う複雑な歴史について、いわゆる国際関係の視点から論じている。オランダでは、両国の旗がなびく。「三使節の紋を記し其下に日本文字にて和蘭京は日本尊客の為に恭建と書せり」（『西航記』五・一七）。ユトレヒトでは待遇が最も厚い。「人々が日本との古くからの友好関係を思っているからであろう」と、他国との友好の継続性の大切さを力説している。もっとも、どの程度認識していたかは不明だったが。

とはいえ、このように各国の歴史の一端を知り、国情・国勢の情報を得、各国との関係のあり方を学ぶことは日本の今後を考える参考になると思ったことであろう。鎖国後の外交にとって必須のことであるからである。

6　運んできたもの・伝えようとしたものは何か

以上は、欧米の一九世紀の技術文明を、それから派生した物質文明や多様な諸施設を、それぞれ目の当たりにした時の、幕末知識人の鮮烈な驚嘆・感動の一端である。彼らの喜びや叫び、あるいは嘆きが伝わってくる。基本的にはこの方向は、細く、また弱くはなっているものの、依然として今日の日本社会にもつながっていると考える。彼らが運んできたもの・伝えようとしたものは何か。それを最後に考える。

日本が欧米諸国と伍していくには脱亜入欧という行動規範のもと、日本は西洋化・近代化の道を進まねばならないというのが、明示的であれ黙示的であれ、幕末以降の為政者・知識人の大方の考え方であったろう。この方向に進むべく、為政者は、欧米諸国から多くを学び、古い皮袋を新しいそれに変えていこうと、試行錯誤を繰り返しながら、次々と策を講じていく。外国人を雇い入れ欧米の事情を質し、留学生を欧米に派遣し将来の人材の確保に備え、加えてこれまで触れてきたように現役の役人からなる欧米使節団を数次にわたって送りこむ、などがこれである。この使節団や留学生を便宜的に移民と呼んだわけである。なお、留学生については紙幅の都合で割愛せざるを得なかった。

ところで近代化といっても、それは多様な概念・イメージ・内容を包含している。近代化を、産業化を一部として含む広範囲の概念としてとらえることもできるし、別の考え方では、産業化と並行して進んできたが領域を異にする概念ととらえることもできる。[17] ここでは前者の考えに立ち、近代化を次の四領域に区別する。第一は産業化の視点からとらえる「経済的近代化」である。この領域では、近代文明の技術的側面として人力・畜力に代わる蒸気や電力などのエネルギーの使用が、それに伴う経済的側面として自給自足経済から市場交換経済へ、さらに進んで資本主義的経済活動への移行が、それぞれ問題となる。第二は民主化の視点からとらえる「政治的近代化」である。これは、法と政治の両者を含み、前者では伝統的な法から近代的な法への移行が、後者では封建制から近代国民国家へ、すなわち、専制政治から民主主義への移行・誕生が問題となろう。そこでは人間の尊重や平等思想の浸透・流布・拡大が認められよう。第三は合理主義の実現としてとらえられる「文化的近代化」である。これは、神学的・形而上学的知識から合理主義的な精神の形成への移行の問題である。視点を変えれば、自民族中心主義から、異文化接触によって感情的衝撃や認知的不一致を経験することを通して文化相対主義的考え方への移行にたどり着く。意見の分かれる、反対・抵抗を受ける領域である。最後の第四は家族・親族・組織の近代化としての「社会的近代化」である。これは、全体社会の近代化から、社会内部の、すなわち、家庭内教育から学校教育・公教育への移行・普及、村落共同体に代わる近代都市の形成、各種機能集団の分化・組織化、女性の地位の向上などが問題となろう。これは最も抵抗を受けやすい領域であろう。身分制の問題や日々の慣習・因習など日常生活に深く関わってくるからである。なお、後三者は、近代の技術文明やそれから派生する市場交換経済・資本主義的経済活動の影響を大いに受けて、その結果として生じていることは多言を要しないであろう。

以上は理念型的に論じたものであるので、近代化に向けてスタートラインに着こうとしている、まさにその時期の日記から、以上のすべてを嗅ぎ取ることはできない。しかし、多くの者は、日本は西欧から多くを学ばねばならないという確信を日ごとに強め、これまで聞かされていたこと・書物を通して知っていたことを実際に観察・

確認することを通して、新たな知識・ノウハウをより深く吸収したに違いない。そうした思いで、各自は自分が見たこと・聞いたこと・感じたことを日記に記している。それはとりもなおさず、近代化に向けての思いの一端を結果として伝えている・運んでいる、ことに他ならない。顕在化せずに潜在的に留まっているものでも、やがて時間の経過のなかで、例えば、官衛工場の設立や富国強兵策のようにその後の日本の政治・経済制度に大なる影響を与える方向に顕在化していくものもあったと考える。

以下、理念型的に描かれた近代化の各領域を、具体的に日記に沿って整理しておこう。

経済的近代化—近代技術文明の象徴的存在である製鉄所や動力源、近代技術文明の産物としての構造物、たとえば、鉄橋、トンネル、港湾、テレグラーフ、船、街路の景観、さらには高層のホテルやそのホテル内に設置されている諸々の設備や装置、たとえば電話・エレベーター・水道施設などに魅せられたことが随所に記されている。これらは近代文明の生産技術の象徴として驚嘆の連続であり、多くの者が注目した。他方、経済的近代化の交換経済の側面としての物産展も見学はしたものの、この時期はまだ、通商への関心は高くなく、この方面の重要性はあまり伝えられていない。第一回の渡航では為替という概念をまだ持ち合わせていなかったので現金持参であったが、第二回時には為替を組んでいる。その他、注目されることとして、スエズ運河などの大規模工事での資金の調達法や株式組織などは、まったく考えの及ばない発想に基づく事業の展開の仕方で、これらには大いに面食うと同時に参考になったことであろう。以上を好悪の感情の点から言えば好意的な驚きであり、優劣の価値判断の点から言えば好都合・便利と好意的な判断と考えてよかろう。

政治的近代化—国事館・議事堂・軍隊・入札・広く言えば国体のあり方・政治の仕組みなどは、封建制度下での政治の仕組を当然と心得ている者には違和感があり、多くの疑問や不満を持ち、またいら立ちやあせりを感じながらもそれらをとにかく学びとろうとしたことであろう。「入札を以てデビュト（民衆名代の義）となし、しかもデビュトを選ぶのに貴賤貧富を論ぜず」と民主主義や平等主義が語られているくだりはその最たるものであろう。どれだけ認知・認識が深まったことであろうか。また、触れなかったが、万国博覧会に幕府と薩摩藩とが同時に国を代表して出品していることからすれば、一つの国としての統一性に欠ける点は否定できないところである。もっとも、意識の点では、日記では「皇国」という言葉が頻繁に使用されていることからすれば「日本国」がイメージされていたことは間違いなかろう。少なくとも当事者はそうであろう。しかし、指摘しておくべきは、この時期、「国家」という概念は意識されてはいても、「国民」「市民」という考え方・概念は認識されていなかったのではないか、ということである。こうした概念が明確に認識されておれば、日本のその後の展開は異なった歩みをしたことであろう。国家は誰のためにあるのかということが意識されるのは第二次大戦後まで待たねばならない。

社会的近代化―教育、とりわけ学校教育の大切さをまず第一に学ぶ。加えて博物館、美術館などの文化施設の重要性が認識され、帰国後その方面の専門家になった者もいる。これらの施設に加えて養盲院・養唖院など各種の社会施設にも魅せられ、人権の尊重を学び、この方面の立ち遅れを痛感、時には恥じ入った。女性の地位のあり方についても欧米とは大きな差異のあることを認識する。これは認識の不一致の最たることであったろう。特に女性の社会参加についてはそうであった。女性の社会参加・進出の始まりは、礼節の問題と絡めて村垣が嫌った、公の席に出ることによって始まるということが示唆されようか。これは文化・風俗の差異に帰せられる、人によって認識を大いに異にする問題であった。

文化的近代化―これは、異文化に接し、文化を相対化してとらえられるか、つまり、異文化を受け入れることができるか、それとも自民族の文化を絶対化し、それに固執するか、の問題である。二人の極端な例が観察された。村垣は自文化に固執し、玉虫は是々非々で異文化を受け入れている。その端的な例が食事である。もっとも、村垣も、風習は違えども世界の人は皆同じとも認識している。これは大事な感想で、今日でも通用する、重要な指摘である。また、欧米人と接するなかで、木村のように日本人としての自覚を強く持った人、日本の良さを思い知った人もいるが、これなども重要な教訓であろう。

最後に、訪れた地域や国のことに触れておこう。今日でも欧米人を一括して考える人がいるが、初めて欧米を視察し、国別に国民性の差異、国の歴史、国勢などが語られており、これも特筆に値する。これら外国の情報を収集することはまわりまわって日本国の理解につながるわけである。「シナが外国に攻められた」、「(ハワイでは)女子供も字が読める」等の記述は、論じる視点によって、日本の社会的近代化にも政治的近代化にも、また文化的近代化とも関連してくる。近代化の領域は相互に関連しているからである。いろんなことが頭をよぎったことであろう。

訪れた地域や国についての知識や情報が増えるにつれ、それら地域や国を比較する。このプロセスが、われわれの心の底流に潜んでいる西洋をモデルにという考え方と、意識的であれ、無意識的であれ、結びつき、アジア軽視を生んでいく。日本人の人種観・外国人観は、この時期から始まった、と言えようか。

結びに代えて

使節団は、見聞きし、驚嘆しつつも魅せられた近代技術文明についてのみならず、それら技術文明から派生した数々の物質文明を、さらには多種多様な施設を、それぞれ克明にメモし、日記に書き留めた。例えばその一つ養唖院では、こうした施設を設置しようという、人間尊重の精神に感動し、さらには施設内の装置や設備の状態、被収容者への細やかな配慮や気配り、そしてそこで働く職員の熱心な態度に感銘を受け、ひるがえってわが国の福祉の立ち遅れや人間関係のあり方、ひいては日本社会の身分制について思いをめぐらしたことであろう。彼らが伝えようとしたもの、日本に運んできたもの、それは、有形のものであれ、無形の思想や考え方であれ、いま述べたような内容を含んでいる。最後にメモ風にまとめよう。

真に理解・納得が得られたかどうかはともかく、異文化に接した時の感情的衝撃や認知的不一致を超越して、彼らが運んできた第一は、民主主義というものの考え方、およびそれから派生する選挙のしくみや身分制社会について、およびそれらの思想（人間尊重や平等主義）に基づいて運営されている各種の社会福祉施設や病院そして博物館・植物園などの文化施設であろう。使節団は多くの施設を訪れている。これらが社会的近代化、文化的近代化に資することを、彼らは彼らなりに、心に留めていたからに他ならない。

それらと関連して次に指摘すべきは、文化を相対化することの大切さを暗に伝えている、ということである。つまりは自民族中心主義か、文化相対主義かという文化観の差（村垣と玉虫）、またそれから派生する日本人の類型論（村垣と木村・玉虫）が指摘できよう。さらに「風習は違えども世界の人は皆同じ」という感想も重要なメッセージで、日本人としての自覚を持つことの大切さはこのメッセージに繋がっていると言えよう。また、技術文明の高低に関わりなく、国によって風俗や生活スタイルに差異のあることは、声を大にして伝えられるべきことである。女性の地位のあり方の差異もこの一環として認識されよう。

しかし、もっとも身近で喫緊の課題として強調されるべきは、経済的近代化がもたらす動力源の新規開発、それに伴う各種インフラストラクチュアの整備・普及であろう。それらが、経済活動を活性化させ、さらには社会的・文化的近代化に波及していくことを肌で感じたことであろう。

移民としての使節団一行は、現地に滞在中、また往路・復路の航海中、自分はどうあるべきか、日本人は何をしなければならないか等々について思いをめぐらし、自問を続けたことであろう。大きく言えば彼らは官僚集団であり、西洋での見聞や体験を通して、日本の近代化に向けて具体的なシナリオ作りにやがては奔走する任務を担わされる人たちである。彼らは、近代化をどちらかといえば内発的な改革や開発によるのではなく、外部の力を借りて外発的に達成しようと試みるわけで、この伝統は今日にも引き継がれている。と同時に彼らは外国を知ること、見ることを通して日本の良さを知る、日本を再認識する、さらに言えば日本にものを逆輸入するという行動や思考法も持ち合わせるべきことを学んだ、と考える。

［註］

（1）村垣淡路守範正『遣米使日記』中野、吉川、桑原編『世界ノンフィクション全集』一四、筑摩書房、一九六一年。村垣淡路守範正『遣米使日記』日本史籍協会編『遣外使節日記纂輯』一、東京大学出版会、一九七一年。

（2）福沢諭吉『福翁自伝』岩波書店、一九九一年、一〇七頁。なお、咸臨丸は第一回遣米使節団に随行した船の名である。

（3）梶田孝道『国際社会学』放送大学教育振興会、一九九五年、三三頁。

（4）第一回遣米使節団一行はポーハッタン号というアメリカ海軍の軍艦で渡航。

（5）赤松則良『赤松則良半生談』赤松範一編注、平凡社、一九七七年、八九頁。これは、後の木村が語ったものである。

（6）ドナルド・キーン著、金関壽夫訳『百代の過客』講談社、二〇一一年、三～一〇頁、キーン著、金関訳『百代の過客　続』講談社、二〇一二年、一二～一三頁。使節団等の渡航者およびその日記に関しては以下も参照している。林董『後は昔の記　他―林董回顧録』由井正臣校注、平凡社、一九七九年。石川栄吉『海を渡った侍たち―万延元年の遣米使節は何を見たか』読売新聞社、一九九七年。安藤優一郎『勝海舟と福沢諭吉』日本経済新聞社出版社、二〇一一年。

（7）玉虫左太夫『航米日録』『日本思想体系』六六、岩波書店、一九八一年。

（8）木村喜毅『奉使米利堅紀行』日本史籍協会編『遣外使節日記纂輯』二、東京大学出版会、一九七一年。

（9）福沢諭吉『西航記』『福沢諭吉全集』第一九巻、岩波書店、一九七一年。
（10）福沢諭吉『西航手帳』『福沢諭吉全集』第一九巻、岩波書店、一九七一年。
（11）赤松、前掲書、九四頁。
（12）福沢諭吉『福翁自伝』岩波書店、一九九一年、一一二頁。
（13）キーン、『百代の過客　続』、講談社、二〇一二年、六四頁。
（14）これは松沢弘陽による解説である。『福沢諭吉選集』第一巻、岩波書店、一九八〇年、二七七頁。
（15）福沢、前掲、『西航手帳』、七一頁。
（16）福沢、前掲書、八二頁。
（17）富永健一『社会構造と社会変動―近代化の理論』放送大学教育振興会、一九八七年、一六頁。

第８章
〈代表する身体〉は何を背負うか
——一九三二年のロサンゼルス・オリンピックと日本・米国・朝鮮の新聞報道

日比嘉高

1　闘争と平和のオリンピック

一九三二年の夏季オリンピックは、ロサンゼルスでの開催だった。戦前のオリンピック大会というと、一九三六年のベルリン大会への注目度が高い。「ナチ・オリンピック」とも別称される、スポーツと政治的プロパガンダと表象文化が高度に結びついたこの大会については、数多くの研究が蓄積されている。[1] しかしロサンゼルス・オリンピックもまた、ベルリンとは異なる意味において、そしてまたベルリンへと至る道を考える上においても、興味深い大会であった。

近代オリンピック通算一〇回目となったロサンゼルス大会に米国は力を入れたが、残念ながらそれは世界恐慌のなかでの開催となった。不況はヨーロッパからの選手派遣の減少に直結し、全参加選手は前回アムステルダム大会の半分以下となる一三三二人にとどまった。その一方、日本選手団の選手数は三倍以上となる一三一人だった。ロサンゼルスでの開催は、日本にとってそれ以前のアムステルダムやパリやアントワープとは違う意味、異なる条件を持っていた。

ロサンゼルスは、比較的近かったということが一つ。費用の観点から、これは当然好材料だった。最も近い西洋としての米国大西洋岸は、日本人移民の存在という近代日本の歴史とも結びついている。明治にはじまった米国への出稼ぎが、そのまま定住して在米日本人・日系移民となり、一九三〇年代にその最大のコミュニティを形成していたのが、ロサンゼルスだった。開催地に日系人がいるという環境は、日本選手団にとって大きな追い風になると期待されていたのである。[2]

水泳をはじめとした一部の競技では、日本人選手が世界レベルの成績を残せるということが明らかになりつつあり、国別対抗のスポーツ競技会に対する国家的関心が高まっていたことも大選手団派遣の理由となった。背景には、一九二〇年代におけるモダン文化としてのスポーツ人気の広がりがある。学校教育と結びついて発展してきた日本の多くの競技スポーツは、大正期を通じて新聞社などの大メディアのイベント創出と結びつき、種々の全国大会や、外国チームを招聘しての対抗戦などが開催され、大規模化していた。しかも、新聞社主導だったメディア・イベントは、ラジオというメディアの登場によって新しい局面を迎えつつあった。

学校教育および新聞雑誌メディアと連動したスポーツ文化の広がりは、後述するように、朝鮮半島や台湾等の植民地支配下の地域においても顕著になっている。一九三二年のロス五輪は、はじめて植民地出身の「日本」代表選手が登場した大会でもある。ロサンゼルス大会は、近代における帝国日本における人の移動と接触、そして文化的政治的なイベントの創出という点において、非常に興味深い位置にある。

本章は、オリンピックという国際的な巨大イベントに焦点を当て、その大きな渦の中に、異なった立場にあった人々やメディアがどのように巻き込まれたのか、そして同時に彼らがオリンピックというチャンスをどのように利用し、参与し、そして創ったのかを考える。もちろんこのもくろみはその全体像を考えるには規模が大きく、単独の論文で追えるものではない。したがってこの考察では、いくつかの切り口を組み合わせながら問題を構成する。

まずは、オリンピックという国際スポーツ大会が喚起した〈闘争と平和〉という理解の枠組みに着目する。オリンピックを迎える前、ある雑誌記事は次のように述べた。

> 奴偉い金を使ひ込んで人間同士が殺し合ふなんて莫迦らしい事をやらずに、この争闘心を満足させ発散させるのにスポーツといふ恰好なものがある。
>
> 各国から選り抜きの代表が集つて血を流さずに優劣を争ふ、そして勝利を決定する――こんな愉快な、簡単な、文明的な戦争はあるまい。(3)

近代オリンピックは〈平和〉をその理念として掲げていた。近代オリンピックの父といわれるクーベルタンは、オリンピックは近代においてもスポーツ自体に対する信仰を表現し、祖国を讃えるものであること、より高い目標に挑む高貴さと競争相手に対する相互扶助の精神、身体の訓練と精神的発達によって育まれる肉体と精神の調和、四年に一度の「城内平和」による非日常的空間の創出などを掲げていた。(4) このクーベルタンの理念がそもそもその内部に矛盾をはらんだ要素を含んでいることからもわかるように、「城内平和」が唱えられる一方で、選手たちは国の代表として国家を背負って戦い、その結果ナショナリズムが刺激されてしまう。オリンピックは〈平和〉を掲げながら〈闘争〉を許容する、あるいは〈平和〉の名のもとに〈闘争〉を可能にするという、イデオロギー装置であった。

そしてこの問題に、帝国の時代における人々の移動と、それが浮き彫りにする地域的な差異や、その際を跨ぐ横断性という視点を交差させる。〈闘争〉と〈平和〉の矛盾した共存は、その意味的枠組みが適用される文脈によってさまざまな対応物を喚起する。たとえばオリンピックで演じられた〈闘争〉は、ロサンゼルスの日系人の一部にとっては人種的な戦いの比喩となった。またたとえば朝鮮半島の一部の人にとっては、民族の威信を賭けた抵抗の方便ともなった。オリンピックが有していた〈闘争と平和〉という意味的枠組みは、一九三二年のある地域、ある人々のもつローカルな文脈において、さまざまな偏差をともないながら展開する。

そして最後に、ナショナリズムや、〈闘争と平和〉の図式や、ローカルな社会状況や、その他さまざまな社会的文化的文脈が、一人の競技するアスリートの身体を媒介にして循環するようすに注目しよう。それは数百万、数千万人の注目を一人が担うという〈代表する身体〉のめまいがするような負荷のありさまに目を向けることになる。資料としては、日本の国内紙、米国日系移民の日本語紙、朝鮮半島の朝鮮語紙のオリンピック関連報道を取り上げ、それらを対照して分析する。特定の地域の枠内で留まりがちな、移民研究や植民地研究へのささやかな問題提起になればということも考えている。

2　オリンピックと人種・民族

まずは、本章の考察を進める際の前提となる、一九三〇年代のスポーツ文化の特徴について簡単に整理しておこう。スポーツが大衆化し、同時にメディア・イベント化していったことは、いま日本の文脈に関連して触れたが、それは日本に固有の変化ではなかった。井上弘貴が整理したように、たとえば米国でも一九二〇年代の大衆文化と都市的生活の隆盛によって、スポーツは消費文化との結びつきを強くし、ベーブ・ルースなどのスポーツ・ヒーローが登場するようになる。それはプロ・スポーツの観戦が「日々の生活の労苦から一時的に逃避する」ことを可能にするスペクタクルとなっていくことと軌を一にしていた。(5)

また、大衆化と連動する重要なスポーツ文化の変化として、マイノリティのスポーツ参加の問題にも注目しておく必要がある。川島浩平は米国において一九三〇年代にスポーツ界の「人種」をめぐる変化が顕在化すると指摘する。(6)アスリートたちの多人種化・多民族化である。イギリスに起源をもつエリート主義的、白人優位主義的な思想とともに出発した近代スポーツは、大きな転機を迎えていた。背景には競技者の増加、競技の国際化、ナショナリズムに後押しされたナショナル・チームの強化指向があった。米国で言えば、黒人や先住民の競技者、女性選手の活躍が目立つようになっていく。

日本の競技界の状況も同じである。「甲子園」の前身である全国中等学校優勝野球大会においては、一九二一年の第七回大会から地方大会として朝鮮大会と満洲大会が加えられるようになり、それぞれ釜山商業と大連商業が本戦に出場している。(7)一九二三年の第九回大会においては、史上初となる朝鮮人選手のチーム、徽文高等普通学校が出場している。(8)

オリンピックへの派遣選手としては、ロサンゼルス・オリンピックにおいて史上初の植民地出身の競技者が「日本」代表として登場した。以下の四名、いずれも男性だった。権泰夏（クォン・テハ　一九〇六～一九七一、立命館中学、明治大学卒）は朝鮮忠清道の出身でマラソンに出場。(9)金恩培（キム・ウンベ　一九一三～一九八〇、朝鮮養正高等普通学校在学）は朝鮮京城（ソウル）出身のやはりマラソン選手。(10)黄乙秀（ファン・ウルス、京城高等普通学校卒、明治大学在学）は朝鮮出身のボクシング・ライト級選手。(11)張星賢（ちょう・せいけん　一九一

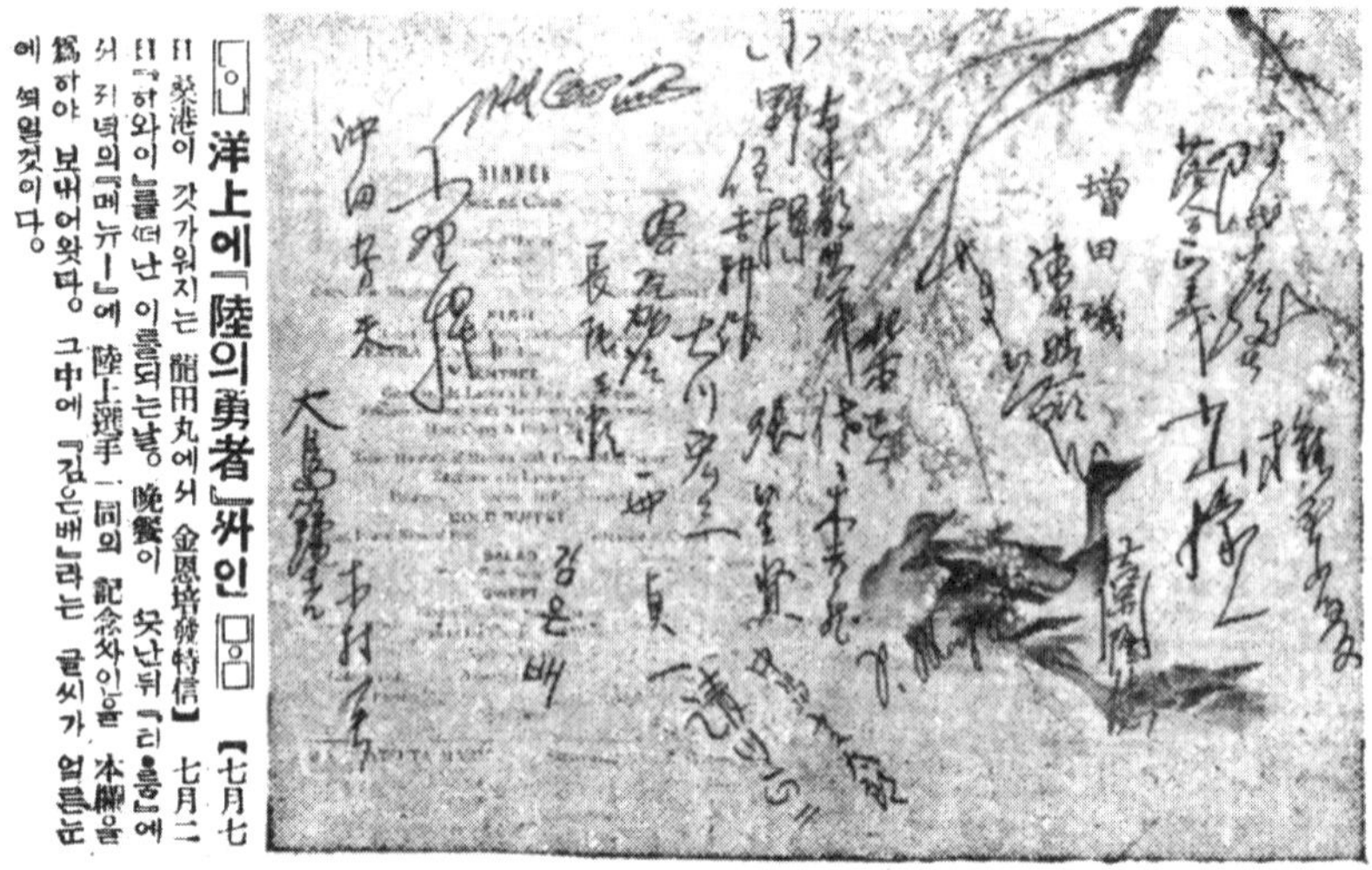

写真１　陸上選手たちの寄せ書き。権泰夏、金恩培、張星賢の名も見える。出典:『東亜日報』1932年7月27日

〇～一九八九、台中商業学校卒、早稲田大学在学）は台湾台中出身で、四〇〇m、四〇〇mハードルに出場した。[12]

朝鮮半島や台湾出身の朝鮮人・台湾人選手たちの登場は、その地域における競技レベルの向上を意味するわけだが、本研究の目的に関して言えば、そうした植民地出身の競技者の身体に、どのような眼差しが向けられ、何が付与されたのか、そして彼らが何を担ったのかが問題となる。その一端を確認する例として、植民地代表をめぐって起こった、ある事件を見てみよう。

ロサンゼルス・オリンピックのマラソン日本代表に選ばれた権泰夏、金恩培は、一九三二年六月一三日の夜、釜山から関釜連絡船に乗船し、明治神宮外苑合宿所に向かっていた。乗船後、権泰夏は、釜山水上署特高係の刑事三名に船中で暴行を受けた。態度が気に入らないというのが理由だったと報じられている。

この事件は、各地の新聞で報道されている。私が確認したのは『東京朝日新聞』『読売新聞』『羅府新報』『東亜日報』『毎日申報』の五紙である。『東京朝日新聞』（一九三二年六月一五日）は「オリムピック選手を殴打　上京途上船内で金、権両君に　水上署刑事が暴行」という見出しで、おおよその事件の概略を伝えている。『読売新聞』（同日夕刊）の記事「権選手に警官暴行　連絡船内で踏む蹴る殴る」では、「言語に絶した大暴行を働いた事件」という文言が入っており、非難する調子の記事となっているのが特徴である。

ロサンゼルスの日本語新聞『羅府新報』にも記事が載った（同日）。「警官に殴打されて鮮人選手傷つく　羅府大会に出場気遣はる、　マラソンの権泰夏君」と題した記事では、まず権泰夏のレース記録を紹介して、朝鮮人のマラソン代表選手だと確認している。この記事は本文中で二箇所だけ文字を大きくしているが、それは「羅府へ」という語と、「無礼な」という語である。朝鮮人に対する蔑視的なニュアンスを持つ「鮮人」という語をタイトルに用い、「無礼な」を大きくすることといい、『羅府新報』の記事は民族差別的な色を滲ませる。

朝鮮半島で刊行されていた民族系の朝鮮語紙『東亜日報』は、事件の概要と経過に加え、釜山水上警察署署長や船の事務長の談話も掲載して、詳細である。[13] 警官たちが酒を飲んでいたという補足もさらりと添えてある。また『東亜日報』は後日、権泰夏自身による証言も、彼の知人への手紙を掲載するかたちで報じている。事件の状況を権自身の筆で綴っていく文章は、何の落ち度もないのに殴られ続けたこと、相手が酒を飲んでいたこと、謝らせられたこと、オリンピック選手であることを考え自重したことなどをかなりの長文で描いており、読むものを憤激させたろうことが想像される。なお、朝鮮総督府系の新聞『毎日申報』には、関連する記事は見当たらない。

殴打事件は、事件が起こった夜の翌々日には日本内地とロサンゼルスで報じられており、朝鮮半島でもさらに翌日の一六日には報道された。植民地出身のオリンピック選手が殴打されるという事件は、それぞれの立場を反映しやすい敏感さをもっている。起こった出来事は一つだが、事件の語られ方はそれぞれの文脈の中で別の色彩を帯びるという例である。

3　日本内地の報道──スポーツ・イベントと国民統合

さてでは、オリンピック報道の分析に入ろう。最初は日本内地の新聞報道である。一九三二年のロサンゼルス・オリンピックと日本のメディアとの関わりについて言えば、メディアの種類の多様化とその連携、競合メディア間の競争がまず指摘できるだろう。すでに述べたように、野球や水泳、駅伝などの人気競技が牽引する形で、スポーツの大衆化と大会や競技会への大資本の参入が進んでいた。中でもオリンピックは世界中の競技者が国の威信を賭けて競う国際スポーツ大会として、またそのスポーツによる平和を掲げる理念の高さとも相まって、大きく注目されるようになっていく。浜田幸絵によればこの日本の傾向は、当時の世界的状況としても一足早いものであったという。

オリンピックが、マス・メディアとの結びつきを強めるのは、世界的には、一九三六年ベルリン大会である。しかし、日本の場合には、ロサンゼルス大会への選手団派遣に国家的意義が見出されていたこと、新聞界が産業的・技術的に成熟しオリンピックの取材・報道をめぐって激しく競争する状況にあったこと、ラジオのスポーツ中継が人気を博し国際的なスポーツ・イベントへの関心も高まっていたこと、ロサンゼルスからのオリンピック放送が実現したことなどを要因として、オリンピックのメディア・イベント化が一足先に到来したといえるだろう。(14)

浜田幸絵は別の論文でもオリンピック期間中の紙面に占めるオリンピック報道の割合を調査し、前回のアムステルダム大会よりも紙面の占有率が上昇していることを実証している。[15]
スポーツとマス・メディアの結びつきにおいて日本が先行していたという傍証の一つとなるのは、ロサンゼルス・オリンピックのラジオ放送に関する米国の大会当局の対応だろう。米国のオリンピック委員会はラジオ放送をすれば観衆が減るのではないかという恐れを抱き、これに放送権利金の問題がからんで、放送局との交渉が決裂しているのである。[16]当時のスポーツ関係者のマス・メディアについての考えは、米国においてさえこの程度だったということだろう。

一方で日本放送協会は、ロサンゼルス・オリンピックを国際実況放送しようと計画していた。当初、米国のNBCと交渉も上首尾に進んでおり、米国のガーランド委員長をはじめとする大会執行部や、日本の領事館の支持も受けていた。参加外国中、日本だけが実況放送を実現させる期待を持たれていたのであった。ところがこれが土壇場になって、前述のオリンピック委員会と米国の放送協会との争いに巻き込まれる形で、不首尾に終わった。この穴を埋めるために案出された苦肉の策が、「実感放送」だった。ロサンゼルス市内の放送局から、一日一回一時間（現地時間の午後七時から、日本時間で正午から）、競技の模様をアナウンサーが描写しながら放送したものである。[17]

もう一つ、報道の過熱ぶりを表す例を上げておけば、東西朝日新聞と東京日日・大阪毎日との速報争いがある。雑誌『改造』に掲載された記事「オリムピックと朝日、日日の新聞戦」から紹介しよう。[18]「今度のオリムピック報道戦で最も華々しかつたのは何といつても、両社の写真の空輸戦」（一四一頁）と言われるそれは、汽船によって米国から運ばれてきた写真を、港で待ち受けるのではなく、途中から飛行機で運んで数時間稼ごうというものだ。具体的には銚子沖などに汽船から投下してもらい、それを小舟で拾い、さらにそれを飛行機で引き揚げて運び、投下する。それを今度はオートバイが拾って新聞社に走るという、「如何にも活動写真にでもありさうなこと」（一四二頁）だった。[19]

「新聞戦」「空輸戦」という語に見られるように、オリンピックの有する〈闘争〉の構図が、それを伝える新聞報道のさまざまな言説に浸透していく。[20] 次に検討するのは、東西の『朝日新聞』が募集した、派遣選手の応援歌である。[21] この企画は「日本選手を勝たしむる道は全国民の力ある精神的支援でなければならない」と謳い、広く読者にオリンピック派遣選手の「応援歌」を募集したものであった。[22] 応募総数四万八六八一通から一等当選となったのは当時中学生の齋藤龍だった。当選作品は山田耕筰によって作曲され「走れ、大地を」と題してレコード販売された。その一番の歌詞を引用しよう。

走れ！　大地を
　力のかぎり
泳げ！　正々
　飛沫をあげて
君等の腕《かいな》は
　君等の脚は
我等が日本の
尊き　日本の
腕だ！　脚だ！

歌詞は、日本を代表して他国の選手たちと競うアスリートたちの身体を媒介にして、国民を結束させようとする。代表選手の「腕」や「脚」は、「我等が日本」の「腕」や「脚」となる。この一人の人間の身体に、数千万の人間の集合的な情動が背負わされてしまうという極端な非対称の中に、巨大なスポーツ・イベントの面白さと恐ろしさがある。オリンピック大会は、世界中の膨大な人々が注目し、多大な資本を投下して開催される。しかし、それはやはりなお、一人の人間が走り、泳ぎ、跳躍する、スポーツの競技であり続ける。〈代表の身体〉とは、そうした恐ろしいまでの負荷を担う身体である。

さて、〈代表の身体〉が担わされたのは、〈闘争〉だけではなかった。オリンピックの国際主義、平和主義の理念を掲げる論説も、やはりアスリートたちの競技する身体に注目していた。『東京朝日新聞』（一九三二年八月五日）の「オリムピツクと我国民性」を見てみる。

開始後五日間の大会の経過を見て、記者はそこに「日本の国民性」が「明白に現され」ているという。それはつまり「出場の選手も付添ひも、同胞観衆も報道に従事する同胞記者も斉しく同様に示す国家的自尊心の強烈極まること」だと述べる。「競技の勝敗を直に祖国の名誉不名誉と同一視し、その結果競技参加者も声援者も徹頭徹尾悲壮であり、厳粛であり、一選手は「これに優勝すれば死んでも好い」といふ決死の語を発するに至つてゐ」る。そしてこの覚悟こそ、「日本のスポーツが比較的僅少な期間に現在の水準現在の水準に達し得た」理由であるという。

興味深いのは、この論説がこのあと「しかし」と続けて反対の方向のことを述べる点である。「余りに度を超えた国民的争闘心は、わが日本を狭量な国民の感あらしめることが憂へられると同時に、スポーツに勝つためからいつても却て失ふ場合の多い」というように、過度の愛国心と競争意識は日本の対外的イメージを損なうこと、そして競技においても失敗の要因となることを指摘している。同様の方向性は、たとえば「派遣選手こそ現代の英雄だ！　オリムピックと世界平和　講演」という記事にも見て取れる。[23]大阪商科大学と東京帝国大学の学生が

「オリムピック大会出場選手こそ、世界平和を増進すべき現代の英雄」、「現代の世界の情勢に顧みて、来たるべき大会の使命が如何に重大であるか」を述べるラジオ講演の記事である。

オリンピックが外交上重要な意味を担っていたことは、日本政府だけでなく、大日本体育協会などのスポーツ関係者たちも承知していた。坂上康博はロサンゼルス・オリンピックが日本による中国大陸への軍事的侵略と、それによって惹起された国際的な緊張の只中で開催されていたことを指摘し、選手団の活躍がたんに競技上の勝利によってだけではなく、米国人による日本人選手への称賛、ひいては排日的な世論の緩和という外交的な成果によって評価されたことを明らかにしている。(24) もっとも、「ロス五輪における「スポーツ外交の勝利」は、国際的な世論に背を向けて中国侵略を続ける日本軍の一時的なカモフラージュとして利用されたにすぎ」(坂上、一九二頁)なかったわけであるが。

日中戦争から太平洋戦争へと進み、挙国的な総動員体制が進むこのあとの時代を考えれば、一九三二年にはまだこうした冷静な評論が可能であったことがわかる。逆に言えば、四年後のベルリン・オリンピックを経て、幻と終わった八年後の一九四〇年の東京オリンピックへと至る道筋とは、こうした批評的な言説がその居場所をなくしていく道程だともいえるだろう。

4 米国日系紙の報道――『羅府新報』は歓迎する

『羅府新報』は一九〇三年にロサンゼルスで創刊された日本語新聞であり、現在なお刊行が続けられている息の長い新聞である。第二次世界大戦前においては、日系人／在米日本人社会においてもっとも著名かつ有力な新聞の一つであった。

『羅府新報』から見た一九三二年のロサンゼルス・オリンピックとは、どのようなものだっただろうか。まずはなにより、太平洋岸の日系社会にとって稀に見る一大イベントだったと言わねばなるまい。『羅府新報』も八月の開幕に向かって多数の記事を連ねていく。とりわけ、日本からの派遣選手団が到着し始めてからは、その一挙手一投足を報じ、その抱負を伝える記事が多数掲載される。先の権泰夏殴打事件の報道に見られたように、東京発などの情報を流すことも少なくないが、選手到着後は当然地元ならではの記事が増える。

内地の新聞と比較すれば、『羅府新報』は迎える側の視点だったということが大きく異なる。内地の報道は、選手を送り出し、その太平洋の向こうでの活躍を伝えるという形になる。これに対し『羅府新報』は自分たちの街にやってきて、自分たちの地元で行われた大会を伝えるというスタンスになる。派遣選手の第一団がロサンゼルスに到着した七月九日の『羅府新報』一面では、「歓迎」の二文字がスタジアムの写真を背景に大きく躍る。記事では選手たちを迎えるロサンゼルスのサンペドロ港埠頭のようすを伝え、日本人町リトル・トーキョーを通るパレードを描写し、選手たちの感想や決意を伝えている。

紙面の構成で内地新聞と大きく違う点の二つめは、英文欄があったということである。ただ単に英語で伝えていたというだけではない。同じ『羅府新報』の日本語欄と比較すると、伝え方のニュアンスや着眼点が異なっていることがわかる。日本語欄は、基本的に米国に在住する日本人としての視点から、日本人に向けて書かれている。用いる語彙や、応援の姿勢、祖国日本との関係の示し方においても、その立場は明確である。

これに対し英文欄は、米国生まれの二世たちに向けて書かれているためと、情報のソースが米国の地元紙などから得ているためだろうか、祖国日本との結びつきは希薄である。そもそも紙面が少ないという制約もあるだろうが、オリンピック関連の記事の数も日本語欄ほどは目だたないし、インタビュー記事などもほとんど掲載されない。もちろん、日本人アスリートたちを応援する立場にはあり、彼らを紹介し、その結果を報じるが強い肩入れまでは感じない。

ただし、これは二世たちがオリンピックに無関心でありつづけたということを意味するわけではない。エリコ・ヤマモトが詳細に分析したように、ロサンゼルス・オリンピック大会は日系人／在米日本人にとって、日本人の優秀さを米国社会に示す絶好の機会となったのであり、とくに二世たちにとっては日系人であることの民族的な誇りを育てる画期となった。[25] 二世とオリンピックについては、田村俊子の短編小説「侮蔑」（『文藝春秋』一九三八年一二月）が、二世たちがオリンピックで活躍する日本人選手を見て祖国日本へのプライドに目覚める瞬間を描いている。[26]

さて、別稿ですでに考察しているが、『羅府新報』にはオリンピック関連の詩歌が数多く掲載されている。[27] 特徴的なのは、日の丸や日章旗を描く詩歌が目だつことである。ロサンゼルスの日系詩歌人たちの何人かは、実際にオリンピックの観戦に出かけていたようだ。万単位の観衆を収容するスタジアムに米国人をはじめ多数の国の観衆が集う中、日本人選手が勝利した際に揚がっていく日の丸を見て、彼らは強い感銘を受けている。藤井牛歩「感激の刹那」[28] はその瞬間を、「強い〳〵感激と／満場の拍手のうちに／紺碧の空、高く翻へる／お丶、我が日章旗／観よ、燦然と輝く／お丶、我が日の丸」（／は原文改行。以下同）とうたった。ナショナリズムへと人々を絡め取っていく、国別対抗競技会としてのオリンピックの力がここにも波及していると言えるだろう。

この考察が着目する〈闘争〉の語彙も現れる。富山青子は次のような短歌を残している。[29]

今更に思ほゆるかも外つ国にた丶かひ生くる闘士ぞわれらも

第一〇回オリンピック大会が開催された時代は、米国に生きる日系人／在米日本人にとってなお排日の時代であると同時に、祖国の中国大陸への進出の影響が出始めているときでもあった。米国の排日運動は、日本人移民を完全に不可能にした一九二四年のいわゆる排日移民法成立でピークを迎えるとされるが、日系に対する悪感情は一九三〇年代も引き続いていた。さらに日系人／在米日本人たちにとって悪いことには、一九三一年九月には日本の関東軍が柳条湖事件を起こし（満州事変）、三二年一月には上海事件のあと日本海軍陸戦隊が中国軍と上海で戦闘となり、国際連盟からリットン調査団が派遣されるにいたる。三月には満洲国の成立を宣言し、五月には五・一五事件で犬養毅首相が暗殺されている。国際社会の日本に向ける眼は、厳しさを増していた。

富山の短歌を、日系社会をとりまいた困難な状況抜きに読むことはできないだろう。彼女がどのような位置にあった女性なのか未詳だが、日系一世は一般に厳しい生活を送り、労働に明け暮れた。特に女性は賃金労働と家事労働の両者を担うことが多かった。オリンピックの日本代表選手たちが、米国の地で諸外国の代表選手たちと競っているシーンを目にして、彼女は「今更」ながら自分自身も、そして同胞たちもそうなのだ――この外国で、「たゝかひ生くる闘士」なのだ――と思い当たった。つまり、ここで起こっていることもやはり、オリンピックという国際スポーツ・イベントの枠組みが、それに参加した人々の生活の文脈に応じて、彼ら自身がその生活を解釈し、生きていくやり方に影響を与えているというありさまである。

このようにしてオリンピックは、〈闘争〉の構図は各々の文脈におけるさまざまな対立や争いをあぶり出す。日系人／在米日本人にとっては、異人種との対立だけではない。在米日本人と内地の日本人との間にも、疎隔があった。その疎隔が、オリンピックを機会にして噴出する。

在留同胞は永年白人の圧迫下にあつて祖国日本のため、働いて年々米国より、六百五十万弗送金している所謂良民だ。彼等は極端な愛国者に成つてゐる。彼等には一種の植民心理現象がただよつて居る。それで祖国日本の名士達が行つて彼等を慰め、奮闘を感謝して、激励したならば貧乏を質にしても祖国のために活動する。［…］所が、反対に彼等を軽蔑したら、蜂の巣をつついた様に怒り出す。大会当時の某氏の失言が同胞を極度に憤激せしめたのは資金募集には悪かつた。(30)

書き手は日本陸上競技聯盟の嘱託として在米委員をしていた吉川義三郎で、当時南カリフォルニア大学の学生だった人物である。吉川のいう「植民心理」に注目しよう。吉川がいうのは、移民たちは白人たちの圧迫を受けながらも祖国に送金をし、苦労をしてきた。その経験が彼らを「極端な愛国者」にしている。彼らの奮闘を評価すればさらに協力を惜しまないが、彼らをもしも軽蔑したならば、激怒するだろう、というものである。吉川が指摘するのは、在米日本人たちの祖国と内地日本人に対する入りくんだ感情である。祖国日本は彼らにとって愛の対象だが、それは異郷で受けつづけた傷に耐えるための足場という意味を担っている。そしてその苦しみを、日本にいる日本人たちは理解することはないし、しかも彼らは移民を一段下の存在としてみてさえいる。吉川は明確に書かないが、オリンピック開催に際して、ロサンゼルスの日系社会の間で募金があったようだ。その際、ある日本人の発言が、移民たちを怒らせたという事件があったらしい。ナショナリズムは海を渡るが、その形は祖国におけるそれと同一ではない。

5　朝鮮半島の民族系新聞の報道──『東亜日報』と「朝鮮青年の世界的進出」

『東亜日報』は一九二〇年に創刊されたハングル紙であり、民族意識がきわめて高いという編集上の特徴を持っていた。この論文で取り上げている第一〇回オリンピックの次の大会にあたるベルリン・オリンピックでは、マラソンで優勝した孫基禎について報道する際に、トレーニング・シャツの胸にあった日の丸を消した、いわゆる「日の丸抹消事件」を起こして当局から無期限発行停止を命じられたことでも著名である。

『東亜日報』は民族派として注目されることが多いが、日本の新聞社と同様に、一九二〇年代以降はスポーツ・イベントの創出にも積極的だった。一九一九年の三・一独立運動以降にあたるこの時期は、日本帝国の統治時代としては文化統治期にあたり、強圧的な施策よりも、懐柔的な馴致策がとられた時代だった。当時朝鮮半島で人気のあった女子軟式テニスを取り上げた南宮昤皓の研究によれば、先行したのは総督府系の京城日報社が後援した全鮮女学生庭球大会（第一回は一九二一年）だったが、民族系の東亜日報社もこれを追いかけ、一九二三年に第一回全朝鮮女子庭球大会を主催している。[31] 興味深いのは、東亜日報社は単にこの大会を主催しただけではなく、新聞紙面はもちろんのこと、ラジオや映画や雑誌などの他の媒体も動員して複合的なメディア・イベントとしてこれを創り出していたということである。

ただし、メディア企業が牽引する大規模スポーツ・イベントの時代という意味においては日本内地のそれと同じ軌跡をたどっているようだが、主催者や観衆が期待し、そして競技者が担わされていた意味は、大きく異なっていたことに注意しなければならない。

この時代、日本人のスポーツ団体と朝鮮人のスポーツ団体は別組織だった。学制の体系がことなり統治者である在朝鮮日本人たちの体育団体である朝鮮体育協会が一九一九年に結成され、これに対抗する形で民族色を強く押し出す朝鮮体育会が一九二〇年に結成されている。[32] ただ植民地の近代の問題が入り組んでいるのは、実際の朝鮮人競技者の指導に当たったのが、しばしば日本人だったということである。

ロサンゼルス・オリンピックのマラソン代表選手となった金恩培は朝鮮人たちの通う養正高等普通学校（日本人の中学校に当たる）の在学生だったが、その指導者は峰岸昌太郎という同校の日本人体育教師だった。峰岸は勤務校である養正高等普通学校を、内地の学校とも競った大阪神戸間中等学校駅伝で三年連続優勝させ、ロサンゼルス・オリンピックにおける金恩培、ベルリン・オリンピックにおける南昇龍を産み出した優れた指導者である。西尾達雄に詳細な研究があるが、峰岸は差別することなく朝鮮人学生を指導し、その能力を引き出して瞠目すべき成果を出した。それは朝鮮人たちに強い誇りを与え、峰岸への敬慕は強いものがあった——ただし西尾が注意喚起するところによれば、それは日本人支配の論理の外部に出るものではなかったということになるが。(33)

さて、朝鮮半島におけるスポーツ大会に話を戻せば、そもそも文化統治期に先行する武断統治期においては、日本人と朝鮮人の対抗試合が禁止されたり、優秀な朝鮮人選手を試合に出場させなかったりしたこともあった。(34)民族的な対抗意識が激しくなりすぎることを警戒した措置であろう。こうした経緯からすれば、文化統治期における大規模スポーツ大会とは、基本的には分断的に行われていた在朝鮮日本人のスポーツ組織・競技者と、朝鮮人のスポーツ組織・競技者とが、同じ競技ルールの中で顔を合わせ、闘う空間として現出するという意味合いをもつことになる。一九二〇年の朝鮮体育協会主催第一回陸上競技大会がその先駆けとなり、(35)冒頭述べたように一九二三年の第九回の全国中等学校野球大会に徽文高等普通学校が出場したりしている。そしてオリンピックは、朝鮮半島を出て、日本をも越えた先にある、世界的な舞台だったわけである。ソウルでトレーニングを積み、横浜を経由してロサンゼルスまで行った金恩培が走った道とは、このような道だったのだ。

金恩培はロサンゼルス・オリンピックの前年である一九三一年一〇月に朝鮮神宮競技大会で非公認ながら世界記録を出して注目を浴び、(36)翌一一月には明治神宮体育大会（のちの国民体育大会にあたる）で日本記録を突破する二位となってその実力を証明した。この時すでに『東亜日報』は「陸上競技界の寵児」と呼んでいた。(37)一九三二年五月二五日に行われたロサンゼルス・オリンピックに向けた予選大会で、朝鮮半島出身の権泰夏と金恩培が一位、二位を占めたことを踏まえ、『東亜日報』は「朝鮮青年の世界的躍進　権金両君の壮挙」という社説を載せた。

全日本の選手が一場に集まる大会で数千の選良を圧倒して、朝鮮青年が第一、第二着を全部独占したことが、もはや朝鮮青年の栄誉である上、世界の全選手が集合する世界オリンピック大会で朝鮮青年がその勇姿を示さんとするのは、すなわち権、金両君の栄誉であるのみならず、朝鮮民族の光栄だと言わざるをえない。過去幾世紀もの間、たとえ隠遁文弱の弊に陥り、民族的萎縮の運命に陥ったとしても、このような隠れた世界的選手がいたことは、実に朝鮮民族の血管に大陸的民族の血液が脈打っていたとしらせるものである。朝鮮の誇りであり、朝鮮の栄誉である。

一人のマラソン・ランナーの栄誉が、民族の栄誉と結びつけられていることがわかる。オリンピックの代表選手選考レースという、まさに「全日本」の「選良」たちが鎬《しのぎ》を削る場において、朝鮮の青年が第一位と二位を占めたのだから、その痛快さは想像するにあまりある。表現として興味深いのは「大陸的民族の血液」が、民族的優秀さの根拠として言及されていることである。この表現には、対蹠点として島嶼の民族である日本民族を想定して読むべきだと私は考えるが、どうだろうか。だとすればこの文章は婉曲的に、日本の統治、日本の論理からの離反を説くものだということになる。

金恩培は本番であるロサンゼルス・オリンピックで第六位、権泰夏は第九位、日本代表の残りの一人津田晴一郎は五位だった。第一着も期待されていた日本勢だったが、結果は予想に反して振るわなかった。しかし『東亜日報』は金恩培と権泰夏、とりわけ前者を大きく取り上げた。従前からの傾向だったが、立命館中学と明治大学を卒業している権よりも、現役の養正高等普通学校の学生であった金の方が話題性もあり、また保有している記録も優れていいたために、肩入れしやすかったのだろう。レース経過は詳細に報じられ、「朝鮮運動史上特書すべき栄誉」「朝鮮体育史上大収穫」などの惹句を添え、写真入りで大きく報道されている。[38]

アスリートが多民族化する方向は、世界的に共通する傾向だった。ベルリン・オリンピックを題材に制作されたリーフェンシュタール監督の映画（一九三八年）の題名にちなむ「民族の祭典」という語は、現在でもオリンピックを形容する際にしばしば登場する語だ。実際、世界の各国から容貌や姿形の異なる人種・民族が集う競技大会は、多人種・多民族の〈闘争と平和〉を可視化する格好の舞台であるだろう。ロサンゼルス・オリンピックのボクシング代表だった黄乙秀は、「オリンピック村から」という記事で、選手村（オリンピック・ビレッジ）を「世界人種の展覧会場」と形容していた。[39]

選手たちが戦った競技は、互いに共通していたが、しかし彼らが背負って立っていたものは、それぞれに異なっていた。同じロサンゼルスのマラソン・コースを走ったアスリートだが、金恩培が背負っていたものと、津田晴一郎が背負っていたものとは異なっていた。金や権は、胸に日章旗を付されたユニフォームに、どのような思いで腕を通しただろうか。半島の民族の誇りだろうか。帝国日本全体を担う気負いだろうか。それとも一人の競技者としての喜びと緊張だったろうか。

6　横断するメディアと人

さてここまで内地、ロサンゼルス、朝鮮半島という三つの地域に分けて検討を進めてきたが、実際の紙面をたどっていくと、単純な地域的分割ではうまくとらえられない出来事や横断的な動きも見えてくる。そうした例をいくつか確認しながら、結論を目指そう。

大会期間中、ロサンゼルスでは埠頭や会場、リトル・トーキョーにおいて膨大な量の日章旗が掲げられたようだが、それらのうち何割かは、実は内地のメディアが用意したものだった。『羅府新報』の報じるところによれば、大阪毎日新聞社が歓迎の旗を二万本送って寄越していたのである。(40) これはほんの一例であり、この時期の内地の新聞大手は、ロサンゼルスでもその力を誇示しようとしていた。選手たちを迎えるサンペドロ港埠頭では、朝日新聞社の企画制作した応援歌が「二千人の大合唱となつてロサンゼルス港に響き渡」っていたというし、(41) 大会の開会式では日本選手団が入場したあと、「スタヂアム南方より放たれた本社の軽気球が色とり〴〵の数百の風船を花束の如く浮せて「勝て日本！東京日日」の長旒［長い吹き流しのこと］をひいてスタヂアムとスレ〳〵に歩むが如く飛んで行く、やがてこんどは本社の飛行船が空の女王そのまゝに「勝て日本！大阪毎日」の尾を引いて悠々辺りを圧して飛ぶ」というありさまだった。(42)

内地メディアによる意図的な仕掛けだけではなく、予期せぬ形で情報が届いたという例もあった。「実感放送」は米国からの実況放送の代わりに事後的にアナウンサーが情報をまとめて語るもので、日本向けの放送として特別に編成されたものだったが、これを米国で聞いた聴取者がいた。「太平洋を往復した実感放送を聴く」と題した記事によれば、『羅府新報』の記者らしい書き手が、北海道検見川局の短波放送を受信し、聴いている。(43)

メディアだけではなく人の移動も越境的だったのはいうまでもない。『羅府新報』には、「南米秘露《ペルー》の在留邦人から選手激励」という記事も掲載されている。(44) 移民地のメディアたる『羅府新報』ならではの記事であり、日系人のネットワークが日本と当該地だけではなく、網状の横の広がりをもっていたことを物語る。

民族的なネットワークをもっていたのは日系人だけではない。『東亜日報』には、金恩培、権泰夏、黄乙秀ら半島出身の選手たちが「同胞」に歓待されているようすがしばしば掲載される。金がサンフランシスコに着く前の船中から出した手紙を掲載した記事では、(45)「荷蛙伊《ハワイ》　韓人　基督教会」の人々などの名前が見える。また日時、

写真２　「在米朝鮮同胞主催オリンピック選手歓迎会」のようす。『東亜日報』1932 年 10 月 1 日より。

場所は不明だが代表選手たちが滞在中に、ロサンゼルス在住の「在留朝鮮同胞」たちが「在米朝鮮同胞主催オリンピック選手歓迎会」を開いていたことも確認できる（写真２）。[46] 記事には「中国代表」として「中基俊夫妻」「金安息」という人物たちの名が記されているのも気にかかる。名前は朝鮮系に見えるが中国人もしくは中国コミュニティの内部にいた朝鮮人だろうか。日本の支配下にあった朝鮮半島を離れ、米国の街において朝鮮半島出身者がどのようなネットワークを持っていたのか、それが日系や中国系といかなる連携と緊張の関係にあったのかは、今後の課題にせねばならない。

なお権泰夏はオリンピック終了後、ロサンゼルスに残り、南カリフォルニア大学に入学している。[47] 第二次世界大戦後には韓国の陸上界を担っていく一人となる彼の経歴は、このオリンピックを機にさらに遠くへ一歩を踏み出そうとしていた。

7　まとめ——代表の栄光、代表の恐怖

オリンピックという巨大なスポーツ・イベントは、その国際性によって、時代の横顔を広汎に照らし出す。この考察が及んだのはそのわずかな一部にしかすぎないが、得られた知見を最後に整理して

みよう。

日本からの派遣選手団を基軸に、日本と米国と朝鮮半島のようすを横断的に見渡してみれば、参加各国に共通して及んでいた大きな規模の変化と、ある地域に固有の状況というスケールの異なる動きが併存しており、それが連動していたことがうかがい知られる。たとえば、オリンピックは大規模化するメディア資本との結びつきを強めつつあった。その戦前における頂点はベルリン・オリンピックであるわけだが、ロサンゼルス大会ではその先駆的な形が現れていた。

新聞や雑誌という旧来型のメディアは、日本国内で野球大会や駅伝大会を主催したり、明治神宮体育大会のような国家的競技会の報道の経験を積んだりすることによって、人々のスポーツへの関心を、より大規模な国家的関心の方向付けへと振り向ける方策を学んでいた。比較的新しい映画や、登場したばかりのラジオといった新しいメディアも、それぞれの特性を生かしてこの方向に加わっていた。ただし、ラジオに関してはその力が充分に認知されていたとは言いがたく、ロサンゼルス・オリンピックの放送は、米国においてはうまく実現せず、日本もその影響を受けて「実感放送」という特異なあり方で成果を上げることになった。

スポーツ文化に関して言えば、一九二〇年代から多人種化・多民族化の傾向が続いていた。一九世紀には白人の上層階級の文化であったスポーツは、大衆化してその人口と参加階層を増大させ、同時に女性やマイノリティ、植民地出身者など、これまで門戸が十分に開放されていなかった人々にも参加の機会が与えられるようになる。白人男性の競技会だったオリンピックは徐々に姿を変え、世界規模の「民族の祭典」へと変容していく。

ただし日本内地の新聞、ロサンゼルスの日系新聞、朝鮮半島の民族系新聞の三つを検討したことで浮かび上がったように、上述のような大規模な変動の渦中にあったことと同時に、それぞれの社会的、地域的な状況に応じた、個別のローカルな課題や現象が出現する。日本の内地でいえば、それは日中戦争へと向かう国民的な動員の動きとの共振であろう。オリンピック派遣選手応援歌の募集企画が、実は上海事変で死んだ兵士を讃える爆弾三勇士の歌募集の焼き直しであったという事実はそのわかりやすい例だろう。(48) ロサンゼルスの日系社会にとってはマイノリティとして米国社会で生きることと、故国日本との距離感の中で、自らのアイデンティティを問い直す契機となった。朝鮮半島の人々にとっては、スポーツという血を流さず、しかし明白な結果の残る闘争の場において日本人を打ち負かし、世界中に自民族の優秀さを提示する絶好のチャンスだった。

本章はこうしたグローバルな動向とローカルな状況とを同時に視野に入れるために、オリンピックという場、〈闘争と平和〉の構図、人々の移動、選手の身体といった観点を用意した。同じ競技場、同じルールにのっとって、別の国、別の人種・民族の選手たちが、同時に競うというオリンピックという装置は、とりわけ一九二〇年代、三〇年代という帝国主義国家の角突の時代にはさまざまな意味が積載される場となる。クーベルタンが掲げた「城内平和」の理念は、ナショナリズムを背景にした代替的戦争という現実と同居しつづける。そして、たった一人のアスリートの競技する身体が、オリンピックが抱え込む過積載気味の意味と期待とを担うという、恐ろしいまでの落差こそが、〈代表のスポーツ〉の栄光であり興奮であり恐怖であろう。

あらためて確認すれば、「代表する represent」には「表象する」こと、「上演すること」の意味があった。〈代表する身体〉への注目は、その時代のそれぞれの舞台で、何が表現され、何が演じられるかに目を凝らすということになる。すなわちオリンピックとは、グローバルな舞台とローカルな舞台とが軋みあいながら統合される、巨大な競技場だといえようか。

[註]

(1) たとえばデイヴィッド・クレイ・ラージ『ベルリン・オリンピック一九三六――ナチの競技』白水社、二〇〇八年。日本との関係に関しては、中村哲夫「ナチス・オリンピックと日本―近代日本オリンピック史の一断面」（『三重大学教育学部研究紀要』第四五巻、一九九四年）などがある。

（２）Eriko Yamamoto "Cheers for Japanese Athletes: The 1932 Los Angeles Olympics and the Japanese American Community." *The Pacific Historical Review* 69, no. 3 (2000): 399-430.

（３）小高吉三郎「第十回オリムピックに活躍する日本選手」『改造』第一三巻九号、一九三一年、一五三頁。

（４）近代オリンピックの理念とその矛盾に関しては、川本信正「オリンピックとインターナショナリズム」（『スポーツナショナリズム』大修館書店、一九七八年）、および武重雅文「近代オリンピックの宿命―マス・デモクラシーとオリンピック」（亀山佳明編『スポーツの社会学』世界思想社、一九九〇年）を参照。

（５）井上弘貴「アメリカン・イメージの構築―'32ロサンゼルス大会の前史とアメリカニズムの変容・持続」『オリンピック・スタディーズ―複数の経験・複数の政治』せりか書房、二〇〇四年。

（６）川島浩平『人種とスポーツ―黒人は本当に「速く」「強い」のか』中央公論新社、二〇一二年。

（７）『東京朝日新聞』夕刊、一九二一年八月一〇日。

（８）「朝鮮選手出発す」『東京朝日新聞』一九二三年八月一二日。一七日に行われた対大連商業との試合結果を見ると、メンバーリストの名前をみる限り大連商業のチームはすべて日系の選手であるのに対し、徽文高普の選手はすべて朝鮮系である。なお試合は九対四で徽文高普が勝利した。

（９）「オリムピック派遣　陸上代表決定す」『東京朝日新聞』一九三二年五月三〇日。

（10）同前。

（11）「拳闘選手を最後に、我代表の全陣容成る」『東京朝日新聞』一九三二年六月二〇日。

（12）「オリムピック派遣　陸上代表決定す」『東京朝日新聞』一九三二年五月三〇日。以上四選手については他に東原文郎「１９１２年～２００８年夏季オリンピック日本代表選手団に関する資料―所属組織と最終学歴を中心に」（『スポーツ科学研究』第一〇号、二〇一三年）

を参考にしている。

(13)「権泰夏選手　船中で打たる」『東亜日報』一九三二年六月一六日。

(14) 浜田幸絵「戦前日本のオリンピック―コミュニケーションの政治経済学的観点から」『コミュニケーション科学』三二号、二〇一〇年、一五二頁。

(15)『東京朝日新聞』が六・五二%、『東京日日新聞』が六・三二%、『読売新聞』が八・二一%だった。これに対して前回アムステルダム大会は『東京朝日新聞』で五・一一%だったという。浜田幸絵「1932年ロサンゼルス・オリンピックのメディア表象」『マス・コミュニケーション研究』七九号、二〇一一年。

(16) 頼母木眞六「オリムピツク放送を語る」『調査時報』一九三二年八月一五日。

(17) 実感放送については以下。頼母木眞六「オリムピツク放送を語る」『調査時報』一九三二年八月一五日。「オリムピツクの放送」『ラヂオ年鑑　昭和八年版』一九三三年。山口誠「メディアが創る時間―新聞と放送の参照関係と時間意識に関するメディア史的考察」『マス・コミュニケーション研究』第七三号、二〇〇八年。

(18) 山田武彦「オリムピックと朝日、日日の新聞戦」『改造』一九三二年一〇月。

(19) なお、平沼亮三『スポーツ生活六十年』(慶応出版社、一九四三年)には米国から帰国する際に、汽船から写真を投下する側に回ったエピソードがある。

(20) 浜田(前掲論文、二〇一一年)も、この時期のオリンピック報道には、戦争のメタファーが多く使用されることを指摘している。

(21) これについては日比「詩がスポーツをうたうとき―1932年のロサンゼルス・オリンピックの場合」(『跨境　日本語文学研究』第二号、二〇一五年)を参照。

(22)『東京朝日新聞』一九三二年四月一七日。

(23)『東京朝日新聞』一九三二年六月八日。

(24) 坂上康博『権力装置としてのスポーツ―帝国日本の国家戦略』講談社、一九九八年、第六章。

(25) Yamamoto. "Cheers for Japanese Athletes."
(26) これについては別稿の日比「国際スポーツ・イベントによる主体化─一九三二年のロサンゼルス・オリンピックと田村（佐藤）俊子「侮蔑」」（『名古屋大学文学部研究論集　文学篇』六二号、二〇一六年）がある。
(27) 日比、前掲論文、二〇一五年、参照。
(28) 『羅府新報』一九三二年八月一一日。
(29) 富山青子「日の丸の旗─オリムピックスタジアムにて」『羅府新報』一九三二年八月一八日。
(30) 在米委員 吉川義三郎「羅府に於ける大会前の準備と寄附募集」日本陸上競技聯盟編『第十回　オリムピック大会報告』三省堂、一九三四年、三三一頁。
(31) 南宮昤皓「日本統治期朝鮮における東亜日報社主催女子庭球大会（１９２３〜１９３９）に関する研究─大会創設の経緯、概要及び報道の役割を中心にして」『スポーツ史研究』一三号、二〇〇〇年。『京城日報』とスポーツに関する研究としては、森津千尋「植民地下朝鮮におけるスポーツとメディア─『京城日報』の言説分析を中心に」『スポーツ社会学研究』（第一九巻第一号、二〇一一年）がある。
(32) 鄭光植「日本植民地期朝鮮における民族派スポーツ統轄団体「朝鮮体育会」に関する研究」『体育史研究』第二五号、二〇〇八年。
(33) 西尾達雄「養正高等普通学校体育教師峰岸昌太郎について」『北海道大学大学院教育学研究院紀要』第一〇四号、二〇〇八年。西尾達雄「朝鮮体育協会と峰岸昌太郎」『北海道大学大学院教育学研究院紀要』第一一〇号、二〇一〇年。
(34) 西尾、前掲論文、二〇一〇年、八七頁。
(35) 西尾、前掲論文、二〇一〇年、八八頁。
(36) 「金恩培（養正）君マラソンで世界公認記録突破」『東亜日報』一九三一年一〇月二〇日。以下、『東亜日報』からの引用は、タイトルも含めてすべて拙訳による。
(37) 「今夕帰京した金恩培」『東亜日報』一九三二年一一月七日。
(38) 「世界オリンピックマラソン！　金恩培君堂堂入賞」および「オリンピックマラソン経過」『東亜日報』一九三二年八月九日。

(39)「オリンピック村から 9」『東亜日報』一九三二年九月三日。
(40)「オリムピック選手　歓迎旗二万本　大毎支局から寄贈」『羅府新報』一九三二年年七月八日。
(41)『東京朝日新聞』一九三二年七月一一日。
(42)「母国選手の行進に　邦人観衆熱狂の万歳」『東京日日新聞』一九三二年八月一日。
(43)『羅府新報』一九三二年八月一〇日。
(44)『羅府新報』一九三二年七月一五日。
(45)金恩培「ハワイ同胞の感懐深き歓迎熱」『東亜日報』一九三二年七月二六日。
(46)「在米朝鮮同胞主催　オリンピック選手歓迎会」『東亜日報』一九三二年一〇月一日。
(47)「権君一人留つて南大に入学」『羅府新報』一九三二年八月一八日。
(48)日比、前掲論文、二〇一五年、参照。

第９章

移民船のメディア／メディアとしての移民船

――一九三〇年代ブラジル移民船を事例に

根川幸男

はじめに

移民船は、そもそも「移民運送船」の略であり、移民という労働力を運ぶ船である。[1] ただ、移民船は移民労働者を運んだだけでなく、彼らのもつ文化や世界観の運び手でもあった。戦前期の日本からブラジルへの航海は、ハワイ、北米への航海と異なり、三六日から七〇日をこえる日数を要し、近代日本人が経験した史上最長の航路であった。[2] この間、赤道祭や運動会などさまざまな娯楽やサービス、スペイン語・ポルトガル語教室や子ども移民向けの小学校などの教育・文化活動が実施され、移民船客たちによって文明化の道具《ツール》である新聞も発行されていた。こうした移民船をめぐる研究は、移民の送出先と受入れ先という陸地を対象としてきた従来の移民研究に対して、洋上という移動空間における人びとやもろもろの出来事の研究の可能性を示唆しているのである。

本章では、近代日本の移民船に関わる先行研究を整理した上で、移民船の性格や実態を伝えるメディアとして、戦前の大阪商船株式会社の広報誌『海』と移民船内で発行されていた船内新聞について紹介する。次に、それらの記述や掲載写真を通じて、移民船そのものの性格を一種のメディアとして捉えることを試みる。特に、戦前期海外移民の全盛時代であった一九三〇年代の日本発ブラジル行き移民船に焦点化し、日本とブラジルの双方へ向けて発信されるメディアとしての移民船の役割を、『海』のグラビアページと船内新聞、そしてブラジル日本語新聞の記事を手がかりに読み取っていく。

具体的には、ブラジル行き移民船客の世界学習、ブラジルと日本の小学生の移民船訪問、見本市船としての移民船の日本・ブラジル文化外交の三つの事例の検討を通じて、多彩なメディアとしての移民船の性格と歴史的意味を明らかにしていきたい。

1　先行研究と移民船のメディア

日本近代史における移民船の研究は、移民たちの船内生活や活動に関するものもふくめて空白領域が多い。それは、戦前期海外移民の全盛時代であった一九三〇年代の日本発ブラジル行き移民船についても同様である。

日本の移民船全般についての研究として、まず山田廸生『船にみる日本人移民史―笠戸丸からクルーズ客船へ』（中央公論社、一九九八年）をあげることができる。同書は、明治初年から戦後に続く日本人海外移民史を移民船から捉え直す試みであり、単身の出稼ぎ移民から家族移民、国策移民へと移民の性格が変化する中で、「人間を運ぶ貨物船」と言われた移民船が近代的な貨客船、現代のクルーズ客船へと発展していく過程をさまざまなエピソードをまじえながら描いた好著である。移民の船内生活、特に船内小学校など移民船の教育・文化的役割についても紹介し、移民船研究の多くの可能性を示している。次に、ブラジル行き移民船について特化した著作としては、ヨースケ・タナカ『戦前移民航海物語り』（サンパウロ人文科学研究所、二〇一〇年）があり、山田前掲書（一九九八年）からの引用も多いが、移民船客名簿や移民たちの座談会記録、邦字新聞記事を史料にさまざまなブラジル移民船をめぐるエピソードを紹介している。特に、移民に恐れられた感染症と移民船内での発症例や死亡に至った例について多くのページを費やしている。また、日本人移民だけでなく、ロシア移民で画家のラザール・セガールの移民船体験にも触れるなど、ブラジル側の視点から見た数少ないまとまった研究といえる。

南米・ブラジル行き移民船については、これらに先行して、赤坂忠次「日本―南米東岸航路移住者輸送史」（『移住研究』№一〇号、一九七四年、五五～八四頁）が、船内設備や船内食の献立、催し物日程、渡航補助金などについて調査し、黒田公男「南米移民船の事故・事件簿―トラホーム、コレラ、爆発、戦禍」（『移住研究』№三一号、一九九四年、一～一七頁）が移民船をめぐって起こった事故・事件などを取り上げて、移民船客たちと航海の実態を明らかにしようとしている。さらに、眞崎睦子「ブラジル移民への栞―横浜・神戸・船上の移民教育」（『言語の接触と混交―日系ブラジル人の言語の諸相』大阪大学21世紀COEプログラム「インターフェイスの人文学」―大阪大学大学院文学研究科・人間科学研究科・言語文化研究科二〇〇二・二〇〇三年度報告書』、二〇〇三年、一一〇～一二三頁）は、横浜や神戸などの港町とともに、移民船を「ブラジルに渡った方々の故郷でもなければ、彼らの新天地であったブラジルでもない、中間的な空間」として捉えている。そして、それらが「彼らが移民教育・異文化教育を受けた「場」」であるとして、移民たちに配布された「栞」を紹介し、その内容を分析している。しかし、同論文の大部分は日本移民協会横浜講習所など陸地に設けられた施設の渡航前教育の紹介に当てられており、移民船内の教育に関わる記述はごくわずかである。これに対して、移民船内の教育については、根川幸男

「海を渡った日本の教育第一四回 洋上小学校」(『ディスカバーニッケイ』全米日系人博物館、二〇一〇年、http://www.discovernikkei.org/en/journal/2010/12/14/nihon-no-kyouiku/)が、戦前の大阪商船らぷらた丸などの船内小学校の事例を紹介し、日本の尋常小学校から船内小学校を経て日系植民地の小学校まで一貫した体制が存在した可能性を指摘している。

ブラジル行き第一回移民船である笠戸丸については、宇佐美昇三『笠戸丸から見た日本―したたかに生きた船の物語』(海文堂、二〇〇七年)がある。笠戸丸の数奇な運命をたどった労作であり、イギリスで「ポトシ」という船名で製造され、ロシアの義勇艦隊所属船から日本の移民船、ニシン漁の母船へと変化していく、一つの船の一生を日本の近代史と合わせて克明に描いている。移民船としてだけでなく、近代船舶の誕生と運用のプロセスを史料的にたどっていく方法の面でも、参考になる研究書である。

根川幸男「「移民船」の基礎的研究」(森本豊富編著『早稲田大学人間総合研究センター研究プロジェクト「人のトランスナショナルな移動と文化変容に関する研究」調査報告書』早稲田大学人間科学学術院、二〇一三年、二五~三九頁)は、以上のような研究を総括し、現存の移民船関係の史資料を整理している。すなわち、移民船関係の基礎的な史資料を大きく、①紙・モノ媒体資料、②ヒト媒体資料(記憶・体験談・語り)、③データベースの三つに分けて整理・紹介している。そのなかで、移民船を「日本からブラジルなど、送出国から受入国へトランスナショナルに移動する人びとを運送する船舶であり、異文化体験・異文化間教育の空間を提供する文化化のエージェント」として捉え、今後の移民船をめぐる研究課題をまとめている。「文化化のエージェント」であるということは、移民船が文化化のための一種のメディア(=媒介者)としての役割を担うということを意味する。いずれにしても、移民船研究は日本近代史研究のなかでも大きな未開拓領域といえる。ましてや、一九三〇年代海外移民全盛期の日本発ブラジル行き移民船のメディアとしての役割については、管見の限りでは学術的に研究された形跡が見当たらない。

日本のブラジル行き移民送出は、一九〇八年に始まるが、一九二四年の帝国経済会議における「海外移植民ノ保護奨励ニ関スル方策」が示すように、二〇年代半ばに国策化した。それは、同年七月にアメリカで「排日移民法」が成立し、北米への移民送出が絶望視されたことと表裏をなすものであった。そして、次の「年表　ブラジル行き移民船関係史」に整理したように、一九二五年一二月〜一九二六年八月における日本初の本格的移民船さんとす丸級の竣工と南米航路就航、一九二七年三月の海外移住組合法成立、一九二八年三月の国立神戸移民収容所（一九三二年「神戸移住教養所」と改称）設立と、ブラジル行きを中心とする海外移民の国策化が進められた。

こうした時期のブラジル行き移民、特に渡航前と移民船内の彼等の心情や生活を赤裸々に描いた石川達三の『蒼氓』(4)が、一九三五年八月に第一回芥川賞を受賞している。同作品は、一九三〇年に石川が移民輸送監督助手として移民船らぷらた丸に乗り込みブラジルに渡航した経験にもとづく。(5)移民船小説ともいえる『蒼氓』が芥川賞を受賞するということは、移民船に乗ってブラジルに行くという行為自体が当時の日本人に一種の国民的体験として捉えられたことを示している。

年表　ブラジル行き移民船関係史

一九〇八年五月　ブラジル行き第一回移民船笠戸丸神戸出港
一九二〇年一〇月　西回り南米航路、命令航路指定
一九二四年五月　帝国経済会議において「海外移植民ノ保護奨励ニ関スル方策」答申（移民国策化）
一九二四年七月　アメリカで「排日移民法」成立、『海』発行開始
一九二五年一二月〜一九二六年八月　さんとす丸級移民船竣工・南米航路就航
一九二七年三月　海外移住組合法成立
一九二八年三月　国立神戸移民収容所（一九三二年「神戸移住教養所」と改称）設立

一九三〇年三月　石川達三、らぷらた丸移民輸送監督助手としてブラジル渡航
一九三五年八月　石川達三『蒼氓』で第一回芥川賞受賞
一九四一年八月　戦前最後の移民船ぶゑのすあいれす丸サントス入港

こうしたブラジル行き移民船についてのメディアとして、本章が主として依拠する史料は、戦前の大阪商船株式会社の広報誌『海』と各移民船で発行された船内新聞である。前者は、ブラジル行き移民が国策化された一九二四年の七月に創刊され、一九四三年八月までに一四三冊が発行された。主な記事内容は、大阪商船株式会社が運営する内外の航路の時刻表や寄港地の紹介、海や船に関する情報やエッセーである。巻頭に四～一〇頁ほどのグラビアページがあり、しばしば海外のめずらしい風景や風俗、人びとを紹介しており、当時の日本人の世界に関する知識や情報について知るための好史料である。また、船内新聞は、移民船内において、船客の新聞編集班が編集発行したコミュニティ新聞である。手製・謄写版刷りながら、移民みずからが船内生活や文芸作品、人物紹介などを記したもので、船内環境と移民の実態を知るためにきわめて貴重な史料である。戦前から戦後まで発行されていたにもかかわらず、残存しているものは多くはない。商船三井社史資料室に、「らぷらたタイムス」（一九三五年）、「らぷらた新聞」（一九三六年）、「らぷらた日日」（一九三八年）、「リオ丸新聞」（一九三九年）など一九三〇年代の大阪商船の移民船で発行

リオ丸新聞

写真1　リオ丸新聞創刊号（1939年）

された七紙が所蔵されており、本章でもこれらを参照した。

２　学習メディアとしての移民船

海外移民を国策化するということは、ごくふつうの日本人を「一等国民」として外国に送り出すということでもある。小説『蒼氓』に描かれたように、一九三〇年代にしてなお移民の多くは地方の農村出身者であり、西洋的な生活様式になじんでおらず、「一等国民」のイメージとは程遠かった。したがって、当局はこうした日本人をブラジルに送出するに当って、「一等国民」として教育しなおさなければならなかった。その教育空間として目されたのが、移民たちの故郷（日本）と異郷（ブラジル）の間に位置し、二ヶ月前後の隔離生活を送る移民船内の空間だったのである。一九二〇年代後半頃から、移民船内では、船内学校や洋裁教室、洋装の励行、ダンスの講習など、教育活動が顕著になってくる。政府の海外移民国策化に対応するものであると考えられる。

こうした上からの教育以外に(6)、移民船客たちは、移民監督・船員・再渡航者からの伝聞、船内新聞、寄港地での実見聞によって、自らを取り巻き変化していく世界を主体的に学習しようとする傾向が見られた。また、温帯から熱帯の自然・気候と世界の寄港地の風俗や文化、外国人船客・現地人との接触によって異文化体験をし、自らの世界観を修正し再構築していく様子が見られる。こうした意味で、移民船はトランスナショナルで重層的な間文化的空間であり、日本人が世界学習を行う教育的役割を担った。「メディア」を「情報を人々に伝える機関や事業、システム」(7)（株式会社インセプト）とするなら、移民船は、人びとに世界各地の風景を見せ、船客に情報を与えるという意味で一種の媒介《メディア》としての性格をそなえていたといえるのである。次にそうしたメディアとしての移民船の具体例を、日本人移民船客の世界学習とブラジル二世の日本学習に即して見ていきたい。

（1）日本人移民船客の世界学習

移民たちは、移民船体験によって世界や異文化をどのように捉えたのだろうか。次の記事は、ディーゼル主機を備えた日本初の本格的移民船さんとす丸に乗船した船客のサントス到着時に記された絵葉書の文面である。

いよいよ待望の日が参りました。世界三大洋を征服して、無事サントス港に着きました。（大阪商船さんとす丸絵葉書の文面、年代日付不明、ブラジル日本移民史料館蔵）

この文面には、太平洋、インド洋、大西洋を乗り切り、はるばるブラジルへやって来た興奮と感動が表されている。「世界三大洋を征服して…」という無邪気で大げさな表現に、長途の航海に耐え、「一等国民」としてブラジルにやって来た日本人としての気概や開拓者としての誇りが読み取れないだろうか。そして、こうした移民の自己規定は、温帯から熱帯の自然・気候と世界の寄港地の風俗や文化、外国人船客・現地人との接触によって異文化体験をし、自らの世界観を修正し再構築していくことによって強化されたのであろう。

では、一九三〇年代のブラジル行き移民船客は、実際にどのような風景や人びとを実見聞しながら、「世界」を学習したのだろうか。先述の大阪商船株式会社広報誌『海』の一九三二年一〇月（通巻三二）号グラビアページを確認しながら、それに迫りたい。同グラビアは、大阪商船が一九三〇年に南米航路に投入した新造船ぶゑのすあいれす丸の神戸からサントスまでの航海を写真とキャプションで再現したものである。ぶゑのすあいれす丸は、先述のディーゼル主機を装備するさんとす丸級の拡大改良型であり、九六二六総トン。移民用の三等船室は一〇〇〇人を越える収容能力があり、姉妹船りおでじやねろ丸とともに太平洋戦争直前まで多くの移民をブラジ

頁	写真	キャプション
3	神戸出帆と見送り	出帆　豊穣、南米の新天地を目指し、一意その開拓に従事せんと志す、①北は樺太北海道から、南、鹿児島沖縄までを網羅した、進取果断の同胞一千、堂々一萬五千海里の長途に就く一此の日、②大阪商船の南米渡航船神戸出帆の盛観は、真にわが日本の国家的盛事である。
	ぶえのすあいれす丸	
4	船内小学校開校式	船内生活　③千人を超す事もある。渡航客は、日本全国あらゆる地方から集つてゐて、あらゆる階級と経歴と年齢の男女を網羅してゐる。日本を出ると直ちに戸主会、婦人会が組織され、同時に風紀、衛生、体育の各委員も専任されて、この集団社会を完全なる秩序と統制のもとに保つ。毎航、完備した船内小学校の開設は、此の平和なる洋上社会が持つ一つの誇りである。
	柔道演武と観客	
5	ヴェランダに集う盛装の一等船客	ヴェランダ
	食卓を囲む一等船客	食堂
	ピアノを弾き、歌うモダンガール	社交室
	豪華なエントランスホール	エントランスホール
	豪華な特別室	特別室
	甲冑が飾られ男女が集う喫煙室	喫煙室
6	ビクトリアピークから観望した？香港市街	香港　日本を離れて六日目、船は先ず香港に着く。④英国が東洋に築いたコマーシヤリズムの根拠地として、市街は香港島の頂から麓まで純然たる欧風都市の偉観を持つ。幾萬の電飾に輝く香港の夜景は、怪しい迄に美しい幻想の華である。
	街路樹が影を落とす欧風のサイゴン市街	西貢　南支那から西貢河に入つて遡航四十里の地点にあり、西貢は佛領印度支那の首都である。昼間の市街は強烈な太陽に射すくめられた様に寂然としてゐるが、それでも時には、⑤巴里流行の直系を誇る百貨店の中から目覚める様なパリヂヤンの娘さんがツカツカ出てくる。
7	人力車や人々が行きかうシンガポール市街	新嘉坡　新嘉坡は東洋と西洋の接合点、⑥風俗人種の国際見本市の観がある。赤道近い熱帯にありながら、毎日一回の定期的スコールは、文明人種にとつても極めて住みよい都市たらしめてゐる。殊にスコール一過後の爽涼さは、熱帯亦人生の青山たるを思はせる。
	路面電車や人力車、人々が行きかうコロンボ市街	古倫母　ベンガル湾を横切つて印度半島の突端セイロン島のコロンボ港につく。印度洋の長濤が港の防波堤に真正面からぶつかつて、壮観を極めた波しぶきを飛ばしてゐる。船から眺めると緑陰に赤屋根のホテルか何かゞ、清新な水彩画の諧調を見せてゐる。
8	赤道祭写真6枚（主に仮装行列のもの）	赤道祭　掲示「本船は来る×日、古倫母出帆して二日目、愈々赤道を越えて、十字星輝く南半球へ入る予定にあり。就而、海神に通過の許可を得ざるべからず。乃ち当日は、甲板に於て盛大なる祭典を挙行し、同時に船客各位並び船員合同の大仮装行列を催し、以て龍王の御機嫌を迎へんとす。諸君の奮つて御参加あらん事を。船長」―かくて式後、⑦凡そ東西古今、千種万態、言語道断な船上大仮装行列が始まる。老ひも若きも、娘さんも、奥さんも、⑧今日を晴れての大与太の会である。
9	ダーバンの議事堂らしい建物	ダーバン　古倫母出帆して、十一日間の印度洋航海の後、東阿弗利加のダーバンに着く。⑨此処はアフリカが需要する日本商品輸入の大門戸。落ちついた英国式市街である。⑩剽軽な土人の車夫がのんびりと走つてゐる。
	トマス・クックの像とテーブル・マウンテン	ケープ・タウン　ケープ・タウンは「岬の町」アフリカ大陸の南端にある。すぐ後には肩いからして大西洋を睥睨して聳えるテーブル・マウンテンを控え、空気は秋の水の様に透明である。此の港を出れば愈々大西洋に入るのだ。
	コルコバードから観たリオ市街とグワナバラ湾	リオ・デ・ジヤネロ　⑪紫色の霞に立ち閉められた新大陸の山々を、甲板上に遠望しながら十日間の大西洋航海を終る間際は､心のときめきを押える事が出来ない。其夜リオ・デ・ジヤネロの街を歩いてみて⑫「自然人工の合作になる世界最大の傑作都市」に、しみじみブラジルに来た歓びを感ずる。
10	サントス港埠頭と倉庫群	サントス　地球半周の大航海の後、愈々到着したサントスの港。片側は延々として繋留岸壁で、此れと並走する十数条の倉庫列は、世界珈琲消費量の八割を積出すと云ふ事実を雄弁に物語つて、先づ渡船客の目を驚かす。本船が横付になると、すつかりブラジル・タイプになつた日本人が沢山迎えに来てゐる。数日の後には、彼等と共に肥沃千里の大ブラジル高原で、希望と労働の生活を始めるのだ。
	サントス港に上陸した日本人移民	
	地平線まで広がるコーヒー農園	ブラジル曠野

表1:『海』1932年10月（通巻32）号グラビアに見られる移民の「世界学習」（丸数字･下線筆者）

ルへ運んだ。[8] 船名の「ブエノスアイレス」と「リオデジャネイロ」は、言うまでもなくアルゼンチンとブラジルの首都名。大阪商船がこの両船にかけた南米航路への熱い期待が想像される。

前頁の表1は、『海』の一九三二年一〇月（通巻三二）号グラビアページの掲載写真、キャプションをまとめたものである。

以下、これらの写真とキャプションから移民船客の「世界学習」を読み取っていきたい。最初に現れるのは、

写真2　ぶゑのすあいれす丸神戸出帆（『海』1932年10月（通巻32）号）

写真3　ぶゑのすあいれす丸の豪華な一等空間（『海』1932年10月（通巻32）号）

写真４、５　最初の寄港地香港（右）とサイゴン（左）の街並み（『海』1932年10月（通巻32）号）

写真６、７　シンガポール（右）とコロンボ（左）の街並み（『海』1932年10月（通巻32）号）

神戸を出港するぶゑのすあいれす丸の雄姿である。続いて、「①北は樺太北海道から、南、鹿児島沖縄まで」とあるように、ブラジル行き移民が「②わが日本の国家的盛事であ」り、③のように、日本の津々浦々からあらゆる階層の移民が集まっている様子を記されている。また、五頁の「ヴェランダに集う盛装の一等船客」以下は、三等船客であった移民たちが立ち入ることができない空間であり、彼等の船内生活とは直接関係はなく『蒼氓』に描かれるような移民船の船内生活が悲惨であったという記憶と矛盾するように思える。しかし、こうした「豪華客船」で航海したという体験がブラジル到着後に移民たちによって繰り返し語られることは、彼等にとって自分たちがやってきた船がこうした一等空間をそなえた「豪華客船」であったという事実が重要なのであり、実際の過酷な乗船体験とは語りの中では矛盾しない。

六頁からは、海外の寄港地が紹介される。香港は外国最初の寄港地である。「日本を離れて六日目」とあるように、大部分の先客が船酔いの洗礼を受けた後の待望の陸地である。上陸に向けて、船内新聞発行があり、市街散策の際の注意が記される。「④英国が東洋に築いたコマーシヤリズムの根拠地」を目の当たりにし、「純然たる欧風都市の偉観」のかげに、貧しく不潔な「原地人」の実態を垣間見、同じアジア人でも「一等国民」である日本人であることに自意識を満足させたりする。次寄港地サイゴンでは、「⑤巴里流行の直系を誇る百貨店の中から目覚める様なパリヂヤンの娘さんがツカツカ出てくる」姿を見たり、聞いたりすることによって、まるでパリを訪れたような錯覚を味わうのである。その次の寄港地シンガポールは、「⑥風俗人種の国際見本市の観がある」ということで、自分たちが向かうブラジルと気候が似ていることを聞く。そして、ブラジルもまた「文明人種にとつても極めて住みよい都市」であることを納得するのである。

コロンボを後にして、インド洋上で赤道祭が開かれる。日本からブラジルに向かう者は必ず赤道を通過するため、赤道祭はブラジル行き移民の共通体験となる一大イベントである。どの航海でも仮装行列に趣向が凝らされ、

写真8　航海中の一大イベント赤道祭の仮装行列（『海』1932年10月（通巻32）号）

龍王や乙姫様など、だれがどういう役をどのように演じたのかはブラジル到着後何十年も記憶され、移民たちの語り草になる。このイベントは、「⑦凡そ東西古今、千種万態、言語道断な船上大仮装行列」、「⑧今日を晴れての大与太の会」とされるように、お国自慢の歌や踊り、かくし芸が披露されたり、酔っぱらった青年たちに移民監督や高級船員がからまれ追いかけまわされたり、航海中もっとも長く暑く苦しいインド洋上で大いに羽目をはずしストレスを発散する機会でもある。

約一〇～一二、三日間の長く暑く苦しいインド洋航海を終えると、南アフリカのダーバンである。「⑨此処はアフリカが需要する日本商品輸入の大門戸」とあるように、アフリカの南端にも日本商品が普及していることに「一等国民」意識をくすぐられたりする。この街の名物は、「⑩落ちついた英国式市街」の「剽軽な土人の車夫がのんびりと走つてゐる」風景であり、水牛の角を飾ったヘルメットをかぶった「ズールー」と呼ばれる現地人が人力車を引いている。こうした現地人の「未開」的な風俗やシンガポール、コロンボ、ケープタウンという植民地都市を通過するなか、威張った「白人」と使役される「黒人」を見て、「世界」の権力関係の構図を直接的に学習していく。次の記事はそれを裏書きするような、子どもの頃両親に連れられてブラジルに渡った移民画家半田知雄の移民船航海における回想である。

アフリカの港に着いたときは黒人の姿かたちが珍しく、目を皿のようにしてながめた。奴隷のように石炭運びにコキ使われているボロをまとった黒人たち見て、ほとんどの移民たちが、あれでも人間なのかと同情のまじった感嘆の声をあげていた。(9)

これもダーバンかケープタウンに寄港した時の見聞であろう。「奴隷のように石炭運びにコキ使われているボロをまとった黒人たち」を見て、支配者としての「白人」と被支配者の「黒人」という、世界の支配・被支配の構図を実体験として学習し、時には同じ有色人種として人権意識から憤り、自分の「一等国民」としての地位に満足したりした。移民船による視覚的・感覚体験を通じて、世界や文明を学習し、自己を再組織化していく移民の様子が想像される。

ケープタウンを後にして、船がいよいよリオデジャネイロに近づくと、船内小学校の修了式や荷物の確認、検疫の準備などが行われる。船内新聞では、ブラジルについての紹介、予備知識の記事がめだってくる。次の記事は、一九三五年一一月のブラジル行き移民船らぷらた丸で発行された船内新聞に書かれた記事である。

ブラジルの生活（二）—婦人を大切にせぬと笑われる
外国人は婦人をいたわることを男子の当然の義務と心得てゐる。この習慣は女尊男卑ではなく、婦人は弱いものとして労るのである（『らぷらたタイムス』第五号、一九三五年一一月四日）。

当時の日本人、特に男性が当然のこととしていた男尊女卑の習慣が、外国では「笑われる」べき悪習であることを、おそらく船員か再渡航者に教わったのであろう。外国人に「笑われる」というのは、「一等国民」として恥ずべき行いであり、自分たちの持つ文化や習慣を修正する必要を感じたことであろう。

『海』のグラビアページに戻ろう。ブラジルの首都「リオ・デ・ジヤネロ」は、次のように描写される。「⑪紫色の霞に立ち閉められた新大陸の山々を、甲板上に遠望しながら十日間の大西洋航海を終る間際は、心のときめきを押える事が出来ない」、「⑫「自然人工の合作になる世界最大の傑作都市」に、しみじみブラジルに来た歓びを感ずる」。数日後にサントスに着いてブラジルに上陸する移民たちにとって、「心のときめき」や「ブラジルに来た歓び」よりも、コーヒー農場や植民地へ入植後の生活への不安の方が強かったかもしれない。そして、運よく検疫をパスした人びと（ここでトラホームなど伝染病の症状が発見されると、上陸延期か、最悪の場合、日本へ逆戻りしなければならなかった）は、いよいよサントスに上陸する。『海』のグラビアページには次のように記されている。

サントス　地球半周の大航海の後、愈々到着したサントスの港。片側は延々として繋留岸壁で、此れと並走する十数条の倉庫列は、世界珈琲消費量の八割を積出すと云ふ事実を雄弁に物語つて、先づ渡船客の目を驚かす。本船が横付になると、すつかりブラジル・タイプになつた日本人が沢山迎えに来てゐる。数日の後には、彼等と共に肥沃千里の大ブラジル高原で、希望と労働の生活を始めるのだ。(10)

写真９　ブラジルの玄関口サントス港と地平線まで続くコーヒー農園（『海』1932年10月（通巻32）号）

出迎えに現れる「すつかりブラジル・タイプになつた日本人」は、移民会社やある程度成功した親戚、知人、同郷人であり、準西洋化した「一等国民」として移民たちの望ましい将来の姿を先取りするものである。「ブラジル曠野」と題されたグラビアページ最後の写真は、地平線まで広がるコーヒー農園の風景である。コーヒーが「金のなる樹」と呼ばれたように、移民たちの世界航海の終わりと

「約束の地」ブラジルでの「成功」を象徴するものである。このように、『海』のグラビアページは、近代日本人たる移民船客の「国際的壮途」としての意味付けとその航海における世界学習、「一等国民」化の過程、ブラジルでの「成功」の予徴といった一連の過程を視覚化するメディアとして捉えることができる。

（2）ブラジル二世の日本学習メディアとしての移民船

かつて世界航路に就航した貨客船は、国際輸送の花形であり、各国が威信をかけて建造した国力の象徴であった。ブラジル航路に就航した日本の移民船は、日本帝国の進歩とその栄光を象徴する存在として、しばしばサントス碇泊中にブラジル日系小学校修学旅行の訪問先とされていた。[11]例えば、次にあげるのはサンパウロ州北部の町クルツパ駅を中心とする日系小学校の修学旅行についての記事である。

アララクアラ線クルツパ駅を中心とする邦人小学校、パラプレート、ノーバ・アジア及びフロリダ小学校では、今度三校合同で、サンパウロ、サントスの両市に修学旅行を催し、去る十八日午後聖市着にし、翌十九日はサントスに下り、折から入港中の祖国の優秀船リオデジヤネイロ丸の見学に今更驚異の目をひらき、再び聖市に戻り、廿四日迄、イピランガの博物館、アクリマソンの動物園、ブタンタンの毒蛇研究所、総領事館、其他邦字新聞社等隈なく見学を了へ廿六日朝の汽車で帰村した（『伯剌西爾時報』一九三五年六月二六日）。

アララクアラ線は、サンパウロ州内陸のアララクアラに向かう鉄道線であり、この記事には同線クルツパ駅周辺三校合同修学旅行の、サンパウロ、サントス訪問の様子が記されている。ここで注目されるのは、「折から入港中の祖国の優秀船リオデジヤネイロ丸の見学」で、「驚異の目をひら」いていることである。りおでじやねろ船は、前節で取り上げたぶゑのすあいれす丸の姉妹船であり、太平洋戦争直前まで多くの移民をブラジルへ運んだ貨客船である。修学旅行でサントス訪問時に日本船に乗船し見学することは、次のジョゼ・テオドロの合同修学旅行に見えるように、恒例のプログラムとなっていく。

ジ・テオドロの各校児童来る―廿七日本社見学
ソロカバナ線ジヨゼ・テオドロ部会管内・小学校五校が合同して廿六日夕六時修学旅行来聖、小川ホテルに投宿した、引率教員は松田、宮本、池田、饒《（ママ）》、平名、渡邉の諸氏で一昨日は電わ局、総領事館をまはつて午後一時半本社を訪れた、昨日はアクリマソン公園、イピランガ博物館を見学、本日マルチネリーのエレベーターを見学後教育普及会を訪問、明日は硝子工場、製糸工場、ゼネラル・モーター等を見学してサントスに下り一日入港予定のブエノス丸を乗船見学、ガルジヤ海浜等を歩いて二日帰村の予定（『伯剌西爾時報』一九三六年七月一日）。

ソロカバナ線は、サンパウロから州西部内陸地方へ延びる鉄道線であり、その途中駅ジョゼ・テオドロ地域の日系小学校五校が合同修学旅行を実施した例である。このケースでも、アクリマソン公園、イピランガ博物館、南米最高のマルチネリービルディングのエレベーター、教育普及会、硝子工場、製糸工場、ゼネラル・モーター工場を見学した後サントスに下り、碇泊中のぶゑのすあいれす丸を見学することになっている。二世の子どもたちは、ほとんど海を見たことのない内陸地方の出身であり、はじめて見る海に興奮し、父母の国からはるばる海を越えてやって来た日本船に乗って、まだ見ぬ日本に思いをはせたことであろう。移民船が、前節で取り上げた移民船客の世界学習のメディアとしてだけでなく、ブラジル日系子弟を日本船にいざなうことによって、彼等に「祖国」を疑似体験させる役割を担ったことが想起される。また、当局によって日本語教育が制限・禁止され日本文化の価値を感じるのが難しくなった一九三〇年代後半のブラジルにあって、父母の祖国日本への親しみと敬意を涵養する意味も期待されたであろう。一万トン近い巨体と贅沢な一等空間有し、最新のテクノロジーを備えた日本船を通じて「祖国」の進歩と国力を示し、彼等の日系人としての遠隔地ナショナリズムを喚起するという学習メディアとして果たした役割を見ることができる。

こうしたブラジル二世に対する学習メディアとしての移民船見学は、一九三〇年代後半に入ってから多くの例を見出すことができる。例えば、一九三九年六月のパウリスタ鉄道延長線合同修学旅行でもサントス碇泊中のもんてびでお丸に乗船見学しており、[12] 同年八月のサンパウロ市大正小学校のリオデジャネイロ方面修学旅行では、処女航海のあるぜんちな丸に乗船しサントスまで航海を体験している。[13] こうした日系小学校修学旅行の移民船訪問は、ブラジルの日系子弟教育指導機関であったサンパウロ日本人学校父兄会（一九三六年三月、ブラジル日本人教育普及会に改組）による規格化が行われていたことが明らかになっており、[14] ブラジル二世の学習メディアとしての役割が期待されていたことが知られるのである。

ここで想起されるのは、ブラジル行き移民の基点であった神戸でも、戦前戦後を通じて地元小学生による移民船訪問が習慣化していたことである。一九三〇年代半ば、ブラジル行き移民の最盛期に神戸市の小学生であった陳舜臣は、移民船出港の見送りを次のように回想している。

むかし移民船が神戸を出るとき、神戸区（現在の中央区の一部）の小学校六校の学童が、交替で見送りに行った。筆者もなんどか神戸の突堤へ移民船を送りに行ったものだ。団体で郊外に出るのは、小学生としては楽しいものだが、移民船送りだけは、何となく気が重かった。甲板に並んだ移民たちは、みんなハンカチを目にあてて、泣いていたのである。われわれ見送りの学童は、ブラス・バンドの伴奏で、声をかぎりに、壮行歌をうたった。(15)

神戸の小学生たちが歌った歌は、「行け行け同胞海越えて／遠く南米ブラジルへ」ではじまる「移民歓送の歌」である。陳は、「歌詞は勇壮だったが、出帆風景は、小学生の心をさえ、暗くさせるものがあった」と記しているが、地元小学生による移民船出港時の見送りイベントが習慣化していたことを考えると、海外移民という「壮途」に関与することによる何らかの学習効果が期待されていたことが想像される。すなわち、移民船がブラジル二世だけでなく、その起点である日本の小学生の学習メディアとしての役割も担っていたと捉えられるのである。

3　帝国のメディアとしての見本市船と文化外交

メディアとしての移民船の多彩な性格を考える場合、日本の移民船が日本帝国とその国力を象徴する存在として、処女航海前後にしばしば内外の政治家や財界人、著名人、新聞記者らを招待してお披露目のレセプションを開いており、また世界各地をめぐる見本市船として使用されていることが注目される。次は、ブラジルの日本語新聞に見える見本市船に関する記事である。

・愈よちかづく世界一周見本市船――商品の即売お断り――商談なら何なりと

去る十三日リオから帰聖した大阪商船社員佐藤氏の談によれば、大阪出品協会の企画にかゝる「世界一周巡航見本市」の任務を帯び、目下南航中のブエノス・アイレス丸は、来る廿八日サントス港通過、ウルグワイ、アルゼンチンに向ひ、右各地で見本市を開催した後は当国へ回航する事となつて居り、サントス港へは来月十三日入港、十四十五両日同港にて開市し、而してリオ、バイア、ペルナンブコを巡航開市の上、日本新商品の紹介に努めるのであるが、同見本市船では商品の即売はしないといふ方針で、取引商談には同船内に十余名の係り商人が乗り込んでゐるから、その場で商談をまとめることは出来るとの事である（『伯剌西爾時報』一二六五号、一九三六年一一月一六日）。

記事中の「ブエノス・アイレス丸」は、先述の大阪商船ぶゑのすあいれす丸であり、この時も日本人移民を運んできてサントスで下船させている。ブラジルの日本語新聞には、同船の活躍を追うように、ブラジル最南部のリオ・グランデ入港の様子が伝えられ、「見本市船ブエノス丸―官民大歓迎裡に―上乗守備で亜国に向ひ十三、十四両日サントスで開市」と記されている（『伯剌西爾時報』一二七六号、一九三六年一二月一一日）。また、これに続く次の記事で、見本市出品の日本製品と花を添える日本娘の紹介を行っている。

・見本市船ブエノス丸―予定を遅れ、けふあすサントスで開市―見落す勿れ船上一輪の名花―甘利令嬢のあで姿

［…］同見本市出品種目はメリヤス、カーテン、レース、皮革製品、防水布、ボタン、ネクタイ用ブローチ等の小間物雑貨類が主で、その他農業薬剤、電気器具等があり、これらは山甚商店、山堅商店、須原商事、横浜相互貿易、東京防水、甘利商店、日本トレーデイング商会、日本農薬株式会社等の十商社の出品にかゝり、船内には十二名の特派職員が乗込んで、商品の説明、商談の応接にあたつてゐるが、出品協会代表とし

て来航せる中村庄吉氏の談によれば、
今回の見本市の計画は南米を中心として渡来したもので、各地非常な好評を博し就中リオ・グランデでは最大級の厚意を以て迎へられ、商工会議所はもとより州政府側の大官名士人々も親しく来観された。［…］日曜日を利用して聖市から多数の見物の人々が下桟し見本市船ブエノス丸は時なら賑ひを呈したなかに船上に美はしく咲く一輪の花甘利氏令嬢のあでやかな日本着姿がひとしほ目立つて衆目をひいた（『伯剌西爾時報』一二七七号、一九三六年一二月一四日）。

ここには、日本船が運んで来た製品が「メリヤス、カーテン、レース、皮革製品、防水布、ボタン、ネクタイ用ブローチ等の小間物雑貨類が主で」あり、「その他農業薬剤、電気器具等」があったことを記している。また、リオ・グランデでは「州政府側の大官名士人々も親しく来観」したこと、サントスでは「花甘利氏令嬢のあでやかな日本着姿がひとしほ目立つて衆目をひいた」ことが伝えられている。当時まだ工業製品が未発達であったブラジル南部の地方都市で、入港した日本船と日本製品は格好の話題になったことであろう。着物姿の日本娘が人気を博したのは、文明化の空間をもって任じた日本の移民船としてはやや皮肉だが、ともかくも移民船は各寄港地で日本製品を通じて日本を紹介するメディアとして、文化外交の役割を果たしていたことが知られる。

こうした戦前の移民船の文化外交の役割は、日本帝国にとって「皇紀二千六百年」の記念すべき年であった一九四〇年二月のぶらじる丸の処女航海で頂点に達した。ぶらじる丸は、姉妹船あるぜんちな丸とともに先述のぶゑのすあいれす丸級の後継船であり、約一万三〇〇〇総トン。「一九二九年ＳＯＬＡＳ条約」後、一九三四年の「船舶安全法」体系化で設計された最初の移民船であり、「パーフェクトに近い南米移民船」と呼ばれた[16]。移民用の三等船室の居住性は大きく改善され、従来四五日ほどかかっていた神戸～サントス間の航海を三六日に短縮した。

一等空間も中村順平、村野東吾、松田軍平など当時の日本を代表する建築デザイナーを起用して設計され[17]、インテリアには和風感覚の「現代日本様式」で統一された「南米航路に浮ぶ女王」の名に恥じない豪華船であった[18]。あるぜんちな丸級が国の補助を受けて建造された目的には「国威発揚」があり、「国策客船」と呼ばれた背景には、国際航路の船が「国威」を見せつけるメディアとしての役割を担っていたことを示している。ただ、この二船は太平洋戦争直前に就航したため、どちらも帝国に殉じた悲劇的な最期を遂げている。ぶらじる丸は戦争勃発後に海軍によって徴用され、一九四二年八月、トラック島沖でアメリカ潜水艦の魚雷を受け沈没した。姉妹船あるぜんちな丸は空母海鷹に改装された後、さまざまな作戦に投入されたが、作戦中に触雷し大分県日出海岸において座礁している。

次の記事は、このぶらじる丸処女航海における同船のブラジル来航に関する記事である。

・麗人と社長使節—それに若さの代表

日本が伯国に示す親愛のシンボルとして南米航路に浮ぶ女王ぶらじる丸に乗込みお披露目に一役買つてる麗人ピアニスト井上園子さんの評判はなか〳〵たいしたもの、リオ、聖市の伯字紙は若き日本の代表葉室、遊佐両君と私設経済使節南郷三郎氏、其に同嬢の記事で殆ど全紙埋め尽されてる程である（『伯剌西爾時報』二一〇八号、一九四〇年二月一七日）。

この航海では、一九三三年にウィーン国際音楽コンクールでディプロマを受賞したピアニスト井上園子とともに、水泳使節として、一九三六年ベルリン・オリンピックの若き日本の英雄、葉室鐵夫（競泳男子二〇〇メートル平泳ぎで金メダル）と遊佐正憲（競泳男子一〇〇メートルで銀メダル）が乗り込んでいた。これに続く次の記事では、これら文化・スポーツ使節だけでなく、経済使節の南郷三郎や商工省陶磁器試験所技師の水町和三郎が来航することが伝えられている。現地日本語新聞は、ぶらじる丸来航を毎日のように伝えているのである。

・あの日あの時そして今日！―躍進！三十年の姿―〝世界一周〟けふリオ入港

麗し・けふの晴れ姿

［…］

多彩な〝船客色〟―「帰国か永住か」に解答斉す田中さん―凄じ!!水泳選手の人気

豪華船の初御目見得に相応しくぶらじる丸には多くの名士知人が乗込んでゐるが、この多彩な色どりを一々別けてみると―私設経済使節の南郷三郎氏、三水泳選手、ピアニスト井上園子さんらの他、商工省陶磁器試験所技師水町和三郎氏、再渡航組にモンソンの大御所平田□（本社々友）、バストスの田中穣（同）、リンスの高橋増蔵（同）、栗原研究所長神屋信一の諸氏で、水町氏は南北米市場の視察と調査が目的である。

ちなみに、サンパウロおよび近郊の日系小学校の子どもたち一五〇〇名余がこの時ぶらじる丸の見学に訪れており（『伯剌西爾時報』二一一一号、一九四〇年二月二一日）、ブラジル二世の学習メディアとしての役割もいかんなく発揮されたことが知られる。次の記事は、日本語新聞に掲載された同船のレセプションのプログラムである。

◆廿四日午後七時―午後十二時　聖州執政官始め内外人名士招待夕食（特別列車は午後四時五十五分聖市発　帰途は十二時三十分サントス発）

◆廿五日午前十一時―午後一時　一千五百名余の邦人小学生船内見学

◆廿五日午後三時―午後六時　聖市人招待カクテルパーテー《（ママ）》
◆廿五日午後八時―午後十一時半　サントス人招待カクテルパーティ
◆廿六日午前十一時―午後一時　一千百余名の伯人小学生船内見学
◆廿六日午後二時―午後五時　一般観覧者に解放（コンビッテある者に限る）
◆廿六日午後七時―午後十二時　サントスの官憲及び棉業関係者招待夕食（『伯剌西爾時報』二一一一号、一九四〇年二月二一日）

伯剌西爾時報
あの日　あの時　そして今日！
躍進！廿年の姿
世界一周
麗し・けふの晴れ姿
多彩な〝船客色〟
「歸國か永住か」に解答齎す田中さん
凄じ!! 水泳選手の人氣
まだ願望は滿されぬ
水びたしの聖市
家屋倒潰騒ぎ
コンビッテ

写真10　ぶらじる丸来航を伝える新聞記事（『伯剌西爾時報』2111号、1940年2月21日）

サンパウロ州の「執政官始め内外人名士」を招待した夕食会やサンパウロ、サントス両市の著名人対象のカクテルパーティーが開かれている。「サントスの官憲及び棉業関係者招待夕食」とあるのは、サントスの有力者・税務関係者へ接待とともに、当時ブラジルから日本への輸入品の比重がコーヒーから綿へ移りつつあったことを反映している。厨房では選り抜きの食材に料理人が腕を振るい、甲板上ではボーイたちがとっておきの笑顔を振りまいたことであろう。着飾ったブラジル紳士や淑女たちに交じって、紺のサージの制服を着た高級船員や背広姿の日本人商社マンたちがほろ酔い加減で談笑する姿が目に浮かぶようである。このように、移民船は文化やスポーツ外交だけでなく、経済や交易面での交流が期待され、こうした活動を通じて日本を紹介する多彩なメディアとして、大きな役割を果たしていたことが知られるのである。

おわりに

戦前期の日本〜ブラジル航海は、三六日から七〇日をこえる日数を要し、日本人が経験した史上最長の航海であった。そして、一九二四年以降の海外移民国策化という日本政府の方針によって、その期間は移民を「一等国民」化するという教育的課題の解決に当てられた。それは、移民船内での小学校、スペイン語・ポルトガル語授業、洋裁・ダンス教室などの実施、裸体の禁止や洋装などの風俗改良から洋食まで、移民船客が「一等国民」となるための上からの船内教育・文化活動となって現れた。

しかし、同時に、移民船は、日本人が温帯から熱帯の自然・気候と寄港地の風俗や外国人船客・現地人との接触というような視覚的・感覚体験によって、「移民」「一等国民」「日本人」などというアイデンティティを獲得し、自己を再組織化するとともに、自らの世界観を再編する学習メディアとしての役割を果たした。また、修学旅行でサントスを訪れる日系小学校の子どもたちにとって、日本船訪問は父母の祖国日本訪問の疑似体験であり、日本帝国が世界に誇るべき国産の豪華客船を見ることによって日本帝国の国力を認識するという移民船客とは異なった学習メディアとしての役割も果たした。これには、ブラジル当局によって日本語教育が制限・禁止され日本文化の価値を感じるのが難しくなった一九三〇年代後半、父母の祖国日本への親しみと敬意を涵養する意味も期待されたと考えられる。そして、それは、ブラジル行き移民の基点であった神戸において、戦前戦後を通じて地元小学生による移民船見送りイベントが習慣化し、日本側においても学習メディアとしての役割を担っていたこと対をなしている。さらに、移民船が、日本帝国とその国力を象徴する存在として、処女航海前後にしばしば内外の政治家や財界人、著名人、新聞記者らを招待してお披露目のレセプションを開き、また世界各地をめぐる見本市船として使用された例を確認した。移民船は、各寄港地で日本製品や芸術家、有名スポーツ選手を通じて日本を紹介するメディアとして、また日本趣味に彩られた豪華な社交の空間を提供することによって、文化・スポーツ外交の役割を果たしていた。

このように、移民船は、陸と海、故郷（日本）と異郷（ブラジル）、日本文化と西洋文化（なかば想像上の）などの間に位置する、トランスナショナルで重層的な間文化的メディアとして捉えうる。特に、一九三〇年代のブラジル行き移民船は、近代日本の民衆である移民船客とブラジルの日系小学生、神戸の小学生に対して、自らの世界観を再編する学習メディアとしての役割を果たした。また、世界の寄港地、ブラジルのリオやサントスにおいて、日本製品を通じて日本を紹介する見本市船として使用されながら、文化やスポーツ、経済や交易面での交流を展開、こうした活動を通した多彩なメディアとして大きな歴史的意味を有したことが明らかになる。繰り返すが、移民船をめぐる研究は、移民の送出先と受入れ先という陸地を対象としてきた従来の移民研究に対して、洋上という移動空間における人びとやもろもろの出来事の研究の可能性を示唆している。本章で論じた移民船のメディアとしての役割も重要な課題であり、その効果についてはいずれ別稿で論じてみたい。

［註］

（1）「移民保護法」における「移民運送船」の定義は、「本法ニ於テ移民運送船ト称スルハ命令ヲ以テ定ムル地方ニ渡航スル五十人以上ノ移民ヲ搭載スル船舶ヲ謂フ」（「移民保護法」二〇条ノ二、一九〇七年四月改正、海本徹男『移民運送船之研究』外務省通商局、一九三〇年、五月）というものである。

（2）戦前の神戸～サントス間の航海日数は、スチーム主機を装備した日本郵船の移民船が六五日を要しているのに対し、一九二五～二六年にディーゼル主機を装備して登場した大阪商船のさんとす丸級移民船はスピードアップと寄港地の省略によって、これを四七日に短縮している（山田廸生『船にみる日本人移民史―笠戸丸からクルーズ客船へ』中央公論社、一九九八年、七一～七二頁）。ただし、これは航海がスムーズに進行した場合で、事故や伝染病が発生した場合はさらに日数がかかっている。例えば、流行性脳脊髄膜炎によって六五名の死者を出したと言われる一九一八年の若狭丸航海の場合、同年四月二五日神戸出港、シンガポールで二四日間留め置かれたため、サントス着は七月一七日。なんと八四日間もかかっている（ヨースケ・タナカ『戦前移民航海物語り』サンパウロ人文科学研究所、二〇一〇年、四二～四九頁）。

（3）「文化化」（enculturation）とは、「複数文化間で相互に文化を伝達し学習し合うプロセス」（吉田亮『ハワイ日系二世とキリスト教移民教育―戦間期ハワイアン・ボードのアメリカ化教育活動』学術出版会、二〇〇八年、五頁）であり、一種の教育作用とその過程と捉える。

（4）石川達三『蒼氓』新潮社、一九五一年（初出、『星座』一九三五年四月号）。

（5）石川達三『最近南米往来記』中央公論社、一九八一年（初出、昭文閣、一九三一年）。

（6）移民船内の「上からの教育」について、筆者は移民会社が送り込む移民輸送監督の役割や内務省社会局から支給された「教養費」を中心に概説した。根川幸男「「移民船」の基礎的研究」、森本豊富編著『早稲田大学人間総合研究センター研究プロジェクト「人のトランスナショナルな移動と文化変容に関する研究」調査報告書』早稲田大学人間科学学術院、二〇一三年、三二～三六頁参照。

（7）株式会社インセプト「メディア【media】媒体」ＩＴ用語辞典 e-words。

(http://e-words.jp/w/%E3%83%A1%E3%83%87%E3%82%A3%E3%82%A2.html)、二〇一五年八月九日アクセス。

（8）山田、前掲注（2）書、七六～七七頁。

（9）半田知雄『画文集ブラジル移民の生活』無名舎出版、一九八五年、八頁。

（10）『海』一九三二年一〇月号、通巻三二号グラビア六頁。

（11）根川幸男「海を渡った修学旅行―戦前期ブラジル日系子弟の離郷体験」『移民研究年報』二一号、二〇一五年、四九頁。

(12) 根川、前掲注(11)論文、四六～四七頁。
(13) ジェニー脇坂さんへのインタビュー(サンパウロ市、二〇〇八年一月)による。
(14) 根川、前掲注(11)論文、四五～五五頁。
(15) 陳舜臣『神戸ものがたり』平凡社、一九九八年、四八頁。
(16) 山田、前掲注(2)書、八二～八七頁。
(17) 和辻春樹著・野間恒編『随筆 船(新版)』NTT出版、一九九六年、一五三～一五四頁。
(18) 日本郵船歴史博物館編『洋上のインテリアⅡ』日本郵船歴史博物館、二〇一一年、七頁。

コラム　『米国仏教』と *Light of Dharma*
―日本語と英語で発行された日系仏教雑誌の比較から

守屋友江

はじめに

本コラムでは、アメリカへ渡った日系仏教教団がサンフランシスコで発行した二つの雑誌を取りあげる。日本語の『米国仏教』と英語の *Light of Dharma*（以下ＬＤ）であり、いずれも現地教団の草創期から発行されていたものである。

一八九八年、サンフランシスコ在住の日本人移民の信者を中心に「仏教青年会」が創設されると、彼らの要請を受けて一八九九年に浄土真宗本願寺派の僧侶（海外布教では開教使と呼ばれる）が派遣され、「本願寺布教所」を設立した。さかのぼって一八九三年、シカゴ万博と同時に万国宗教会議が開催され、ヨーロッパ系アメリカ人には未知の存在であった諸宗教の代表が一堂に会する場となった。これは、「東洋の宗教」に対するオリエンタリスト的な関心を広げる契機となったが、その余韻が残る時期に活動を始めた本願寺布教所では、当初からアメリカ人向けにも英語伝道を実施した。一九〇〇年、布教所は「北米仏教団」（Buddhist Mission of North America, 以下ＢＭＮＡ）と改称して『米国仏教』を創刊、翌一九〇一年にＬＤを創刊する。

一般総合誌ではなく宗教教団の雑誌ということと、残存数が少ないこともあり、この二誌に関する先行研究はほとんどない。日本人研究者は日本語、アメリカ人研究者は英語の雑誌を用いる傾向があるが、現地教団はいわば二本立てで雑誌を発行していたのであり、両者を同時に研究対象にすることで、仏教会に集う日本人移民とアメリカ人の「仏教」理解や、日米だけでなくアジアやヨーロッパの仏教徒たちとの交流、日本人移民がどのように運営を支えてきたか、また移民コミュニティといった様々な姿が明らかになる。日本語雑誌は比較的長く発行されていたものの欠号があり、また筆者が網羅できていない部分もあり断片的だが、両者が同時に刊行されていた一九〇〇年代の状況についてアウトラインを描いてみたい。

1　日本人移民コミュニティのタウン誌として

『米国仏教』は月刊誌で、英語タイトルをBuddhism in Americaとしている。発行所の名称は桑港仏教青年会、仏教青年会、米国仏教会、米国仏教誌社と変遷があるが、住所はサンフランシスコの日本町にある本願寺布教所（一九〇五年から「サンフランシスコ仏教会」）に置かれていた。これはＢＭＮＡの最初の寺院かつ本部であり、所在地はポーク街（一八九九～一九〇六年）、サンフランシスコ大地震後にゴフ街（一九〇六～一九一〇年）、現在のパイン街（一九一〇年～）となっている。印刷所は新世界第一工場（一九〇二～一九〇五年）、日米印刷会社（一九〇五年～）である。編集人は仏教会の役員が務めたが[1]、一九一一年には開教使が編集人に代わっている。価格（一九〇二年）は一冊一〇セント、六冊五〇セント、一二冊九〇セント（送料一冊一セント、のち無料）、広告料は一行二四字詰めで一五セント、三行三五セント、一インチ五〇セント、半頁二ドル、一頁三ドルとあり、年を追うごとに少しずつ値上がりしている。広告は日本町の商店や旅館、銀行のほか、役員や開教使らの個人名での挨拶、各地の仏教会の定例礼拝や学校案内など、日系コミュニティ向けになっている。

雑誌の構成は年によって変わるが、巻頭言、仏教論説の後に社会評論、翻訳、法話、文芸欄、投書欄などが続き、最後に各地の仏教会の活動報告がある。執筆者の大半は仏教会会員の日本人移民やアメリカ駐在の開教使だが、日本で著名な僧侶の特別寄稿が掲載されることもあった。注目すべきは、伝統的な檀家制度と異なり「我徒の信条」「我徒の主義」として信者の綱領を掲載していることや、日本のような寄合いではなく会則を設けて「会員」として会費を払うこと、選出された役員会を設けていたことである。仏教会への寄付者名が巻末に記載されるので、移民にとって、エスニック・コミュニティでの社会的地位を示す意味合いもあったであろう。

難解な仏教用語を用いた浄土真宗教学の論説もあるが、在米読者の宗教生活という点を念頭においた論説も多いことから、少しずつだが新世界での「仏教」の文化変容を見ることができる。しかし、在家の移民にとって広告や西海岸各地の仏教会の活動報告は、自分たちの宗教的・文化的生活にとって仏教論説よりも役に立つ情報を含んでいたといえそうだ。とくに、活動報告には各仏教会の行事や文化、地域の話題があり、広告も多く掲載されており、それに伴う人やモノの動きがみえてくる。日露戦争の時期は、戦死者の追弔会や祝勝会を各地の仏教会で実施した様子について報告している。本誌が、仏教会に集う人々の生活に即したタウン誌的な面も担っていたことを示していたといえる。

では、『米国仏教』を明治期日本の仏教系メディアと比較するとどうであろうか。歴史的にみると、数多くの宗教系新聞・雑誌が出版されるようになり、仏教徒の知識人にとって、その宗教思想や社会評論など様々な領域に渡る言論を発表する機会は、検閲があったもののある程度は保障されていた。『米国仏教』が創刊された一九〇〇年までに、いわば「仏教モダニズム」(2)を表現する場として宗教雑誌が多数流通しており、雑誌の体裁や構成としては既存のものに範をとったのだと思われる。

一九〇〇年前後は、伝統的な説教に代わる文書伝道という形の、いわば「知識人向け仏教」が普及しつつあったのだが、雑誌刊行はアメリカの現地教団にとって、西海岸各地の都市部や農村地帯に散在する日本人移民向けの文書伝道として行われていたというべきであろう。

2 アメリカ人「同調者」向けの仏教雑誌として

BMNAは一九〇〇年、ヨーロッパ系アメリカ人を対象に「三宝興隆会」(Dharma Sangha of Buddha)を設立して僧侶が英語で法話をするほか、アメリカ人向けにカリフォルニア州以外にも英文雑誌LDを郵送して文書伝道を行った。

LDは一九〇一年四月から隔月(のち不定期)で発刊。Buddhist Mission の発行で発行人は創刊から開教監督[3](のち開教総長と改称)の名前がそれぞれ記載されており、『米国仏教』のように在家信者ではない。価格は創刊号で一冊一〇セント、一年五〇セントとあるが、広告料についての記載は管見では見当たらない。創刊号は四月のため「ブッダ生誕号」とあるほか、「仏暦二四四四年」と表紙に書かれており、これは『米国仏教』で日本の元号(英語表記部分は西暦)を用いたのと興味深い対照をなしている。

雑誌の構成は、日本人開教使のほかアジアの仏教徒やアメリカ人による仏教論説が大半を占め、巻末に各地の宗教関連のニュースや投書欄がある。日本町の商店の広告や各地の仏教会の行事案内はなく、サンフランシスコ仏教会の英語礼拝と、他の英文仏教雑誌の広告だけである。

トーマス・トウィードの調査によると、一九〇四年までには三〇〇~四〇〇部が発行されており(ただし一ヵ所に数冊を送付）、購読者の九七％が非アジア系であり、うち六五％が都市居住者である。[4] これは人種と言語で購読者（布教対象）が分かれていたことを示しており、後述のようにそこで語られる「仏教」も『米国仏教』と異なることになる。購読者について、トウィードはその多くを、仏教に関心をもつが必ずしも改宗者ではない「同調者」[5] であると分析し、彼らは教団に所属せず自分の好みで取捨選択する人々であるとしている。ここから、『米国仏教』のような生活臭がみられず、観念的な論説が多い雑誌構成につながっていることがうかがえる。日露戦争の頃からは、仏教の立場から戦争を肯定する論説のほか、仏教ではなく日本文化を紹介する論説も現れるようになる。

ここで、一九〇〇年代前後の英語仏教メディアと比較してみよう。ロリー・ピアスのまとめによると、英語の仏教雑誌は一八八〇年代からアジアの仏教国や欧米で刊行されており、少なくとも一九四一年までに一八冊を数える。[6] 仏教というより神智学など広い意味で親仏教的な論説を載せた雑誌を含めると、数はさらに増える。しかし、一九世紀末以降のアメリカにおいて、これら広義の仏教系メディアで語られた「仏教」は、理知的な上座仏教あるいは神秘主義的要素が強調されたものであり、日本など東アジアを中心とする大乗仏教というわけではなかった。[7] したがって、浄土真宗の教義を日本人開教使が繰り返し英語で論じても、LD所収のアメリカ人の論説にこの日本仏教の一宗派の教義が反映されなかったのは、無理もないことであったといえるだろう。[8] つまり、浄土真宗の英語伝道としては不十分であったが、アメリカ人に宗派色のない仏教を伝えるという点では一定の成果を上げたのである。

おわりに

この二誌の歴史を大きく変えたのは、排日運動とサンフランシスコ大地震である。カリフォルニア州は排日運動の激しさで知られるが、テツデン・カシマは、一九〇五年にBMNAが所属寺院をアメリカ風に「仏教会」と名称変更した背景には人種差別があったととらえている。(9) 現地教団のアメリカ化への動きと、日露戦争勝利にともなうナショナリズムの高揚、そしてホスト社会の排外主義が皮肉にも同時に交錯するなか、地震の打撃を受けてLDは一九〇七年に廃刊となり、日本語の『米国仏教』だけがその後も続くこととなった。当時のアジア系移民への人種差別が、日系コミュニティのなかで活動するBMNAをエスニック共同体内部へと閉じ込めることになり、当初の二本立て路線は変更せざるを得なくなった。アメリカ人仏教同調者との、英語による対話の回路は断たれたかにみえる。

しかし、英語話者である二世が成長するころから、二本立て路線は新たな展開をみせる。日系コミュニティ内部に日本語・英語の二言語状況が生まれ、アメリカ人である二世たちは、仏教青年会の新たな担い手として、英語で雑誌を発行するようになる。とりわけ、大学町のバークレーにある仏教青年会が一九三〇年代から発行していた *Berkeley Bussei* は、一九五〇年代になると日系アメリカ人の青年たちのエスニックな雑誌からヨーロッパ系アメリカ人同調者を取り込んだマルチエスニックな雑誌へと大きく変貌を遂げた。戦後の同誌はビート詩人の投稿もあり、アメリカ社会史との関わりからみても、興味深い展開である。(10) 稿を改めて論じることとしたい。

［註］

（1）長尾助三郎（一九〇二～一九〇五年）、田上辰喜（一九〇五～一九〇七年）、長沼大道（一九〇七年）、吉井凌雲（一九〇七～一九〇九年）、池信常宣（一九〇九年～一九一〇年）。

（2）David L. McMahan, *The Making of Buddhist Modernism* (Oxford: Oxford University Press, 2008). 末木文美士ほか編『ブッダの変貌―交錯する近代仏教』法藏館、二〇一四年。

（3）氏名と在任年は水月哲英（一九〇〇～一九〇一年）、堀謙徳（一九〇二～一九〇五年）、内田晃融（一九〇五～一九二三年）。

（4）Thomas A. Tweed, *The American Encounter with Buddhism, 1844-1912: Victorian Culture and the Limit of Dissent* (1992; repr., Chapel Hill: University of North Carolina Press, 2000): 183 n40, 163-164.

（5）Tweed, 34-47.

（6）Lori Pierce, "Buddhist Modernism in English-Language Buddhist Periodicals," in *Issei Buddhism in the Americas*, eds., Duncan Ryūken Williams and Tomoe Moriya (Urbana: University of Illinois Press, 2010): 89-90.

（7）守屋友江「日本仏教のハワイ布教と文化変容―ハワイ本派本願寺教団を中心に」『歴史評論』七五六号、二〇一三年、二七～二八頁。

（8）Tomoe Moriya, "'Americanization' and 'Tradition' in Issei and Nisei Buddhist Publications," in *Issei Buddhism in the Americas*, eds., Duncan Ryūken Williams and Tomoe Moriya (Urbana: University of Illinois Press, 2010): 113-117.

（9）Tetsuden Kashima, *Buddhism in America: The Social Organization of an Ethnic Religious Institution* (Westport: Greenwood Press, 1977): 18.

(10) Michael Masatsugu. "'Beyond This World of Transiency and Impermanence' : Japanese Americans, Dharma Bums, and the Making of American Buddhism during the Early Cold War Years." *Pacific Historical Review* 77, no. 3 (2008): 423-451.

Ⅳ

芸術と文化のネットワーク

第10章　『紐育新報』と邦人美術展覧会
——角田柳作のジャパニーズ・カルチャー・センターとの関わり

佐藤麻衣

はじめに

アメリカ東海岸のニューヨークでは一九世紀末から商業貿易を目的にした日系企業の進出にともない、官吏や商社に勤める商人、労働者によって日本人社会が形成され、一九一四年には紐育《ニューヨーク》日本人会が設立されている。この日本人会を中心に、日本語新聞『日米週報』（一九一九年から『日米時報』と改題）と『紐育新報』が戦前まで発行されている。

ニューヨークに支店を置く日系企業には、東洋の美術品を扱う貿易商もあり、そこには日本で美術教育を受けた画家も従事していた。一九一〇年代にはこれらの日本人画家を中心に紐育日本美術協会主催の展覧会が開催されている。[1] また一九二二年には労働や修学目的で渡米し、アメリカで美術教育を受けた日本人画家によって結成された画彫会の展覧会も開催されている。[2] このような邦人美術展覧会の開催にはニューヨークの日本人社会を構成する日系企業の援助があったと考えるのが妥当だろう。

戦前期のアメリカにおける日本人画家と創作活動は近年、渡米画家をテーマにした展覧会や図録により、アメリカでの創作活動が明らかにされつつある。[3] このうち浅野徹は、一九二二年の画彫会の展覧会や一九二七年と一九三五年、一九四七年に開催された邦人美術展覧会の出品者を紹介し、彼らのニューヨークでの活動について触れている。[4] また安來正博は、石垣栄太郎の新聞スクラップ資料と邦人美術展覧会の出品目録の調査から、石垣栄太郎を中心にアメリカの日本人画家の活動を述べている。[5] しかし、この石垣の新聞スクラップ資料には、一九二〇年代の独立美術家協会展（Society of Independent Artists）の記事や一九三六年の石垣栄太郎の個展を紹介する記事、およびアメリカ美術家会議（American Artists Congress）に関する記事がほとんどで、掲載紙や掲載日時の不明な資料も多く、本章で検討する一九二七年の紐育新報社主催邦人美術展覧会を報じた記事は、一九二七年二月二〇日の『ヘラルド・トリビューン』（*Herald Tribune*, 以後トリビューン）のみである。安來はこの新聞記事について、紐育新報社主催の展覧会は日本人画家の集りをうたっているため、作品に表れた日本の伝統文化の関連性を指摘するのはやむを得ないが、むしろニューヨークの美術界での日本人画家の状況に注目すべきだと述べており、[6]『トリビューン』の記事だけでは、なぜアメリカにおける日本人の芸術活動と日本の伝統文化の関連性が指摘されたのか、また一九二七年に邦人美術展覧会が開催された趣旨も判明しない。

しかし、この展覧会の批評はこれ以外にも『紐育新報』や『日米時報』、『ニューヨーク・タイムズ』（*New York Times*, 以後『タイムズ』）、『ニューヨーク・イヴニング・ポスト』（*New York Evening Post*, 以後『ポスト』）、『クリスチャン・サイエンス・モニター』（*Christian Science Monitor*）、『ワールド』（*World*）にも取り上げられていたことが調査で明らかになった。

さらに『紐育新報』の紙面をたどってゆくと日本人会の書記長を務める角田柳作の「日本文化学会」(Japanese Culture Centre)[7]に関する記事が掲載されている。角田は文化交流と日米親善を目的に日本の文化をアメリカに伝える機関として「日本文化学会」の設立を唱えており、この事業は後にコロンビア大学に日本研究所(Institute of Japanese Studies)を設置しアメリカにおける日本研究の基礎を築いた。この日本文化学会設立の趣旨と邦人美術展覧会開催の趣旨とは酷似していることから、紐育新報社主催の邦人美術展覧会の開催は日本文化学会と関わりがあったのではないだろうか。

そこで本章は、一九二七年に紐育新報社主催で開催された邦人美術展覧会の様相を知る唯一の手がかりとなる出品目録と『日米時報』、『紐育新報』、そして英字新聞に掲載された美術展に関する新聞記事を資料として、紐育新報社が邦人美術展覧会を主催した意義と趣旨、そしてこの展覧会と角田柳作の日本文化学会との関連を検討することを目的としている。

1 ニューヨークの邦字新聞

ニューヨークの日本人画家の活動と邦字新聞の関わりを考える上で、まずはニューヨークの日本人社会と日本語新聞について述べる必要があるだろう。

初期のニューヨークの日本人社会は官吏や商業貿易を目的とした日系企業の関係者、労働者や学生を中心に形成されていた。その後日本人の増加に伴い、次第に日系企業の支店に勤める裕福層を中心に結成された日本倶楽部や日本人の救済を目的に医師や宗教家が中心となって作られた共済会や、青年会が設立された。また一九一四年にはこの多様な階層の日本人を統括するために紐育日本人会が設立され、初代会長に日本倶楽部の高峰譲吉、副会長に横浜正金銀行の一宮鈴太郎、共済会の高見豊彦、会計に三井物産の瀬古孝之助らが名を連ねている。また一九一七年頃に日本人会の書記をしていた前田河広一郎[8]によれば、同会の内部は会長高峰譲吉を中心とした日本倶楽部系と副会長高見豊彦を中心とした共済会系、会計地主延之助を中心とした商店系とそれぞれの派閥に分かれており、この日本人会を中心に『日米週報』と『紐育新報』が発行されていた。[9]

このうち一九〇〇年に星一によって創刊された『日米週報』は、毎週土曜日発行の八ページの週刊新聞で、社会面や祖国日本の近況を伝える記事、そして一九一八年に前田河広一郎が入社した際に拡張された文芸欄には、連載小説や詩歌が掲載されている。また美術欄には平本正次や藤岡昇の美術評も掲載されている。

いっぽう一九一一年に甲斐健一によって発行された『紐育新報』は、発行当初は週一回の発行だったが一九一七年からは毎週水曜と土曜の週二回発行の四ページの新聞となり、『日米週報』と同様にアメリカや祖国日本の近況、ニューヨークを中心とした在留邦人の動静を掲載している。また新報詩壇や小品文などの読み物を載せた文芸欄や美術欄には岡田九郎や石垣栄太郎の美術評が掲載されている。

このように戦前まで発行されていた二紙の日本語新聞には、情報伝達の手段としてだけではなく、娯楽的な要素も含めた文芸欄や美術欄も設けられていることから、日本語新聞はアメリカにおける日本人画家の創作活動を紹介する重要な媒体だったといえるであろう。

2　アメリカの美術界と日本人画家

一九一〇年代のニューヨークには、京都工芸高等学校で洋画を学んだ霜鳥之彦や東京美術学校を卒業した葦原曠、古田土雅堂《こたとがどう》がニューヨークの日系企業で働きながら創作活動をしており、彼らを中心とした紐育日本美術協会という画家の団体が存在している。この会の発足時期や、発足の経緯は不明だが、一九一七年と一九一八年には、紐育日本美術協会主催の邦人美術展覧会が開催されている。[10]

また一九二〇年代になると、国吉康雄や石垣栄太郎のように出稼ぎ目的の移民として渡米し、アメリカで美術教育を受けた画家が増えてくる。一九二〇年にはこのような渡米画家を中心に画彫会が結成され、一九二二年には日系企業と紐育新報社の後援で画彫会主催の展覧会が開催されている。[11]一九二二年までに開催された邦人美術展覧会開催の背景には、日本人会を中心とした日系企業が日本人画家の活動を援助していたのである。

では同時期のアメリカの美術界はどのようなものだったのだろう。二〇世紀初頭のアメリカではナショナル・アカデミーをはじめとする保守的な画派や一九一三年のアーモリー・ショー（Armory Show）[12]開催以降、未来派、立体派といったヨーロッパのモダニズムの影響が見られる。また一九一七年に設立された無審査、無償で作品を展示する独立美術家協会展には新進画家の作品や保守的な技法で描かれた作品が展示され、新派、旧派が入り交じった時期だった。

ニューヨークの日本人画家の中にも、保守的な技法を重視したナショナル・アカデミーに出品する画家もいたが、新進画家の作品の発表の場として、独立美術家協会展や同会から枝分かれする形で一九二二年に設立されたサロンズ・オブ・アメリカ（Salons of America）には、ディレクターを務める国吉康雄をはじめとする多くの日本人画家が作品を発表し、次第に英字新聞にはアメリカの美術界で活躍する日本人画家の作品が紹介されるようになる。

そこで一九二七年の邦人美術展覧会にも出品された作品を取り上げてみると、チャイナタウンの賭博場を描いた藤岡昇の《アメリカン魂（American Spirit）》（写真1）とニューヨークの街の雑踏を描いた清水清の《十四丁目（Fourteenth Street）》（写真２）は一九二六年の独立美術家協会展に出品されている。[13] この展覧会を批評した『ワールド』（一九二六年三月二一日）[14]では、藤岡昇《アメリカン魂》、清水清の《十四丁目》、石垣栄太郎の《行列聖歌１９２５（Processional 1925）》（写真３）[15]に、日本人画家はアメリカ人の見過ごしていた題材を描いていると評価している。このほかにも『タイムズ』（一九二六年三月二一日）[16]では藤岡昇の《アメリカン魂》に用いられた遠近法の技法はオペラグラスを逆から覗いた時のように人物が縮小して見えると述べている。また清水清の《十四丁目》はモダニズムを装っているが写実的な細部の描写が民族的だという批評があることから、この展覧会における日本人の新進画家の作品はあまり評価されていない。しかし一九二六年のサロンズ・オブ・

写真１　藤岡昇《アメリカン魂》（第10回独立美術家協会展カタログ掲載）

写真２　清水清《十四丁目》（第10回独立美術家協会展カタログ掲載）

アメリカにも出品した平本正次の彫刻《踊女（Dancer）》[17]は彼の代表作《ロダン（Rodin）》に匹敵するできだとしている。また、ニューヨークの街を背景に尼僧と現代風な女性を描いた、石垣栄太郎の《尼僧と少女（Nuns and Flappers）》は一九二五年のサロンズ・オブ・アメリカに出品されており、『ポスト』（一九二五年一〇月三一日）[18]では、同展覧会に出品された藤岡昇の《凝視（Note of Admiration）》と清水清の《バーレスク（Burlesque）》と共に西洋を新鮮な眼差しで描いていると評価している。このほかの作品では、犬飼恭平の自画像《反映（Reflection）》（写真4）[19]は一九一八年のナショナル・アカデミーや一九一九年のシカゴ・アート・インスティチュート（Art Institute of Chicago）の年次展覧会やグランド・セントラル・ギャラリーの展覧会にも出品された

写真3　石垣栄太郎《行列聖歌 1925》（第10回独立美術家協会展カタログ掲載）

写真4　犬飼恭平《反映》（The Arts 1921年2月、3月合併号掲載）

彼の代表作である。また横浜の夜の風景を描いた清水登之の《横浜の夜（Yokohama Night）》は一九二一年のシカゴ・アート・インスティチュートの年次展覧会で賞の受賞が決定した後、外国人という理由で受賞を取り消された作品[20]である。

このように一九二〇年代のアメリカにおける日本人画家は邦人美術展覧会だけではなくアメリカの美術展にも多く作品を発表している。このような活動は英字新聞の美術欄でも評されており、彼らの創作活動はアメリカの美術界でも認められていたのである。

3　紐育新報社主催邦人美術展覧会と「日本文化学会」

日本人画家のアメリカ画壇での活躍を背景に、画彫会主催の展覧会以後立ち消えとなっていた邦人美術展覧会が紐育新報社主催で一九二七年二月一六日から三月五日までアート・センターで二五名五五点の作品を展示して開催される。[21]『紐育新報』には次のような記事がある。

日本人美術家の作品が漸く米国の美術界にその価値を認められる機会に到達したことは、文化を通じて国と国との親交を温めるることを理想とする我々在留民にとりては、まことに喜ばしい現象であります。[…]本社同人は、一は以てこれ等美術家諸氏が平素の努力に酬ゆると共に、美術を通じて更らにアメリカとの国交を温める意味に於て、美術を鑑賞される人々の賛同を得たる上、本社主催の第一回邦人美術展覧会を開催することと致しました。（『紐育新報』一九二六年一一月一七日）[22]

ここにはアメリカでの日本人画家の活躍を背景に、文化を通じた国交親善を理想として邦人美術展覧会の開催がすることが述べられている。さらに展覧会開催の直前にも次のような記事がある。

> この計画は、当時も発表した如く、一は以てこの世智辛いニユヨーク（ママ）の大都会にありて、外国人としてのハンデキャップを課せられているのみならず、常に生活苦に直面しながら尚ほ且芸術境に生きつゝあるこれ等邦人美術家の努力と、その力作を広く世に紹介し、実生活者の眼から見るならば、算盤の世界に埋もれている草木をして、光りを吸はしめんとするにある。更らに我々は、これを機会として日本に生れ、日本の血を受けたこれ等美術家が、いかに泰西の思潮に同化し、そこに創造的努力を試みつゝ、あるかを、この国の人々の鋭い批判に求めんと欲するのである。
> 芸術に国境なしとは古昔から云ひ尽された言葉であるが、米国美術壇の檜舞台であるこのニユヨーク（ママ）市に於て、斯く多数の邦人美術家を網羅した展覧会を開催し得ることは、日本とアメリカの文化的接近を増進すべき一助たるを疑はぬ。共に意義ある催しとして、在留同胞諸氏の協賛を希ふ所以である。（『紐育新報』一九二七年二月一二日）(23)

この開催予告にあるように、紐育新報社主催の邦人美術展覧会は、アメリカにおける日本人画家の作品をアメリカ画壇に紹介し、文化を通じた国交親善と日米文化交流を目的に開催されたのである。このような開催の意図は一九二七年以前の紐育日本美術協会や画彫会主催の展覧会では明確にされていない。ではなぜこのような目的で一九二七年の展覧会は開催されたのだろうか。その背景には、一九二九年に設立される日本文化学会(24)と関係があるのではないだろうか。

この展覧会の開催が発表される一月前の一九二六年一〇月に角田柳作は日本人会の書記長を辞し、「日本文化学会」設立の趣意書を関係機関に配っている。[25] そして趣意書は日本人会の水谷渉三が経営する『紐育新報』にも掲載されている。

The Japanese Culture Centreとは、簡単に申さば日本二千有余年文化の実相と、其文化が他国異種の特に西洋の、又特に米国の文化と接触せる際に起った問題の真相を明らかにする為めに、第一に根本資料の蒐集整理展覧、第二に其調査研究報告等を使命とする機関で、資料の蒐集展覧といふ方面からは一種小形の日本博物館、展覧会、陳列所で、邦文のものは勿論、世界各国語で出版せられた日本及日本人に関する図書の整備といふ方面からは小規模の日本図書館、また相当包括的に組織的に調査研究を継続する点からは変態の単科大学、常例講壇を設け、調査研究の結果を公演する点からは宗教宗派を超越せる特種の教団、或は図書の刊行に、或は通信に、或は招請に応じて弘く日本文化の説明紹介にあたるといふ側からは文化情報局と申せぬ事もありません。[…] 国家文明の交会接触する場合には文化は必ず国家国民の政治的経済的活動と相須って、国交を深厚にする上に特別の働をする従って欧米各国が交りを海外に求める際には、屹度文化を先頭に立てる。[…] 文化事業の本質的価値は単に政治経済と相須ち相輔けて国交を深厚ならしむるにあるのみではなく、却て幾何米国文化の集大成に貢献し、裨補する所に見出さる可きである。(『紐育新報』一九二六年一〇月一三日)[26]

角田柳作は、ハワイ滞在時代から日本文化学会の中核となる「東西文明の渾融」[27]を提唱している。また日本文化学会の発案は移民問題からであると述べており、[28] 移民問題の解決策として日本のことをアメリカに周知してもらう必要性を考え設立を促したのである。趣意書にある日本の文化がアメリカの文化に接触した際に発生する問題の真相を解明するという日本文化学会設立の目的は、邦人美術展覧会開催の趣旨である「邦人美術家の努力と、その力作を広く世に紹介し」、「日本に生れ、日本の血を受けたこれ等美術家が、いかに泰西の思潮に同化し、そこに創造的努力を試みつゝあるかを、この国の人々の鋭い批判に求めんと欲する」ため（『紐育新報』一九二七年二月一二日）[29]と同じであり、文化による国交親善は、「日本人美術家の作品が漸く米国の美術界にその価値を認められる機会に到達したことは、文化を通じて国と国との親交を温めることを理想とする我々在留民にとりては、まことに喜ばしい現象」（『紐育新報』一九二六年一一月一七日）[30]である、という点と一致する。さらに、一九二六年一一月一六日に開催された紐育日本人会の理事例会では、日本文化学会の設立を後援することが満場一致で決議されている（『紐育新報』一九二六年一一月二〇日）[31]。さらに角田は日本文化学会の趣意書の印刷と発表には、日本人会の役員を務める紐育新報社の水谷渉三の協力があったと述べていることから（『紐育新報』一九三一年一二月三〇日）[32]、紐育新報社が邦人美術展覧会を開催した背景には一九二四年の移民法制定以後、さらに風潮が高まった移民問題から日米親善を目的に日本人会が設立を促していた日本文化学会の事業との関連があったのだろう。

4　招待会と美術展評

紐育新報社主催の展覧会が日本文化学会設立に向けた事業の一環として、日米の文化交流を目的としていたことを裏付ける動機は審査委員にも表れている。それは日本人画家の展覧会でありながら、独立美術家協会の役員を務めるジョン・スローン、ウォルター・パッチ、ロックウェル・ケントや一九二二年からサロンズ・オブ・アメリカのディレクターを務める国吉康雄が審査委員（後に顧問とする）になったことである（『紐育新報』一九二六年一二月四日）[33]。このようにアメリカの美術界で著名な画家を審査委員にすることで、日本人画家の作品をアメリカ社会にも紹介し、絵画を通して東西文化の融合を日米相互に伝達する目的があったのではないだろうか。日米間の情報伝達の手段として展覧会初日の一九二七年二月一六日には英字新聞の記者も招待したレセプションが開かれ（『紐育新報』一九二七年二月一九日）[34]、英字新聞には同展覧会の批評が掲載されている。さらにこれらの英字新聞の批評は日本語新聞にも翻訳して掲載されていることから、日本語新聞はアメリカの反響を日本人に伝える意図があったのだ。では、英字新聞にはどのような批評が掲載されたのだろうか。ここでは日本語新聞に掲載された翻訳記事の内容を中心に見てみよう。

まずは『タイムズ』（一九二七年二月二〇日）[35]の記事を翻訳した『紐育新報』である。

アート・センターには昨今紐育新報社主催第一回美術展覧会が開催されているが、是等多数の日本人美術家諸氏は打ち見た処日本人として祖先から受けた最も尊い賜物を捨てゝ何処までも泰西思潮とその実際に近づかうと焦り、従てその観察眼は泰西化したものと思惟しているらしいけれどもそれが泰西の観察眼でないことは勿論である。この芸術的混乱は己むを得ないものであらうが、而かも米人の眼から見るならばそれがいかにも沐猴に冠と云ったやうな感じから免れることは出来ない。が、この中でも最も興味あるニユヨ《（ママ）》ークの生活断片として見るべきものは藤岡昇君の「チャールストン」と「地下鉄の午後」であり、一刻をも争ふやうな忙がしいアメリカ人にとって印象を深めるものは村田雪子女史の「春宵《（ママ）》」と齋藤龍江氏の画にして、これは伝統の力のいかに尊いものであるかを示すと共に伝統を離れてものを味ふことのいかに難かしいものであるかを物語っている。（『紐育新報』一九二七年二月二六日）[36]

同じ記事をもう一つの日本語新聞『日米時報』では次のように取り上げている。

紐育新報主催の絵画彫刻を網羅した第一回美術展がアーツセンターで開かれた。出品の美術家諸君は祖先天稟の才能を発揮せんと意識し彼等が西洋着眼点と感ずる洋法を採用して居る。勿論この見地は間違っている。而して美術的イディオムの混同により米国の公衆は何となく瞞着にちかい摸倣の恐怖を感ぜざるを得ない。

紐育の面影を止めどんな人種の紐育人にも興味深く感ずる美術家の作品中に藤岡昇の『地下鉄の午后』がある。かず多い出品中村田紅雪の『春宵』は米人に憧がれ齋藤龍江の『迎客有情』は日本画の真価を発揮して居る。日本の伝統的趣味を外部に適用するは実に至難の業である。（『日米時報』一九二七年二月二六日）(37)

『紐育新報』、『日米時報』ともに日本人の作品に西洋と東洋の文化の両方を表している点を指摘している。それぞれの記事のタイトルを見ると、『紐育新報』には「尊い日本人の伝統を捨て乍ら　泰西化し切れない美術展」とあり、西洋文化の享受と日本文化の融合の難しさを述べた記事内容を意訳したタイトルがつけられている。しかし『日米時報』では「紐育新報主催美術展の批判　英字新聞美術記者により―紐育タイムズの批評『西洋化した日本品』」とあり、英字新聞のタイトルの直訳となっている。また、『紐育新報』には日本人画家は創作の技法に「泰西思潮」を取り入れようとする姿勢があり、彼等は「泰西化」していると自覚を持っているらしい。しかしそれは「泰西の観察眼」ではない。したがって作品には芸術の混乱が描かれているとある。いっぽう『日米時報』では、日本人画家は技法に「西洋眼点」を採用しているがこの見地は間違っており、作品にはイディオムの混同が表れているとしており、画家の西洋化の意識についてはふれられていない。このように『紐育新報』では「泰西」という言葉を繰り返し用いて、絵画作品に表れた東西文化の融合を表現しており、英字新聞に現れた展覧会開催の目的を明確に翻訳しているといえよう。

ではこれ以外の英字新聞ではどのように紹介されたのだろうか、次に『トリビューン』(一九二七年二月二〇日)[38]の訳を見てみよう。

紐育新報社主催紐育在留日本人美術家の展覧会は我々の前に再び美術に対する民族の固執性といふ問題を提供して呉れた。日本人の美術に対する才幹はこの展覧会で遺憾なく発揮されていることは、清水登之氏の『横浜の夜』のみでも立証され得る。若しそれ技巧上の優秀な表現は幾多の出品に発見し得るが、特に我等の興味を惹くのはその源泉が純真な日本人味に満ちていることである。素より泰西の流れを汲んだ幾多の画即ちウイスラーばりな寺徹圓氏の『少女』犬飼恭平氏の完全に近い油絵、加藤健太郎氏の『漁村』など彼等の同化性を優秀に発揮したものもあるけれどもこれによりて日本人味を消すやうなことはないのみならず、展覧会の全般を通じて受ける印象は彼等の国民性なるものが鮮明に示されていることである。これ等の中の二三点即ち齋藤龍江氏の『迎客有情』村田雪子夫人の『春宵』等は日本古来の伝統に発した絵画で如何にも自然にのんびりとした筆致を見ることが出来る。同時に泰西の思潮に圧迫されて東洋人的な心性を失った幾多の絵は遠慮なく云へば極めて平々凡々である。併し斯うした絵画の中にも石垣栄太郎氏の『尼僧と少女』の如き除外例はある。この画に於て彼は泰西の感化から離れて日本人らしい線の動きを見せている。換言すれば日本人がその美術的習性を泰西化していることは我々に対する大きなコンプリメントではあるが、日本人は飽くまでも日本人としての習性に忠実であることは彼等に対する最も大きな報ひであらなければならない

（『紐育新報』一九二七年二月二三日）[39]

同じ記事を『日米時報』では、次のように掲載している。

紐育在留の日本人画家は第一回美術展を催して人種的美術美を天下に誇らうとした。約五十の絵画と彫刻をアーツセンターにあつめた紐育新報主催の美術展は即ちそれである。此作品から見て今日の日本人に画才のある事がよくわかる。清水登之氏の『横浜の夜』だけでも十分之を証している。然し画の全体から見て全然其国民性を発揮しやうとした傾向はある。二三の日本画例へば齋藤氏の『迎客有情』紅雪氏の『春宵』などは明かに古風を型ったものである。是等の作には余裕があり力がある。洋風をまねた東洋風の作品は忌憚無く言へば平凡で何の面白味も無いものだ。

この中には石垣栄太郎君の画の様な例外はあるが一口に言へば日米人の洋画は単にお世辞に過ぎず寧ろ全然日本画に執着する方が彼等のために安全である。（『日米時報』一九二七年二月二六日）[40]

二紙の記事で共通するのは、次の三点だろう。まず日本人の画才をアメリカ社会では評価している。次に西洋絵画の技法を模倣した作品は平凡で面白味がないとしている。そして日本人は日本の伝統を創作に生かすべきだと指摘していることである。また異なる点は、『紐育新報』では「日本人味」を忘れないで　特色のある美術展へラルド　トリビュン紙の批評」というタイトルからもわかるように、日本人画家は西洋画の技法を享受しながらも作品には、「民族の固執性」や「国民性」、「日本人味」が表れていると述べており、西洋文化の享受を評価しつつも日本の文化を表現することの重要性も説いている。しかし『日米時報』では、西洋画よりも日本画に執着する方が安全だとしている。このように『紐育新報』の方が日本人画家の作品に表れた西洋と東洋の文化を詳細に翻訳して展覧会の開催の目的を伝えている。

以上の二つは翻訳された記事の内容がほとんど同じである。しかし翻訳内容が大きく異なる記事もある。では『ポスト』（一九二七年二月二六日）[41]の記事を見てみよう。

ニューヨーク夕刊ポスト紙はこの土曜日の美術欄に長文の批評を掲げ、『東は東、西は西』の詩句を引例して泰西式な力作品の中にひしめく伝統の力の偉大さを謳歌し『これ等日本人の眼に映じた鋭い批評が種々な作品に現れて居る、藤岡昇君のアメリカ魂、臼井文平君の工場[42]、清水清君の十四丁目等は我々の狂気染みた生活に対する外来者の観察である。而かもこのフランテックなそして常に不合理な生活の反映なるものは見る者にとって決して愉快なことではない。これに反して東洋の伝統的な絵画に対し我々は画としての美しさと強さとを観取し得る。即ち村田雪子さんの春宵や齋藤龍江氏の画、加藤健太郎氏の漁村、清水登之君の横浜の夜等は天賦の豊かなこれ等芸術家の伝統を踏襲したものとして興味を与える』。（『紐育新報』一九二七年三月二日）[43]

ここで指摘している「『東は東、西は西』の詩句の引例」とは、『ポスト』の記事の冒頭にある「East and West should "never meet"」を指しており、これはキップリング（Kipling）の「東と西のバラード」の引用だと推察することができる。『紐育新報』では、日本人画家が欧米の技法を享受しながらも、日本人の作品に西洋と東洋の両方の文化の影響が表れていることを指摘していることから、冒頭部部分は東西の文化の融合を示唆するために引用したのだと解釈しているのだろう。

ところが『日米時報』では、「東は東、西は西」の冒頭部分をしばしば排日論者が引用したことを指摘し、酷評であると批判している。

紐育有力の夕刊紙ポーストは前土曜日の紙上で紐育新報主催の邦人美術展を酷評し甚だしきは排日論者などが引用する『東は東西は西』の文句を使って人真似はせぬものだと諷しなぜ日本人は難かし《ママ》て西洋風を無理に真似ようなど丶せずに日本固有の画風画才に拠らぬのだらうと余計なしん配迄して居た。（『日米時報』一九二七年三月五日）(44)

『ポスト』の記者マーガレット・ブローニングは、一九二五年のサロンズ・オブ・アメリカの批評(45)で清水清の《バーレスク》、藤岡昇の《凝視》、石垣栄太郎の《尼僧と少女》については東洋人の新鮮なまなざしで描いたアメリカの風景であると、日本人画家が取り上げる画題の独自性を指摘している。このことから、一九二七年の邦人美術展覧会は、酷評したのではなく、ジョン・スローンなど当時のアメリカの新進画家が好んで描いたニューヨークの路地裏を題材にした作品を日本人画家も描いた点を評価したのだと考えられ、『紐育新報』の方が『ポスト』の批評の趣旨を得た報じ方をしているといえよう。

このように日本語新聞は同じ英字新聞の批評をそれぞれ紹介しているが、『紐育新報』では新進画家の洋画は日本人独自の観察眼による題材で描かれた芸術作品であり、東洋と西洋の文化を融合したものであるとしている。しかし『日米時報』では、分量も少なく意訳された部分もあり、展覧会開催の趣旨である東西文化の融合はあまり強調されていない。

また、『日米時報』に掲載された英字新聞の記事の翻訳は、管見の限りではここで取り上げた三紙だけだが、『紐育新報』にはこのほかの英字紙もある。たとえば、日本人が西洋文化をいかに巧妙に取り入れているかを紹介した『クリスチャン・サイエンス・モニター』[46]や、作品に表われた東西の融合を指摘した『ワールド』[47]の批評があり、『日米時報』よりも多くの英字紙の批評を紹介している。このようなことから『紐育新報』には文化を通じた国交親善を図る日本文化学会の事業の一つとして、邦人美術美展覧会に関するアメリカ社会の反響を日本人社会に発信する意図があったと推察できる。紐育新報社が邦人美術展を主催したことは、日本語新聞の紙面を使って展覧会に関する日米両方の批評や反響を伝えることで、文化交流と日米親善を中心とした日本文化学会の設立を唱える日本人会のメディア政策だったのである。

おわりに

一九二二年の『紐育新報』には国吉康雄の次のような記事がある。

背景の無い米国、直覚的にコムマアシャリズムを想像させる米人、この空気に囲まれて居る米国は――芸術を要求しない。この米国にどうして本統の芸術が生れやう。自分は今少し真面目な空気に触れたい。こんな処にぐづ〳〵して居れば自分の持ってるピューアなソールまでコムマアシャライズされてしまふであらう。

……

私の或る友人はこんな理由で欧州へ旅立った［…］然しこの商売的な米国にもウオルト　ホイットマンが生れ、エー　ビー　ライダアの様な画家も生れた。米国を非芸術国とするよりか、今少し大きな心を持って自然の美を感受し得たならば、このアメリカの空気も其研究者に対して、ライダアに対するが如く又ホイットマンに向った如く、偉大な自然美を感げ《ママ》得さすであらう。独歩の曰く『山林に入りて自由なる霊に接するを要せず。自由なる霊は到る処にあり』と。（『紐育新報』一九二二年二月一八日）(48)

商売的で非芸術国とされたアメリカを背景にして、アメリカの芸術家は生まれた。この記事が掲載された一九二二年のニューヨークでは、日本に生まれアメリカで美術を学んだ日本人画家がアメリカの画壇に進出している。彼等の活躍を背景に、一九二七年に紐育新報社主催で邦人美術展覧会が開催された。

紐育新報社は、アメリカにおける日本人画家の創作活動を日本人社会とアメリカ社会の両方に紹介し、日米親善と文化的接近を図る目的で邦人美術展覧会を開催したのである。その開催の意図は移民問題から角田柳作が提唱した日本文化学会の設立の趣意と一致している。この展覧会は日本の文化をアメリカに紹介し国交親善を図る目的で邦字新聞だけではなく英字新聞にも紹介されている。英字新聞の批評には日本人の絵画は西洋文化を巧みに享受していると評価したものもあるが、日本人としての個性を創作に反映させていくべきであるとの指摘もある。これらの批評から一九二〇年代後半のアメリカにおける日本人画家の創作活動は、彼等の祖国である日本と現在生活しているアメリカの両方の文化をいかに反映させていくのかを模索する時期だったと考えられる。

角田柳作は「日本文化学会」を設立の資金調達、資料蒐集のために帰朝しており一九二七年の展覧会を見ていない。しかし角田の援助者であり、日本人会の役員でもある水谷渉三が経営する紐育新報の主催で一九二七年に邦人美術展覧会が開催されたことは、日本文化学会の設立を目的にした日本人会の事業の一環だったのである。

展覧会の閉会後に結成された美術同人会について国吉康雄は次のように述べている。

私等洋画彫刻家が集って此たび美術同人研究会を作りました［。］根本的に自分等の頭脳を練り共に技術の上達を講究しやうと云ふのです。広く米国現時の画壇を一見致しますと吾等日本人美術家は相当芸術的に地位もあり了解もされて居ます。それを今一層土台から築き上げて心強い団体とするのです。［…］筆ばかり練達しても思想が伴はなければ駄目です。それが為の研究所が出来ました［…］芸術に依って東西の理解を進める事は俗的に依ってよりも根本的であり又常に白人間に活動している私等は一層此団体によって奥深く触れる事ができるのです。それを完成するには無論在留邦人諸君の援助を多とするのであります。（『日米時報』一九二七年四月三〇日）(49)

この中で国吉康雄はアメリカの文化により深く触れることが出来る日本人画家はその立場を活かし、芸術作品を通して東西の文化の理解を進めていくことが必要だと述べている。紐育新報社主催の展覧会は、アメリカの日本人社会だけではなく新聞の紙面を利用して日本人画家の作品をアメリカ社会にも紹介することで、日米の両方から反響があった。この展覧会は彼らの創作活動の方向性を見出す契機となったのだろう。国吉康雄らを中心とする日本人画家の団体は、この後日本美術協会へと発展し一九三五年と一九三六年に紐育新報社後援で邦人美術展覧会を開催している。

このようなことから、『紐育新報』は移民法制定以後の排日の風潮が高まるアメリカで、新聞というメディアを通して美術作品における東西文化の融合をアメリカ社会と日本人社会に伝え、日米親善を計る目的で邦人美術展覧会を開催した。日本語新聞は新聞の紙面を利用して展覧会の趣旨を一度に複数の地域の人々に広く情報を伝える格好の媒体だったのである。またそれだけではなく、『紐育新報』が英字新聞の記者との連帯関係を活用し、美術展の反響を日米両方の社会に伝えたことに本展覧会の意義はある。紐育新報社主催の邦人美術展展覧会はアメリカにおける日本人の文化を日本人社会に伝えるだけではなく、日米の親善を目的にした日本人社会とアメリカ社会をつなぐ日本人会のメディア政策だったのである。

付記

本章に関する調査・研究ではColumbia University Butler Library, 同C.V. Starr East Asian Library, 同Avery Architectural & Fine Arts Library, Harvard University Harvard-Yenching Library, Center for Research Libraries, Frick Art Reference Library, Thomas J. Watson Library, New York Public Library, Archives of American Art, Smithsonian Institution, 東京大学総合図書館、外交資料館、和歌山県立近代美術館、太地町立石垣記念館をはじめ多くの方々にご協力をいただいた。末尾ながら厚くお礼申し上げます。

［註］

（1）紐育日本美術協会主催で一九一七年三月一二日から三月二四日まで山中ギャラリーで開催された展覧会の出品目録はスミソニアン・アメリカンアート・アーカイヴス（Archives of American Art, Smithsonian Institution）に所蔵されている。また一九一八年二月二日から二月一〇日までマクドーウェル・クラブで開催された展覧会の出品目録はフリック・アート・レファレンス・ライブラリー（Frick Art Reference Library）に所蔵されている。

（2）一九二二年一月一日から一月二一日までシヴィック・クラブで開催、出品目録は和歌山県太地町立石垣記念館に所蔵されている。

（3）『アメリカに学んだ日本の画家たち—国吉・清水・石垣・野田とアメリカン・シーン絵画』〔展覧会図録〕東京国立近代美術館他、一九八二年。『太平洋を越えた日本の画家たち展—アメリカに学んだ18人』〔展覧会図録〕和歌山県立近代美術館他、一九八七年。『アメリカに生きた日系人画家たち—希望と苦悩の半世紀１８９６—１９４５』（終戦五十年企画）〔展覧会図録〕東京都庭園美術館他、一九九五年。『アメリカの中の日本—石垣栄太郎と戦前の渡米画家たち』〔展覧会図録〕和歌山県立近代美術館、一九九七年。

（4）浅野徹「大正・昭和前期の在米画家についてのノート」『太平洋を越えた日本の画家たち展―アメリカに学んだ18人』（展覧会図録）和歌山県立近代美術館他、一九八七年、七八～八二頁。

（5）安來正博「石垣栄太郎関係スクラップ資料と、その補足的考察（1）」『和歌山県立近代美術館紀要』一号、一九九六年、一五～六六頁。「石垣栄太郎関係スクラップ資料と、その補足的考察（2）」『和歌山県立近代美術館紀要』二号、一九九七年、五五～一〇三頁。「資料に見る戦前の渡米画家たち―その活動の軌跡」『アメリカの中の日本―石垣栄太郎と戦前の渡米画家たち』（展覧会図録）和歌山県立近代美術館、一九九七年、五七～六二頁。

（6）安來正博「資料に見る戦前の渡米画家たち―その活動の軌跡」『アメリカの中の日本―石垣栄太郎と戦前の渡米画家たち』（展覧会図録）和歌山県立近代美術館、一九九七年、六〇頁。

（7）角田柳作の日本文化学会は、一九二八年三月に日本側で「日米文化学会」が、一九二九年七月にアメリカ側で「Japanese Culture Centre」がそれぞれ設立されている。この事業については、荻野富士夫『太平洋の架橋者　角田柳作「日本学」のＳＥＮＳＥＩ』（芙蓉書房、二〇一一年）、内海孝「角田柳作のハワイ時代―一九〇九年の渡布前後をめぐって」『早稲田大学史記要』通巻三四（一九九八年）、一二一～一七四頁。「角田柳作のハワイ時代再論―一九〇九年～一七年の滞在期間を中心にして」『早稲田大学史紀要』通巻三五（一九九九年）、九一～一二四頁、「角田柳作のコロラド時代―コロンビア大学「日本学」生誕前夜をめぐって」『東京外国語大学論集』七五号（二〇〇七年）、二三五～二六八頁に詳しい。

（8）前田河広一郎「地獄」『三等船客―創作』自然社、一九二二年、一七一～二七八頁。

（9）ニューヨークの日本語新聞の歴史については以下の資料と論考がある。千本木生「紐育邦字新聞の歴史」『紐育新報』一九一五年一月二日。蝦原八郎『海外邦字新聞雑誌史』学而書院、一九三六年。高須正郎「ニューヨーク日系紙の変遷と発展」『別冊新聞研究』一七、一九八三年八頁。田村紀雄、蒲池紀生、芳賀武「日系新聞研究ノート（7）紐育日系新聞小史〔含　資料〕」『東京経大学会誌』一四〇号、一九八五年、一一九～一五八頁。

（10）拙稿「アメリカにおける邦人美術展覧会―ニューヨークの邦字新聞から」『移民研究年報』二一号、二〇一五年三月、一〇一～一一七頁。

(11)(10)に同じ。

(12)一九一三年にニューヨークの第六九連隊兵器工場で開催された「国際現代美術展」、アメリカ美術に加えフォービズム、キュビズムなどのヨーロッパの近代美術を紹介した展覧会。

(13)*Catalogue of The Tenth Annual Exhibition of The Society of Independent Artists.*〔Exhibition Catalogue〕(New York: Waldorf Astoria, 1926)に藤岡昇《アメリカン魂(American Sprit)》、平本正次《踊女(Dancer)》、石垣栄太郎《行列聖歌1925(Processional 1925)》、清水清《十四丁目(Fourteenth Street)》、角南壮一《ダイクマンのテニスコート(Dyckman Tennis Court)》、渡辺寅次郎《瀧(Over The Fall)》の図版がある。

(14)安來正博「石垣栄太郎関係スクラップ資料と、その補足的考察(1)」(『和歌山県立近代美術館紀要』一号、一九九六年、二一頁)では、*World Telegram* 掲載とあるが、Forbes Watson. "Independent Exhibition Has Over a Thousand Works by Beginners and Experts," *World*, 21 March. 1926. に掲載されている。

(15)同作品は二つに切断され、《街》というタイトルで右半分が神奈川県立近代美術館、左半分が和歌山県立近代美術館にそれぞれ所蔵されている。

(16)"Academy of Design Reaches a New Age," *New York Times Magazine*. 21 March 1926.

(17)Clark S. Marlor, "*The Salons of America1922-1936*," (Madison Connecticut: Sound View Press, 1991).

(18)安來正博「石垣栄太郎関係スクラップ資料と、その補足的考察(1)」(『和歌山県立近代美術館紀要』一号、一九九六年、二一頁)では掲載紙不明とあるが、Margaret Breuning. "The Salons of America and the Outworn Cause of Artistic Freedom: Other Notes of the Week in the World of Art." *New York Evening Post*, 31 October 1925 に掲載されている。

(19)東京国立近代美術館所蔵。また同作品は一九一八年のナショナル・アカデミー(Peter Hastings Falk, ed. *Annual Exhibition Record of the National Academy of Design, 1901-1950*. Madison Connecticut: Sound View Press, 1990: 282)、一九一九年シカゴ・アート・インスティチュート(Peter Hastings Falk, ed. *The Annual Exhibition Record of The Art Institute of Chicago 1888-1950* Madison Connecticut:

Sound View Press, 1990: 469)、一九二一年ペンシルヴァニア・アカデミー（Peter Hastings Falk, ed. *The Annual Exhibition Record of the Pennsylvania Academy of the Fine Arts*, Vol.3 Madison Connecticut: Sound View Press, 1989: 248）に出品された。

（20）横浜美術館所蔵。同作品は一九二一年の第五回独立美術家協会展、同年のシカゴ・アート・インスティチュートの年次展覧会に《Impression of Yokohama》の題名で出品されている。オーガスタス賞取り消しについては "Chicago Overrules Jury and Bars Jap," *American Art News*, 12 Novemder. 1921.「籠欄」『紐育新報』一九二一年一一月五日に関連記事がある。

（21）出品目録は、和歌山県太地町立石垣記念館所蔵。

（22）「本社主催「邦人美術展」来年二月一日より二週間に亘り東部在留邦人美術家を網羅して」『紐育新報』一九二六年一一月一七日。

（23）「邦人美術展」『紐育新報』一九二七年二月一二日。

（24）「一流米人を主体として　日米文化学会産る　米国に於ける日本文化施設機関」『紐育新報』一九二九年八月三日。

（25）角田柳作「The Japanese Culture Centre の創立に就て」『本邦ニ於ケル文化研究並同事業関係雑件』一九二六年、外交資料館所蔵。

（26）「紐育に創設せらる、日本の文化的事業　紐育日本人会書記長　角田柳作氏意見」（上）、（下）『紐育新報』一九二六年一〇月一三日、一六日。

（27）角田柳作『書斎・学校・社会』布哇便利社、一九一七年、二七一頁。

（28）角田柳作・松本重治・田中耕太郎・嘉治隆一「座談会　アメリカの真実を認識せよ―老紐育人角田氏を囲んで―」『心』一九五五年八月、三八～五一頁。

（29）（23）に同じ。

（30）（22）に同じ。

（31）「紐育日会の理事例会」『紐育新報』一九二六年一一月二〇日。

（32）坡土遜小叟「曼陀羅と達磨」『紐育新報』一九三一年一二月三〇日。

（33）「紐育新報社主催第一回邦人美術展覧会規定」『紐育新報』一九二六年一二月四日。

（34）「近代派官学派入乱れて　咲誇る邦人美術展」『紐育新報』一九二七年二月一九日。

（35）These artists for the most part have emptied their consciousness of the attributes most prized by their gifted ancestors and are working with Western methods from what they doubtless feel is a Western point of view. Of course, the point of view cannot be that, and through the confusion of artistic idiom the American public hardly can fail to shrink somewhat from an imitation that suggests mockery.

The most interesting work in which the artist has preserved fragments of New York as it might appear to a New Yorker of any race is by Noboru Foujioka in his "Strap Hangers" and "Charleston."

To turn from the restless scenes and the not fully disciplined methods inspired by our America to Mrs. Yukiko Murata's "A Spring Evening" and Ryuko Saito's beautiful portrait of a room is to realize the immense value of traditional taste and the infinite difficulty of applying traditional taste to matters outside its tradition.

（Elisabeth L. Cary, "An American a Slav and Some Japanese Painters "Westernized" Japanese," *New York Times*, 20 February, 1927.）

（36）「尊い日本人の伝統を捨て乍ら　泰西化し切れない美術展　タイムスのケリー女史が鋭い批評【アート・センターに於ける邦人美術展の賑ひ】」『紐育新報』一九二七年二月二六日。

（37）「紐育新報主催美術展の批判　英字新聞美術記者により」『日米時報』一九二七年二月二六日。

（38）The whole question as to the persistence of racial traits in art is brought up again by the first annual exhibition made by Japanese artists living and working in New York. Some fifty-odd examples of their painting and sculpture have been assembled at the Art Center by "The Japanese Times." From this collection it is clear enough that the contemporary Japanese has talent. One picture alone, the "Yokohama Night" of Mr. Toshi Shimizu, would prove that. It is a beautiful treatment of a crowded urban theme. They are several other pieces which make the same excellent demonstration of technical skill. And the interesting thing is the way in which the truest source of that skill appears to be a purely Japanese spring. The presence of a few paintings well executed according to a Western hypothesis does not obscure this fact. The Whistlerian "Young Girl" of Mr. Tetsuen Tera, the accomplished paintings by Mr. Kyohei Inukai, the clever "Fisherman's Village" of the late Mr. Kentaro Kato disclose, no doubt, remarkable adaptability, But the testimony of the collection as a whole is all toward the establishment of a national habit of mind as inalienably national. Two or three of the pictures are frankly derivative from the old Japanese tradition, the "Interior" by Mr. Ryuko Saito, the "Spring Evening" of Mrs.Yukiko Murata. The painters in these seem at ease and their work is convincing. The many things that have proceeded out of Oriental minds under the pressure of Western modes are frankly, mediocre and quite uninteresting. Only once is this judgment reversed, in the case of Mr. Eitaro Ishigaki, the painter of "Nuns and Flappers," and in this the arresting point is that at which the artists deviates from his Western mood into a linear idiom recalling his native school. In a word, the Japanese pays us a charming compliment, when he turns to our artistic habit, but he is most rewarding when he adheres to his own and remains absolutely Japanese.

(Royal Cortissoz, "The Modern Japanese How He Functions as an Artist in the Western World," *Herald Tribune*, 20 February 1927.)

(39)「「日本人味」を忘れないで　特色のある美術展　ヘラルド　トリビュン紙の批評　昨今売約の交渉がぽつり〳〵」『紐育新報』一九二七年二月二三日。

(40)「紐育新報主催美術展の批判　英字新聞美術記者により」『日米時報』一九二七年二月二六日。

(41) It does not seem a tragedy that the East and West should "never meet," for they are more interesting when speaking in their own idioms. This is apparent in this exhibition. There is no dearth of talent, but one conjectures it might achieve more in Oriental tradition than in Western speech.

Many of these artists are already familiar to exhibition frequenters. Shimizu, Kuniyoshi, Foujioka and Ishigaki, for example, have exhibited in group shows and individually.

In many ways the studies of American life by these Japanese artists form a tremendous indictment of our Western civilization.

"Charleston," or "American Spirit," by Noboru Foujioka; "The Carpenter's Shop," by Bunpei Ushui; "Fourteenth Street," by Kiyoshi Shimizu, reflect the frenzy of living which characterizes us evidently in the eyes of outside peoples. It is hardly a pleasing reflection from a mirror held up to a display of frantic and rather unreasoning activity.

On the contrary, the paintings that retain the Oriental tradition in some degree have great charm and effectiveness. A group by Mrs. Yukiko Murata, an "Interior," by Ryuko Saito, the delicate vision of "Fisherman's Village," by the late Kentaro Kato, or Toshi Shimizu's "Yokohama Night" are here to reveal the power of these talented artists when working in terms of their own tradition.

(Margaret Breuning, "Japanese Artists," *New York Evening Post*, 26 February, 1927.)

(42) 本作品は現在ニューヨーク、メトロポリタン美術館で《Furniture Factory》というタイトルで展示されている。

(43) 「三月五日に閉幕する　第一回邦人美術展　米人批評家の眼に映じた日本人　モーダニスト　伝統的な日本画」『紐育新報』一九二七年三月二日。

(44) 「紐育夕刊ポーストの美術展酷評　飽迄馬鹿にして居る」『日米時報』一九二七年三月五日。

(45) Margaret Breuning, "The Salons of America and the Outworn Cause of Artistic Freedom: Other Notes of the Week in the World of Art," *New York Evening Post*, 31 October 1925.

(46) Ralph Flint, "New York Art Miscellany," *Christian Science Monitor*, 24 February 1927. については「三月五日に閉会する　第一回邦人美術展　米人批評家の眼に映じた日本人　モーダニスト　伝統的な日本画」『紐育新報』一九二七年三月二日に翻訳が掲載されている。

(47) "New York Japanese," *World*, 27 February, 1927. については「三週間も何時か過ぎて「邦人美術展」はけふ閉会内外人より名残を惜しまれて」（『紐育新報』一九二七年三月五日）に「この展覧会がいかに深い興味を彼等に与へたかを窺知するに足るであらう。現にニューヨークウォールド紙の如きも美術を通じた東西の融和を高調して居る」とある。

(48) 国吉康雄「美術我観」『紐育新報』一九二二年二月一八日。

(49) 国吉康雄「同人の叫び」『日米時報』一九二七年四月三〇日。また美術同人会については、国吉康雄「美術同人会」（『紐育新報』一九二七年四月三〇日）にも掲載記事がある。

第11章 一九三〇年代の日系アメリカ人の文学活動と「左翼的」結びつき
――『収穫』『カレントライフ』『同胞』ほか

水野真理子

はじめに

異国に新たなコミュニティを築いていく移民たちにとって、情報伝達・発表の手段であるメディアは必要不可欠であり、そしてそれとの関わり、結びつきは強く深いものである。このような性質上、これまで移民とメディアとの関係、メディアの生成と発展などを探る研究が蓄積されてきた。本共同研究の趣旨に基づく本章も、そうした関心からなされるものである。

これまでの移民とメディアについての先行研究としては、かなりの成果が挙げられている。白水繁彦『エスニックメディア研究―越境・多文化・アイデンティティ』（二〇〇四年）の第二章や『日本の移民研究―動向と文献目録Ⅱ』（二〇〇七年）の第八章を参照しながら、先行研究の傾向について、特に次の二点を指摘したい[1]。

まず第一に、対象となるメディアとしては、圧倒的に新聞が多い。蛯原八郎『海外邦字新聞雑誌史』（一九三六年）を端緒として、一九八〇年代の在米日系新聞研究会による日系新聞の徹底的な調査はエスニック・メディアの研究を飛躍的に発展させ、さらに日系新聞に関わったジャーナリストや知識人の人間像、また文芸欄に着目することで文学活動の詳細も明らかにされるなど、他分野の研究発展にも重要な役割を果たしている。インターネット、メールマガジン、衛星放送、ラジオ放送などのメディアに対する関心も近年では高まっているようだが、やはり主流は新聞である。

膨大なエスニック・メディアをどう定義するかは難しい問題であるが、白水の広義での定義を借りれば「当該国家内に居住するエスニック・マイノリティの人びとによってそのエスニシティのゆえに用いられる、出版・放送・インターネット等の情報媒体」[2]と言える。この中には文学活動を行う際に発行された、文芸・文化雑誌も含めてよいであろう。しかし、これまで文芸・文化雑誌は文学研究分野においては対象となってきたが、エスニック・メディアとして捉え、その特徴などを他のメディアと比較して位置づけるということはほとんどなされてこなかった。

では、文芸・文化雑誌には、例えば新聞などのメディアと比較した場合、どのような特徴がみられるであろうか。文芸・文化雑誌は、一般的に同人誌的側面が強く、新聞の購読者よりも読者の数は少ない。小集団の中でのみ通用するメディアかもしれないが、その集団は、ある主義や主張、また関心事などを共有し、比較的緊密な人間的結びつきを持った集団である。新聞のような広範囲な人々に向けたメディアと比べると、文芸・文化雑誌は、そこに集う小集団の主義、主張、関心事や目的意識、時代を反映した思潮傾向を分析するのに、一層適したエスニック・メディアではないかと考えられる。

また白水は、多種多様なそれらのメディアを、在日、在米の新聞を主な対象として、おおよそ八項目にもとづき、三つの類型に分類している。その項目とは、送り手・受け手の典型とその例、受け手の滞在思考、受け手の準拠枠・行動の基準、受け手のアイデンティティ、メディア内容、内容類型、使用言語、理念的時代、テクノロジーであり、これらを指標として、一、初期移動者メディア、二、ネオネイティブ・メディア、三、越境移動者メディアに分けている。[3] いくつかの項目を取り上げて例示すれば、『羅府新報』『ハワイ報知』などの日系新聞は、送り手・受け手が一世世代、すなわち旧移動者で、使用言語はエスニック言語、すなわち日本語、受け手のアイデンティティとしてはナショナリズム、または愛郷心と捉えられ、「初期移動者メディア」と位置づけられる。文芸・文化雑誌も、こうした分類のどこに入るのか、またはそれから逸脱する特徴も持つのか意識した上で取り扱う必要があるだろう。

第二に、マクロ的にエスニック・メディアの全体像を把握する研究が存在する一方で、ある一つのメディアに絞り、編集者、発行者、および発行に至る背景、メディアに表現されている内容などを深く明らかにするのが主な傾向である。その蓄積と個々のメディアの比較によって全体的な特徴や問題点などを浮かび上がらせることは、必然的な研究方法であるが、個々のメディア相互のつながりや、複数のメディアに関与する編集者、執筆者に関しての横断的な結びつきを追跡する研究などは少ない。メディアそれ自体、またはメディアに携わる人物相互の関係に着目してみることも、新たな視点として有用であろう。

こうした先行研究の間隙を意識すると、日系アメリカ人の文学活動とその拠点となった文芸・文化雑誌における記述の中には、ある思潮傾向に関して示唆的な点がいくつかみられる。筆者は一八八〇年代から一九八〇年代の約一〇〇年間にわたる、日系アメリカ人の文学活動の変遷を辿る研究を行ったが、その流れにおいて、特に一九三〇年代以降、「左翼的」、あるいは社会主義的、共産主義的な思潮や活動が、しばしば垣間見られた。[4] 例えば、一九三六年一二月に創刊された、日系一世、帰米二世を中心とする日本語文芸雑誌『収穫』には、プロレタリア詩や労働問題に言及した作品が掲載されている。また、充実した文芸欄を持っていた日系新聞『加州毎日』でも、プロレタリア派の作品、またそれを受け、プロレタリア的傾向に数人の文芸人たちが傾いていくことへの異論なども載せられている。[5] また、アメリカ共産党日本支部の機関誌、新聞『同胞』において、英語欄を担当した二世が、その後、マンザナー日系人収容所で『マンザナーフリープレス』(*Manzanar Free Press*)を発行し、さらにその編集メンバーには『収穫』に寄稿していた二世で「左翼的」グループの一員だった者も含まれている。[6] 加えて、戦後においてニューヨークで発行された文芸雑誌『NY文藝』に集まった文芸人たちには、戦前、共産党員として活動していた者、あるいは太平洋戦争中には、日、独、伊のファシズム体制から民主主義を守るという信念のもと、連合軍の対日情報部員として、またアメリカ陸軍の戦略事務局員として従軍した者がいた。[7] また寄稿されている作品には、人種間の平等をテーマにするなど社会意識の強い作品が多くあり、一九三〇年代においてみられた「左翼的」思潮や活動との連続性が推察される。

この「左翼的」思潮や活動に関しては、メディア研究を中心に、ある程度の研究蓄積がすでにある。特に挙げられるのは、田村紀雄の一連の論考である。[8]『同胞』の復刻とその解題で、田村は『同胞』の編集者藤井周而を中心に、日系二世、帰米二世も含めた社会主義・共産主義的動きや主張が太平洋戦争に向かう時間軸において、どう変容したのか、四期に分けてまとめている。[9] また水野剛也は、『同胞』に見られる反日・親米の論調とアメリカ政府の戦時政策への協力を明らかにし、その結果政府に利用されたという「不均衡な相互依存関係」を示すメディアだったと結論づけている。[10] また、日本文学研究からは、プロレタリア文学者の前田河広一郎に関して、アメリカ時代に生み出した作品や、在米の日本人社会主義者金子喜一との関係に言及した論文、研究書もいくつかある。[11] 加えて、研究論文としてではないが、ニューヨークを拠点とするアメリカ美術界における日本人・日系人画家たちが、「左翼的」な活動に従事していたことは、自伝や評伝などでよく言及される。例えば、石垣栄太郎とその妻石垣綾子、国吉康夫などは、第二次世界大戦に際し、ファシズムに対抗し、自由と民主主義を守る社会的活動に積極的に参加した。[12] 彼らに加え、「日系左翼」の活動を語る上で、重要な人物は、帰米二世のカール・米田である。彼は共産党員として労働運動、反ファシズム運動に参加してきた軌跡を自ら公言し、「左翼的」な立場から日系人の歴史の一側面を記述してきた。彼の著作も「日系左翼」の研究において参照すべき資料である。[13] 彼は文学にも関心があり、詩や随筆を書くなど、戦後には『NY文藝』の積極的寄稿者だった。

以上のように、日系人の文学、芸術活動、文学作品や雑誌、新聞などのメディアにおいて、日系人の「左翼的」活動は随所にみられる。それらは、一九二〇年代頃から広まっていった共産主義、社会主義、反軍国主義、反ファシズムの動きの中で生まれ、相互に緊密な接点、あるいは緩やかな連関、間接的な関わりなどを持ちながら発展、もしくは消滅、解消していったと思われる。

以上述べた認識を踏まえて、本章では文芸・文化雑誌のエスニック・メディアとしての位置づけを意識し、またメディアとしての特徴、すなわち、ある集団の思潮傾向を明らかにする目的にとって有用であるという点を生かして、雑誌に携わった人々の横断的なつながりに着目したい。その際、一九三〇年代の日系人の「左翼的」な文学活動に焦点を当て、思想、信条に基づいた人間関係を中心とする結びつきの一端を探り、一九三〇年代から活発化する日系文芸人たちの「左翼的」思潮とその動きについて明らかにしたい。

ところで、本章で使用する「左翼的」の意味について、ある程度明確にしておく必要があろう。概してこの語の含む意味は、一九一七年のロシア革命以降、全世界的に広まった共産主義、社会主義思想、さらに第二次世界大戦における枢軸国のファシズムに対抗し、民主主義を擁護する目的を掲げた運動などを指す。加えて、そうした思想、活動に従事した日系人の中には、労働運動に関心を抱き、プロレタリア文学的要素の強い作品を書いた者もいたため、プロレタリア派もその「左翼的」の意に含めたい。また、実際の資料においては「進歩的」との言葉が使われていることもある。日系人社会にみられる「左翼的」な動きはその活動内容にも程度の差があり、広範囲な意義として捉えておきたいので「左翼的」と括弧付きで記しておく。

1　一九三〇年代の一世、二世の文芸・文化雑誌にみられる思潮傾向——これまでの認識として[14]

本章が主眼を置く一九三〇年代は、一九二九年に始まる世界恐慌を契機として、日米関係の悪化、そして太平洋戦争、日系人強制収容、日本の敗戦へと続いていく一九四〇年代前半の序曲であり、不穏なイメージをともなう時代として位置づけられていよう。日系社会もその時代の影響をさまざまな局面で受けていった。特に議論の的となったのは、一世から二世への世代交代にともなう「第二世問題」であった。一世たちは日米関係が悪化していく中、二世の将来や日系社会の行く末を案じ、二世の二重国籍解消運動や、日本に滞在している二世を呼び戻す帰米奨励運動などを展開、また日本とアメリカの架け橋的役割を二世に期待し、二世の日本留学が推進された。[15]一方、二世たちは、景気悪化のゆえに、またアメリカ主流社会における人種差別が要因となり、就職難に陥っていた。高学歴であっても、希望する専門職に就くことは極めて困難で、多くは商業、野菜や果物店での店員、両親の農業の手伝いなどに甘んじた。[16]また皮肉にも、日系社会の中枢を握る一世たちが障壁になっているという現実もあり、二世は、白人主流社会に存在する見えない壁に苦しむ一方で、日系社会においても自分たちの力を発揮できないジレンマに悩まされ、自信を喪失していた。

このような日系社会の現況を、特に一世側から反映している雑誌が、日本語文芸雑誌『収穫』であった。この雑誌は、一九三六年一二月に文芸団体「北米詩人協会」の機関誌として創刊され、その後、第二号からは「北米詩人協会」と「桑港文芸協会」が合併した「文芸連盟」の機関誌となって、一九三九年六月まで発行された。[17] 前述の白水の類型によれば、『収穫』は主な送り手・受け手が一世で、使用言語は日本語というエスニック言語であり、「初期移動者メディア」に属しよう。ただ、日本語使用者として帰米二世も含まれ、さらには世代交代の時期を反映し、両者の言語的乖離を克服すべく、一世の日本語文学と二世たちの英語文学の統合を試みた点が特徴的である。また、作品の質、内容の充実度や、アメリカ西部だけでなく、東部、中西部にも同人がいるという範囲の広さから、一九〇〇年頃から始まった一世による日本語文学の集大成のような雑誌であった。

掲載される作品は、全体的に政治色は薄く、彼ら自身の日常を詩や短歌、俳句のかたちで表現しているという傾向を持っていた。その一方、労働者としての自覚を全面に出したプロレタリア詩が数多く掲載された時期や、その傾向に対しての懐疑や批判の声が載せられている時期もあった。また、後半には日本軍の中国での戦闘を支持する意見や、日本に対する愛国心を描く短編小説もあり、雑誌全体の主義はあまり統一されておらず、各書き手の表現内容については、自由度が保たれていたと言えよう。

他方、英語を主要言語とする二世たちは、一九三〇年代半ばからいくつか英文雑誌を発行していたが、どれも短命に終わり、その経過を経て、二世文芸人たちの活動を結集させた雑誌『カレントライフ』(*Current Life*)が一九四〇年一〇月に創刊された。この雑誌は、送り手・受け手を旧移動者の子孫、すなわち二世とし、使用言語は主流言語、すなわち英語とした「ネオネイティブ・メディア」と位置づけられる。雑誌発行の意図は、先述した「第二世問題」をどう二世たちが克服するか、その難題を強く意識したものであった。そして彼らの自信を取り戻すために、二世独自の文化的アイデンティティを求め、一世世代との民族的・文化的つながりを保ちながら、アメリカ人として主流社会に参入していくという目標を掲げた。この目標のもとに、二世の文学や芸術、スポーツなどの活動を雑誌に紹介し、主流社会に対して二世の存在と文化・思考のあり方を主張した。この雑誌においては、アメリカニズム、すなわち人種の多様性を尊重する民主主義国家アメリカへの信望が見て取れ、また興味深いことに、同様の信念を持つ他のマイノリティ作家たち、ルイス・アダミックやウィリアム・サロイヤンらと交流しながら、移民出身、またはその家系であるマイノリティ作家の存在感を主流社会で高める意図を持っていた点も特徴的である。さらに、二世の政治組織として生まれ、強い影響力をしだいに獲得していく日系アメリカ市民協会（Japanese American Citizens League：ＪＡＣＬ）のリーダーたちも同様のアメリカニズムの理想を共有しており、彼らとの接点も窺える。

こうした『収穫』『カレントライフ』を含む、一九三〇年代の文学活動における「左翼的」な傾向について注目する先行研究は極めて少ない。ところが、次に説明する『同胞』の記事を鍵とすれば、これらの雑誌をはじめとする日系文芸人たちの文学活動と「左翼的」な結びつきがみえてくるように思われる。

2　文学活動における「左翼的」活動とのつながり──『同胞』も視野に入れて

(1)『同胞』の記事を介してみえるもの

日系新聞『同胞』は、共産党日本人支部の機関誌として、一九三七年一月一日、ロサンゼルスで発行された。[18]編集兼発行人は、帰米二世で共産党員の藤井周而であった。一九三六年末に、同じく党員であった帰米二世カール・米田が主筆を務めていた『労働新聞』が廃刊した際、より大衆的な反ファシズム新聞の発行をアメリカ共産党日本人支部が決定し、その役割が藤井に任されたことで『同胞』発行へと動いていった。月刊、四頁で始まり、しだいに週刊、日刊となっていった。第一八号（一九三八年六月一〇日）から英文欄も設置され、藤井周而、ジェームズ・小田（小田健次）、カール・米田、ジョン・キタハラらが記事、社説などを書いている。反ファシズムの論調、労働運動のニュース、二世問題への関心、日米関係、日本の軍国主義批判などが主な内容である。『同胞』は送り手・受け手が明確に世代で分けられず、帰米二世が中心となって日本語で発行してはいるものの、英語版も設けられており、「初期移動者メディア」と「ネオネイティブ・メディア」の両方の特徴を持っている。特定の信条によって結びついているため、そうした世代を超えているという特徴はある意味当然のことであろう。

この『同胞』には情報提供としての記事の他に、実は文芸欄、および文芸関係の記事、小説の転載もある。一九二七年一一月二〇日の第一〇号から文芸欄は設置され、第二〇号（一九三八年八月一日）までは、エッセイや詩、批評がかなり掲載されている。小説の転載としては、日本では発禁処分となった石川達三の長編『生きてゐる兵隊』（転載回数は二一回）が載せられている。また第五一号（一九三九年一二月一日）頃からは、ほとんど文芸欄はみられなくなるが、代わりに藤村シゲルという人物による「映画欄」が設けられている。全一二八号のうち、前半の一年ほどは文芸に関する積極的な寄稿があり、その後は小説の転載のみか、「映画欄」となり、後半に向かうにつれ文芸関連の記事は少なくなる。掲載された文芸作品の傾向は、やはり『同胞』の性格上、労働者の闘いや反戦をテーマとした教義的作品が多く見受けられる。先行研究においては、文芸欄にはほとんど注意が払われていないが、文芸・文化雑誌とのつながりを考慮してその文芸欄に着目してみると、興味深い記述がなされていることがわかった。

それは「左翼的」日系文芸人に関する、小松孫之助「文芸雑感」（一九三八年四月三〇日）である。[19] なお小松についての詳細は不明だが、『同胞』への寄稿からおそらく共産党員であろう。『収穫』第二号からの母体「文芸連盟」の会員名簿には名前がない。このエッセイにおいて、小松は「北米短歌協会」の歌人渥美久雄に関して、故国日本の改造社編の『新万葉集』に三首の和歌が当選したが、不幸にもその知らせを聞いてすぐ逝去したと説明し、「反動家の多い中に進歩的平和愛好的な作風を見せてくれた氏の逝去を悲しむのは私一人ではあるまい」

とその死を悼んでいる。そして渥美の遺稿、「働けば食ふに困らぬアメリカと安けくあり日は過ぎにけり」を紹介している。この歌は、働き口もあり生活も安定していた時代から、困窮の暮らしを送らざるを得なくなった状況、おそらく一九二九年以降の大不況時代への変化を詠っていよう。このような歌を詠んだ渥美に対して、「反動家の多い中」すなわち、反共産主義的な力の強い社会において、「進歩的平和愛好的」な作風を生み出してきたと小松は評価していることから、渥美の作品が、小松のように共産主義活動に従事する者の心に訴える要素を持っていたことが示唆されよう。渥美は、『収穫』の組織、「文芸連盟」に含まれる「北米詩人協会」の会員であり、「北米短歌協会」のメンバーでもあった。渥美の逝去に関しては、『収穫』第五号（一九三八年一〇月）にも、「故渥美久雄氏を悼む」と題し、追悼歌や詩、随想が四頁に渡って載せられている。[20]

さらに小松は、「在米の文芸家が生活に目覚めて段々と進歩的になりつゝあるのは喜ばしい。」と、「進歩的」な傾向を帯びつつある文芸人たちに着目し、サンフランシスコ、ロサンゼルスにいる「進歩的」な文芸人の名前を挙げている。それらは、「桑港―東城小南、加藤三郎、武田静子、しんいちろう、羅府―林田盛男、上山平八、武田露二、種村青蕪、早川和夫、松田露子、原新吉《ママ》、山下上人」である。彼らは一世、帰米二世で、すべて『収穫』の母体「文芸連盟」の会員や寄稿者である。また、「二世の英文作品にも所謂生活派がふえつゝ」あるとし、その例として「ラリー田尻、パップ津田、ジョー大山、カール近藤、ジョージ古屋、チエ森」が挙げられている。彼らも、日系新聞の英語欄や二世の文芸雑誌を中心に活躍していた文芸人たちである。[21]

これらの名前を挙げられた人々が「進歩的」であるとすれば、一世、二世たちの文学活動を行う者たちの中に、社会意識の強い、共産主義的傾向を持つ「左翼的」な者たちが確実にいたと言えよう。その「左翼的」傾向をより明らかにするために、再度、注意深く彼らの活動や主義・主張を検証する必要がある。

(2)『収穫』における「左翼的」結びつき―プロレタリア派

『収穫』を純粋に作品のみからみた場合、プロレタリア文学的な作風は窺われるものの、『収穫』全体が「左翼的」な傾向を帯びた雑誌だとは感じられない。プロレタリア文学は、日本においては一九二〇年代から三〇年代にかけて流行し、社会主義や共産主義思想にもとづいて、搾取される貧しい労働者の悲惨な生活実態を暴露し、資本家や資本主義のシステムに批判の目を向けた文学である。アメリカでは、一九三〇年代から四〇年代初期に盛んであり、世界恐慌など当時の経済、社会状況を踏まえて、最下層階級のプロレタリアートがどう生きるべきかを探求した文学である。[22]『収穫』のプロレタリア的作品（主に詩）には、資本主義に対する痛烈な批判や、階級闘争、また革命を目指すという過激さはさほど見られない。山本岩夫は『収穫』の解題において、詩の分野で労働者の生活に目を向けた社会意識の強い人々が多いと指摘しているが、明確な「左翼的」傾向については明言していない。[23]

しかし、先の『同胞』の小松のエッセイを考慮すると、もう少し踏み込んだ「左翼的」側面が推察される。その中心人物は上山平八（別名、三田穢土、三田平八）（一九〇四～一九六三）である。彼はハリウッドで俳優としてアメリカ映画にも出演した上山草人（本名、三田貞）と、妻上山浦路（本名、三田千枝）の長男として一九〇四年、東京の新橋で生まれた。のちにアメリカに渡った呼び寄せ一世である。吉見かおるによれば、上山は「日本人プロレタリア芸術研究会（ＪＰＡＬ）」（一九三一年、ロサンゼルスで創立）の一員だったという。[24]その研究会には、画家宮城与徳、その妻で作家山城千代、上山の母、浦路らも参加していたらしい。月刊誌『プロレタリア芸術』を発行していたようで、この雑誌が重要な事実を提供してくれそうだが、残念ながら現物は入手できていない。共産党員のカール・米田もそこに詩を投稿していたという。[25]

また吉見によれば、左翼的活動に従事した経験のある帰米二世画家、ルイス・巌・スズキが、上山が共産主義者であったこと、そして彼から日本語・英語の言語グループから成る、マルクス主義を学ぶ勉強会に招かれたと証言しており、ここから上山と共産党とのつながりが示唆される。[26] スズキは日本滞在中に、電車内で偶然出会った日本人一世の共産主義者の男性から、日本軍の中国での残虐行為について教えられ、帰米を強く勧められた。また帰米するならロサンゼルスの友人も紹介すると言われ、それが上山であったという。彼はスズキがアメリカで生活できるように様々な面で援助を施したようだ。

上山は『収穫』発行に積極的に関与した。創刊時の中心人物は、加川文一、林田盛男、伊丹明、上山平八、矢野喜代士の五人の編集者であったが、内部の人間関係により、二号からは加川と伊丹は『収穫』から去った。その後、中心的な人物は上山となり、それ以後、プロレタリア文学的な作品も多くみられる。[27] しかし、『収穫』全体が「左翼的」組織であったわけではない。吉見は、スズキが上山に誘われて参加したマルクス主義を学ぶ勉強会が『収穫』創刊号の母体「北米詩人協会」ではないかと述べているが、それはまだ検討の余地があるだろう。山本による『収穫』の解題には、『収穫』のメンバーとして一枚の写真が掲載されており、そこに前述の渥美久雄、上山平八、妻のチエ・モウリ、母の上山浦路、武田露二、林田盛夫の妻、そして石垣綾子が映っている。[28] ほとんどが『同胞』の小松のエッセイで「進歩的」と呼ばれた者たちである。ここから、その勉強会が「北米詩人協会」と捉えそうにもなるが、しかし、『収穫』第二号発行時、一九三五年五月頃の「北米詩人協会」の会員数は約六五名で、その中で先の小松による『同胞』の記事に「進歩的」だと名前を挙げられていた人はわずか七名である。したがって、その勉強会とは、上山を中心とするプロレタリア派、「左翼的」文芸人による独自の集まりではないかと推測される。[29]

上山らプロレタリア派の作品としては、例えば次のものが掲載されていた。上山の詩「雨の夜」は、日系一世の俳人伊勢田初枝の追悼歌ではあるが、同時に都会にうごめく貧しい人々の姿が描かれている。[30] 帰米二世の宮崎史郎は原信吉の筆名で詩「キャスケードにて」を寄せ、アメリカの荒れ地を開拓した人々や東洋出身の移民を称賛し、また低賃金で貧しさに喘ぎながら働く労働者の生活を描く。さらにそうした階級差や貧困層を抱えた社会を労働運動によって変革しようという意気込みを表現している。[31] また宮崎は多くの版画の挿絵を『収穫』に載せている。農園で収穫された作物を箱に詰める作業にいそしむ労働者たちを描いた「農園」、節くれだった手が力強く、実った果実をもぎ取ろうとする様子を描いた「労働の果物を!」など、労働者をテーマにした印象的な版画である。[32] 彼の版画は『同胞』にも掲載されており、また彼は一九四〇年一一月頃、病のために急逝したらしく、神山三郎による追悼詩が『同胞』の紙面に「死と闘ふ者―この一篇を宮崎君の霊前に捧ぐ」（一九四〇年一一月一五日）と題して掲載されている。[33] そこには労働運動に参加し、革命を目指し続ける彼の信念、逃れられなかった貧困の生活が詠われており、宮崎と共産党との関わりも指摘できそうだ。

プロレタリア文学の傾向については、一つ注目しておきたい特徴がある。『同胞』において小松は、在米日本人作家たちが、「生活に目覚めて」進歩的になってきたことを歓迎すると述べていた。この「生活」という語は、重要な意味を持っている。なぜなら、在米日本人の文学活動について、この語は一つのキーワードでもあったからである。一九二〇年代の初め頃に西海岸を中心に「移民地文芸」論を主張した、一世世代の作家翁久允も、「移民地文芸」に必要な要素として、移民、またはアメリカに居住する日本人の立場から、厳しい生活の局面をありのままに描くことが必要だと訴えていた。[34] また、一世歌人の下山逸蒼も「生活」を歌うことへのこだわりを持っていた。[35] こうした日系文芸人たちには、彼らの移民としての「生活」を文学作品として表現し、その現実を社会に訴えていくという傾向がかねてからみられた。そしてこの『収穫』においても、同様の傾向が窺える。

例えば『収穫』創刊号、加川文一「創刊の言葉」には、『収穫』を発行するのは「単に文芸雑誌を出して見たいといふ者《ママ》好きな気持ちを満足させる」ためのものではなく、「色々な事情でアメリカに生活してゐる」、また「特殊な事情と環境のうちに今かうして生活してゐる」自分たちの問題について、考え、感じ、経験したことを文芸の形に高めて表現するためのものだと説明されている。そして『収穫』を守っていくことは「自分の生活のよい部分をまもつてゆくこと」であり、「今日と明日のつながりを血で示してゆく誠実な生活態度の現れ」であると結論づけている。[36] 加川は、日系文芸人の間で一九二〇年代半ばから頭角を現し、詩人として一目置かれた存在であった。加えて彼は、文芸人たちがプロレタリア詩的な傾向を帯びていくことに、異論を唱えていた人物の一人でもあった。そのような人物でさえも、在米日本人、日系人の文学の発展を願うときに、おのずから「生活」を重視する姿勢が出てくるのである。

こうした例から考えられるのは、日系の文芸人たちが「移民文学」として目指す、彼らのアメリカにおける「生活」を描こうとする文学的特徴が、プロレタリア文学の持つ、労働者や弱者の立場に立って、その置かれた現状を告発する作風と相通ずる側面があるということだ。移民や移民の両親を持つという出自、彼らの境遇が、ちょうどプロレタリア文学における、労働者階級の人々の苦難を描出し、世に訴えるという特徴と比較的に共鳴しやすいところがあったのではないだろうか。

以上みてきたように、上山平八をキーパーソンとして、また「移民文学」としての特徴から、『収穫』に集った日系文芸人たちには「左翼的な」作風や傾向が窺えた。ただそれは文学を志す者としての、作品を作り上げる上での傾向であり、労働運動や集会への参加など政治的活動への関与についてはまだ不明な点が多い。小松や「映画欄」執筆者の藤村シゲルなど『同胞』の積極的寄稿者が『収穫』に参加しているかどうかは、まだ検討の余地がある。[37] したがって、上山平八、渥美久雄、宮崎四朗など『同胞』関係者との個人的つながりはあったようだが、やはり『収穫』は文芸雑誌であり、『同胞』の活動とは一定の距離を置いていたようだ。

（3）二世の文学活動と「左翼的」活動の関わり

一九三〇年代には二世による多くの英文雑誌が産声を上げた。その最初は『レイメイ』（*Reimei*）（一九三一年一月創刊）で、詩人ヤスオ・ササキを中心に、タロウ・カタヤマ、トウスケ・ヤマサキを編集者として、ユタ州ソルトレイクで創刊された。続いて『リーブズ』（*Leaves*）（一九三四年創刊）は、オピニオン・リーダー的存在として、『新世界朝日』の英語欄にコラムを連載していたメアリ・オオヤマが中心となり、前述のチエ・モウリ、加川文一、他ジェームズ・ササキ、ルシール・モリモト、カール・コンドウが参加しており、ロサンゼルスが拠点であった。また、『ギョウショウ（暁鐘）』（*Gyo-sho*）（一九三六年六月創刊）は詩人エディー・シマノが中心となり、詩人のトヨ・スエモト、メアリ・オオヤマ、テルコ・イズミダが主な寄稿者で、おそらくサンフランシスコ付近で創刊された。そして、前述した『カレントライフ』が、ジェームズ・オオムラを編集長とし、サンフランシスコで創刊された。オオムラの妻フミコ・オオクマ、ハリー・ヤスダ、メアリ・オオヤマ他主要な二世文芸人の多くが寄稿し、参加者にもそれ以前の雑誌との重なりがみられる。

こうした二世の文芸雑誌には「左翼的」傾向はみられるだろうか。資料の制約上、入手できた『レイメイ』と『カレントライフ』についてまとめてみると、『レイメイ』は全体的にはやはり二世問題を扱った雑誌である。しかし、ヤスオ・ササキ、チエ・モウリの作品に政治的な関心が色濃く表れている。ヤスオ・ササキはアイラン・ホシナと共著で「戦争と若者」（"War and Youth"）を書いている。ここでは、第一次世界大戦がいかに若者たちの精神に影響を与えたか、そして自身も戦争小説を味読して、人生についてより深く考察するようになったと述べている。チエ・モウリは「日系アメリカ人」（Japanese-American）と題する詩で、自分たちを無力なカルガモに例え、二つの国の政治の間で翻弄され、あたかも両者の敵であるかのように、射撃ゲームの標的になっているさまを詠う。[38] しかし、雑誌全体においては「左翼的」傾向を帯びているという感じはしない。

『カレントライフ』は前述の通り、主眼は二世問題、二世文化の創出、そして二世が努力さえすれば主流社会に受け入れられるはずだというアメリカの民主主義への信頼を前面に出し、『同胞』に見られるような労働運動を促す記事や共産党とのつながりを示唆する語彙などは見受けられない。しかし、後半になるにつれ、日米関係の悪化、そして開戦に際して二世の取るべきアメリカ人としての立場、アメリカ支持の態度などの政治的言説が目立つ。

二世の文芸・文化雑誌それ自体は、やはり文芸・文化分野に焦点を置き、「二世問題」が主要テーマではある。しかし、これらの雑誌に関わっていた二世たちの動きの中に「左翼的」と捉えられそうな側面も窺える。それは彼らを、第二次世界大戦の開始と、日本とアメリカとの戦争が現実化していく一九三九年以降、一つに団結させようとした組織「二世作家・芸術家連盟」(The League of Nisei Writers and Artists)にみられる。この連盟の結成に際しての資料(ニューズレターのようなもので"The Letter"との名称がついている)に記載されている設立目的には、かなり明確な「左翼的」語彙が含まれている。ヤスオ・ササキ(一九一一~二〇〇八)がこれを書いたようだ。まず、一九三九年五月三日にロサンゼルスで、後述するメンバーが参加してこの組織は立ち上げられたと説明する。その後の記述が興味深く、"Other ***progressive nisei writers*** and artists with growing 'social awareness' and who see the need of banding together ***to defend our democratic institutions and ideals against the rising tide of reaction and threat of fascism***, are invited to join as members."と記されている(イタリック太字での強調は筆者)。急進的(progressive)の語は『同胞』でもよく見られる語である。社会問題に関心を持つ「急進的」二世作家や芸術家たちに、「(改革、革命に反対する)反動の潮流とファシズムの脅威に対して、民主主義の制度と理念を守るため」の結束を求めている。[39]

連盟のメンバーは、ヤスオ・ササキ、ジョー・オオヤマ、トモマサ・ヤマサキ、チエ・モリ、ヘイハチ・カミヤマ、ユージーン・コノミ、ルース・クラタ、ビル・ミヤザキ、エレン・トゥーン、リリー・オオヤマ、ラリー・

タジリ、ジョン・フジイ、ジョージ・フルヤ、メアリ・オオヤマ、タロー・カタヤマ、ヘンリー・タカハシ、イワオ・カワカミ、ツグヨ・オカガキ、ミチオ・クニタニ、ジェームズ・オダ、ルシール・モリモト、ボブ・ツダ、トーゴー・タナカとされている。また、参加の意思を示した人として、カール・コンドウ、タッド・ウエノ、アイラン・ホシナ、テル・イトウ、キクエ・ウカエ、トヨ・スエモト、ケン・タシロ、メアリ・タケタ、ジョージ・ワタナベが挙げられている（注目すべき人物に傍線、波線を引いた）。

ここに名を連ねている人物すべての詳細を説明できないが、彼らの中には「左翼的」と考えられる人物がかなり含まれている。まず『同胞』の小松のエッセイで「進歩的」とされたのが、波線を引いた五人の人物たちである。また『同胞』の関係者を挙げると、英語欄スタッフのジェームズ・オダ、トモマサ・ヤマサキ、ジョージ・フルヤがいる。[40] キクエ・ウカエは、『同胞』発行者藤井周而の妻である。ヘイハチ・カミヤマは一世だが、彼の「左翼的」信条と二世文芸人とのつながりからかこの連盟のメンバーである。また二世ジャーナリストのラリー・タジリは政治的には「進歩的」で「二世民主委員会」を立ち上げ、機関誌『ニセイデモクラット』(*Nisei Democrat*)をイワオ・カワカミと発行、その記事が『同胞』に掲載されている。[41] 他メアリ・オオヤマ、タロー・カタヤマ、イワオ・カワカミ、アイラン・ホシナ、トヨ・スエモトらは既出の通り一九三〇年代から活躍している二世文芸人で、ササキとの交流が深かったと考えられる。

彼らの主義主張、活動の主眼はどこにあったのだろうか。活動の実態については不明な点が多いが、"The Letters" に記述されている「連盟の緊急の目標」を要約すると、①メンバーの交流を促す、②二世の優れた意見、作品を世に出す中心的機関となる、③二世の作品を市場に出す出版社を支持する、④二世作家・芸術家の作品を保存する図書館を設立する、⑤市民権や思想の自由が危ぶまれている世界について認識している急進的作家たちと提携する、である。二世の文化確立を目指す動きと、個人の権利や自由を守る目的が要点で、他の急進的作家たちとの連携を目指す点も重要である。

またこの資料には、“Art Note”と題する欄があり、スペイン内戦におけるナチスによる空爆を批判し、その惨劇を描いたピカソの『ゲルニカ』が、ビル・ミヤザキによって好意的に紹介されている。また、“Book Notes”と題する欄では、ササキがオランダ、カナダ系アメリカ人ジャーナリストのピエール・ヴァン・パッセン（Pierre van Paassen）の著作『我々の時代』（*Days of Our Years*）（一九三九年）を紹介し、ヨーロッパや西アジアにおける戦争の現実を描いたその書籍を、連盟の会員たちに強く薦めるが、そこには独裁政治、軍国主義により勃発した世界的戦争を非難する意図が読み取れる。

かなり深く「左翼的」活動に身を置いていた二世もこの連盟のメンバーだが、すべてがそうだというわけではない。メアリ・オオヤマの従来の主張は、日本の文化的良さも理解し、アメリカ人として人種の壁を越えて主流社会に入っていくことの重要性を訴えるもので、労働運動、反ファシズム的な主張はみられなかった。他のメンバーたちについても、彼らの主義主張は様々である。それでは、「左翼的」と考えられる者たちとその他の二世文芸人たちを結びつけたものは何だったのだろうか。

3 「左翼的」な結びつきをつなぐもの—民主主義の擁護

『同胞』には労働者の地位向上に加え、「二世問題」への関心、人種差別撤廃の運動、アメリカの民主主義の擁護が含まれていた。同紙の二世の英語欄、第一回目には『同胞』の方針が「第二世の福祉を守ること、そして平和、前進、民主主義のための広範囲な民主戦線で日系人の結束を促すこと」と記され、民主主義への強い信念がみて取れる。(42)

さらに民主主義や二世問題との関連で言えば、興味深いつながりもある。『カレントライフ』は前述の通り、アメリカにおける人種、マイノリティの問題に対する関心からルイス・アダミックや、日系人問題に精通したケアリ・マクウィリアムズとの交流もあり、その結びつきは積極的寄稿者メアリ・オオヤマとの知人関係からであった。[43]その彼らは『同胞』に関心を示し購読していたようで、アダミックから編集者宛ての書簡が紹介されている。そこには、『同胞』を友人マクウィリアムズから紹介され、非常に興味深く読み、一年間購読したいとの希望、また彼が出版を試みている、アメリカのマイノリティたちの状況を描く書籍『多民族国家』（*A Nation of Nations*）で日系二世についても取り上げるため、情報提供を求めている。[44]そして『同胞』のスタッフも、アダミックは多民族から成り様々な問題を抱えるアメリカ、しかし、他国出身者たちに希望を与えるアメリカ国家を、鋭い視点で描く作家だと絶賛している。ここには『同胞』の、特に二世スタッフたちの民主主義国家アメリカに対する信頼が窺え、『カレントライフ』の主義主張と、アダミックらマイノリティ作家との共鳴が読み取れる。『同胞』にみられる明確な「左翼的」傾向と「作家・芸術家連盟」との間には、当然といえば当然だが、アメリカの民主主義への強い信頼、そしてそれを守るための闘いという重要な命題があったのだ。したがって、『同胞』に関与していた「左翼的」な人物たちと、文芸人たちを結びつけていったのは、太平洋戦争の開始が危ぶまれる時期に近づくにつれ、高まっていったアメリカの民主主義の擁護だった。

こうした活動から距離を置いていたのは、一世の文芸人たちである。一世世代においては、日米関係の悪化にともなって、日本を支持し、日本の軍国主義的路線を擁護する保守的な動きがかなり力を得ていた。日本語のメディアにおいては、藤井整の『加州毎日』は非常に親日的な論調を張っていた。また一世たちの間では兵務委員会（在郷軍人団）が組織され、日本軍への飛行機献納運動、中国大陸出征兵士への慰問袋送達の活動なども行われていた。[45]一世、帰米二世の文芸人で、日本に文化的な親和性をより一層抱いていたと考えられる者たちは、「左翼的」動きの中に登場しない。文芸活動で言えば主に二世たちの中に、そのようなアメリカの民主主義を守ろうとするアメリカ的精神のようなものが次第に醸成され、「左翼的」活動を行う者たちと信条を同じくしていった。それが結果的には、日系人強制収容所でのアメリカに対する忠誠、不忠誠の表明の差異にもつながっていったと思われる。

おわりに

以上述べてきたように、日系人の一九三〇年代の文学活動には、共産主義、社会主義、プロレタリア派など「左翼的」で社会的意識の強い作家が存在し、戦時に傾いていくにつれ、反ファシズム、民主主義を旗印に緩やかではあるが広範囲な結びつきを持っていったことが、ひとまずは事実として確認できる。こうした動きが、戦中、戦後の「左翼的」な傾向を持つ文学活動へと続いていく。その流れは、ニューヨークへと移り、日系新聞『ニューヨーク日米』、文芸雑誌『NY文藝』、そこでの日系文芸人と「左翼的」芸術家たちとの関わりへと結びついていくと考えられる。今後の課題としては、強制収容以後の日系アメリカ人の文学活動における「左翼的」流れを掘り起こしていくことだが、これは世界的な文学・文化的活動の中で、どのように位置づけられるかの視点を持って明らかにしていく必要がある。なぜならば、一九三〇年代のアメリカにおいては、他のマイノリティ作家たちの間でも、文学と政治、左翼的活動との関連性が窺えるからである。その重要な例が、ユダヤ系アメリカ人で、後にニューヨーク知識人と称される作家たちによって、共産党の機関誌として創刊された文芸雑誌『パーティザン・レビュー』（一九三四年創刊）をめぐる一連の文学と政治に関する動きである。この雑誌の編集者や寄稿者たちの主義主張、雑誌の変遷も複雑な道を辿るが、時代的傾向として、民主主義とファシズムとの闘いという図式のもとに、「左翼的」な文学運動の高まりがみられた。(46) これらの動きとの関わりも視野に入れていくべきだろう。

その作業は、日系人の文学活動を、第二次世界大戦を重要な時点として、日系社会のみだけでなく、日本、アメリカはもとより、全世界的な文学、芸術、政治との連動をともなう歴史的な潮流の中で評価していくことにもつながっていくであろう。

［註］

（1）白水繁彦『エスニック・メディア研究―越境・多文化・アイデンティティ』明石書店、二〇〇四年。移民研究会編『日本の移民研究―動向と文献目録Ⅱ』明石書店、二〇〇八年。

（2）白水、前掲書、二三頁。

（3）白水、前掲書、五九頁。白水による分類表では一三項目であるが、内容を加味してここではおおよそ八項目とした。

（4）水野真理子『日系アメリカ人の文学活動の歴史的変遷―一八八〇年代から一九八〇年代にかけて』風間書房、二〇一三年。

（5）水野、前掲書、一八三～一八六頁。

（6）田村紀雄「反ファッシズムの新聞『同胞』―一九三七年～一九四二年」『同胞』復刻版・付録、お茶の水書房、一九八八年、三〇～三四頁。

（7）山本岩夫「アメリカ東海岸唯一の文芸誌『NY文藝』」篠田左多江、山本岩夫共編著『日系アメリカ文学雑誌研究―日本語雑誌を中心に』不二出版、一九九八年、一〇六～一二六頁。

（8）田村、前掲論文、一九八八年。田村紀雄「新聞『階級戦』と劔持貞一―一九二〇年代サンフランシスコ・日本町」『人文自然科学論集』一二二巻、二〇〇六年一〇月、五七～七五頁。田村紀雄「一九三〇年代〝アメリカ亡命〟組のナラトロジ」『東京経済大学人文自然科学論集』一二四巻、二〇〇七年一一月、三～一七頁。

（9）その分類は、「第一期　反ファッシズムの唱道、第二期　労働運動の昇揚と報道、第三期　日米間の対立激化への論調、第四期　日米開戦と移動への支援」である。田村、前掲論文、一九八八年、三頁。

(10) 水野剛也『敵国語ジャーナリズム―日米開戦とアメリカの日本語新聞』春風社、二〇一一年、第四章。

(11) 例えば中田幸子『前田河広一郎における「アメリカ」』（国書刊行会、二〇〇〇年）、鍵本有里、高橋美帆「前田河広一郎『二十世紀』論―在米日本人作家の再評価」（『奈良工業高等専門学校研究紀要』三八号、二〇〇二年、一三三〜一四八頁）、Kristina S. Vassil "Passages Writing Diasporic Identity in the Literature of Early Twentieth- Century Japanese America." (PhD diss., University of Michigan, 2011) : 197-248 などがある。

(12) 石垣綾子『海を渡った愛の画家―石垣栄太郎の生涯』御茶ノ水書房、一九八八年。石垣綾子『石垣綾子日記』上巻・下巻、岩波書店、一九九六年。山口泰二『アメリカ美術と国吉康雄―開拓者の軌跡』日本放送出版協会、二〇〇四年。

(13) カール・ヨネダ著、田中美智子・田中礼蔵訳『がんばって―日系米人革命家60年の軌跡』大月書店、一九八四年。カール・ヨネダ『在米日本人労働者の歴史』新日本出版社、一九六七年。カール・ヨネダ『マンザナー強制収容所日記』ＰＭＣ出版、一九八八年。

(14) 水野、前掲書、第三章、四章を参照されたい。

(15) 在米日本人会編『在米日本人史』３ 復刻版、ＰＭＣ出版、一九八四年、一一一七〜一一一八頁。粂井輝子「一九三〇年代の帰米運動―アメリカ国籍法との関連において」『移住研究』三〇号、一九九三年三月、一五一頁。

(16) Paul Spickard, *Japanese Americans: The Formations of an Ethnic Group*, rev.ed. (New Brunswick: Rutgers University Press, 2009): 94-95.

(17) 『収穫』の創刊背景に関しては、山本岩夫「幻の文芸誌『収穫』」篠田、山本、前掲書、一七〜二九頁を参照。また本稿では雑誌自体は『収穫』全六号、復刻版『日系アメリカ文学雑誌集成①』（不二出版、一九九七年）を使用している。

(18) 『同胞』の創刊背景に関しては、田村、前掲論文、一九八八年を参照。

(19) 小松孫之助「文芸雑感」『同胞』一九三八年四月三〇日、『同胞』復刻版、五七頁。

(20) 「故渥美久雄氏を悼む」『収穫』第五号、一九三八年一〇月、五七〜六〇頁。

(21) チエ・森は資料によってモリ（森）またはモウリ（毛利）と記されているが、山本の記述によると正しくは後者のようである。山本、前掲註（17）、二一一頁。
（22）小田切進編『日本近代文学大事典』4 講談社、一九七七年、四五一～四五四頁。大島良行『アメリカ文学史』桐原書店、一九九五年、一七九～一九七頁。
（23）山本、前掲註（17）、二一四頁。
（24）吉見かおる「帰米二世画家ルイス・巌・スズキが今語ること―オーラルヒストリーから浮かび上がった第二次大戦期における日系アメリカ人左翼の活動」『多文化共生研究年報』一〇・一一合併号、二〇一四年三月、五七～八二頁。
（25）ヨネダ、前掲書、一九八四年、六九頁。
（26）吉見、前掲論文、六二頁。
（27）『収穫』の内容の詳細については、水野、前掲書、第三章を参照されたい。
（28）山本、前掲註（17）、二一一頁。
（29）「文芸連盟」（第二号から「桑港文芸協会」と「北米詩人協会」の合併した組織）の会員名簿（『収穫』第二号の六〇頁）を参照。
（30）上山平八「雨の夜」『収穫』第三号、一九三七年九月、二一～三二頁。
（31）原信吉「キャスケードにて」『収穫』第三号、二四～二五頁。
（32）宮崎史郎「農園」『収穫』第二号、一七頁。宮崎史郎「労働の果物を！」『収穫』第四号、一九三八年四月、一頁。
（33）神山三郎「死と闘ふ者―この一篇を宮崎君の霊前に捧ぐ」『同胞』一九四〇年一一月一五日。
（34）中郷芙美子「翁久允移民地文芸の特徴―『生活』と『思想』について」『立命館言語文化研究』第四巻六号、一九九三年三月、四九～六四頁。水野、前掲書、第二章。
（35）中郷芙美子「日系一世たちの自己表現―下山逸蒼と伊勢田初枝の短詩形文学」アジア系アメリカ文学研究会編『アジア系アメリカ文学―記憶と創造』大阪教育図書、二〇〇一年。
（36）加川文一「創刊の言葉」『収穫』創刊号、一九三六年一一月、一頁。

（37）ただ、ペンネームなどを使用している例もあり明言はできない。例えば、『同胞』に「藤しげる」との似通った名称もみられる。また小田健次（ジェームズ・小田）は文芸連盟会員だったようだ。

（38）Yasuo Sasaki and Airan Hoshina. "War and Youth," *Reimei* 1, no.2 (November 1932): 27-30. Chiye Mori, "Japanese-American," *Reimei* 1, no.2 (November 1932): 31.

（39）この組織に関しては山本岩夫の論文「アメリカに生きる日系文学—詩人そして文学の『指揮者』ドクター・ヤスオ・ササキ」（『海外移住』一九八八年七月、七〜一〇頁）がある。連盟に関わる資料は、山本氏よりご提供いただいた。ここに感謝の意を記したい。

（40）ヤマサキは小田の親友であるという。ジェームス・小田『ある日系米兵の手記』あゆみ出版社、一九七三年、九四頁。

（41）『同胞』一九三八年三月一五日。

（42）*Doho*, June 10, 1938.

（43）水野、前掲書、第四章第五節を参照されたい。

（44）*Doho*, December 1, 1939. またマクウィリアムズの書籍の宣伝もされている。*Doho*, July 1, 1940.

（45）田村、前掲論文、一九八八年、四頁。

（46）ニューヨーク知識人とパーティザン・レビューに関しては、秋元秀紀『ニューヨーク知識人の源流—一九三〇年代の政治と文学』（彩流社、二〇〇一年）、一九三〇年代のアメリカ知識人たちが抱いた急進的思想に関して、その理想の追求と挫折については前川玲子『アメリカ知識人とラディカル・ビジョンの崩壊』（京都大学出版会、二〇〇三年）が詳しい。

第12章　『女性満洲』と戦時下のいけ花

小林善帆

はじめに

「満洲」（以下、満洲と記す）研究は、政治経済的視野からの研究蓄積に加え近年、文芸を含む文化・教育、ジェンダーの視点からの考察も進むが、いけ花（花道・華道）、茶の湯（茶道）など日本の伝統的文化の観点からの考察はみあたらない(1)。

しかし『満洲日日新聞』の創刊間もない一九〇七年一二月、いけ花が茶の湯とともに女性の修養であると述べられ(2)、以後、いけ花講座の連載があること。一九二五年八～九月に開催された大連勧業博覧会で、いけ花展が連日開催されたほか(3)、大連の百貨店でいけ花展が随時開催されていたこと。一九四二年ころ大連市連鎖街の銀座花店には、店内常設のいけ花展といけ花稽古場があり、いけ花用材を各種販売しているなど、いけ花が満洲都市部の人々の身近にあるものであったことがわかる。またいけ花は「内地」[4]よりも、「外地」の女学校・高等女学校において熱心に教えられる傾向にあり、同地においても取り入れられている。[5]

注目するのは、一九三七年日中戦争以後、南満州鉄道株式会社（以下、満鉄と記す）では沿線に住む男性社員留守宅家族（女性）を対象に、いけ花の講習会や講演会を行い、それは終戦まで続いたこと。さらに一九四二年一月、戦時下の言論統制政策により「全満唯一の女性文化誌」として創刊された日本語雑誌『女性満洲』[6]に、この満鉄のいけ花講習会講師が担当する「いけ花講座」が連載されたほか、いけ花に関する言説が見出されることである。戦時下の言論統制政策のもとで、一般的に「花嫁修業」[7]と位置付けられていたいけ花が、同政策にどのように必要とされ、またそのいけ花とは、どのようなものであったのか。

いっぽう同誌は「全満唯一の女性文化誌」としてあったにもかかわらず、これまで研究対象にされていない。このことから最初に、『女性満洲』「いけ花講座」担当者のいけ花観、活動内容、ひいては満洲におけるいけ花について考え、さらに「内地」のいけ花と照らし合わせ考察する。次にこれを踏まえ、『女性満洲』のいけ花に関する言説を検討する。研究史において光があてられてこなかった、いけ花[8]という観点から『女性満洲』を読み解くことで、雑誌メディアが語る満洲の新たな一面が描き出せると考える。

本章における満洲とは、中国東北部全体をさすものとする。表記は新字体を使用した。

1　満洲におけるいけ花

（1）堀川一楓の活動

一九四二年一月創刊の『女性満洲』「いけ花講座」を担当したのは、伝統的ないけ花流派[9]、また経験豊富な高齢の師匠、男性師匠も多いなかでそういった人々ではなく、堀川一楓（以下、堀川と記す）という三二歳の女性華道家であった。堀川は「満洲国」が建国された一九三二年、二二歳で心機一転夫とともに高知から大連に移住した。それは骨を埋める覚悟の渡満であった。当初、満洲日日新聞主催のいけ花講習会で教え、大連市の幾久屋百貨店でのいけ花個展の成功で大連花道協会会長馬野雅風に認められ、満鉄総裁室福祉課からいけ花講習会の要請をうけ、同講習会の成功により満鉄のいけ花講習会嘱託講師になった。

一九三七年、日中戦争勃発以後、満鉄の男子社員は鉄道建設のため華中、華北に長期出張し、留守宅家族が多くなったため、会社は保全対策として留守宅相談所を設置、さらに留守宅家族を対象に茶の湯・洋裁・染色などとともに、いけ花の講習会や講演会を催した[10]。昭和十三年満鉄社員会機関誌『協和』の付録雑誌『主婦のお買物案内』[11]には、生活必需品として花切鋏、いけ花の道具、花瓶などが扱われており、これを裏付ける。

巡講箇所は旅順、大連（市内八カ所の研修所）、瓦房店、大石橋、遼陽、蘇家屯、奉天（市内三カ所）、安東、橋頭、四平街、新京、鉄嶺であり、南満洲区域の一等駅とされている場所であった。講習会日程は満鉄側が作り、講習地では満鉄駐在の福祉係が万事を取り仕切った。講習会は日曜以外の毎日あり、堀川は列車に乗って沿線の指導に赴いた。この講習会は終戦まで続いたという[12]。これらの活動は堀川とともにその門下の人々によって行われた。

満鉄のほか三越デパート、国際運輸、大連税関、大使館、遼陽陸軍病院看護婦、大連大同学院（一九三二年大連大同女子技芸学校・中国人対象）、さらに大連近郊金州の上流中国人女性たちにも教え、一九四三年からは、旅順の関東軍女子通信部隊の隊員にも教えるようになった[13]。しかし管見の限り堀川が日本人を対象とした女学校・高等女学校、婦人会で教えたことを見出せない。

以上のことから、堀川のいけ花活動は特に日中戦争勃発以後、満鉄のいけ花講座とともに歩み、旅順・大連はもとより満鉄沿線におけるものであった。さらに会社、税関や大使館などのほか上流の中国人女性を教授対象とし、一九四三年からは旅順の関東軍女子通信部隊でも教えるなど、戦争が激化するなかで女性にいけ花を教えたことは、いけ花によって女性を統制しようとする動きがあったことが思われる。

(2) 堀川一楓のいけ花理念

堀川は、士峰流[14]というういけ花の流派に属しており、渡満の際、家元は「たいへん喜んで、大きな希望をかけてくれた。と同時に、流としての様々な条件と責任を託された」という。しかし一九三四年一一月、自ら青蘭流の濫觴である「青蘭林」を結成した。青蘭の「蘭」は「満洲国」の国花が蘭であることに由来し、日本人はもちろんのこと中国人も含んだ幅広い性格の団体であった。それは次のような悩みがあってのことであった。

満鉄側の要請と、士峰流の規定に相違があった。渡満の際、士峰流家元から、—稽古をはじめると同時に流入門の手続き、資格進級、二年間で教授資格を与える—という流の規定を厳密に適用するように約束させられていた。一方、満鉄側の意向は、(イ) 日満親善 (ロ) 社員情操教育 (ハ) 社員留守家族慰安 が目的であるため、金銭を交えた流の規定にはそいがたい[15]。

このため士峰流家元から流の規定に伴う注意や勧告を再三再四受けたという。また理念として、

日本と満州では気候風土も違う。それなのに、いけばなは日本の伝統のものであるからといって、それをそのままもち込むのはどうしても無理が生じる。満州には、満州にふさわしいいけばながあって当然ではないだろうか。また、満州は、日本人と中国人が協力して新しい国づくりにはげんでいる。それなら、現地の中国人にも喜ばれ、受け入れられるような、かれらの生活様式にもあうような花が考えられてよいのではないか。満州には美しい山野草もふんだんにある。冬期の気候条件は、日本などとは比べものにならぬほど厳しい。そういうときは、すすんで枯れものや鳥の羽根なども取り入れてよいのではないか。狭い流派の花ではなく、身近の自然と一体となった、真にその風土に根づいたいけばなこそ、必要なのではないか。[16]

と考えたことによる。

具体的な活動としては一九三四年一一月の青蘭林結成において、堀川は以下の考えを即座に実践するようにつとめたという。[17]

① 日本から輸入する花材だけに頼らず、現地に生育する植物を積極的に使用する。
② 花器も、専用花器をできるだけ避け、現地にある生活雑器などをどしどし応用する。
③ 現地の人々が好み、日常見馴れた植物を用いる。
④ 床の間にこだわらず、生活様式にマッチしたスタイルを創造すること。
⑤ 冬期生の植物がないときは、貯蔵されている野菜や、切り花を室内で発芽・開花・保存させるなどの工

夫をして用いる。また、鳥の羽根、枯れもの、乾燥植物なども取り入れる。

⑥　水盤の水を染料で着色。また、砂、ガラス、貝類、鉱石などの応用。

⑦　社中団体名は、現地の人に好まれる文字を用いる。

堀川のめざすいけ花が、日本の伝統的な花材、花器、水、設置場所を踏襲したものでなく、「現地」満洲に住まう者のためのものであったことがわかる。また満洲の風土に根差そうとするものであった。塚瀬進[18]によれば、満鉄は当時「現地適応主義」の方針をとり、満洲を生涯の活動の場所と考えることを良しとしていたというが、堀川のいけ花はそのような立場に立つものであり、いけ花講習会講師としての採用も頷ける。

堀川はその後一九三七年、いけ花愛好者のみの団体「いけ花・青蘭」を結成、士峰流との決別は一九四〇年一月ころで、一九四二年一月発行『女性満洲』創刊号には自らの肩書を、青蘭流家元と明記している。

（3）いけ花の様式と満洲

いけ花には時代が生み出した様式がある。満洲における青蘭流堀川一楓のいけ花は、様式として「盛花《もりばな》」「投入花《なげいればな》」[19]であった。堀川が高知県で属していた士峰流[20]も同様の様式を持ち、同流家元立石一有は、この様式ならびに「生花《せいか》」様式のいけ花の名手であった。堀川は立石氏の最も優秀な弟子であったという。

昭和初期、いけ花様式の主流はむしろ「生花」であった。「生花」とは、床の間に置くことを考えて作られた、江戸時代中後期から続くいけ花の様式で、花材、花器は決められたものがあり、剣山を使用しないため、決められた形に立てるにはかなりの修得（習得）期間を要した。また決まりごとや水揚方法などが秘伝とされることもあった。

それに対し「盛花」「投入花」は明治中後期以降に、いけ花を置く場所、花器、花材を洋風の暮らしにも合うように考案されたいけ花様式である。「盛花」は剣山や七宝に挿し、「投入花」は花材を瓶に簡易に固定させるだけで、花材を決められた形に作ることができるため、「生花」にくらべかなり修得が容易で、花形を傾斜角度等で説明するテキストも出され、水揚方法に科学的な面も取り入れられ、花材も西洋から入ってきた植物を用いるなどで、昭和初期にはかなりの人気を得ていた。

満洲のいけ花の最大の悩みは、寒い土地ゆえに花材の確保が難しいことにあった。日本から送られてくる花材は鮮度がおち、早く痛んだし、最初から生気がないものすらあった。しかし「生花」様式のいけ花は、決められた花材があるため、満洲の花材を使用することにはためらいがあった。しかし「盛花」「投入花」は西洋の花材を使用することもあり、満洲の植物を使用することに抵抗を感ずることは「生花」ほどではなかったと思われる。

いっぽう、満洲の地で旧来の稽古事としてのいけ花や茶の湯がなかったわけではなく、高等女学校では池坊や古流の「生花」様式のいけ花が教えられ、国防婦人会の催しでも池坊が教えられている。[21]

（4）勅使河原蒼風のいけ花

堀川は、一九四〇年六月、満洲を訪れていた草月流家元勅使河原蒼風[22]（以下、蒼風と記す）をあじあ号のなかで偶然見かけ声をかけた。両者はその時が初対面であった。草月流は勅使河原蒼風が一九二七年に創立したいけ花流派で、いけ花の様式としては青蘭流と同様に「盛花」「投入花」が教えられた。当時蒼風四〇歳余、二〇代半ばで自らの流派を興し、造形的ないけ花の旗手的存在であった。堀川にとって、かつて東京で草月流展覧会を観てから蒼風は憧れの存在であったというが、その経歴もまた堀川に似る。ここでは堀川の活動・言説を、「内地」の華道家蒼風のそれと照らし合わせることから検討する。

① 『草月箋』にみる勅使河原蒼風の活動

『草月箋』とは、昭和戦前期に草月流家元が発行した非売品の機関紙で、一九三八年〜一九四三年発行のものが現存する。

蒼風の活動の様子として、一九三八年九月一日発行の『草月箋』に、蒼風が「明日は各婦人雑誌等から依頼の写真作をうんとまとめてつくらねばならぬので」と述べている。当時蒼風は『近代女性』『婦女界』『婦人倶楽部』『婦人公論』『処女の友』『キング』をはじめとする雑誌、『報知新聞』『読売新聞』『満洲新聞』『国民新聞』『福岡日日新聞』などの新聞に、いけ花作品や随筆を掲載し、NHK大阪放送局（JOBK）や同東京放送局（JOAK）のラジオ番組に出演していた。[23] メディアにのり、蒼風のいけ花は日本社会に知られていたといえよう。また東京府下、東洋英和女学校をはじめ各種女学校、女子専門学校の課外に、大学、婦人会館の講座、花嫁学校といわれる場所へ、蒼風自身や草月流門下の人々が教えに出向いている。[24]

② 『草月箋』における言説

一九三九年四月一〇日発行『草月箋』六三号「連載　教場めぐり5」家元監事岡野月香

東京第一病院の人が花を教えてくれといふ。毎月傷病兵の看護をしてゐると、その御苦労が思われて看護している自分が苦しくなってきて夜も眠れないんです。友達も、みなそう申してをります。先生のお花を習はせて戴いて、心を静かにして御国の為に傷いた傷病将兵の方につくし度いといふんです。

一九四〇年一月一日発行『草月箋』七二号「紀元二千六百年を迎えて想う」家元監事野口露秋

皇紀二千六百年を迎へる草月流としては、花道に精進するものの使命としてもこの際、軍需民需の産業方面等に寸暇なく働かれる方々の為め、時折みんなで花を贈ってお慰め申し上げやうではないか。もちろん草月流では、事変以来各軍部病院などへいけばな慰門は行なはれてをりますが、もっともっと私たちは協力いたしまして、家元の主旨に添ふやうはげみたいものと痛感いたします次第で御座います。

蒼風の高弟の言説から、一九三九～四〇年ころ、いけ花を御国のために尽くす一助となるように、また戦争協力に役立てるものと、位置づけていたことがわかる。

③蒼風と満洲・中国

一九四〇年五月一二日～六月一八日まで、蒼風は「華道報国満支行」として、門下三名とともに中国大陸を訪れた[25]。一三日神戸出帆、上海、蘇州、南京、青島、済南、天津、北京、大連、奉天、新京、ハルビンを基地として、現地前線諸部隊ならびに、陸海軍病院の皇軍勇士をいけ花で慰問、「新支那」中央政府への奉祝献花、「満支」名流大官夫人令嬢への、日本華道の紹介が主なる目的であった。各主要都市では、ラジオ放送をはじめ、「日満支」それ〴〵の文化団体、新聞社主催の講演会、講習会、作品発表公開をした。この旅行で蒼風は、「故国の花を御覧に入れたらまたなつかしく思われることだろう」ということから、花材はなるべく「内地」のものを使うようにしたという。

最初に訪れた上海では、「上海に上陸したその足で、上海の陸戦隊本部司令官の室に白い菖蒲を高々といけた」という。花材が痛まないうちにとの思いがあったのであろう。また同地で、「中国要人の婦人連に華道を紹介」

した。

南京では総司令部へ挨拶、同室にいけ花を「謹挿」、遺骨奉安室にいけ花を捧げた。翌日部隊慰問、西尾総司令官の室に同様に献花。翌々日大使館、領事館、南京市長室に献花。南京国防婦人会では民会の後援でいけ花実演と講演会をおこない、「中国知識階級婦人に日本精神の発露たるいけばなの真髄を説き、南京婦人の文化的融和に資する筈である」とした。青島での講演は、「缶詰空缶利用の挿花法」であった。

大連には一週間ほど滞在し満洲日日新聞社、満洲婦人新聞社、大連市役所、満鉄本社、国防婦人会、大連神明高等女学校、大連弥生高等女学校などでいけ花実演や講演会を行い、さらに旅順海軍慰問、大連陸軍慰問ほか、「日本のいけばな」と題しての放送を行った。

新京（現在の長春）では、寄稿している満洲新聞社望月女史の案内で、満洲国中央銀行初代総裁栄厚氏夫人に、蒼風がいけ花を通訳付きで説明した。新京陸軍病院では、いけ花による傷病兵慰問、また新京国防会館で満洲新聞社主催の講習会、そこでは、「満洲でお花をお活けになる方は、なるべくその土地に咲く花をお用ひになることで、花器もあり合せのもの何んでもかまひません」と話したという。

以上のことから、蒼風は満洲・中国に「報国」として訪れ慰問、献花、「謹挿」し、婦人会や高等女学校でも「日本精神の発露」「文化的融和」を前提にいけ花の実演や講演を行った。ラジオ出演もしている。献花として日本のいけ花を強調する時は日本の花材を使用、満洲や中国大陸に暮らす人々には当地の花材や花器でと話した。中国人上流階級の女性にも積極的にいけ花を紹介している。しかし蒼風はあくまで日本のいけ花の紹介であった。中また蒼風の訪問（慰問）先から、いけ花と陸海軍が、いわば戦争が遊離した関係ではなく、むしろ、いけ花に携わる者の方から戦争体制に組み入っていく姿勢が見られる。

いっぽう堀川は、満洲に生きる者のためのいけ花として青蘭流を興した。それは様式としては「盛花」「投入花」

であり、蒼風のいけ花作品と同様の様式であり、彼の造形的作風は憧れであった。しかし同じく満洲に咲く花を用い、あり合わせの生活雑器を花器として使用したとして、蒼風はそこに日本人としての日本の地にあるいけ花を思い描き、堀川は満洲の気候風土を考え、さらに日本人、中国人の区別なき満洲の地に根差すいけ花を思い描いていた。[26]

2 『女性満洲』にみるいけ花

(1)『女性満洲』の発行

『女性満洲』は一九四二年一月に創刊、発行は月一回。国の言論統制政策により幾つかの雑誌・新聞が統合されて出されたもので、当該期以降の満洲における女性社会を反映する唯一の雑誌といえる。

現在、創刊号(左写真)から一九四三年二月号まで、その間一九四二年七月号・一〇月号、一九四三年一月号を除き、計一一冊が残されている。廃刊年月は定かではない。発行の目的は、女性文化誌として戦時期の士気を高めることに貢献することであった。

『女性満洲』創刊号 表紙 1942年1月 満洲婦人新聞社発行

創刊号巻頭グラビアは、開拓団員の妻の農作業風景の次に、「新春のいけ花と茶の湯」として、青蘭流いけ花作品の写真三点と草川流茶の湯点前をする女性の写真二点を掲載していることから、同誌の女性文化観に、いけ花や茶の湯が強くあったことがわかる。

いけ花に関する堀川の言説は創刊号、同年二月号以降に連載された「いけ花講座」に見出せ、ほかに各種企画記事のなかにもいけ花に関する言説が見出せる。同じく連載講座があったのは洋裁・美容・料理で、その後それに教養・園芸・保健が加わった。

ほかに時局解説、短編小説、詩、短歌、随筆をはじめとする文芸、満洲における生活についての内地に住む者からの提言、満洲の女性の生き方を考える特集などが掲載され、名実ともに当地に生きる女性のための雑誌であった。読者の多くは満洲都市部に住み、経済的に余裕のある女性たちであったと思われる。

(2)「いけ花講座」にみる言説

創刊号ならびに一九四二年二月号以降掲載の「いけ花講座」、毎回二頁分における、堀川のいけ花に関する言説を見ていく。

創刊号では「華道時評　戦時下の活花」と題し、「常に右に剱を左手に筆をもつというような武と美が融合した血潮こそ日本人の姿」であり、「日本固有の芸道により心のゆとりを培養し、国民の士気を昂揚させる」ことが必要であると述べ、その主張は以下の四点に集約できる。

一、いけ花を学ぶ事とは、花を瓶や鉢や壷に挿すという事をだけ習うものではなく、花を生ける時の心の持ち方、いわば精神的なものがある。

二、時局下に特にいけ花が盛んになったのは、武にのみ走って、騒々しさのみに慣れて、日本人の真のゆとりを忘れない一つの証拠であり、現時のいけ花の盛況があると思われる。

三、戦時下のいけ花はもっと安価な花と、有り合わせの器に、立派に生けることが出来るように心掛けるべきである。また空爆下に於いてもいけられるものが要求されるべきである。
四、遊び半分でない、女性の本能を発揮し、時局下の女の座をしっかりとつかみ、この時局を征服し、日本人の栄、東亜共栄圏の栄の一時となることを念願としなくてはならない。

ここでは、いけ花の精神性、効用、決して浪費ではないこと、真剣さを持つものであることを強調し、いけ花が戦時下に必須のものであると位置づけている。

次に、「いけ花講座」第一回（同年二月号）をみると、冒頭でいけ花の稽古に対し次のように述べている。

寒風をついて家路に辿りつきホット一息した眼にうつる玄関の一輪の花、円居する食卓の一輪の花、随時に随所に挿れたそれらの花は、私達の複雑な日常生活にどれだけ新鮮な潤いと親しみを持ってせまられるでせうか、然し挿花を稽古すると言う事は決して単なる娯楽や慰安ではありませぬ。
日本特有の花道芸術として連綿と続いて来た、幾百年の伝統から「いけ花」をけいこする事が、単なる技術の修得に止らず道を学ぶ、即ち精神を学ぶ事にある事を知って頂きたい、一枝一葉もゆるがせにせぬ、自然の「美」に対する鋭い追求は其の侭魂の練磨であり、日本精神を把握するものでなくてはなりませぬ。
箙に桜花をさし、戦場に望んだ武人にして死生の覚悟に徹してゐた事を思へば堅忍持久の長期戦に余裕綽綽、花道に魂を打込んで、精神練磨の道場として頂き度い、凡そ一国の文化の低い国に強国はあり得ません。此の超非常時にいけ花を稽古し、精神修養にあたる事の如何に重大性あるかを認識し大に勉強致しませう。

元来、いけ花や茶の湯は修養[27]や礼儀作法を修得するものとしてあるものの、娯楽・慰安として親しまれるものでもあった。これに対し講座では、戦時下に相応しいいけ花として「日本精神を把握するもの」「精神修養」と位置づけている。この「精神修養」[28]という思潮は、当時「内地」のいけ花においても取り入れられていたものである。また、ここでは玄関や食卓に置く事が想定されているが、同年一二月号では正月向けに、床の間に置くいけ花について説いている。

さらに記事では花材の選び方として、「新しい今日のいけ花には材料の組合せに制限があったり、枝の本数に束縛があったり、水揚法に秘伝あるとて、秘密にしてみたりする様な約束はある筈はありません」とし、器の選び方として、花器に応用出来得るものとしてコップ、フルーツポンチ器、砂糖入器、硝子の深鉢、ジョッキグラス、洋酒の空瓶、ざる果物籠、水さし、徳利などが記されている。まさに「有り合わせの器」である。以下、各回講座はいけ方、飾り方を寸法、角度を明記し絵図を交えて丁寧に解説している。

同第二回（同年三月号）では、「戦勝の春、［…］日本人であればこそ、此の春を草木と共々に、迎える事が出来る」とある。また花材として、「真《しん》」（いけ花において中心になる枝）に満洲の植物を使用するように、花材（杏子、柳、連翹、北京桃など）を明記している。

同第四回（同年五月号）では、いけ花が茶の湯や俳句とともに「贅沢な暇つぶしの様な遊び事に間違って考へられてゐる」「華道こそ、健全な精神を与えられ美しい情操を養ふ資材であります。健全な精神によって、幾年続こうとも今日のいくさに勝ち抜かねばなりません」とある。いけ花を「華道」と記し、「道」ということを強調している。さらにここでも「真」に用いる満洲の花材が、明記されている。

以上のことから日本人であることが強調され、戦時下にいけ花を行う事が暇つぶしの様な遊び事ではないことが強調されているいっぽうで、いけ花の中心となる「真」の枝に、満洲の植物を使うことが提案されている。日本人としての戦時下、いけ花による精神性を説きつつも、堀川のいけ花理念としてある満洲に生きる者のためのいけ花、ということが実践されている。

(3) 企画記事にみる言説

同誌では「いけ花講座」以外においても、いけ花への言及が見出せる。それらの言説は各種企画記事にみられるもので、堀川自身のものではない。

一、創刊号〈働く女性の心構へ〉「強く正しく明るく生きむ」国際運輸株式会社　竹田伸子

従来のお稽古事に対する曖昧な態度を改める事である。お茶にしろお花にしろ折角師匠についたからには唯常識として表面をなでる様な態度をとらず、もう一歩進んでその底に流れる道の精神の把握にまで探究してゆくべきであり、同時に一つ、之と定めた事に対し全力を集中してその道に於ては人をも指導し得るだけの確実さをもちたいものである。いわゆるお稽古の名にかくれての虚栄と時間潰しの旧体制は絶対に許されないのである。

国際運輸株式会社は、堀川がいけ花を教えていた会社である。言説に堀川の影響が見出せる。

二、同年二月号〈もののあはれとにっぽん女性美〉「松竹大船映画監督清水宏に、女性観を訊く」

(清水) 女優さんが、毎朝十時に来て生花と茶の湯を一通りやるのです。茶の湯をやらないからといって、お茶を飲むのに困るとか何とかいふのではないが、茶の湯をやった者は道を歩いてゐても、自然にそれが何かに現れて来る。あれは確かに効果がある、日本的なよさである。満洲に来ても茶の湯は、女は一通り心得

て貰った方がいいと思ひます。

［…］

（記者）日本人的な風格を失はないやうに、茶をやり活花をやることはい、ですね。

（清水）あれを誰でもやるやうにして、女の一つの修業でなしに、朝起きて顔を洗ひ、飯を食ふと同じやうにやつて貰はなければならぬと思ふ。

三、同年四月号〈職場の女性から前線の兵隊さんへ〉「大和撫子の名にかけて」大連機械製作所女子青年隊会社では毎週水曜日に、婦道育生の為特に華道が教授されてゐます。どんな場合にでも落着いて花が活けられる気持ちだけは育ひ度いと思ふのです。例ひ洋装の儘でも昔の日本女性になった様な気が致しますし、自然の草木は緊張した生活を慰め、潤ひのあるものにしてくれますもの。

四、同年六月号「留日女学生の家　牛込寮の記」

或る時は留学生の姉となり、或る時は母となり、その日常生活の中に、活花を教へ、作法を知らせ、わが娘の和服を提供し、――意識するとしないとに拘らず、日本女性の真の美と精神を知らず知らずに理解させてゆくこの努力

五、同年九月号〈現地座談会〉「北京の女性に尋ねる」華北交通会社勤務草野豊子

女としての教養や趣味の問題について申しますと、りっぱな活花のお師匠さんを東京から呼んで私たちのために指導して下さいます。

［…］

同、華北交通「興亜」記者大島忠雄

あんまりハキハキしすぎても困るから活花やお琴や、お習字をやるとちょうど調和がとれて、丁度い、女性

ができ上がる。

以上のことから女性の視点として、いけ花に対し「道の精神」の把握、日本女性としての生活の潤いのため、男性の視点として「日本人的な風格」の維持、いけ花などをやると女性のいいかたちができる、ということが見出せる。また北京の会社では師匠が「内地」と同じであることを重視している。

いけ花が、日本人女性としての形成に内面的にも、外面的にも関わるととらえられている。また満洲に根差す、「調和」をとることをめざすいっぽうで、「内地」と同じであるということを重視する人たちもいたということがわかる。中国人女子学生に対し、いけ花、着物を身につけることで、日本人女性であることを体験させている。

堀川が担当した「いけ花講座」は毎号掲載（連載）されたが、いけ花に関する言説は毎号に見られるわけではなく、一九四二年九月号以後には見出せなくなる。

おわりに

『女性満洲』（以下、同誌）におけるいけ花の言説は、堀川のものと市井の人々によるものの、二通りに分かれる。まず堀川は、戦時下満洲におけるいけ花を発信する立場に立ち、その言説は、「華道こそ、健全な精神を与えられ美しい情操を養う資材」であるとし、この「健全な精神」により戦争に「勝ち抜かねばならない」ことを強調し、いけ花を、戦時下「内地」においてもいけ花の思潮としてあった「精神修養」ととらえた。また花材は満洲の植物を用い、花器は満洲の生活で身近にある器、瓶を使用してもよいとし、満洲に生きる者のいけ花をめざした。

いっぽう、市井の人々のいけ花に対する言説から、一般的にいけ花が、日本人女性としての資質を養い、アイデンティティの形成に影響をあたえるものと認識されていたことがわかる。ここからは日本人の純粋培養志向が感じられる。

しかし市井の人々の言説が一九四二年九月まであったことに対し、「いけ花講座」はそれ以後も連載が続けられたことから、堀川の言説が、同誌の発刊目的である戦時期の女性の士気を高めるということに貢献するものであり、さらに同誌は、堀川が理念とした満洲に根差すことを求めていたと考えられよう。

また、いけ花の家元と市井の人々の間に、いけ花に対する意識の隔たりがあったことは興味深い。それは家元や高弟たちが流派の存続を願い、いけ花を戦争体制に組み入れていかざるを得なかったことがあると考える。その一方で一九四三年、旅順の関東軍女子通信部隊において、戦争が激化していくなかで堀川のいけ花が教えられたことは、関東軍により、いけ花で女性の精神的な統制をしようとする動きがあったことが思われる。

堀川のいけ花とは、旧来からある単なるお稽古事ではなく、自由な創作による造形的いけ花であり、花材に対する制限や秘伝はなく寸法、角度が明記されるという、まさに近代のいけ花であった。これは「内地」における勅使河原蒼風のいけ花と方向を同じくし、いけ花をお国のために尽くすもの、戦勝のためと位置づけたことも同様といえよう。両者の違いは、堀川は満洲での永住を考え、日本人と中国人の区別なきことを思い、いけ花を純粋な気持ちで戦勝のためのもの、と位置づけた感があることであろう。

また堀川が満鉄のいけ花講習会講師に就任した一九三七年、その一二月、「満洲国」の治外法権撤廃により、日本と「満洲国」の行政の一体化がはかられ、「日本人の対満進出を容易に進めるためにも、満洲国の全般的日本化が必須の要件として声高に叫ばれた」[29]というが、同誌のいけ花に関する言説から、その日本化にも相容れない二つの流れがあったことがいえる。一つは、日本（「内地」）のものをそのまま満洲に持ち込む。もう一つは、満洲に根付くように満洲の実情を考案して、現地満洲のものも取り入れるという方法である。堀川によるいけ花の言説が、国の言論統制政策ならびに満鉄の方針に則ったものと考えられることから、少なくとも同政策と満鉄においては、後者の方法で満洲の統治を行おうとしたといえよう。

付記

史料閲覧に関し高知県立文学館、一般財団法人草月会資料室にお世話になりました。記して深謝申し上げます。
本章は二〇〇九年一〇月、日文研劉建輝班共同研究会（於国際日本文化研究センター）、二〇一一年九月、張学良与九・一八事変国際学術研討会（於中国瀋陽）、二〇一四年五月、マイグレーション研究会（於阪南大学あべのハルカスキャンパス）における報告を基にしている。各会においてご教示を賜りました各位に深くお礼を申し上げます。

［註］

（1）日本植民地研究会編『日本植民地研究の現状と課題』アテネ社、二〇〇八年ほか。

（2）中国経済発展研究所『満洲日日新聞』複製マイクロフィルム、一九九七年を使用。『満洲日日新聞』は一九〇七（明治四〇）年一一月三日大連で創刊、満鉄の機関誌的存在であった。記事は一九〇七年一一月一〇日、一九〇八年二月一三日ほか。

（3）大連市役所編　大連勧業博覧会協賛会『大連勧業博覧会誌』一九二六年、五一頁。出瓶流派は遠州流、池坊、廣道流、東山流。第一会場内能楽堂において、能狂言の上演時を除く毎日開催。

（4）「内地」とは日本固有の領土をさし、「外地」とはそれ以外の領有地、すなわち朝鮮・台湾・樺太・満洲・サイパンなどをさした。

（5）小林善帆「植民地台湾の女学校といけ花・茶の湯」『藝能史研究』一八九号、二〇一〇年。小林善帆「植民地朝鮮の女学校・高等女学校といけ花・茶の湯・礼儀作法―植民地台湾との相互参照を加えて」国際日本文化研究センター紀要『日本研究』四七集、二〇一三年。

小林善帆「近代女子教育における茶の湯―植民地朝鮮の女学校・高等女学校の事例をふまえて」『女性研究者による茶文化研究論文集』茶文化研究発表会実行委員会編（茶学の会内）、二〇一三年。また、満洲の女学校・高等女学校に関しては、「いけ花にみる「満洲」都市部の女性と文化・教育」として、二〇一四年五月、マイグレーション研究会（於阪南大学あべのハルカスキャンパス）において報告した。今後、稿を起こしたい。

（6）『女性満洲』満洲女性新聞社・女性満洲社、一九四二～四三年。同誌については本稿Ⅲに述べている。

（7）杉山春『満洲女塾』新潮社、一九九六年、一二四、一二八頁。

（8）いけ花史については、小林善帆「いけ花史試論」前編・後編　国際いけ花学会『いけ花文化研究』創刊号・第二号、二〇一三・二〇一四年を参照されたい。

（9）池坊、古流、未生流、遠州流など。様式として「生花（せいか）」を持つ。

（10）満鉄の福利厚生活動について、ほかに母子健康相談、慰安会、運動会などがあった。満鉄映画製作所「留守宅便り」一九三九年　満鉄会監修『満鉄記録映画集』第九巻　日本映画新社、一九九八年。

（11）満鉄社員消費組合『主婦のお買物案内』一九三八年。西原和海氏のご教示による。

（12）堀川晶仙『はちきん―堀川晶仙自伝』八坂書房、一九八九年、三八～九五、一三七～一七九頁。同書によれば、堀川晶仙（一楓）氏は一九一〇年生まれ。

（13）堀川、前掲書、七三、七四、八八、八九頁。

（14）士峰流は、高知市で立石一有が創流したいけ花の流派。前田紅陽『士峰流　立石一有作品集』第一芸文社、一九四一年に詳しい。

（15）堀川、前掲書、五五頁。

（16）堀川、前掲書、六一、六二頁。

（17）堀川、前掲書、六三、六四頁。

（18）塚瀬進『満洲の日本人』吉川弘文館　二〇〇四年、一一〇頁。

(19)「抛入花」と「投入花」は、共に「なげいればな」と称するが、いけ花用語として　異なるいけ花を指す。「抛入花」は決まった形（様式）を持たないが、「投入花」は「盛花」とともに近代のいけ花の様式をさし、決まった形を持つ。
(20)前田、前掲書による。
(21)小林、前掲報告「いけ花にみる「満洲」都市部の女性と文化・教育」による。
(22)勅使河原蒼風『私の履歴書　文化人6』『日本経済新聞』一九五六年六月掲載、日本経済新聞社編　日本経済新聞社、一九八三年。
(23)『草月箋』六六号、一九三九年七月号。ラジオ放送番組については、辻泰明「初期ラジオ放送における、いけ花講座番組―メディアが文化の伝播に果した役割」、国際いけ花学会『いけ花文化研究』第二号　二〇一四年に詳しい。
(24)『草月箋』六四号、一九三九年五月号ほか。
(25)『草月箋』七五号、一九四〇年四月号、同七六号 同年五月号、同七七号 同年六月号。
(26)堀川、前掲書、四〇、四一、六二頁。
(27)いけ花と「修養」について、上野晃平「花と「感化」する身体―「修養」としてのいけ花史の試み」国際いけ花学会『いけ花文化研究』第二号　二〇一四年がある。
(28)いけ花を「精神修養」とする捉え方は、「内地」では、特に一九四〇年ころから見出せる。小林善帆『「花」の成立と展開』和泉書院、二〇〇七年、二六〇、二八八、三二三、三七二、三八二、三八五頁。拙稿「近代日本のキリスト教主義女学校と精神修養　―いけ花・茶の湯・礼儀作法・武道との相関を通して」『日本の近代化とプロテスタンティズム』、上村敏文・笠谷和比古編、教文館、二〇一三年、二七二、二七三頁ほか。
(29)山室信一『キメラ　満洲国の肖像』増補版、中央公論新社、二〇〇四年、二五二頁。

第13章
アフリカ系アメリカ人の音楽文化の実践
―ラップ・ミュージックとメディア・テクノロジー―

辰巳　遼

はじめに

メディア・テクノロジーの急速な発展によって、グローバルに拡大する人々の関係性は瞬く間に変化してきた。インターネットはあらゆる番組や音楽を瞬時に世界中へと広め、国や人々の情報をめまぐるしく様々な場所へと伝達していく。いまやそういったネットを通じた情報の交換は、あらゆる他者との関係のなかから、いとも簡単に自らのコミュニティをつくりあげていくことを可能にする。つまりわれわれは今、メディアの発展による急速なコミュニケーション変容の最中にあり、メディアのなかで様々な文化の移動や衝突、混成を経験しているわけである。

資本主義社会における音楽の生産と消費は、テクノロジーの発展に伴うメディア変容のなかで、これまで幾度も形を変え続けてきた。その変遷によって音楽それ自体もまた変容していき、新たな文化的コミュニケーションを生み出していく。またグローバル化に伴う人々の移動は、移民の多い国家や地域の文化的状況をさらに複雑化した。そこで本章では、時代とともに変容してきたマイノリティ文化としてのメディア、ここではヒップホップのラップ・ミュージックに焦点を当て、アフリカ系アメリカ人の文化実践がいかに音楽やテクノロジーと関連しながら展開してきたかを踏まえながら、テクノロジーを駆使した実践としての二組のアーティストの活動、パブリック・エナミーのチャック・Dと、パリスを取り上げて分析する。いまや音楽は、マイノリティなどのアイデンティティをグローバルなネットワーク上で構成させながら、それをローカルな日常の場に還元している。すなわち社会的に抑圧されている移民や若者は単に歴史によってではなく、配置された経済的、政治的状況と環境のなかで、テクノロジーの実践と結びついた音楽によってアイデンティティを生産しているのである。特にアフリカ系アメリカ音楽は、移民が運んできた様々な文化的要素をローカルな場で再構成する。メディア・テクノロジーの変容を踏まえながらラップ・ミュージックを読み解くことで、移民してきた人々によって肉付けされ、多様性を含んだアフリカ系アメリカ人の文化実践の変遷を明らかにしたい。

1　ラップ・ミュージックの実践

(1) ラップ・ミュージックとメディア・テクノロジー

かつてマーシャル・マクルーハンが示唆したように、口承や筆写の時代から活字メディアへ、さらに電子メディアへの移行といったメディアの変遷は、視覚的表象の無限複製によって創られた新たなメディア空間や新しい知と権力の生産システム、あるいはコミュニケーションの場の導入であった。[1] だとすればこのことは、自己のアイデンティティや差異、他者、権力関係といったものが再生産、再配置されていく実践として捉えることができる。

確かに一九世紀以降の電子メディアの発明は、単なる技術的革新ではなく、人々の行動や生活、文化の尺度やパターンを創り上げ、空間を越えた新しい文化的コミュニケーションを生み出した。つまり新しいメディアの出現は、社会や文化の内側で、日常生活やコミュニケーションと伴って養われた文化実践の結果であるといえる。新しい技術は最初から新しい社会を生み出していく運動に内包されていて、蓄音器にしろ、電信や電話にしろ、その登場を可能にしたのは、そうした「発明」を、その運動過程の一部に組み込んでいた近代社会の文化構成そのものであった。[2]

そのため、メディア・テクノロジー発展について考えずに現代の音楽を捉えることはできない。音楽もまた、テクノロジーを生み出していく実践のなかにあるからだ。音楽に限って言えば、マイクは大衆に向かって囁くことを可能にしたし、レコードやCDは消費の仕方を変え、シンセサイザーやDTMに至っては音楽実践の場を拡張させた。ポール・サベージは次のように言う。

> テクノロジーはわれわれの音楽に対する経験や考えを提供する環境である。それは音楽を聴いたり作ったりすることに従事する実践として、また音楽とは何なのか、何になりうるのかという音楽に対するわれわれの経験を評価したりシェアしたり、あるいは定義づけをしたりするプロセスの言説的要素である。[3]

メディア・テクノロジーは音楽とは何かをも決定づけるが、テクノロジーの異なる使用法は、文化実践によって差異が出る。すなわちテクノロジーの使い方によって音楽ジャンルが分かれていき、何を表すかという表現と技術によって変わる音とを結びつけている。テクノロジーもまた様々な実践の結果なのである。例えばワシントン大行進でのキング牧師の演説は、ジャズの即興に大きな影響を与えたし、マイクでの語りがいかに自己の主張を伝達するかをラッパーたちに教えたかもしれない。一九六〇年代以降の公民権運動を含む一連の運動には、キングへの同一化を通した音楽実践はもちろんだが、あらゆるテクノロジーやメディア変容が内包されていた。

口語的に伝承してきたパフォーマンスの伝統としてのアフリカ系アメリカ音楽が示唆してくれるのは、政治的な行為体である。黒人霊歌やブルース、ジャズ、ヒップホップなどが示すアメリカにおける黒人たちの物語は、音楽のパフォーマンスのなかで継承されることで、自らの歴史を問い直す。そしてその音楽実践は、メディア・テクノロジーの発展のなかでつねに変容していくものだということを表している。なかでもラップ・ミュージックは、アイデンティティをめぐる政治的、社会的実践として、テクノロジーを音楽的要素として最大限に生かそうとした。

ドラムマシーンやデジタル・サンプラーといった機材はラップ・ミュージックにおいて欠かせないものとなっているが、そもそもドラムマシーンやサンプラーは金銭と労力を削るための、あるいは欠けているものの埋め合わせとして使われていたものだった。(4) 一九八〇年代から使用されるようになったサンプリング機能を持つ機器は、生の楽器音はもちろんだが、レコードの音源や、街や道路の雑音に至るまで、簡単に録音することが可能であった。そのため音楽的な知識を持っていない者が、ヒップホップの文脈のなかでサンプリングした音を重ねたり、繰り返したりすることで音楽として成立させてしまったのである。つまりそこでは楽譜だけでなく、楽器の演奏すら必要ではなかった。かつてディック・ヘブディジがパンクやレゲエなどに特徴的な、普遍に思えた文化の不連続性を示したように、黒人音楽は意味を示す記号が根本的に不安定であること、常に変容していく文化、伝統を単に歴史のなかというよりも現在の生活から抽出したスタイルとして機能することを強調する。(5) サンプリング技術の独自の使用法やリズムやベースラインの印象的な反復は、伝統的な黒人霊歌の特徴を再生産するとともにラップの方向性に大いに寄与した。他方でサンプラーによる採取音は現行著作権法や音楽財産のあり方にも疑問を投げかけた。黒人に結びつけられるジャズのギターやベース、ソウルのメロディのサンプリングは歌詞や楽曲のテクストを解体し、再構築することで黒人の集合的な記憶を現前させ、ジェイムズ・ブラウンやジャズ・ベーシストのロン・カーターといった有名アーティストに同一化していくプロセスを生み出す。ローズはラップについて次のように記す。

ラップの中核は、アフリカ系アメリカの口承作品の伝え直し、その詩的な力、そして物語戦略から構成される［…］テクノロジーの中に口承の実践を埋め込んだ［…］あるいはラップを貫く口承の論理が、テクノロジーの実践を形成してきたともいえようか。ラップ・アーティストはつまり、物語の独自性・作品構造・集合的な記憶を再定義し、音楽の属性・技術革新・作家性の観念を作る制度的装置に抵抗してきた。(6)

ラップは過去の記憶と経験をテクノロジーの実践によって新たな声として再生産した。しかしそれは六〇年代までの公民権運動の機運とはまた別の、独特な環境と場によって徐々に形成されてきたものである。

(2) サウスブロンクスの文化

ラップ・ミュージックは七〇年代のニューヨーク、サウスブロンクスを中心にヒップホップ文化の内部で形成されてきた。ヒップホップの特徴としてよくあげられるのが、ラップ・ミュージック、ダンス、街の壁に描かれる落書きとしてのグラフティ、DJであるが、サウスブロンクスという場所によってそれらが融合され、文化として認識されるようになった。[7]

一九三〇年以降、都市計画家のロバート・モーゼスによって開始されたニューヨークの都市改革の計画は、公園や住宅地の建設を大々的に行い、周囲の景観や日常を著しく変えていった。[8]都市の計画はメディア・テクノロジーの展開を意味し、場所性を決定的に変容させる。ブロンクス高速横断道路の建設が始まったのは一九五九年のことである。この住宅地を貫く高速道路建設が、サウスブロンクスを腐敗へと向かわせ、結果的にいくつものコミュニティを破壊した。[9]もともと労働者階級の集まるコミュニティがあり、下層から中流階級のアイルランド系やユダヤ系を中心に、イタリア系やドイツ系のコミュニティまで強制的に移住をさせられてしまう。[10]その後サウスブロンクスに移住してきた多くの黒人やヒスパニック系の人々は、荒れ果てた環境のなかでの生活を余儀なくされた。[11]この時期のめまぐるしい人々の移動と移民構成の変化は、サウスブロンクスという場のイメージを含め、生活環境を著しく悪化させていった。やがて人種間の抗争がはじまり、ギャング同士の衝突や窃盗や略奪行為といった犯罪の上昇がサウスブロンクスを無法な地帯へと変化させていった。そして一九七七年のニューヨーク大停電の『ニューヨークタイムズ』をはじめとした報道が、サウスブロンクスを象徴的な場所にする。ほとんどの略奪行為が貧困地域に集中し、一九六五年に起きた停電に比べても状況はひどく、一九七七年夏にあらわになった絶望と挫折感は、公民権運動の高まりから人種的に最も混乱した六〇年代よりも大きなものであった。[12]『ザ・ネイション』(一九八九年三月六日)によれば、サウスブロンクスは一九六〇年から七〇年代後半にかけて人口が著しく減少し、アメリカで最も貧しい地域のひとつとなったのである。[13]

さらにこのような問題は人種の意識と直接結びついてもいた。公民権を獲得した黒人たちは、少なくとも六〇年代以前より自由を手にすることができていた。社会に進出し、自らの欲望する仕事や家庭といった場をつくることも可能になった。しかしアメリカにおいて社会や政治、経済を中心的に担っているのはなおも白人であり、白人権力だったのである。アファーマティブ・アクションも差別に対するいかなる言説もいわば上から与えられたものであり、仕事もまた白人から与えられた恩恵だった。つまり社会への進出と黒人の地位向上の狭間で、黒人たちは新たな二重の意識へと悩まされており、法的に抑圧されていた六〇年代の人種問題とは質が変化したといえるだろう。

変革として語られる公民権運動の後、人種差別から解放され、社会が劇的に変容していく混乱の最中で、「ポスト・ソウル」時代の若者は誕生した。(14) 取り戻されたアメリカン・ドリームという理想と、社会的、経済的に厳しい現実とのギャップに直面しながら育ったこの世代は、市民権の獲得などといった明確な目的がないまま、アメリカ社会に深く根ざした人種問題と闘わなくてはならなかった。問題の移行によって黒人の文化実践もまた変容していくのだが、その拠点となったのが荒廃したサウスブロンクスだった。少し視点を変えれば、一九七七年頃の「無法地帯」とメディアが表象するサウスブロンクスは、メディア・テクノロジーの新しい実践と多くの人種的差異によって育まれる文化実践を構成する場であった。ネルソン・ジョージはサウスブロンクスという場がむしろ文化的な活気に満ちていたと記している。

一九七六年、本物のブロンクスは文化的廃墟とは程遠いものだった。衰退と拒絶の裏で、その場所は人種の融合と他の地域からの孤立が進む一方で、活気に満ちた、しかし誰にも注目されていない先取りされたクリエイティブが生まれつつあった。私たちがヒップホップとして連想するグラフィックアート、ブレイク・ダンス、ＭＣ、そしてミキシングはここに端を発する。(15)

八〇年代に登場したアーティスト、例えばアイスTや2パック、ドクター・ドレー、スヌープ・ドッグなどに代表されるスタイル、いわゆる「無法地帯」から出現したギャングスタ・ラップは、麻薬や暴力、建造物への落書きなどのいわゆる不法行為の場を物語として上演していく。[16] ストリートで踊るブレイク・ダンスやラップのリズムはラテン系やカリブ系の人々が交錯する場で形づくられ、黒と白で括られたアメリカ社会とは別の生き方を提示した。つまりヒップホップを実践してきた「ポスト・ソウル」の若者は、アフリカだけではなく、南米や中南米、ヨーロッパなどの国々から運ばれてきたあらゆる文化を混ぜ合わせ、それぞれの故郷と繋がり合いあいながら、法に縛られない自らのやり方でスタイルを構築したのである。アメリカの法の外側で人種的差異の混成によって構成されてきたラップなどのヒップホップの行為者は、文化的な「特異性」をつくりあげたサウスブロンクスという場所につねに引き戻されていく。

(3) ヒップホップの脱領土化

六〇年代の混乱を経てから八〇年代後半にかけて、ヒップホップ文化は黒人やヒスパニック系の人々を中心とした実践によって徐々に形成されていった。つまりここまでみてきたように、ラップ・ミュージックは黒人だけでなく、いわゆるマイノリティたちによる白人至上主義に向けた対抗文化としての側面があった。抑圧されたマイノリティや生き場を失くした若者の「無法地帯」における実践は、社会から逸脱して生きる手法を示す。しかしながら九〇年代以降、メディアやテクノロジーの新たな実践によってヒップホップ文化が視覚的にも拡大していったことで、ラップ・ミュージックの姿勢は少しずつ変容していく。

そもそもアメリカにおいて最初にラップ・ミュージックがメディア上に現れたのは、一九七九年のシュガー・ヒル・ギャングの「ラッパーズ・ディライト」（*Rapper's Delight*）である。ミッキー&シルビアとしてヒット曲を飛ばし、プロデューサーとしても活動していたシルビア・ロビンソンによってシュガー・ヒル・レコードは設立され、「ラッパーズ・ディライト」が発売された。「ラッパーズ・ディライト」のビデオによって黒人とラップのつながりが表象され、数年かけて雑誌や小説、映画などのメディアへと拡散していった。実際にはラップソングとして初めてスタジオ・レコーディングされたのは、ファットバック・バンドの「キング・ティムⅢ」（King Tim III）だったが、シルビア・ロビンソンによるオリジナル性と、当時としてはまだ珍しかったダンス音楽にリズミカルなラップを重ね合わせるスタイル、そしてミュージックビデオの影響が「ラッパーズ・ディライト」の話題性に拍車をかけた。(17)

ラップする身体にとってミュージックビデオは特に重要となる。ビデオは聴衆とつながり、パフォーマンスする場として、人種や階級を越えた対話を実践させる。お金や企業、クラック、サンプリング、犯罪、暴力など、ヒップホップの文化的特徴をグローバルに展開させたのは、他の何よりもラップ・ミュージックのビデオである。(18)

当初は放送しない方針を決めていたMTVも、白人の映像制作会社がラップ・ミュージックのビデオを手掛けはじめ、人気に拍車がかかってきたところで一九八八年に「ヨ！MTVラップス」の放映をスタートさせた。「ヨ！MTVラップス」はMTVで初めてアフリカ系アメリカ人が中心となった番組で、アメリカの音楽に最も影響を与えたシリーズのひとつである。(19) MTVでラップが流されるようになると、白人や黒人、ヒスパニック系のみならず、アジア系にも広がっていき、人種横断的にネットワークを形成していく。このMTVによる全国ネットの放映が、九〇年代以降のラップの方向性を決定づけたといえる。なぜならこのあたりを境にラップの文化実践はより大きな枠組みのなかで再編成されていくからである。ミュージックビデオによってヒップホップの担い手は、セレブなスターというよりはむしろ、どこにでもいるストリートの若者だというイメージを世界中に提示することとなった。テクノロジーによってもたらされる空間の消失に加え、ストリートという場所、そして経済や音楽的知識のアドバンテージを必要としない「近さ」をラップ・ミュージックは持っていたのである。ネルソン・ジョージは次のように述べる。

視覚的なイメージを通して、アメリカ都市部におけるヒップホップの強迫観念や姿勢が単なる都市のストリートから世界中のメディアへと流されるようになったことで、大陸を越えた地球の裏側に住む若者たちは、憧れたり恐怖を感じたり、怒りを覚えたり、真似をしてみたくなったりするようになった。[20]

さらにはラップによる「黒人ビデオの激増は、高い技術力を持つ若手黒人労働者たちの連合体を生み出した。未組織で影の存在ではあったが、やがて彼らは現在の黒人映画界に影響を及ぼす人材に育っていった」[21]。これまで映像の制作現場に参加することも出来なかった黒人が、ラップのミュージックビデオ制作を通して、技術者やデザイン、セット作りなどの経験を積む機会を得た。ラップのミュージックビデオは黒人の視覚芸術家のネットワークを構成したのである。このように、グローバルに拡大するラップという複合的なメディアが、労働環境におけるアメリカ社会と黒人の関係を再構築するような、あるいは黒人文化としてではなく、アメリカ文化としてヒップホップを再生産するような形で若者の日常を変え始めたといえる。

メディア・テクノロジーの発展によって、支配機構に対する対抗文化として出発した黒人音楽は、すでにグローバルに拡大する、重なり合いながらも細分化していく個々の文化の複合体として姿を現している。二項対立的な図式ではなく、現在の文化の全体像をせめぎ合う文化実践の混合として仮定するならば、ヒップホップはもはや独立分散する文化の複合体というべきではないか。つまりそれは、脱領土化された文化として経験されるローカルなものとグローバルな枠組みとを行き来する複数の次元を持った文化としてみるべきものとなる。

ジョン・トムリンソンによれば、文化の脱領土化は、グローバリゼーションにおける政治的な計画や地球地区における管理の問題と結びついている。[22]つまりメディア文化がつくる人種横断的なネットワークは、グローバルな資本主義社会における自己と社会との関係を管理しており、アイデンティティをめぐる政治的な問題とつねに関連しているのである。

ＭＴＶによるビデオでの上演のみならず、前述したサンプリングによる音の再構築とレコードの再利用といったある種の音楽実践の変革は、ジャズやブルースから発展してきた黒人音楽文化の断絶を意味するわけではなく、むしろテクノロジーの実践によって競い合ってきた文化闘争のなかにあったといえるだろう。ヒップホップの特徴は何より様々な移民によって運ばれてきた文化の多様性である。七〇年代から形成されてきた「無法地帯」での白人社会への抵抗とは異なり、ラップ・ミュージックが国境を越えてグローバルな資本主義のなかへと組み込まれはじめた九〇年代以降、ラップは単なるアメリカの人種抗争を越えて、グローバルなネットワーク上からローカルな自らのアイデンティティを構成する、経済的、政治的な文化実践として位置づけられる。

2　パブリック・エナミーの実践

(1) チャック・Dの「権力と戦え」

まもなくヒップホップグループのランＤＭＣが成功し、九〇年代に至るまでにパブリック・エナミーやＬＬクールＪ、アイス・Ｔ、ＭＣライトなどといったアーティストが世に出てきた。なかでも政治色の強いパブリック・エナミーのチャック・Ｄはラップを、心と身体への燃料供給のため、情報のネットワークを構成し、人々に与えるメディアの海賊行為だと述べる。[23]供給されるエネルギーは黒人の魂だと思われるが、ネットワークは同一化しえる身体の表象をつなぎあわせる。つまり彼にとってメディア上でのラップは、情報を拡散し、新しい黒人の姿を世界中で上演させるよう呼びかけるものである。

一九六〇年、黒人であるチャック・Dは公民権運動によって社会が目まぐるしく変動するなかで生まれた。一九八二年にチャックがアデルファイ大学でグラフィックアートを学んでいる頃、Ｄｅｆ Ｊａｍのプロデューサーであったリック・ルービンと出会いパブリック・エナミーは誕生した。[24] 一九八七年に出した最初のアルバム、「ＹＯ！Ｂｕｍラッシュ・ザ・ショウ」（*YO! Bum Rush The Show*）ではこのラップ・グループが政治や社会を批判するパンクの精神を継承したスタイルであることを前面に押し出した。このことはサブタイトルとしてジャケットの下部に小さな文字で「政府の責任」（THE GOVERNMENT'S RESPONSIBLE）と印刷されていることからもよく分かる。批判精神をそのまま政府の責任へと転化させる姿勢は、サンプリングされた音源と相俟って音楽をストリートでの反政府運動として表象する。そして続く『パブリック・エナミーⅡ』（*It Takes a Nation of Millions to Hold Us Back*, 1988）、『フィアー・オブ・ブラック』（*Fear of a Black Planet*, 1990）で重く響き渡るベース音や印象的なサンプリング、スクラッチを駆使しつつ商業的にも大きく成功していった。[25] 強烈なノイズとサイレンによって幕を開ける『パブリック・エナミーⅡ』は、ヒップホップにおけるサンプリングの存在や使用法を決定づけ、音楽ジャンルの枠を拡張させた。同時にメディアによって形成されてきたアメリカの常識を「無法地帯」の上演を通して攻撃的に批判していくことで、ラップを文化闘争のなかに在るテクノロジーの実践へと契機づける。『パブリック・エナミーⅡ』のジャケット写真で、パブリック・エナミーがはじめから牢獄のなかにいるように、彼らは運動のスタートの時点で既に法を犯している存在なのである（写真1）。デビューアルバムから継承されているブラックパンサーやネイション・オブ・イスラムの思想や批判精神を受け継ぎながら、この実践は抑圧の中にあった黒人たちの日常へと流れ込んでいった。ネイション・オブ・イスラムのアヴァ・ムハ

写真１　Def Jam Recordings. Public enemy.com. 2015.
http://www.publicenemy.com/album

ンマドの言葉や、ジョン・コルトレーンのサックス、ヘヴィメタルバンドのアンスラックスのギターなどを使用したサンプリングは、アルバムと政治性を強く結びつける手法をつくり、ジャンルの差異を越える形でラップ・ミュージックそのものを変えたのである。ここでは新しいものを生み出すというより、過去に既にある実践をサンプリングによって現前させ、脈絡のないもの同士をつなぎ合わせている。言いかえれば、異なる実践や歴史を結合させ、ヒップホップによる文化実践の内部へと流し込んでいった。

スパイク・リーの『ドゥ・ザ・ライト・シング』（*Do The Right Thing*, 1989）に使用された「ファイト・ザ・パワー」は、メディアが創り上げてきたアメリカの表象を独自の視点から否定する。その楽曲の中でパブリック・エナミーは、これまで数えきれないほどのアメリカ人によって同一化され続けてきたであろうジョン・ウェインやエルビス・プレスリーの名をあげて、二人がもはや黒人にとってのヒーローではないことを宣言する。

エルヴィスはみんなの一番のヒーローだった
でも俺にとっては全くどうでもいい
愚かな人種主義者どもは
単純で馬鹿だ

彼らもジョン・ウェインも糞くらえ
俺は黒人で誇りを持っている
でっちあげられてハイになってる俺は準備は万端だ
俺のヒーローは痕跡なしには現れない
自分で振り返って探してみな

変革の場さながらにブルックリンのストリートで黒人が集合し叫ぶ「ファイト・ザ・パワー」のミュージックビデオは、アメリカの歴史への異議を唱える特異性の場所であり、ワシントン大行進の再演である。ストリート上で構築された大きなステージはキング牧師のスピーチの壇上となり、今度はラッパーたちがその壇上で歌い、踊り、黒人のヒーローの写真を掲げながら練り歩いていく。「ファイト・ザ・パワー」は、声を出せないこと、自由かつ平等ではないこと、さらに同一化、再生産すべきヒーローが他にもいることに気付かせ、権力を人々に解放するよう語りかける。この特異な場は、常識を覆す「無法地帯」として表象され、意味変容を促す移動、つまり空間を越えてメディア上に拡散する実践となった。サンプリングでの記憶の再構築と相俟って、「ファイト・ザ・パワー」における黒人の誇りへの言及は、白人社会がいかに白人のヒーローによって形づくられてきたかを暴露し、黒人のアイデンティティを自らの手で再生産するよう呼びかける。

(2) テクノロジーの実践とディアスポラ・ネットワーク

「権力と戦え」と訴えかけるチャックの姿勢は、やがて音楽のテクノロジーや著作権をめぐる抗争に発展した。Peer to peer（P2P）と呼ばれるコンピューター同士のファイル共有を可能にするサービスを一九九九年にナプスターが開始したのである。二〇〇〇年の五月、ヘヴィメタルバンドであるメタリカのドラマー、ラーズ・ウルリッヒは、ファイル共有サービスを行うナプスターを相手に訴訟を起こした[26]。著作権を侵害したという主張は、当時のテクノロジーと音楽をめぐる抗争として注目された。ラーズ・ウルリッヒによれば「もし音楽が自由にダウンロードされれば、音楽市場は機能しなくなる。ナプスターは俺たちの音楽をハイジャックした」のであり、著作権の問題だけでなく、音楽業界そのものを混乱させるという[27]。しかし一方でチャックはファイル共有を後押しする立場をみせた。チャックは『ニューヨークタイムズ』（二〇〇〇年四月二九日）のコラムで、ナプスターは新しい種類のラジオとして捉えるべきだと主張したのである[28]。ナプスターのファイル共有は、契約なしに誰でも音楽を聴くことができ、音楽生産の形を根本から崩壊させる可能性を含んでいた。著作権における市場のコントロールをまるで気にしないチャックの姿勢は、「無法地帯」のヒップホップ文化の象徴として法や規制を越えながら不法行為を上演する身体となる。一九九八年にパブリック・エナミーは『ブリング・ザ・ノイズ２０００』（*Bring The Noise 2000*）をＭＰ３のフォーマットでリリースしようとしたが、レコード会社から止められてしまう。それに対してチャックはミュージック・ビジネスで大儲けしている者はテクノロジーを恐れていると猛烈に批判しはじめた。ここで言うテクノロジーとは規制の外側にあるラップの文化実践である。すなわちラップをめぐるテクノロジーの実践は、市場原理を混乱させてしまうルールのない手法だった。ＭＰ３はMoving Picture Experts Group（MPEG）1. Layer 3の略称で、音声を圧縮伸長する技術の一つであるが、著作権保護機能が組み込まれていないがゆえにインターネット上で瞬く間に広がっていく。声の抑圧、資本主義の搾取を批判する形でアトミック・ポップのウェブサイトから『ゼアズ・ア・ポイズン・ゴウイング・オン』（*There's a Poison Goin'on*, 1999）は発表された。インターネット上に流れる音楽によって、パブリック・エナミーの脱領土化された身体は、規制から外れた複雑かつ多様な価値観を体現していく。なぜならその身体にはルールがなく、国や人種、法律、市場といった境界線や既成概念を壊そうとするからである。

ＭＰ３の知名度上昇は同時に音楽のエンターテイメント性や消費者サービスを模索する新たなウェブサイトの数を増やしていった。このことは人々の日常をますますデジタル化させていく。インターネットの普及に伴い、情報の移動速度はますます速くなり、遠くで起きた出来事を迅速に知ることができ、過去のデータに簡単にアクセスすることが可能となってきた。このようなデジタルな時代の特徴に、ポール・ホドキンソンにならって「集合性」をあげることができる。インターネットに接続しながら気になった音楽をすぐに調べ、アーティストの情報を詳細に知ったのちダウンロードし、ビデオクリップをみる。そして音楽プレーヤーを再生しながらどこへでも持っていく。それぞれのコミュニケーションの形式は、ますますネットワークとして連結していくのである。(29)

チャックのラップは、音楽の生産と消費の形を変容させるデジタル時代の先駆けとなる実践であった。

そしてここからパブリック・エナミーの活動は徐々にネットワークのなかで拡張していくことになる。Publicenemy.com に加えて Rapstation.com、Slamjamz.com、さらに Bringthenoise.com を開設し、世界中のオーディエンスに向けて情報を発信し始めたのである。パブリック・エナミーはインターネット上で音源を販売するだけでなく、ラジオやビデオも公開することで、音楽市場と音楽実践の場をグローバルなネットワークのなかに限定して流し込んでいった。Rapstation.com のライブ・ストリームでは、チャンネルだけでも一〇を越えるラジオを二四時間聴くことができ、ラップ音楽の最先端の情報を得ることが可能である。さらにリアルタイムで流れている曲をそのままショップサイトへ飛んで購入することもできる。媒体同士の「集合性」は情報の生産と消費の形をも変える。インターネットの普及のなかでヒップホップ文化の生産と消費はもはやグローバルな場へと移行し、脱領土化されていき、チャック・Ｄの権力に闘う身体が、国境や人種、階級を越えながら、政治のみならず経済の場にも浸透していったといえる。

資本主義社会においてメジャーなレーベルに所属しない音楽が、これほどまでにインターネットを通して世界中に広がったことは、市場とニーズの関係がいかに恣意的であるかを表している。また同時に、テクノロジーによるコミュニティの再編成は、アメリカの黒人という視点を越えて、人種横断的なネットワークを形成するのである。

パブリック・エナミーは「サン・オブ・ア・ブッシュ」という楽曲で直接的にブッシュを批判した。

俺はただ誰がこの国の馬鹿に投票したんだと言ってるんだ
デジャブッシュ、立ちくらみで押しつぶされる
……
奴は悪の息子
奴は悪の息子、悪の息子だ

ブッシュを悪と表象し、国家とつなぎあわせ、ジョージ・H・W・ブッシュ時代の再演をただ繰り返す状況を皮肉っている。ヒップホップがつねに無法な場所で実践されてきたように、ここでのパブリック・エナミーの上演は、アメリカを越えて、黒人というよりはむしろヒップホップのディアスポラ的なネットワークを形成する実践であった。つまり政治的な発言やサウンドのスタイル、攻撃性は、アメリカ政府や著作権との闘争を物語り、境界を越えてコミュニティをつなげていきながら、アメリカに対する別の視点を提供する。権力をめぐるテクノロジー変容は文化創造の場となるし、またテクノロジーそれ自体をさらに変容させる。ヒップホップ文化は一九〇〇年代を通して受け継がれてきた、黒人の物語の反復であるが、一方で白と黒からの解放による差異を超越し

たコミュニティを形成する実践でもあったのである。つまりそれはハーレム・ルネッサンスから継承される、黒人が自由な身体として主体となる活動であり、ネルソン・ジョージがいうように名前を変えるという行為もまたIを創出するための、あるいはアイデンティティを生産するための上演だった。この反復行為はある特定のコミュニティ内における同一化の連鎖であり、IをWeにする移動であり、アイデンティティの生産である。(30)

S・グレイグ・ワトキンスによれば、チャックの公的な―大胆かつまじめで、鋭い知性を持った―姿は、これまで歴史を創ってきた強い黒人のリーダーの残した意思やイメージのもとで演じられている。彼のもの思わしげな目や、大胆不敵な声は、マルコムXの「いかなる手段をとろうとも」という難攻不落の男権主義や力の表現に影響されたものである。また力強い経済的な自由に関するメッセージは、マーカス・ガーベイやルイス・ファラカンを呼びおこす。そして彼の黒人の自由に対する勇壮な訴えは、マーティン・ルーサー・キングの精神に同一化した姿である。(31)

ラップ・ミュージックによって構成されたディアスポラ・ネットワークは、コミュニティをグローバルな場へと拡大させた。パブリック・エナミーについてワトキンスはさらに次のように述べる。

彼らはロンドン、アムステルダム、ノルウェー、スウェーデン、そしてドイツで「してやった」。パブリック・エナミーの最初のワールド・ツアーを思い出しながらファイト・ザ・パワーの中でチャックは書いている―あれは最高の経験だった。あの時気づいたのは、もし自分たちがアメリカの市場を独占できなかったら、その市場は誰も望んでいないものだということ。「残る世界」であるインターネットは、グループが世界中のオーディエンスとつながり続ける方法だった。(32)

テクノロジーを武装したチャックの身体は、限りなく境界を壊すメディア身体であった。なぜならパブリック・エナミーの音楽活動は、アメリカや大きな市場にこだわらず、インターネットを使用したボーダーレスなスタイルだったからだ。[33] チャックの実践から分かることは、九〇年代の多文化主義時代におけるラップ音楽は、黒人の記憶を反復し、アフロディアスポラのネットワークを形成することで、アメリカに対する批判を含め、白人から見た黒人ではなく、ディアスポラな視点から紡ぎだしたアフリカ系アメリカ人という差異を強調した時代であったということである。ラップは、人種抗争の問題から、より大きなアメリカという国家としてのアイデンティティを問い直す視点を持ちはじめたのである。

3　パリスの実践

ディアスポラ・ネットワークのなかに、八九年に現れたサンフランシスコのベイエリア出身でアフリカ系アメリカ人のパリスがいる。カリフォルニア大学デイビス校で経済学の学位を取得した彼は、その後最初のアルバム、『デビル・メイド・ミー・ドゥ・イット』（The Devil Made Me Do It）をリリースする。[34] パリスは、黒人解放のために急進的な方法で社会に訴え、一時は武装をも呼び掛けていたブラックパンサーに強く影響されており、さらにはネイション・オブ・イスラムに所属していた経験もあるラッパーである。パリスのスタイルは明らかにパブリック・エナミーの流れを汲むものであるが、チャックが国内の七〇年代の混乱から出てきたのに対して、パリスはむしろ国の外側から現れたといえるだろう。つまり既に脱領土化されたヒップホップ文化から出現したラッパーなのである。

『スリーピング・ウィズ・ザ・エネミー』（*Sleeping with the enemy*, 1992）に収録された「ブッシュ・キラ」

はアメリカ大統領の暗殺を描いたがゆえに自主製作での発表を余儀なくされた。曲は当時のアメリカ政府を黒人抑圧の歴史と重ね合わせながら批判する。

悪魔の男に照準を定める
正義の剣を振りかざして
悪魔を祓い、悪事を止めてやる
……
ブッシュ殺しのPドッグだ
イラクは決して俺をニガーと呼ばないだろう
じゃあ俺は何のために爆破し戦っているんだ?
……
テレビで見るのは模範的なホモの黒人ばかり
無抵抗なオカマ野郎
こいつらが黒人の生活を決定し、形づくってしまう

当時の大統領だったジョージ・H・W・ブッシュを、民衆を誘惑する悪魔の蛇だと称して撃つパリスの上演は、アメリカの価値観を根底から覆そうとする。彼は国を越えた価値観や視点で物事を捉えることによって、アメリカとイラク、そして黒人の関係の矛盾を炙り出す。「ブッシュ・キラ」のなかに「明白な天命」はもはやなく、メディア表象によって黒人が抑圧されてきたことを暴きながら、国民を戦争に向かわせるナショナル・アイデン

ティティに疑問を投げかける。大統領の判断を戦争の元凶とするパリスの声は、アメリカを国家の外側から問うものである。

トミー・ボーイから追い出されたパリスは、自らのレーベルであるゲリラ・ファンク・レコーディングスを立ち上げた。そこで二〇〇三年に制作された『ソニック・ジハード』(*Sonic Jihad*)のジャケットは、ホワイトハウスへ向かって飛行機が突っ込んでいく写真である(写真2)。パブリック・エナミーの『パブリック・エナミーⅡ』と同様に、強烈なインパクトを持つ『ソニック・ジハード』のジャケットの下部にも「誰が悪魔の戦争を創りえるのか?」(Who is able to make war with the beast?)という文字が印刷されている。彼にとってアメリカは神の国ではなく、戦争を生産する悪魔だということである。ファーストシングルの「ワット・ウッド・ユー・ドゥ?」では、マスメディアから視覚的、聴覚的に漏れてくるプロパガンダを拒絶し、ジョージ・W・ブッシュ政権のレトリックを非難する。

「ワット・ウッド・ユー・ドゥ?」の歌詞には毎日テレビやラジオから流れるテロの恐怖という政府のメッセージと、ブッシュ政権の戦争に対する批判が込められている。

俺たちを奴隷にしたことを忘れるな
レイプし、エイズをもたらしたことを
ブッシュの再選は金のための戦争のはじまりさ
すべてを知っててお前は何をする気なんだ

写真2　Guerrilla Funk Recordings & Filmworks, LLC. Guerrilla Funk Recordings. 2014. http://www.guerrillafunk.com/

……

いまやニガーまで狂って旗を振っている

利益のための戦争と、帝国主義的な理念を拒絶するとともに「ワット・ウッド・ユー・ドゥ?」は、結局檻のなかへと入れられるのは有色人種であることを批判し、これまでメディアの戦略によってどれほどの人々がアメリカの奴隷になっていたかを語る。九・一一の同時多発テロ以降、アメリカの政権は国際テログループのアルカイダ、およびアフガニスタンのタリバン政権に対して「テロとの闘い」を開始した。政治判断に伴い、マスメディアによって戦争が正当化された状況について、パリスは『bmr』のインタビューで次のように語る。

アメリカ人の多くがこの国の現状やエンタテインメント、TVで二四時間流されるプロパガンダに辟易している。事実、そのプロパガンダ自体がエンタテインメントになっちまっている始末さ。いかなるエンタテインメントも何とかしてメッセージを伝えようとしているし、情報を選択して伝達している。(35)

加えてパリスは誰でもエンタテインメントを選択し、アクセスできるべきだし、自分たちの声もまた大手メディアを通して聞かれるべきだと言う。パリスの上演はマルコムXの姿勢を再演するものであり、アメリカのいわゆる「無法地帯」を音楽とインターネットのなかで再現してみせた。抑圧された声を解放するためにパリスが自力で設立したインターネット上のレーベル Guerrillafunk.com は、いまや世界中の誰でもアクセスできる状態にあり、数百万枚以上のセールスをあげている。(36) パリスの身体の語りは、チャック・Dの姿勢よりも攻撃的で、直接的だといえるだろう。人種の差異を越える形でアメリカを問い直そうとしたチャックに対し、パリスはよりメディアのプロパガンダに注視しながら戦争に対するアメリカ政府の意向を具体的に批判する。特に九・一一以降、彼は戦争というテーマを多く取りあげて、国民を戦争へと向かわせ、宗教的、人種的対立をつくりあげるアメリカの帝国主義的側面を改めて疑問視してきた。

パリスがチャック・Dに最初に会ったのは、パブリック・エナミーが一九九〇年の「アンチ・ニガー・マシーン」におけるビデオ撮影を行った時である。互いの音楽に参加しながら、二〇〇六年にはパリスが曲と歌詞を書いた『リバース・オブ・ア・ネイション（*Rebirth Of A Nation*）』をパブリック・エナミー名義でGuerrillafunk.comからリリースした。政治的な発言の多いチャックとパリスの共演は大きな話題を呼んだが、二人をつなげたものは何だったのか。脱領土化された文化実践は、国を越え、あらゆる思想を横断するかたちで意味を生産する。二人のつながりを示す鍵は、アルバムタイトルからも分かるように、脱領土化された「国民の創生」である。(37) あらゆる境界を越えて人々を結びつけるメディアとして、チャックやパリスは脱領土化されたヒップホップ文化を実践してきたのだ。

終わりに

ヒップホップの持つ政治性と反国家性は、アメリカそのものを敵対化させ、人種や階級以上に若年層の法を犯した犯罪者のネットワークを創り出していた。しかし、このようなラップには、犯罪を生む社会自体を問題視し、ラップの歌詞によって犯罪者になるプロセスである貧困や差別といった現実を公表する狙いがあるという見方もあった。ヒップホップはアメリカのあらゆる人種間の政治や経済といった環境をめぐる軋みによって生まれたのである。このことは九〇年代の多文化主義の議論やロス暴動と大いに関係がある。アフリカ系アメリカ文化として表象されてきたヒップホップは、実際にはヒスパニックなどのあらゆる文化の混成によって発展してきた。文化は闘争を内包しているが、公民権運動後に取り残された黒人やヒスパニック、ゲイ、レズビアンなどの自己を生きるための実践が、闘争の場として徐々に創造的な文化を形成していったのである。

アフリカ系アメリカ人による運動と、ヒスパニックの増加による人口構成の変化、そしてテクノロジーの発展によるコミュニケーションの変容は、周辺化された人々、移民として移動してきた人々の意識を変え始めた。すなわちこのときマイノリティは、アングロ・サクソン中心の移民国家に疑いをかけ始めたのである。アフリカ系アメリカ人もヒスパニックの人々も、自らの文化をただ運んできたのではない。彼らがそれぞれ運んできたのは、アメリカという場所で再び構成される文化の一要素なのである。ラップ・ミュージックは移民が運んできた文化をアメリカの白人権力と対峙する形で繋ぎ合わせていったのだ。

情報がめまぐるしく移動しはじめる九〇年代以降、テクノロジーの実践として、ラップはあらゆる人種を横断しながら生きるスタイルとして、若者の日常へと溶け込んでいった。アメリカのポップチャートでのラップ人気に陰りが見えはじめた頃、次にチャックやパリスはインターネットによって世界中でラップが消費されるよう働きかけていった。やがてチャック・Dはサンプリングや音楽ファイルのシェアによる著作権や音楽市場をめぐる混乱のアイコンとなった。メディア・テクノロジーとアフリカ系アメリカ音楽の実践は密接に絡み合っており、人種や階級だけでなく国境をも越える形で相互依存的に変容してきたのである。

脱領土化されたラップ音楽は、グローバルなネットワークを構成し、九〇年代という時代のエネルギーに後押しされながら権力と闘うラップの語りを世界中に拡散させていった。メディアが日常をデジタル化してきたのと同時に、ラップのネットワークはあらゆるレベルの実践と結びつき、社会を変容させようと試みたといえるだろう。

［註］

（1）Marshall McLuhan. *Understanding Media* (UK: Routledge and Kegan Paul, 1964): 8（マーシャル・マクルーハン著、栗原裕、河本仲聖訳『メディア論―人間の拡張の諸相』みすず書房、一九八七年）。

（2）吉見俊哉『メディア時代の文化社会学』新曜社、一九九四年、六〜七頁。

（3）Paul Theberge. "Plugged in: Technology and popular music". Ed. Simon Frith. *Pop and Rock* (NY: Cambridge University Press. 2001): 3.

（4）ドラムマシーンは、様々なリズムのパターンや速さを設定し、自動でドラムパートを演奏させる電子機器。梯郁太郎によって設立されたローランド社のＴ８０８は、多くのヒップホップのミュージシャンに使用され、音楽業界に多大な影響を与えた。デジタル・サンプラーは、生の楽器などの音を取り込み、繰り返し再生することのできる電子機器。既存のアーティストの音源の一部を使用することが容易になったため、著作権をめぐって議論になった。一九八三年に音を電子的に転送できるＭＩＤＩが開発され、ドラムマシーンやサンプラーとパソコンをつなげることで、デスクトップ・ミュージック（ＤＴＭ）として、音楽制作はよりコンパクトになった。音楽機器の変遷についてはPaul Theberge. "Plugged in: Technology and popular music": 13-17を参照。

（5）Hebdige. Dick. Subculture: *The Meaning of Style* (London: Routledge, 1979).

（6）ローズ トリーシャ著、新田啓子訳『ブラック・ノイズ』みすず書房、二〇〇九年、一六二〜六三頁。

（7）トリーシャ、前掲書、一九頁。

（8）Anna Quindlen. "About New York; Robert Moses is remembered in the Bronx." *New York Times*. August 1,1981 (http://www.nytimes.com/1981/08/01/nyregion/about-new-york-robert-moses-is-remembered-in-the-bronx.html).

（9）Bob Stanley. "Hip-hop: the real Bronx tale." *The Times (London)*. July 8, 2005.

（10）高速道路の南には一万二〇〇〇戸以上の低所得者用高層公営住宅が建設され、そこに貧しい黒人やヒスパニックが移住してきた。大和田俊之『アメリカ音楽史―ミンストレル・ショウ、ブルースからヒップホップまで』講談社、二〇一一年、二二六頁。

（11）ブロンクスにおける都市計画と移民のコミュニティの関係については大和田俊之『アメリカ音楽史―ミンストレル・ショウ、ブルースからヒップホップまで』二二六頁。またはトリーシャ、前掲書、六三～六四頁を参照。

（12）トリーシャ、前掲書、六六頁。または Severo, Richard. "Bronx a Symbol of America's Woes." *New York Times*. October 6, 1977: 46 を参照。

（13）Camilo Jose Vergara. "A South Bronx Landscape." *The Nation*. March 6, 1989: 302.

（14）七〇年代の混乱のなかで、ディスコやファンクを通して自己表現を行ったヒップホップの第一世代をポスト・ソウル・キッズと呼ぶ。詳細は Nelson George. *hiphop America*（NY: Penguin Group, 1998: xi）

（15）Nelson George. *hiphop America*（NY: Penguin Group, 1998）: 110.

（16）ギャングスタ・ラップはそもそもブロンクスのヒップホップに対抗する形で東海岸に登場したと言われている。しかしギャングスタ・ラップもまたブロンクスの場合と同じくロサンゼルスの貧困層から生まれ、ロス暴動へと契機づけていった。

（17）Craig S Watkins. *Hip Hop Matters*（Boston: Barcon Press Books, 2005）: 12-15.

（18）MTVでのラップ・ミュージックの放送は、ヒップホップのスタイルがポップカルチャーのなかへと入っていく大きなきっかけであった。詳細は前掲、Nelson George. *hiphop America*: 97.

（19）Margena A Christian. "MTV Honors Groundbreaking 'Yo! MTV Rap's' As Its Most Influential Music Series Of All Time." *Jet*. April 21, 2008, Vol.113: 52-53.

（20）Nelson George. 前掲、*hiphop America*: 97.

（21）トリーシャ、前掲書、三〇頁。

（22）John Tomlinson. *Globalization and Culture*（UK: Blackwell Piblihers Ltd, 1999）: 183.

（23）Neil Campbell. Alasdair Kean. *American Cultural Studies: An Introduction to American Culture*（NY: Routledge, 1997）: 92.

（24）D'Ambrosio Antonino. "Chuck D." *Progressive*. August, 2005, Vol.69: 37-41.

（25）スクラッチとはレコードをこすることで逆に回転させるＤＪのテクニック。パブリック・エナミーのメンバーだったターミネーターＸのスクラッチは後のラップ・ミュージックに影響を与えた。

（26）"Metallica. Lauds Napster Ruling." *New York Times.* July 29. 2000（http://partners.nytimes.com/library/tech/00/07/biztech/articles/29napster-metallica.html）

（27）"Rock Musicians Warn Legislators of Internet Piracy Peril." *New York Times.* July 12. 2000: 2.

（28）D Chuck. "'Free' Music Can Free the Artist." *New Yrok Times.* April 29. 2000. Vol.149.

（29）Paul Hodkinson. *Media Culture and Society -an introduction*（London: SAGE publications Ltd. 2011）33-34.

（30）"The underlying desire to personalize each action can make others envy or hate us. That impulse informs our walk — the hipster's cool bop, the crisp stride of the corporate boy, the back-bending b-boy stance." Nelson George. *hiphop America*（NY: Penguin Group. 1998）: 52.

（31）前掲、Craig S Watkins. *Hip Hop Matters* S: 116.

（32）前掲、Craig S Watkins. *Hip Hop Matters*: 134.

（33）政治、経済的な権力基盤の外側でパブリック・エナミーはインターネットを活用してグローバルなコミュニティへ情報を配信した。Rowell, D Erica. "Rapping with Chuck D." *ABCNews.* July 27. 2000（http://abcnews.go.com/Technology/story?id=119617）を参照。

（34）Guerrillafunk.com.（http://www.guerrillafunk.com/paris/biography.html）を参照。

（35）塚田桂子「Political & Critical RAP2006 feat. Paris」『bmr』No.333. 5. 2006.（ブルース・インターアクションズ、二〇〇六年）、六三頁。

（36）前掲、塚田桂子「Political & Critical RAP2006 feat. Paris」六三頁。

（37）Ｄ・Ｗ・グリフィスの『国民の創生』（一九一五年）がアメリカのナショナル・アイデンティティに多大な影響を与えてきた物語であるならば、チャックとパリスは、この物語の脱構築を試みたといえる。

コラム　音盤は時代をつなぐ
―ハワイ二世楽団のレコードと復刻CD

中原ゆかり

はじめに

第二次世界大戦後のハワイには、二世楽団（日系二世たちによるアマチュア楽団）が四〇以上も結成され、日系のイベントやパーティで日本の流行歌等を演奏した。長く辛い戦争を経験しただけに、日本の歌をうたえる喜びはひときわ大きかったことだろう。なかでも「ハワイ松竹楽団」や「クラブ二世楽団」といった規模の大きな楽団は、ステージ・ショーやレコード制作もおこない、ハワイ日系社会のスター的存在であった。戦後のこの時期、彼らの感情表現の一つとして日本の流行歌の演奏があったことは、日系全体の歴史として重要な事柄であろう。

二世楽団の全盛期は戦後のほんの数年間という短い期間であった。しかしその五〇年後、カラオケの時代にはいってからハワイ松竹楽団やクラブ二世楽団のSPレコードがCDとして復刻されて大人気となった。高齢となった二世たちには「あの頃」の音として懐かしく、若い世代が祖父母へのプレゼントに買い求めることも多かった。復刻CDをきっかけに、祖父母たちの若い時代、つまり第二次世界大戦中から戦後のハワイ日系の話を、若い世代たちが知る機会が増えたのである。そして当時の音源を聴けるということこそが、「ハワイの日本の歌」の過去をリアルに想像する材料となったのであろう。SPレコードからCDへの復刻という方法ではあるが、メディアが媒介となって五十年を経た時を繋いだのである。ここでは、ハワイ松竹楽団の制作したベル・レコードBell Recordsとトロピック Tropicをとりあげて解説していきたい。

1　ハワイ松竹楽団のレコード制作

ハワイ松竹楽団は、フランシス・ザナミFrancis Zanami（本名はフランシス・ザハ。日本語のステージ・ネームはフランシス座波）を指導者、マサジ・ウエハラMasaji Uyehara（日本語のステージ・ネームは、上原正治）をマネージャーとして、大戦前の「うるま楽団」（一九三四～一九三七年）、「スマイル楽団」（一九三七～一九四一年）を母胎に、規模を大きくして一九四六年に発足した。座波は一九一四年オアフ島生まれで、高校時代に音楽に興味をもつようになった。近所に住むトオル・ニシカワ（日本楽団の指導者で、ステージ・ネームは西川徹）からギターを習い、ハワイに滞在中の服部逸郎（レイモンド服部）から作曲を習った。服部は、日本では戦後の流行歌の作曲家として有名だが、若い頃の一時期ホノルルに滞在しており、音楽好きな日系二世たちともつきあっていたのである。

ハワイ松竹楽団の結成当時の活動は、週に一度の練習と、パーティ等での演奏、そしてレコード制作である。一九四六年から一九四七年にかけての『ハワイ・タイムス』には、ホノルルのベル・レコードで制作されたレコードの宣伝記事が何度も掲載されている。その後のレコード制作は、マネージャーの上原がおこしたトロピックというレーベルでおこなわれるようになった。上原によれば、ハワイ松竹楽団のレコードの大部分は一九四八年から一九四九年に制作されており、数枚が一九五一年頃まで制作された。

2　レコードの収録曲

ベル・レコード、トロピックともに、音盤および歌詞カードの表記は、ほぼ全てが日本語で、英語表記は数枚の音盤のみである。さらにいえば、新聞やステージ・ショーのプログラムまでみても、英語表記には統一性があるが、日本語表記には統一性がない。例えば楽団名の英語表記はHawaii Shochiku Orchestraに統一されているが、日本語での表記には、ハワイ松竹オーケストラ、布哇松竹オーケストラ、ハワイ松竹音楽団、ハワイ松竹楽団等、数種類の記し方がある。ちなみに著者は、日本語でオーケストラというと西洋音楽の交響楽団のイメージが強いため、あえてハワイ松竹楽団と記すことにしている。さらに人物名の表記についても、日本語表記では数種類が混在している場合がある。同一人物であるかどうかについては、二世歌手たちへのインタビューによって確認した。例えば、メリー・テシマMary Teshimaの場合、手島トキ子、手嶋トキ子、手島時子、手嶋時子、メリー手島といった表記が存在し、グラディス・オモトGladys Omotoの場合には、尾本とみ子、尾本トミ子と記されている等々である。中には音盤が英文表記で歌詞カードが日本語表記のものもある。二世たちの日常言語は英語であり、第二言語である日本語の表記にはおおらかだったのであろう。

レコードの収録曲をみてみよう。選曲方法は、歌い手が好きな歌を選ぶか、あるいは団員が音盤を歌手に聴かせてすすめることもあった。日本からの楽譜が手に入ることもあったが、多くの場合は音盤を聴いて採譜、編曲して演奏していた。レパートリーとして最も多いのは、戦前から戦後にかけての日本の流行歌である。たとえばハワイでは上原敏が人気だったが、彼の持ち歌である「裏町人生」（島田馨也作詞、阿部武雄作曲）が、座波の編曲により、ハワイ松竹楽団の歌手であった高岡直幸と手嶋時子の歌、伴奏は

写真1 「裏町人生」の音盤

Bell Records

布哇撫子

作詩 西條八十
作曲 服部良一

歌手 古川チヨミ

オギヤさ生れてマンゴの木蔭
燃えて火をふく山を見た
私や布哇のヒロ育ち
黒い瞳の常夏娘

二世なれども私のママは
昔振袖高島田
島をひらいたパイオニヤ
大和撫子旗本娘

ナイトフラワー月夜に咲けば
娘ごゝろもついほろり
甘い調べのウクレレに
なぜかまだ見ぬ故郷戀し

L.K.S.—398

写真2 「布哇撫子」の歌詞カード

ハワイ松竹楽団（音盤にはハワイ松竹オーケストラと表記）でベル・レコードより発売されている（Bell Records LKS-183）。この他にも、戦前戦後の日本の流行歌の音盤が、少なくとも五〇曲以上制作されている。

注目したいのはチヨミ・ペギー・フルカワChiyomi Peggy Furukawa（ステージ・ネームは古川チヨミ、あるいは古川千代美）のうたっている「布哇撫子」（Bell Records RKS-398）である。この曲のオリジナル盤は、古川自身が大戦前に日本にわたり、コロムビアからの歌手デビュー作として、西条八十作詞、服部良一作曲で、一九四一年一〇月に発売された。だがその直後古川は、真珠湾攻撃前の最後のハワイ行きの船となった大洋丸で帰布することとなった。ハワイ松竹のレコードでは一番から三番までがうたわれており、四番の「今日も青潮渦巻く浜で、晴れて日本艦隊の、島へ来る日を待ちわびて、わたしゃ振る振る日の丸の旗」は省略されている。
盆踊りのための曲も制作されている。「東京音頭」（西条八十作詞、中山晋平作曲、フランシス座波編曲、歌は熊谷博・古川千代美、Bell Records LKS-182）や「鹿児島小原節」（鹿児島民謡、フランシス座波編曲、歌は古川チヨミ・熊谷博、Bell Records LKS-184）等である。どちらも一九三〇年代、日本の民謡ブーム時代のレコードがハワイにもたらされ、盆踊りで踊られた曲である。真珠湾攻撃直後、疑われることを恐れて日本のレコード等を捨てた人も多かっただけに、戦後のこの時期には盆踊り曲の音盤を制作すべき需要があったのであろう。またハワイの盆踊り曲でもある八重山民謡「安里屋ユンター」（歌詞カードには、眞榮城お豊の歌、ハヤシ方は中村ヨシ枝・知念春子・城間菊江・島袋八重子・池原恵美子、三味線は池原盛光・神村盛喜、琴は池原芳子、布哇松竹音楽團伴奏、Tropic 118-B）も制作された。指導者の座波とマネージャーの上原が沖縄系二世だったこともあり、ステージ・ショーでも琉球舞踊や沖縄民謡が披露される等、沖縄の音楽はハワイ松竹のレパートリーとなっていた。「安里屋ユンター」は、ハワイでは沖縄系以外の間でもよく知られた盆踊りのレパートリーであり、数種類の振付が存在する。この他にも沖縄系の曲としては「終戦数え歌」（歌は眞榮城お豊・池原盛光、伴奏は布哇松竹音楽團・球陽音楽会、Tropic 118-A）等がある。

ハワイ松竹楽団の音盤の中には、オリジナルの日本調歌謡曲もある。最もよく知られているのは「別れの磯千鳥」（Bell Records LKS-174）であろう。ジューク・ボックスにも入ったほどのハワイ日系社会の大ヒット曲であり、数多くの二世歌手たちがステージ・ショーやパーティでうたい、他の楽団が制作した音盤も数多く存在する（例えばクラブ二世楽団のスパーキー岩本が歌った「別れの磯千鳥」49th States

写真３　「安里屋ユンター」の歌詞カード

写真４　「別れの磯千鳥」の音盤

Record 1025-A など）。それだけに、オリジナル盤がハワイ松竹楽団の手島時子の歌であることを覚えている人は少ない。作曲はハワイ松竹の指導者のフランシス座波だが、作詞者の福山タカ子（たか子とも表記）については、座波が戦前日本に旅行した時のガール・フレンドで、戦争中に空襲で亡くなったと二世たちの間には伝えられていた。座波が三四歳で亡くなった後、日本にもたらされて近江俊郎の歌でヒットしたが、その時には福山たか子は消息不明となっていた。その後井上ひろしの歌でもヒットし、エセル中田や美空ひばり等、ハワイに縁のある多くの日本人歌手がこの曲をアルバムに収めている。著者がハワイへ通いはじめた一九九〇年代の後半までは、何かの集まりで誰か一人がこの曲をうたいだすと、二世たち全員による大合唱になるというほどであった。若くして亡くなった座波は、日本の歌の好きな二世たちの間で、伝説の人物ともなったのである。

座波の作曲によるオリジナル曲の音盤としては、「ＡＪＡ行進曲」（本田緑川作詞、歌は高岡直幸、Bell Records

LKS-287)、「愛しの出征《かどで》」(本田緑川作詞、歌は古川チヨミ、Bell Records LKS-285)、「涙の時雨」(雪村桂治作詞、歌は高岡直幸、Bell Records LKS-173)、「切なき思い出」(ビン川崎寵児作詞、歌は古川チヨミ、Bell Records LKS-289) がある。「AJA行進曲」と「愛しの出征」は、第二次世界大戦時の日系部隊である第四四二連隊に関連する内容の歌詞で、ステージ・ショーでは歌謡劇風にアレンジされている。

ハワイ松竹の全盛期を過ぎてからではあったが、日本のジャズ界で活躍していた松本伸と渡辺弘の二人がハワイに滞在して二世楽団の指導をおこない、ハワイ松竹楽団のために作曲し音盤を制作している。松本伸の作曲としては「戦地思へば」(本田緑川作詞、歌は熊谷博・尾本トミ子・高原千代美、Tropic 120-B)、「布哇部隊の歌(Hawaii Battalion)」(松本伸作詞、歌は島袋金三郎・藤川隆、Tropic 120-A)、「雪の戦線」(本田緑川作詞、歌は島袋金三郎・藤川隆、Tropic 119-A)、「ワイキキの夜」(尾崎無音作詞、歌は井田千代子・新垣勝子、Tropic 119-B。歌詞カードでは「夜のワイキキ」と記されている) がある。渡辺弘の作曲では、「宵の別れ」(松尾より子作詞、歌は井田千代子・島袋金三郎、

写真5　「涙の時雨」の音盤

写真6　「切なき思い出」の音盤

Tropic 121-A）、「明日の門出」（川添樫風作詞、歌は尾本トミ子・熊谷博 Tropic 121-B）がある。「ワイキキの夜」はラジオ日本語ドラマの「金星の母」の主題歌であり、「戦地思へば」はハワイから朝鮮戦争に行った男性たちに関する歌詞、「雪の戦線」「ハワイ部隊の歌」「明日の門出」はハワイから戦争にいく男性のことを、どの戦争へ行くとも限定せずにうたっている。

写真７　「戦地思へば」の音盤

写真８　「ワイキキの夜」の音盤

写真９　「明日の門出」の音盤

3　懐メロ・ブームとリバイバル

ハワイ松竹楽団を含めた二世楽団の活動は、一九五〇年代には衰退していった。しばらくは日本から来布したスターのバック・バンドをつとめ、結婚式等に依頼されて演奏することもあったが、若かった二世たちも家庭を形成して多忙となり、また人々の日常的な楽しみはテレビへと移っていった。さらにアマチュアがレコードやステージ・ショーでお金を稼ぐことに、「ユニオン」（プロミュージシャンたちによる組合）からクレームがついたことが決定的となり、二世楽団は消えていった。その後三世、四世たちは日本の歌よりもハワイアンやアメリカのポピュラー・ソングに興味をもつようになり、一九六〇年代〜八〇年代にかけては、ハワイから日本の歌が消えていくかのようにみえた。

しかし一九八〇年代後半、日本からカラオケがもたらされると、ちょうど退職する時期にあたっていた二世たちが若い頃に好きだった歌をうたいはじめ、若い世代にも広がって再び日本の歌が盛んになった。カラオケ教室やカラオケ・コンテストも増え、日本とのカラオケの交流も盛んとなり、日本で流行っている歌をほぼリアル・タイムで習うようになった。そして日本のカラオケ文化が定着した二〇〇〇年代初め、ほんの数年間ではあったが、ハワイの日系音楽界では懐メロ・ブームがおきて二世楽団の時代が注目された。沖縄と合同での懐メロ大会が開催され、カラオケ教室の発表会でも懐メロ特集を企画して、七〇代後半から八〇代となった二世歌手たちがゲスト出演した。そしてステージでの二世歌手たちは、彼らが五〇年前に所属していた楽団名とともに紹介された。かつてのベル・レコード、トロピックのSPレコードも、クラブ二世楽団の音盤とともにCDとして復刻されて人気となった。当時まで日本のレコードや楽譜を五〇年以上あつかってきたホノルルのホカマ楽器店によれば、二世楽団の復刻CDは、ハワイで最も人気のあった美空ひばりのレコードやCDよりもはるかに多く売れたという。

ところで復刻CDにおさめられた曲、すなわちかつての二世楽団が制作したSPレコードのレパートリーの大部分が戦前戦後の日本の流行歌である。ハワイでは日本のオリジナル歌手による復刻CDも売られていたが、特に売上が伸びることもなく、ハワイで注目されたのは二世楽団の復刻CDのみであった。理由として第一に考えられるのは、二世楽団の復刻CDならハワイ日系の好んだ懐メロが効率よく収められているという手軽さであろう。仮に同じ曲をオリジナル歌手のCDで聴こうとする場合には、数十枚を購入しなければならないという煩わしさがある。さらにいえば二世楽団の復刻CDは、顔を思い浮かべることのできる二世歌手の声、アレンジも雰囲気も二世楽団の音そのものであり、当時を経験した二世たちの耳にはより自分たちの経験に近い「懐かしい」音がつまっている。そしてその「懐かしい」音を聴くことによってこそ、あの頃、あの時代という時空を越えた世界を、様々な記憶とともに身体じゅうで感じることができる。そこまでの想像力をかきたてる音源とは、ハワイで実際に演奏していた二世楽団の音源でなければならない。

CD復刻を含めた懐メロ・ブームは、カラオケ教室に通いコンテストにむけて練習する若い人たちに、ハワイの日系音楽界の歴史に二世楽団の時代があったことを知らせることともなった。レコード、CDというメディアは、音の記録であるだけではなく、聴く者に時空を越えて当時をよりリアルに想像させる大きな力がある。ハワイ松竹楽団の制作したレコードは、他の二世楽団の制作レコードとともにハワイ日系の財産となり、さらにはハワイ全体の歴史の中で、大きな意義をもつようになったのである。

〔参考文献〕

中原ゆかり『ハワイに響くニッポンの歌―ホレホレ節から懐メロ・ブームまで』人文書院、二〇一四年。

Cord International　2001 "Paradise Honolulu: Hawaii Shochiku Orchestra," Cord International HOCD 43000.

2003 "Honor Bound: Hawaii Shochiku Orchestra," Cord International HOCD 51000.

二つの移民研究―おわりにかえて

現在の日本では、移民の歴史や彼らの輩出・受容地の地域性、そして彼らが創造・伝承した文化などについて研究する人は必ずしも多いとはいえない。その研究方法（アプローチ）も多様なため、学術的交流や切磋琢磨を求めて専門（ディシプリン）の異なる研究者が集うようになり、時には学際的な研究グループが生まれる。

立命館大学では、比較的早くから多様な研究者からなる研究会が活動していた。おもに北米における日本人（日系人）の共同研究について振り返ると、それは一九八九年における国際言語文化研究所の設立と同時に発足した「日系文化研究会」に遡る。この研究会は、山本岩夫氏（現・立命館大学法学部名誉教授）を中心に活発な研究活動を続けた。しかし、研究組織の改編によって、その活動は二〇〇三年度でひとまずは幕を下ろした。それに代わる研究組織の立ち上げを山本氏から託された同大学の米山裕氏（アメリカ史）と、本書の編者のひとりである河原（歴史地理学）は、「国際移動」をキーワードにした共同研究会を再編した。「日本人の国際移動研究会」と名付けたこのグループは、おもに歴史学や地理学など、どちらかといえばフィールドワークによる移民社会の復原を主たるテーマにしてきた。その成果は、米山裕・河原典史編『日系人の経験と国際移動―在外日本人・移民の近現代史』（人文書院、二〇〇七年）、米山裕・河原典史編『日本人の国際移動と太平洋世界―日系移民の近現代史』（文理閣、二〇一五年）として世に問うことになった。

一方、かつての「日系文化研究会」のメンバーは、新たに「マイグレーション研究会」を組織した。二〇〇五年に発足したこの研究会は、「関西移民研究会」を前身とし、立命館大学だけでなく同志社大学や関西学院大学など、おもに関西地方で活動する日本人（日系人）移民研究者で運営され、関西学院大学名誉教授の山本剛郎氏（社会学）を初代会長に迎え、次のステップを踏み出したのである。

マイグレーション研究会は、隔月で立命館大学をはじめとする京阪神地域の大学で例会を開催してきた。そればかりでなく、ブログの開設（http://migration.cocolog-nifty.com/）や研究年報の発行など、積極的な活動が続けられている。特に近年では、毎年三月に「合宿例会」を開催し、移民関係地で研究報告会のほかに巡検（エクスカーション）も実施されてきた。少し紹介すると、二〇一一年には滋賀県長浜～福井県敦賀、二〇一二年には山口県周防大島～柳井など、西日本各地が訪問地として選ばれた。また、二、三年を一区切りとしてテーマを設定した共同研究も行なわれてきた。その成果はマイグレーション研究会編『来日留学生の体験―北米・アジア出身者の一九三〇年代』（不二出版、二〇一二年）と、同編『エスニシティを問いなおす―理論と変容』（関西学院大学出版会、二〇一二年）として結実された。両書には、文学や社会学などからのアプローチによって、「言語」や「表象」などの移民をめぐる「文化」を中心とする論考が収められている。つまり、マイグレーション研究会は、前述した「日本人の国際移動研究会」とは異なるアプローチから活動を続けてきたといえよう。

このような活動のなか、本書のもう一人の編者である日比（日系文学）は新たな共同研究のテーマとして、いわゆるメディアと移民との関わりについての共同研究を発案した。そして河原を介して、いわば「ふるさと」である立命館大学国際言語文化研究所において、新たに研究会が設立されたのである。この「メディアと日系人の生活研究会」は、かつての「日系文化研究会」からの伝統である若手の指導や育成も目的とし、二〇一三年度からは同研究所の重点研究に採択された。マイグレーション研究会とも連携したこの研究会は、日本人移民をめぐるメディアと、それによって育まれる日本人観に関するテーマで共同研究を行うようになったのである。

このような準備を経て、「メディアと日系人の生活研究会」は京阪神地域の若手研究者へ参加を呼びかけた。その結果、立命館大学だけでなく、大学院生を中心とする新進気鋭の移民研究者が集まった。二〇一三年度には隔月に開催された研究会でテーマや計画の検討、そして二〇一四年三月八日には名古屋大学での合宿報告会が行われた。ここでも、翌日に愛知県犬山市の明治村への見学会が催された。さらに、二〇一四年度には五月に阪南大学、七月に京都女子大学、一〇月に大阪商業大学、一二月に同志社大学での発表会が開催された。また、二〇一三年一〇月には、東洋大学社会学部教授・水野剛也氏の「日系アメリカ人と（の）マス・メディア、ジャーナリズム研究―「日本人」研究者が開拓すべき「大きなすき間」」、二〇一四年一〇月には駒澤大学教授・白水繁彦氏の「「エスニシティとメディア」研究　昨日・今日・明日」と題したメディア研究の最前線が講演された。そして、二〇一五年三月には愛媛大学で恒例の合宿研究会が開催され、学術書発行へむけて着々と準備が進められたのである。共同研究の進展とともに、その中間報告として『立命館言語文化研究紀要』二六‐四号（二〇一五年）には六本の論文を収めることができた。それらのうち、半澤・和泉・佐藤・小林論文は、さらなる加筆・修正を行い、同号に収録できなかった論考は本書に収められるように出版準備が進められた。

　このように、立命館大学国際言語文化研究所の「日系文化研究会」を母体とする二つの研究会は、相互補完的に移民研究を深化・展開させてきた。両会は決して相反するものではなく、二つの車輪として学界の先頭にたって日系移民研究の牽引、ときには後押ししていくものでありたい。それゆえ、移民やメディアに関する研究者、特に次代を担う若手研究者に本書を手に取って頂き、ご意見を頂ければ幸いである。

　最後になりましたが、本書の出版にあたっては二〇一五年度立命館大学国際言語文化研究所の出版助成を活用しました。出版をお引き受け頂いた代表取締役・川角功成様をはじめとするクロスカルチャー出版の皆様に深謝いたします。

二〇一五年一〇月九日

京都市木屋町にて
立命館大学　河原典史

*

Phonograph Records Connecting Generations: Audio Recordings of the Hawaii Nisei Orchestra and their CD Reissues

NAKAHARA Yukari

The Hawaii Shōchiku Orchestra, a *nisei* (second-generation Americans of Japanese ancestry) amateur orchestra, was one of the most active of the many *nisei* bands established in Hawai'i after World War II. Especially since the war had ended and people were finally able to listen openly to Japanese songs, live performances by the Hawaii Shōchiku Orchestra drew full houses, and its records produced hit songs in the *nikkei* (Japanese-American) community. Records by the Hawaii Shōchiku Orchestra were released on the Bell and Tropic labels; the majority of their repertoire consisted of pre-war through post-war Japanese popular songs. The recordings included *min'yō* (Japanese folk songs) to be used at *bon* dances, as well as original songs. "Wakare no Isochidori" (Parting song), composed by Francis Zanami, the leader of the orchestra, and released by Bell Records, later became a hit in Japan as well, with Toshirō Ōmi's singing. Despite being all the rage in its heyday, the Hawaii Shōchiku Orchestra was only active for about five years. But around 2000—that is, 50 years later—there emerged a *natsumero* (oldies) boom that lasted for several years, and the group's records were reissued on CD, through which the music of the Hawaii Shōchiku Orchestra became known to today's younger generations.

Josei Manshū (Women's Manchuria) and Wartime *Ikebana*

KOBAYASHI Yoshiho

Manchurian studies long focused on poltical and economic analyses. Despite the recent growth in Manchurian cultural studies - literature, education, and gender-academic inquiry into traditional Japanese arts, particularly *Ikebana* (*kadō*) and *cha-no-yu* (*sadō*) in colonial Manchuria remains conspicuously and unacountably scarce.

The early presence of these arts in Manchuria is attested to by articles on these subjects in the inaugural issue of *Manshū Nichinichi Shinbun* of 1907, which presented *cha-no-yu* and *ikebana* as spiritual training appropriate for women. The same newspaper continued with a running series of articles on *ikebana*. Displays were held in department stores during this period. Workshops and classes were held.

This paper addresses the presence of *ikebana* in Manchuria and examines the new directions this art took that distinguished it from *ikebana* in Japan. Discussions of the different styles of arrangements and the different figures that contributed to the development of *ikebana* in Manchuria are included.

*

The Practices of African-American Music Culture: Rap Music and Media Technology

TATSUMI Ryō

The development of media technology has rapidly changed the shape of communication. People can create a place of self-expression or communication with other people easily in the media such as by the Internet. In other words, the rapid changes in media technology are closely related to cultural forms and identities.

This paper aims at clarifying how the music of an immigrant and minority culture, especially rap music, constitutes their identities in the transformation of media. In addition, I will discuss the network or the diversity of hip-hop culture. Rap music is multicultural music which has been made by various immigrant communities across borders, and therefore it should be understood as the "deterritorialized" culture.

For instance, music seems to be a key to understand the production of immigrant and minority identities in this global network, since music offers a sense of self across classes, races, ethnicities, genders and nations. It can be shown that the practices of rap music can create immigrant or minority identities and networks such as in the music of Chuck D and Paris who have developed music culture using technologies in their own ways.

relations between Japanese people and Americans by promoting a mutual understanding of culture through art. Ryusaku Tsunoda advocated and succeeded in establishing the Japanese Culture Center for that same reason. Using both Japanese and English newspapers from the time, I have examined the true intention behind this exhibition and its relation to the establishment of the Japanese Culture Center.

*

Politically Left Networks among Japanese American Literary Groups in the 1930s: An Analysis of *Shūkaku, Current Life,* and *Dōhō*

MIZUNO Mariko

Previous ethnic media studies have explored Japanese American newspapers, examining their publishing histories and backgrounds, editors' lives and beliefs, and the roles and significance the papers played in Japanese American societies. However, these studies have rarely dealt with Japanese American literary magazines, in which some Japanese Americans' sociopolitical ideas may be reflected. This paper adds a new perspective to the study of Japanese American literary activities and more broadly ethnic media studies, by analyzing Japanese American literary magazines, focusing on the contributions of politically left Japanese Americans and their networks. Specifically, *Shūkaku*, *Current Life*, and the leftist newspaper, *Dōhō*, are examined in terms of what they can reveal regarding the writers' political ideas, and the relationships between the three publications. While these leftist networks were not strong, they included a number of Japanese American writers and journalists, especially, second generation Japanese Americans, who were well known in their literary communities. In addition, their political ideas were based on anti-fascism and the defense of democracy, thus their conviction to these principles grew as relations between Japan and the U.S. deteriorated leading up to the Pacific War.

*

and trade. Thus the emigrant ship had a great historical significance as a variety of media.

＊

Beikoku Bukkyō and *Light of Dharma*: Two-Way Propagation through Japanese and English Buddhist Journals in San Francisco in the 1900s

MORIYA Tomoe

This short essay outlines two journals published by a Japanese Buddhist mission in San Francisco in the 1900s. One is *Beikoku Bukkyō* in Japanese and the other is *Light of Dharma* in English; both published during the mission's pioneer period. Analyzing these two heretofore largely ignored texts can reveal how this ethnic religious organization tried to work with Japanese immigrants while talking to American sympathizers from the outset. As can be seen from the titles, the former was aimed at the Japanese immigrant community and the latter at American Buddhists and sympathizers, which made for a linguistic/racial divide. Although it had gradually gained popularity, the Great Earthquake in 1906 and racial hostility toward Japanese in California eventually shut down the English periodical. Racial discrimination against Japanese immigrants, in this sense, deterred Japanese Buddhists from stepping out of their ethnic enclave. This essay concludes by describing new trends starting in the 1930s, when Nisei American Buddhists became active members in the Buddhist churches and took over publication of the magazines, and continued on to discuss Buddhism among Beatniks in the post-war period.

＊

The Japanese Times and the Exhibition of Japanese Artists: Its Relation to Ryūsaku Tsunoda's Japanese Cultures Center

SATŌ Mai

There are many Japanese artists who worked at Japanese trading companies in New York City in the early 20th century. Although some of them studied art in Japan, some artists had also begun to study art in the United States. Their works appear to have been influenced by both Occidental methods and the Oriental traditions. *Nyū Yōku Shimpō,* known in English as *the Japanese Times,* sponsored an exhibition of the Japanese Artists Association in 1927. The purpose of the exhibition was to improve

*

The Olympic Games of Los Angeles in 1932 and Newspaper Coverage in Japan, the Nikkei Community in the United States and Colonial Chosen

HIBI Yoshitaka

In this paper I take up the international sports event, the Olympic Games, and consider how people and media became involved and how people used the opportunity in various ways. Specifically, through focusing on the Summer Olympic Games, held in Los Angeles in 1932, I investigate the Olympic-related articles in dailies in Japan, the Japanese-language paper, *Rafu Shimpō*, of Japanese immigrants (*nikkei*) in Los Angeles, and Korean-language paper, *Dong-A Ilbo*, in Colonial Chosen. By investigating not only the Japanese dailies but the periodicals of Japanese immigrants in the United States and the vernacular paper in Colonial Chosen, I compared the different reactions of each society in response to regional and political conditions. In Japan, articles concerning the Olympic Games were resonating with the national movements toward the Japanese-Chinese War. For the *nikkei* community in Los Angeles, the Olympic Games was considered as an opportunity for rethinking their identity how to live in the minority-community in United States and yet be Japanese or descendants keeping a connection to their home country. For the Korean people on the Korean Peninsula, the Olympic Games was a perfect chance to defeat Japan, without blood, on an international, peaceful stage, and to demonstrate the excellence of their ethnic groups to the world.

*

Media of Emigrant Ships / Emigrant Ships as Media: A Case Study of Japanese Emigrant Ships to Brazil in the 1930s

NEGAWA Sachio

Emigrant ships can be regarded as a cultural medium while positioned between land and sea, home and foreign lands, Japanese culture and Western culture. In this study, I would like to focus on Japanese emigrant ships to Brazil in the 1930s, and to examine how they played a role as a learning medium for restructuring their own view of the world for immigrant passengers, *nikkei* elementary school students in Brazil, and elementary school students in Kobe. In addition, I shall indicate that it was used as a trade fair ship to introduce Japan through Japanese products in ports of the world, expanded exchanges in culture and sports, and economy

*

Japanese Popular Entertainment in Hawaii in 1920: Advertisements in Japanese Newspapers, *Hawaii Hōchi* and *Maui Shinbun*

IIDA Kōjirō

Various Japanese popular entertainments and sports shows in Hawaii in 1920, such as Japanese traditional and modern plays (*kabuki* and *shinpa-geki*), Japanese and American silent films, acrobatics, *rōkyoku*, wrestling and *sumō*, were advertised in Japanese newspapers in Hawaii, *Hawaii Hōchi* and *Maui Shinbun*. Every case of advertisement columns was selected from the archive of the two newspapers published in 1920. These advertisement columns informed readers of what entertainments were, how, where and by whom they were performed, and were enjoyed by many Japanese migrants. It reveals what attracted and interested Japanese immigrants in Hawaii at that time.

*

What the Mission in Late Tokugawa Period Brought Home from Abroad

YAMAMOTO Takeo

This paper deals with the latter years of the Tokugawa Era. The Tokugawa system gave the country more than 2 centuries of relative seclusion from the outside world. But the arrival in Japan of Commodore Matthew Perry in 1853 led to the signing of the treaty which effected the opening of Japan. And formal diplomatic relations were established with other western countries. Japan was forced to conclude commercial treaties unfair to Japan with these countries.

Tokugawa leaders sent a mission to the United State of America and Europe several times in order to get information and a knowledge of western technology and modern institutions, in addition to exchanging the instrument of ratifications concluded in the 1853 treaty.

The aim of this paper is to consider and discuss what the members of the mission thought about Western countries when they landed for the first time. Tokugawa leaders aimed to superimpose selected western-style institutions on traditional Japanese society. In other words the slogan of the leaders was to enrich the country and help the country become modernized and westernized. This process moved ahead rapidly.

This writer focuses his attention on what the members of the mission brought home with them from abroad.

The Japanese Newspapers in the Noroeste Region of São Paulo state, Brazil: From the End of 1910 to the 1930s

HANZAWA Noriko

The newspaper was the most important medium of communication among the early Japanese immigrants in São Paulo state who were unable to listen to broadcasting in their native language. The newspaper served as a vehicle for the construction of a collective consciousness.

In this paper, I attempt to analyze the characteristics of Japanese newspapers in Brazil at the time, as well as their influence on the early Japanese immigrant community, by focusing on *Seisyū Simpō*, a local newspaper in the Noroeste region and comparing it to *Nippaku Shimbun* and *Brazil Jiho*, two metropolitan newspapers of São Paulo.

*

How the 1910 Tragedy Was Reported: The Disaster of Snowslide on Rogers Pass in Canada and the Society of the Japanese Immigrant Community

KAWAHARA Norifumi

On 4 March 1910, there occurred a snowslide on Rogers Pass in the State of British Columbia, Canada. More than seventy railway navvies engaged in the snow removal, but fifty-eight navvies under way died with the second large-scaled snowslide. They included thirty-two Japanese, many of whom were migrant workers signing a three-year contract through Tokyo Immigration Company and Nippon Supply Company.

The present paper discusses the society of immigrants from Japan in Canada in the early twentieth century, with the help of the article of the disastrous snowslide of Rogers Pass, published in the *Tairiku Nippō*, especially the state of rescue operation and the funeral ceremony.

It was on 7 March that the *Tairiku Nippō* reported first about the disaster. Later, more details just after the disaster were reported, and some touching episodes were introduced, especially the discoveries and transports of their bodies, and the schedule of their funeral and burial.

Their bodies were transported to Vancouver. The freight office at Vancouver station was adjacent to the Japanese residential area, and they were transported by horse carriages to the Japanese Buddhist Organization. Later, they were buried at the Mt. Pleasant Cemetery in the southern suburbs of Vancouver. Following the order of discovery, funeral, and burial, from the north to the south, their bodies finally found themselves in peace. Their funeral services were led by the Canadian Buddhist Organization or the Associations of the people who originate from the same prefecture.

the universities in the West: the University of Washington, the University of California, Berkeley, Stanford University, the University of Sothern California, the University of California, Los Angeles, and so on. Most Japanese students in the West Coast were needy and working students, and they stayed in the United States after they graduated from universities. They became a bridge between the mainstream of American society and the Japanese immigrant community, and they exercised the leadership of their communities.

*

Memories of Manchuria in Alumni Annals

SATŌ Ryō

Focusing on alumni associations of Japanese-built schools in pre-World War II Manchuria, and particularly the annals they have distributed, this paper examines how the alumni have remembered their experiences in Manchuria.

One of the characteristics of numerous schools established by Japan in Manchuria—from elementary to college levels—was that these institutions were not only for colonial Japanese but also for local Chinese students. That is why their alumni associations have included both Japanese and Chinese members, through which the alumni from both nations have continued their exchanges, despite Japan's surrender and the subsequent closing of these schools.

The alumni associations bear historical significance in the following two respects. First, they reunited repatriates from Manchuria. Just like other Japanese repatriates, the repatriated alumni suffered special hardships. It was especially hard for them to reconstruct their lives in postwar settings, because not a few of them had become estranged from Japanese society. In this context, the alumni associations served as mutual help groups for those sharing similar experiences as repatriates.

Secondly, the alumni associations have served as a bridge between Japan and China. As Japan completed the first stage of its postwar reconstruction in the 1950s, the two countries began to promote unofficial civilian exchanges, especially seeking to restore their economic relations. The alumni associations of Manchurian schools have greatly contributed to civilian exchange efforts by taking advantage of their networks.

In conclusion, alumni associations of Japanese-built schools in Manchuria have not only functioned as organizations where members shared stories of their experiences, but also served to maintain transnational social networks.

*

(1941-1945). The Japanese military tried to teach the Japanese language to people under their control in order to make them accept the legitimacy of the Japanese invasion. About 380 teachers were sent throughout the Philippines and Burma. After the war, former teachers coming back from the two countries set up their own respective associations. The teachers in the Philippines contributed articles about their war experiences to their organization's journal, *Sampaguita*. Many survivors from Burma published a hardcover book, *Sekupang: Commentaries of Japanese-Language Schools in Burma*. This paper studies these publications comparatively from a media-studies perspective. The two groups had similar experiences in the war but former teachers in the Philippines gave themselves more diversified and overall humbler marks than the majority of people working in Burma. Two factors are focused on in this paper: editors' influence and the publishing date. *Sekupang*'s editors provided a positive reputation of their educational activities in the war as a consensus view, which *Sampaguita*'s editors did not. On the other hand, *Sampaguita*'s long publishing period from 1967 to 1995 resulted in more diversified opinions from contributors because it could reflect the transformation of Japanese society and the relationship between former duty stations and Japan, which *Sekupang*, published in 1970, could not.

*

Berkeley Lyceum and *Japanese El Rodeo*: Japanese College Students in the West before World War II

MATSUMORI Mikiko

To discuss Japanese college students in the West is very important for understanding Japanese American history. So my aim is to describe Japanese college students by inspecting their publications: *Berkley Lyceum* (1917), which was the student journal published by the Japanese Student Club of the University of California, and *Japanese El Rodeo* (1912, 1913, 1919), which was the student journal published by the Japanese Student Association of the University of Southern California. A table of contents is attached to the last page of the article.

In the Meiji era, the Japanese government decided on the educational policy of sending students abroad because Japan needed to become a modern state as soon as possible. Students were assigned to learn the newest knowledge and skills at universities in Europe and North America. Germany, the United Kingdom and the United States of America were the most chosen countries to go abroad. In the USA, Japanese students, who studied at government expense, enrolled in Harvard University, Yale University, Columbia University, the University of Chicago, and so on. Otherwise, Japanese students, who studied at their own expense, learned at

High School Yearbooks as a Medium of Representation: Japanese American Student Lives in the Gila River War Relocation Center

IZUMI Masumi

This paper studies high school yearbooks created in the Gila River Japanese American War Relocation Center and analyzes how the students coped with their wartime school lives in detention. In the yearbooks, the students represented themselves to the outside world as ordinary American youths enjoying study, sports and socializing. They also highlighted their extraordinary commitment to the American nation by emphasizing their active involvement in the community and extracurricular activities, as well as their service in the military. A quick glance at the class photographs and snapshots of school activities gives the impression that incarcerated youths spent school lives similar to ordinary American students.

A closer look, however, reveals how a racial and inverted generational hierarchy was fixed through the representation of camp schools. No senior faculty members were of minority races, while all junior faculty and students were Nisei. Whites represented mainstream America, Nisei aspired to be integrated into the mainstream, and Issei embodied the "otherness" of enemy aliens. The photographs show no signs of ethnic cultural activities. In contrast, the WRA photos recorded traditional Japanese activities such as *Sumō* wrestling and other cultural performances. The complete absence of ethnic cultural elements in the yearbooks is unnatural and thus suggests that they were intentionally omitted from the depiction of wartime Japanese American school life.

Historical studies show that the race and generational relationships as well as the internees' ethnic affiliations were actually more complex. The discrepancies between the reality and the representation of camp youth lives indicate that the yearbooks functioned as a medium through which Japanese American students tried to construct a highly Americanized image of themselves in front of the mainstream society, in which they sought integration as ordinary citizens rather than hyphenated second-class citizens.

*

Memories of Japanese-Language Education in Areas Occupied by the Imperial Japanese Army: Analyzing Memoirs of Teachers Deployed to the Philippines and Burma in the Pacific War

KINOSHITA Akira

The purpose of this paper is to analyze memoirs of Japanese teachers deployed to the Philippines and Burma (now Myanmar) in the Pacific War

Cross-cultural Studies Series
Ethnic Media: Connecting Immigrants, Immigrants Networking

執筆者紹介（章順）　＊は編者

和泉真澄（いずみ・ますみ）
日系アメリカ人・カナダ人文化史
同志社大学グローバル地域文化学部 教授
主要著書：『日系アメリカ人強制収容と緊急拘禁法―人種・治安・自由をめぐる記憶と葛藤』（明石書店、二〇〇九年）、共編著『アメリカ研究の理論と実践―多民族社会における文化のポリティクス』（世界思想社、二〇〇七年）

木下　昭（きのした・あきら）
社会学、移民研究・ナショナリズム研究
立命館大学文学部 非常勤講師、同志社大学グローバル地域文化学部 嘱託講師
主要著書・論文：『エスニック学生組織に見る「祖国」―フィリピン系アメリカ人のナショナリズムと文化』（不二出版、二〇〇九年）、「日本語教育のトランスナショナル化―ダバオ日系社会の変遷と植民地主義」（蘭信三編著『帝国以後の人の移動―ポストコロニアリズムとグローバリズムの交錯点』（勉誠出版、二〇一三年）

松盛美紀子（まつもり・みきこ）
アメリカ史、日系アメリカ人史
関西外国語大学英語国際学部ほか 非常勤講師
主要論文：「在米日本人移民社会における高等教育推奨の動き―南カリフォルニア地域を中心に」（『中・四国アメリカ研究』第六号、二〇一三年三月）、「女子教育とソロリティ―ガンマ・ファイ・ベータ国際本部」（北米エスニシティ研究会編『北米の小さな博物館三』彩流社、二〇一四年）

佐藤　量（さとう・りょう）
歴史人類学、日本植民地研究
立命館大学文学部 非常勤講師
主要論文：「満洲経験の記憶と変遷」（『歴史学研究』歴史学研究会、第九三七号、二〇一五年）、「１９５０年代の日中民間交流と同窓会ネットワーク」（『現代中国』日本現代中国学会、第八八号、二〇一四年）

半澤典子（はんざわ・のりこ）
日本史・近現代史、ブラジル日本人移民史
京都女子大学大学院 特別研修者
主要論文：「香山六郎と聖州新報（二）」（『京都女子大学大学院文学研究科研究紀要史学編』第十三号、二〇一四年）、「ブラジル・ノロエステ地方における日本語新聞の果たした役割」（『立命館言語文化研究』二十六巻四号、二〇一五年）

河原典史（かわはら・のりふみ）＊
歴史地理学、近代漁業移民史研究
立命館大学文学部教授
主要著書：『カナダ日本人漁業移民の見た風景―前川家「古写真」コレクション』（三人社、二〇一三年）、「カナダ・ロジャーズ峠における雪崩災害と日本人労働者―忘れられたカナダ日本人移民史」（吉越昭久編『災害の地理学』文理閣、二〇一四年）

飯田耕二郎（いいだ・こうじろう）
人文地理学、日本人移民史
大阪商業大学 元教授
主要著書：『ハワイ日系人の歴史地理』（ナカニシヤ出版、二〇〇三年）、『ホノルル日系人の歴史地理』（ナカニシヤ出版、二〇一三年）

山本剛郎（やまもと・たけお）
社会学
関西学院大学 名誉教授
主要著書：『都市コミュニティとエスニシティ』（ミネルヴァ書房、一九九七年）、『地域生活の社会学』（関西学院大学出版会、二〇〇一年）

日比嘉高（ひび・よしたか）＊
日本近現代文学・文化、移民文学
名古屋大学大学院文学研究科 准教授
主要著書：『〈自己表象〉の文学史―自分を書く小説の登場』（翰林書房、二〇〇二年）、『ジャパニーズ・アメリカ―移民文学、出版文化、収容所』（新曜社、二〇一四年）

根川幸男（ねがわ・さちお）
移民史、エスニック文化研究、日本語教育
同志社大学日本語・日本文化教育センター 嘱託講師、国際日本文化研究センター 共同研究員
主要著書・論文：『トランスナショナルな「日系人」の教育・言語・文化―過去から未来に向って』（明石書店、二〇一二年、森本豊富との共編著）、「海を渡った修学旅行―戦前期ブラジルにおける日系子弟の離郷体験」（『移民研究年報』第二一号、二〇一五年）

守屋友江（もりや・ともえ）
アジア系アメリカ宗教研究、宗教思想史
阪南大学国際コミュニケーション学部 教授
主要著書：『アメリカ仏教の誕生―二〇世紀初頭ハワイにおける日系宗教の文化変容』（現代史料出版、二〇〇一年）、*Issei Buddhism in the Americas* (co-edited with Duncan Ryūken Williams. Urbana: University of Illinois Press, 2010)

佐藤麻衣（さとう・まい）
日本近代文学、日系アメリカ移民
昭和女子大学大学院文学言語学専攻
主要論文：「永井荷風と雑誌『太西洋』―「夜の女」の初出をめぐって〔付〕『太西洋』第一号〜第三号目次」（『日本近代文学』第七六集、二〇〇七年）、「アメリカにおける邦人美術展覧会―ニューヨークの邦字新聞から」（『移民研究年報』第二一号、二〇一五年）

水野真理子（みずの・まりこ）
アメリカ研究・日系アメリカ文学
富山大学大学院医学薬学研究部　医療基礎（英語）　准教授
主要著書・論文：『日系アメリカ人の文学活動の歴史的変遷―1880年代から1980年代にかけて』（風間書房、二〇一三年）、「日系アメリカ人の文学活動におけるバイリンガリズム―強制収容と国家への忠誠・言語・アイデンティティ」（『立命館　言語文化研究』二六巻二号、二〇一四年）

小林善帆（こばやし・よしほ）
日本（植民地を含む）文化史・いけ花史
京都女子大学・追手門学院大学ほか　非常勤講師
主要著書：『「花」の成立と展開』（和泉書院、二〇〇七年）、『植民地期朝鮮の教育資料』Ⅰ（編著、国際日本文化研究センター、二〇一五年）

辰巳　遼（たつみ・りょう）
メディア論、カルチュラルスタディーズ
京都外国語大学外国語学研究科言語文化専攻博士後期課程
主要論文：「音楽と文化―アフリカ系アメリカ人のジャズとアイデンティティ」（『言語と文化』第七号、二〇一三年）、「音楽とアイデンティティ構築―アフリカ系アメリカ人のジャズを中心に」（『日本比較文化研究』第一〇九号、二〇一三年）

中原ゆかり（なかはら・ゆかり）
音楽人類学
愛媛大学法文学部　教授
主要著書：『奄美の「シマの歌」』（弘文堂、一九九七年）、『ハワイに響くニッポンの歌―ホレホレ節から懐メロ・ブームまで』（人文書院、二〇一四年）

クロス文化学叢書（Cross-cultural Studies Series）発刊に際して

二一世紀は精神生活を豊饒にする世紀である。ＩＴ革命が進んだ今、書物の復権が叫ばれて久しいが、物質文明に浸食されてものが溢れてしまい、却ってものを見たり、感じたりする力が衰えてきている。慎ましやかな人間の存在が人間の創造した物質によって自らを破壊していることは事実である。今こそこうした人間の危機を打開し、世界の平和を求めて、知の円環運動を射る新しい矢が必要なときである。このような事態に直面して、真の教養とは何かを地球規模で問いながら、真理は万人のために拓かれることを痛感したとき、私たちは新たな知の地平を構築する意味の重要性に気づく。

クロス文化学叢書（Cross-cultural Studies Series）は〈知〉の気球を飛ばして狭くなった地球をじっくり歩く試みとして発刊する。国と国との境界を超え民族間の争いを超えて、私たちの精神生活が豊饒さを共有するとき、私たちは初めて shake hands できるのである。そこには政治的、経済的、社会的、文化的な枠組みから放たれて、ものごとの全体をよりよきバランス感覚をもって俯瞰できる地球人として自覚された人間がいる。ゆえに、クロス文化学（Cross-cultural Studies）とは国際間の交流をはかるものさしである。換言すれば、地球人としての自覚をより進化させる学問なのである。

それはまた、異文化、多文化、多言語化の現状を認識し相互理解を深めていく知の連関運動でもある。出版界がかつてないほどの怒涛にある現在、あえて新教養書を発刊する意味は大きいが、また、幾多の困難も予想されることも事実である。ここに出版人としての自覚を促しつつ読者諸氏の共感を期待するものである。

二〇一四年　九月